George Gilder

Reichtum und Armut

George Gilder

Reichtum und Armut

Severin
und Siedler

Inhalt

Einleitung

Armut und Reichtum, die zentralen Themen einer jeden Wirtschaftstheorie, sind zu wichtig und zu umfassend, als daß wir sie allein den Ökonomen überlassen könnten. Gewiß verdanke ich den Wirtschaftlern viele wertvolle Einsichten – ich erkenne das ausdrücklich an –, und dennoch handelt dieses Buch zum Teil von der beschränkten Fähigkeit der heutigen Wirtschaftslehre, die Quellen für Kreativität und Fortschritt verschiedener Systeme zu erkennen.

Soziologen haben ebenfalls zu diesem Buch beigetragen – auch ihnen gilt mein Dank –, doch ich unterlasse nicht, mich eingehend mit den schwerwiegenden Fehleinschätzungen der Soziologie zu befassen, die durch die Angewohnheit aufkommen, die Gesellschaft erst in Gruppen wie Arme, Reiche, Frauen, Männer, Unternehmer und Arbeitnehmer einzuteilen und diese dann durch die Brille der Statistik zu betrachten.

Dieses Buch entstand aus meiner Arbeit »Visible Man« (Der sichtbare Mensch), einer im wesentlichen soziologischen Studie, die das Wesen der Armut aus der Beschäftigung mit den Armen selbst erfaßt. In den damaligen Studien in den Armenvierteln habe ich viel darüber gelernt, welche verheerenden Wirkungen liberal inspirierte Hilfsprogramme auf das Leben der Armen haben können. Die nachhaltigste Lehre war für mich allerdings, daß eine Theorie der Armut ohne die Einbeziehung einer Theorie des Reichtums Stückwerk bleiben muß. So begann die Arbeit an »Armut und Reichtum« unter dem Titel »Das Streben nach Armut«. Das Ergebnis ist diese Darstellung der Wurzeln des wirtschaftlichen Wachstums.

Den Autoren, die zu meinen bisherigen Veröffentlichungen beitrugen, habe ich seinerzeit schon meinen Dank ausgesprochen. Ich möchte aber darauf hinweisen, daß es das vorliegende Buch ohne die früheren Arbeiten und Untersuchungen nicht geben würde. Auch haben sich meine Streifzüge durch die anthropologische und sozialtheoretische Literatur – von Margaret Meads »Mann und Weib« bis zu Steven Goldbergs »The Inevitability of Patriarchy«

(Die Unvermeidbarkeit des Patriarchats) – bei dieser Expedition in das Reich der Wirtschaftswissenschaften als nützlich erwiesen.

Dieses Buch bezieht seine spezielle Ausprägung und Tragweite aus einer intensiven Beschäftigung mit den Wirtschaftswissenschaften. Sie begann vor zehn Jahren mit Milton Friedmans »Kapitalismus und Freiheit« und führte über die Werke Schumpeters und Keynes' bis hin zu dem, was sich heute einigermaßen zutreffend »angebotsorientierte Wirtschaftslehre« nennt.

Fortschritte, zu denen auch das Erreichen von Wohlstand gehört, werden im allgemeinen nicht in dem von Fachinstitutionen bevorzugten nüchternen, schrittweisen Vorgehen erzielt. Protagonisten wie Milton Friedman, Friedrich von Hayek, Ayn Rand und William F. Buckley wurden zu der Zeit, als sie meine Ideen zur Wirtschaftspolitik nachhaltig beeinflußten, noch spöttisch belächelt oder, wie Arthur Laffer, Irving Kristol und Jude Wanniski, die professionellen Ökonomen, von denen ich am meisten gelernt habe, sogar bekämpft. Leider haben die »guten« oder »vernünftigen« Ökonomen, die am meisten zur Weiterentwicklung dieser Wissenschaft beigetragen haben, zwei Schwächen: Sie übertreiben die wissenschaftliche Genauigkeit und tragen ihre Ideen vor, ohne das unerhörte Wagnis des Kapitalismus herauszustellen und seine moralische Rechtfertigung zu unterstützen. Sogar Adam Smith beging diese Fehler, indem er zuviel Gewicht auf den Eigennutz als der Grundlage des Systems legte, anstatt die altruistische Kreativität zu betonen.

Jedenfalls nahmen mich Kristol und Wanniski mit ihren Büchern und mit den Leitartikeln für das »Wall Street Journal« sowie Warren T. Brookes mit seinen brillanten Aufsätzen so sehr für eine kapitalistische Wirtschaftslehre ein, daß ich alle meine Vorbehalte gegen diese damals trostlose Wissenschaft über Bord warf. Obwohl ich immer noch die Bedenken gegen Wanniskis »politisches Modell« teile, halte ich sein Buch »The Way the World Works« (Wie die Welt funktioniert) für eines der bahnbrechenden Werke der Wirtschaftsliteratur – ganz in der Tradition von Henry Georges »Fortschritt und Armut«.

Mein Buch folgt in vieler Hinsicht der Schneise, die Wanniski für die Angebots-Ökonomie so kühn geschlagen hat. Ich möchte vielen hochherzigen Freunden und Förderern, insbesondere aber Jude Wanniski und Nathan Glazer für ihre Ermutigung nach der Lektüre der ersten Manuskriptfassung danken.

Das Trauerlied auf den Triumph

Die größte Bedeutung in der jüngeren Geschichte der Ideen hat das unrühmliche Ende des sozialistischen Traums. Träume werden im Augenblick ihrer Verwirklichung zerstört, und fünfzig Jahre jeder Art von sozialistischer Wirklichkeit geben wenig Anlaß zu idealistischen Träumereien. In den Vereinigten Staaten regiert der Sozialismus vorwiegend in Hörsälen und Gemeindehäusern, in jenen linken Intellektuellen-Zirkeln, die sich aus der realen Außenwelt zurückgezogen haben, und die sozialistischen Ideale welken im Schatten Stalins und Maos, Schwedens und Tansanias, der Gulags und der Bürokratie dahin.

Fast ebenso bedeutsam ist die Unfähigkeit des Kapitalismus, seine eindrucksvollen Triumphe deutlich zu machen. Innerhalb der Universitäten und Ratsversammlungen, der Regierungsämter und Kirchen, in denen schemenhaft die Überzeugungen einer Epoche entstehen, finden die unleugbaren Errungenschaften des freien Unternehmertums weniger Anklang als die unerfüllten Versprechungen des Sozialismus.

Es wird behauptet, der Sozialismus sei tot, in gewisser Weise intellektuell verbraucht, moralisch abgestorben. Es ist aber nicht einzusehen, warum dann die kapitalistische Ideologie gleichfalls am seidenen Faden über demselben Abfalleimer der Geschichte baumeln muß. Dieselben Autoren, die alle kollektivistischen Argumente auf höchst eloquente Weise zerpflücken, stimmen das Loblied des freien Unternehmertums nur in fast schon elegischer Tonart an. Warum schreiben sie stockkonservative Pamphlete, die stets im schwermütigen Akkord eines Grabgesanges auf ihre eigenen Wunschvorstellungen enden? Dieser Grabgesang wird in vielen Tonarten und Fassungen vorgetragen, doch er bleibt eben ein Trauerlied. Es ist schon merkwürdig, daß die neokonservativen Intellektuellen, die sich als Retter der freien Wirtschaft feiern lassen, das Wesen und die Zukunft des Kapitalismus in derselben wehleidigen Sprache erörtern, derer sich auch die so übel gefahrenen, doch immer noch selbstsicheren Befürworter des »Sozialismus« bedienen. Bisher haben die Intellektuellen der »Alten Rechten« sich elegant vor der Aufgabe gedrückt, ihre Grundvorstellungen mit ihren Wirtschaftstheorien in Einklang zu bringen, statt dessen räumen sie allzu bereitwillig ein, daß der Kapitalismus sich im Niedergang befinde.

Der »National Review« von William F. Buckley, der seit zwei Jahrzehnten mit großem Erfolg für die freie Wirtschaft zu Felde zieht, veröffentlicht regelmäßig Beiträge antikommunistischer und christlicher »Sozialisten« (sofern sie in allgemeiner Hinsicht konservativ sind), und zwar praktisch ebensooft und selbstverständlich mit der gleichen Begeisterung, wie er die Auffassungen und die Ideologie des privaten Unternehmertums vertritt.

Die Konservativen räumen Solschenizyn und Malcom Muggeridge, beide leidenschaftliche Kritiker des Kapitalismus, einen Rang in ihrer Ehrengalerie ein, wie er keinem zeitgenössischen Magnaten oder Wirtschaftstheoretiker zuteil wird. Beide sind große, von christlicher Verantwortung beseelte Schriftsteller, die ich nicht bekritteln will; vielmehr möchte ich die Konservativen auffordern, einmal mit vergleichbarer Leidenschaftlichkeit der Behauptung zu widersprechen, daß der Kapitalismus historisch und moralisch gesehen ein Versager sei. In einer Untersuchung, die sich mit den Schriftstellern der Rechten in den letzten 75 Jahren befaßt, stellt Daniel Bell fest: »Ob Romantiker oder Traditionalist, Aufklärer oder Irrationalist, Vitalist oder Naturalist, Humanist oder Rassist, Gläubiger oder Atheist – in diesem weiten Feld der Auffassungen und Glaubensrichtungen fand sich kaum ein ernstzunehmender Intellektueller, der für die nüchternen, unauffälligen und klugen Bestrebungen des Großbürgertums eintrat. Erst recht verteidigte keiner den damit verbundenen Erwerbssinn, den unternehmerischen Wagemut oder schlicht das Geldverdienen.«[1]

Diese Feststellung muß eingeschränkt werden, denn einige bedeutende Denker haben den Kapitalismus sehr wohl verteidigt. Doch Bell hat insofern recht, als deren Stimmen nie deutlich zu hören waren. Sie haben sich fast immer für das geringere Übel entschieden, wenn sie mangels anderer Alternativen den Kapitalismus priesen, der noch am leichtesten mit den religiösen und ästhetischen Auffassungen des Autors und seiner Sicht vom Lauf der Dinge in Einklang zu bringen war. Der Kapitalismus erscheint stets als ein zeitweiliger, bedingt gültiger Kompromiß, eigentlich als das schlimmste der möglichen Systeme – mit Ausnahme aller anderen (wie es Churchill in bezug auf die Demokratie formulierte).

Diese ablehnende Haltung, die nirgends ernsthaft in Frage gestellt wird, hat dazu geführt, daß heute Denker der Rechten wie der Linken in schöner Einmütigkeit behaupten, das private Unternehmertum mit allen seinen vordergründigen Vorzügen, kranke an tiefsitzenden sozialen Konflikten und widersprüchlichen moralischen Forderungen, die aus dem fortwährenden Versagen in der wirtschaftlichen Praxis und dem Mangel an einleuchtenden Rechtfertigungen entstünden. Unser steigender Wohlstand, so heißt es, entspringe einer auf Genuß gegründeten Konsum-Mentalität und einer beständigen Anstachelung der Ansprüche durch die Werbung. Das aber zerstöre am Ende die moralischen Werte der kapitalistischen Produktion und Vermögensverteilung. Oder auch: Der Kapitalismus führe unausweichlich zur Schaffung riesiger Bürokratien, die den Geist des freien Unternehmertums, also das Lebensblut und die Grundlage der freien Wirtschaft, erstickten. Die Auswirkungen der Widersprüche könnten für eine Weile von wirtschaftlichem Wachstum überdeckt werden. Doch Wachstum setze einen neuen Technologie-Schub voraus; der aber schaffe eine neue Elite und führe zur Verherrlichung einer verstandesbetonten Geisteshaltung, die mit demokratischen und religiösen Grundauffassungen unvereinbar sei.

Dies ist, mit einigen Vorbehalten, die wesentliche Aussage der jüngsten Veröffentlichungen von John Kenneth Galbraith und Robert Heilbroner, zwei erklärten Sozialisten. Es ist zugleich die Botschaft des »neokonservativen Sozialisten« Daniel Bell, befreit man sie vom Wust der Gelehrsamkeit und der Pedanterie ungezählter Begriffsbestimmungen. Nichts anderes beinhaltet die These der kulturphilosophischen Konservativen Christopher Lasch und Robert Nisbet, die sich hinter deren wütender Ablehnung der heutigen Sozialwissenschaften und der Psychologie verbirgt. Und endlich ist dies auch, umgeben von Weisheit und sprühendem Witz, das immer wiederkehrende Leitmotiv des neokonservativen und prokapitalistischen Autors Irving Kristol, der als der führende Sprecher des privaten Unternehmertums gilt.

Angesichts der verständnisvollen, wenn auch schmerzlichen Überlegungen zum Niedergang der bürgerlichen Moral, zu den Widersprüchen des Kapitalismus und der unaufhaltsamen Entwicklung zu einem technokratischen und vielleicht ausgeglicheneren System fragt man sich, ob wir wirklich eine neokonservative Erneuerung brauchen.

Schließlich kann man in Bibliotheken, die nicht vollkommen auf die Verbreitung von Bestsellern und audiovisuellen Lebenshilfen ausgerichtet sind, noch die Werke von Marx, Tocqueville, Veblen und Schumpeter finden. Sie alle preisen beredt die Lebensfähigkeit, die Kraft und die historische Bedeutung der Bourgeoisie, um im gleichen Atemzug ihren Niedergang und Tod vorherzusagen. Sie verbreiten sich über dieselben moralischen Widersprüche, technologischen Imperative, materiellen Übersättigungen und sozialen Veränderungen, von denen die gegenwärtige Kritik des Kapitalismus lebt. Es sind Symptome, die schon 1815 dem Schweizer Wirtschaftstheoretiker Simonde de Sismondi, einem Pionier der dynamischen Analyse, zumindest teilweise bewußt waren, wenn er sich auch fragte, »was wir mit noch mehr produzierten Gütern anfangen sollen, wo wir doch die lebenswichtigen Bedürfnisse des Menschen schon befriedigt haben.«[2] Sogar Adam Smith, Aushängeschild für die kapitalistische Wirtschaftsordnung, verkündete, daß diese unweigerlich zerfallen werde, wenn erst einmal der gutgläubig ersehnte, allgemeine Wohlstand vorherrschen und das System samt seinen Zielen und Voraussetzungen überflüssig machen werde.

Andere Propheten sahen in der langsamen Erschöpfung der Ressourcen, verursacht durch die Bevölkerungszunahme, den Vorboten für die Hinfälligkeit des Kapitalismus. Doch ganz gleich, ob Armut oder Reichtum, Mittelmäßigkeit oder Ungerechtigkeit oder irgendwelche anderen Symptome als Ursachen genannt wurden – über die Jahrhunderte hinweg sahen aufgeregte Visionäre immer wieder den Tod, den Niedergang, die Stagnation, den Verfall und das Verhängnis des Kapitalismus voraus, und trostreich verkündeten sie stets, daß ein stabilerer Zustand eintreten werde, eine Art gesegnetes Gleichgewicht, das endlich eine Milderung des Existenzkampfes bewirken würde.

Inzwischen gibt es so viele Propheten des – in der Tat zwiegesichtigen – Kapitalismus, daß der Wert ihrer Untersuchungen weniger in den jeweiligen Aussagen zum Kapitalismus zu suchen ist, als vielmehr darin, was diese Arbeiten über große Denker offenbaren: Sie sind zum größten Teil unfähig, ihr eigenes Zeitalter nicht als den Höhepunkt der Menschheitsentwicklung zu betrachten, sie alle glauben sich dem Zeitpunkt nahe, da die sieben Siegel der Offenbarung gebrochen und »die Berge und die Inseln versetzt« werden, wie es in der Bibel heißt. Vielleicht sind unsere Intellektuellen und Wirtschafts-»Staatsmänner« auch von der zunehmenden Enttäuschung, die das Betrachten des eigenen Spiegelbildes und der endgültige Halt auf der Erfolgsleiter hervorrufen, beeinflußt, wenn sie regelmäßig den Niedergang und das Ende der beständigsten Dinge und – nach Art des Aspen Institute – ihren Ersatz durch irgendein ausgeglichenes Nirwana voraussagen. Geschiedene prophezeien stets den Verfall der Familie, alternde Intellektuelle und Wirtschaftler die nachlassende Lebenskraft des Kapitalismus.

Soziologische Tatbestände lassen sich aber nicht mit biologischen gleichsetzen. Wiewohl das Älterwerden den Weg des Menschen vom Ruhm zur letzten Weisheit beschwerlich macht, sind Nationen nicht davon betroffen. Der Kapitalismus oder die Familie sind keine Einrichtungen, die altern oder verfallen können – jedenfalls nicht, solange es eine humane Gesellschaft gibt.

Die Bedürfnisse der Menschen steigen ständig. Wissenschaft und Technik überraschen uns immer wieder mit neuen Leistungen. Die Anforderungen, die Kompliziertheit und die Vielfalt des Lebens auf der Erde werden von Jahr zu Jahr undurchschaubarer für Tyrannen oder Planer. Nur eine Nation, deren Produktivvermögen unter geteilter Kontrolle steht und sich beständig in neuen Formen und Systemen darstellt, kann wachsen; d. h., eine Nation kann nur in dem Maß wachsen und sich veränderten Bedingungen anpassen, wie sie kapitalistisch organisiert ist. Das bedeutet, daß in Wahrheit der von allen Wirtschaftspropheten geforderte »Zustand des Geichgewichts« nicht der stabilste, sondern der am meisten vom Verfall bedrohte Zustand ist.

Der gewichtigste Vorwurf der Intellektuellen lautet, der Kapitalismus besitze keine Moral. Wenn wir in das Innere des Systems vordringen, die üppigen Teppiche hinter uns lassen, die weiten Hallen durchmessen, die Krypta betreten und die Samtvorhänge teilen, finden wir, so sagt Daniel Boorstin, nur ein leeres Heiligtum vor. Das freut ihn, denn für ihn ist dies eine der Voraussetzungen unserer Freiheit.

Andere Befürworter des Kapitalismus stimmen ihm zu. Die großen österreichischen Polit-Wirtschaftswissenschaftler Friedrich von Hayek und Ludwig von Mises – wie auch Milton Friedman in »Kapitalismus und Freiheit« – schwelgen in Kritik am Kollektivismus und im Lob der Freiheit. Doch sind sie nicht ganz sicher, wozu diese Freiheit gut sein soll. Sie bringen eigentlich nur technische und pragmatische Argumente zu ihren Gunsten vor: Die Freiheit sei ein Wert an sich, und sie mache uns reich. Der Kollektivismus hingegen verschlimmere die Abhängigkeit noch durch Armut. Keiner dieser Denker sieht einen Anlaß, dem Kapitalismus eine Theologie zu schaffen oder ihm auch nur die Aussicht auf eine Rechtfertigung zu geben. Keiner fühlt sich bemüßigt, glaubhaft die Behauptung zu widerlegen, daß die Größten unter den Kapitalisten, die Begründer des Systems, eigentlich nur »Räuberbarone« waren. Keiner belegt überzeugend, daß das System nur lebensfähig und erfolgreich sein kann, wenn es der heroischen Schaffenskraft der Unternehmer Raum gibt.

Die prokapitalistischen Streiter haben keine zufriedenstellende Antwort auf Kristols Frage: »Können Menschen in einer freien Gesellschaft leben, ohne daran zu glauben, daß es eine gerechte Gesellschaft ist?« Sie wissen auch keine Entgegnung auf seine eigene Antwort: »Ich glaube, nein. Ich habe aus der Geschichte gelernt, daß die Menschen ebensowenig ein Gefühl der geistigen Sinnentleerung längere Zeit ertragen können wie eine Gesellschaft, in der Macht, Vorrechte und Eigentum nicht nach moralisch sinnvollen Grundsätzen verteilt sind.«[3]

Es herrscht im rechten Lager heute Übereinstimmung darüber, daß die kapitalistische Freiheit den Kapitalismus unterminiert, weil die Freiheit keine moralische Rechtfertigung für dessen Auswirkungen liefert und weil der Erfolg des Kapitalismus sich in Wirklichkeit nicht auf die Freiheit gründet, sondern auf bürgerliche Tugenden wie Entsagung, Fleiß, Anstand und Vernunft. Diese vertragen sich naturgemäß nicht mit den Trieben und Ansprüchen des Konsumenten, gelten jedoch als die Antriebskräfte für das Wachstum des Systems. Die kapitalistische Freiheit bringt eine vulgäre, dekadente Zivilisation hervor, deren Vorlieben auf häßliche und triviale, verflachte und gottlose Dinge gerichtet sind und der Disziplin und Mut zum Überlegen ebenso fehlen wie Werte, für deren Erhaltung es zu kämpfen gilt.

Die Kritik der Linken greift diese Vorwürfe bereitwillig auf und geht sogar noch weiter: Der Kapitalismus hat nicht nur keine Moral, er fördert sogar die Unmoral, er fördert Rassismus, Ausbeutung der Sexualität, Ungleichheit der Chancen, Zerstörung der Umwelt. Er versagt gleichzeitig auf seinem ureigensten Gebiet – der Wirtschaft –, denn er zieht Inflation und Arbeitslosigkeit nach sich und macht eine weit vorausgreifende Planung unmöglich. Vorausschauende Planung ist jedoch unerläßlich angesichts der weltweiten Umweltkrise, der Energie- und Rohstoffknappheit und der gestiegenen Ansprüche der Dritten Welt. Vor allem aber schafft und verewigt der Kapitalismus Ungleichheiten – zwischen arm und reich, reichen und armen Ländern, Mann und Frau. Darüber hinaus zerstört er Gleichgewichte – zwischen Mensch und Natur, Verbrauch und Erhaltung von Gütern, individuellen Ansprüchen und sozialen Notwendigkeiten. Die Linken haben sich damit die Auffassung der Konservativen zu eigen gemacht, daß das Amerika von heute materiell ärmlich dastehe und die Konsumgesellschaft moralisch aufgeweicht sei. Doch sie fügen noch weitere Beschuldigungen hinzu, die den Konservativen allerdings überzogen und falsch durchdacht vorkommen, und auch die vorgeschlagenen Abhilfemaßnahmen lehnen sie als letztlich nutzlos, verschwenderisch und oft sogar widersinnig ab.

Trotzdem glaube ich, daß Linke und Konservative in ihrer Kritik an den kapitalistischen Zuständen mehr verbindet als trennt. Robert Heilbroner, Daniel Bell, Irving Kristol, Alexander Solschenizyn und Tom Hayden haben mehr Gemeinsamkeiten als sie vermuten. Sie alle betrachten den Kapitalismus als einen Bau ohne eigenes Fundament aus Moral und Religion, der deshalb nur eine unsichere Grundlage für das menschliche Dasein abgeben kann. Vermutlich hätten sie sich ebenso verblüfft und sprachlos wie Präsident Dwight D. Eisenhower Nikita Chruschtschews Vorwurf angehört, unser System sei unmoralisch, weil es sich auf die Habgier gründe.

Wo ist eigentlich die kapitalistische »Gute Gesellschaft« geblieben, die Walter Lippmann in seinem Meisterwerk »Die Gesellschaft freier Menschen« in den späten dreißiger Jahren so groß herausstellte? Damals konnte er angesichts des bevorstehenden Krieges und der finsteren Ruinen der Großen Depression behaupten, unser System gründe sich auf ein Ideal, das »zum ersten Mal in der Geschichte der Menschheit« den Menschen »einen Weg zum Wohlstand zeigt, auf dem das Glück der anderen ihr eigenes vervielfältigt«, auf dem endlich »die Goldene Regel auch wirtschaftlich vernünftig« sei und auf dem »die altehrwürdigen Ideale Freiheit, Gleichheit und Brüderlichkeit im Einklang stehen mit der Beseitigung von Armut und der Mehrung von Wohlstand.« Lippmann entwickelte diesen Gedanken noch weiter: »Bevor die Einführung der Arbeitsteilung die Menschen von der freien Mitarbeit anderer Menschen abhängig gemacht hatte, mußte die Politik der realen Welt auf Raub ausgerichtet sein. Die geistigen Bedürfnisse wurden in der anderen Welt befriedigt. Erst nachdem die Industrielle Revolution die traditionelle Lebensweise verändert hatte, ergab sich ein neuer Ausblick, und die Menschen sahen, daß die Gute Gesellschaft auf dieser Erde möglich war. Endlich war die Überwindung der uralten Spaltung zwischen Welt und Geist, Selbstsucht und Uneigennützigkeit in greifbare Nähe gerückt.«[4] In einer Ära des Überflusses lebend, werden wir heute geplagt von Visionen dunkler Gefahren – wir sollten uns wieder auf die Zuversicht besinnen, die dieser Mann in den wahrhaft schweren dreißiger und vierziger Jahren an den Tag legte.

Die Frustrationswirtschaft

Der Glaube, daß das Glück der anderen am Ende auch einem selbst nützt, findet nur schwer den Weg zum menschlichen Herzen. Jedoch ist dies die Goldene Regel der Wirtschaft, der Schlüssel zu Frieden und Wohlstand und eine Voraussetzung für den Fortschritt. Dieser Glaube beendete das Zeitalter des Merkantilismus mit seiner Räuberwirtschaft, als Einfuhrbeschränkungen und Handelskampagnen gegen Nachbarn üblich waren, um im eigenen Land Handelsüberschüsse und Goldvorräte ansammeln zu können. Das erste große Buch der Wirtschaftstheorie »Der Wohlstand der Nationen« von Adam Smith war von dieser Goldenen Regel inspiriert. Auch David Hume verkündete diesen Glauben 1742 am Schluß seines Essays »Of the Jealousy of Trade« (Über die Eifersucht beim Handel): »Ich wage es deshalb zuzugeben – und zwar nicht nur als Mensch, sondern auch als britischer Untertan –, daß ich für eine blühende Wirtschaft in Deutschland, Spanien, Italien und sogar Frankreich bete. Zumindest bin ich sicher, daß alle Nationen zu größerer Blüte gelangen könnten, wenn sie eine großzügige und aufrichtige Anteilnahme füreinander hegten.«[5]

Die Goldene Regel findet ihre wissenschaftliche Begründung in den allseitigen Vorteilen durch den Handel, in der durch das Angebot erzeugten Nachfrage, in den durch das Wachstum geschaffenen neuen Möglichkeiten und in der allgemein feststellbaren und immer deutlicher werdenden wirtschaftlichen Unsinnigkeit des Krieges. Seit den Zeiten Smiths und Humes beruhen die meisten wirtschaftlichen Fortschritte auf dieser Grundlage. Ihre Vernachlässigung in den Zoll- und Handelskriegen der dreißiger Jahre dieses Jahrhunderts hat die Große Depression beschleunigt, verschlimmert und verlängert. Die Goldene Regel ist das bedeutendste Erbe für uns als einem freien Volk; und doch ist dieser Glaube von innerer Auszehrung bedroht.

Einige der hartnäckigsten Miesmacher sitzen in den Reihen der Wirtschaftswissenschaftler. Adam Smith überschrieb das erste Buch seines Werkes »Der Wohlstand der Nationen«: »Was die produktiven Kräfte der Arbeit verbessert und nach welcher natürlichen Ordnung sich ihr Ertrag auf die einzelnen Schichten der Bevölkerung verteilt.« Er legte dabei mehr Gewicht auf die *Produktionskraft,* doch seine Nachfolger, angefangen bei David Ricardo, verfingen sich bald in einem unbeweglichen, rein mechanisch aufgefaßten System der Verteilung des *Wohlstands.* Sie schritten ausdauernd die Reihen der Reichen und Armen ab und untersuchten minuziös die Schwächen des Kapitalismus, die uns beständig so viel Armut bescherten. Auch heute steht die *Verteilung* des Wohlstands im Brennpunkt des Interesses: Unsere Wirtschaftsexperten denken gramgebeugt über die ewigen Ungerechtigkeiten nach und ergehen sich in Spekulationen über einschneidende »Umverteilungs-Maßnahmen«, die dieses Übel beseitigen könnten.

Die Denkweise, die in den von Stiftungen finanzierten Forschungsberichten, in Wirtschafts-Bestsellern, Zeitungskolumnen und politischen Diskussionen vorherrscht, ist – oberflächlich betrachtet – recht harmlos. Doch sie hat eine bedenkliche Tiefenwirkung, und da nagt sie die Goldene Regel des Kapitalismus an, vergiftet die Beziehungen zwischen arm und reich und stellt unser System als ein »Nullsummenspiel« dar, in dem jeder Gewinn auf der einen Seite einen Verlust auf der anderen nach sich zieht. Der Reichtum ist dabei wieder einmal der Verursacher der Armut. Wie Kristol schon sagte, kann eine freie Gesellschaft, in der die Meinung vorherrscht, daß alles ungerecht verteilt ist, nicht lange überleben. Deshalb trifft die auf Verteilung gerichtete Denkweise das lebendige Herz des demokratischen Kapitalismus.

Unglücklicherweise muß sich jede Verteilung, sei es die von Wohlstand, Einkommen, Eigentum oder von Subventionen, zwangsläufig als schlecht herausstellen, ja als schreiend unfair und ungerecht. Typisch sind Feststellungen wie diese: »Die bestsituierten 2 Prozent aller Familien besitzen 44 Prozent des gesamten Privatvermögens; die schlechtestgestellten 25 Prozent besitzen nichts davon.«[6] Der Statistiker kann immer eindrucksvoll mit Medianwerten (Mittelpunkt einer Verteilung, über und unter dem jeweils die Hälfte der Werte liegt) und Mittel- oder Durchschnittswerten auftrumpfen und zum Beispiel auch belegen, daß das Medianeinkommen der Amerikaner gleich Null ist (weil die meisten der Amerikaner Hausfrauen und Kinder sind).

Statistische Angaben können das Bild der Wirtschaft aber auch folgenschwer verfälschen. Sie sind naturgemäß statisch wie das Bild der Gebäude einer Konzernverwaltung, die sich hoch über die Großstadt erheben. Das Bild unterschlägt aber alle Treppenhäuser, alle Fahrtreppen und Aufzüge und das Beruhigungsmittel Librium® auf dem Schreibtisch des Managers, der sich den Jahresbericht ansieht. Die statistische Verteilung erscheint von Dauer, und wie das Bürogebäude wird sie jahraus, jahrein gleich bleiben. Doch neue Firmen ziehen ein und aus, Manager kommen und gehen, Angestellte steigen auf und – oben angekommen – lassen einige ihr Librium® stehen und springen hinunter.

Ein weiteres Beispiel für die Aussagekraft von Statistiken: Der Marktanteil der vier größten amerikanischen Tabakfirmen ist seit gut dreißig Jahren konstant. Doch der absolute Marktführer der fünfziger Jahre ist jetzt fast bankrott. Die statischen Statistiken berücksichtigen nämlich nicht einmal das Lebensalter. So können die Menschen am unteren Ende der Verdienstskala schon alt und jenseits ihrer besten Einkommensjahre sein oder sie sind jung und haben sie noch vor sich. Zwar leben Alte und Junge immer unter uns, aber ihr niedriges Einkommen sagt wenig über die Verteilung der Chancen in einem kapitalistischen System aus.

Die Tatsache, daß die Schwarzen auf der amerikanischen Verdienstskala immer ganz unten stehen, verstellt einigen Ökonomen den Blick für die Dynamik unseres Systems. Amerikaner japanischer Abstammung zum Beispiel waren während des Zweiten Weltkrieges in Lagern interniert, doch dreißig Jahre später hatten sie ein höheres Prokopfeinkommen als alle anderen Volksgruppen – mit Ausnahme der Juden. Dreieinhalb Millionen jüdische Einwanderer landeten um die Jahrhundertwende in unseren Häfen. Sie hatten im Durchschnitt neun Dollar in der Tasche und zählten damit zu den ärmsten Einwanderern. Sechs Jahrzehnte später war das mittlere Familieneinkommen der Juden doppelt so hoch gegenüber dem des nationalen Durchschnitts. Seit dem Zweiten Weltkrieg wurden die einst an der Spitze der Verdienstskala stehenden Protestanten britischer Abstammung im Prokopfeinkommen nicht nur von den Juden und den Orientalen, sondern auch von den Iren, Italienern, Deutschen, Polen und Westindern überholt.

Es grenzt an ein Wunder, daß gelernte Sozialwissenschaftler inmitten dieser Ausbrüche und Erdbeben, dieser Katarakte und Kaskaden des Wechsels leben und immer noch in einem Ton grimmiger Entrüstung verkünden können: »In den letzten fünfzig Jahren hat es keine Verschiebungen in der Verteilung von Einkommen und Wohlstand unserer Nation gegeben.«[7] Tatsächlich hat der Soziologe Peter Edelman 1977 diese Erklärung abgegeben. Er formulierte damit die Meinung von Hunderten seiner Kollegen.

»The Carnegie Council on Children« (Carnegie-Rat für Angelegenheiten der Kinder) veröffentlichte nach Jahren kostspieligen Widerkäuens von Statistiken, mit dem ein Dutzend Soziologen unter Führung des Harvard-Professors Kenneth Kenniston beauftragt war, 1977 und 1979 Berichte, in denen die Gesellschaft der Vereinigten Staaten als ein »Kastensystem« verunglimpft wird. Die amerikanische Wirtschaft, sagt Kenniston, sei ein »abgekartetes Spiel«, in dem »die glänzenden Ausnahmen uns systematisch zu dem Fehlschluß verleiten« (weil sie uns ermutigen), »daß jedes Kind mit genügend Energie und Begabung sich aus der Armut befreien und ein zufriedenes Leben führen könne«.[8] Die Carnegie-Stiftung sollte es besser wissen. Doch scheinen die Sozialwissenschaftler der ehrwürdigen Institution den neuen Mythos vom statischen Amerika nahegebracht zu haben.

Sogar ein so gut orientierter Beobachter wie Herbert J. Gans schaffte es, sich auf dem bewegten Boden der amerikanischen Gesellschaft geradezuhalten (vielleicht, indem er sich an den unbeweglichen Statistiken festhielt) und schloß sein Buch »More Equality« (Mehr Gleichheit) mit den Worten: »Es gibt bald keine Chance mehr, es auf eigene Faust zu etwas zu bringen oder gar reich zu werden.« Etwas unwillig fügte er hinzu: »Natürlich gibt es noch Ausnahmen, doch sie sind ausgesprochen selten (als ob großer Reichtum jemals Gemeingut gewesen wäre oder sein könnte) und bestätigen lediglich die Regel, daß wirtschaftliche Erstarrung eingetreten ist.«[9]

Diese Erkenntnis befällt gelegentlich sogar konservative Autoren, sofern sie nur genügend Sozialwissenschaft betrieben haben. Martin Anderson, ein Wirtschaftswissenschaftler, der schon Reden für Richard Nixon und Ronald Reagan verfaßt hat, begann Ende der siebziger Jahre sein Buch »Welfare« (Die Wohlfahrt) mit der Erklärung: »Der 1964 begonnene ›Feldzug gegen die Armut‹ ist gewonnen.«[10] Er berief sich dabei auf Alice Rivlin, die Leiterin des Congressional Budget Office (Budget-Büro im Kongreß), die festgestellt hatte, daß die Kombination aus erweiterten Wohlfahrtsunterstützungen und Naturalbeihilfen die Amerikaner – bis auf einen geringen Rest von 6,4 Prozent – über die Armutsschwelle gehoben habe. Die Leitartikler des »Wall Street Journal« setzten daraufhin ihre ganze Verve ein, sechs Millionen Lesern diese gute Nachricht zu verkaufen. Einkommensstatistiken mögen in der Tat ein schiefes Bild geben, so konnten die Konservativen jubeln, doch welches Gesellschaftssystem der Weltgeschichte, welche Gesellschaft, die Massen von Einwanderern aufnimmt, die 210 Millionen Menschen auf einem riesigen Kontinent umfaßt, hat es jemals geschafft, die Gruppe mit dem niedrigsten Einkommen über eine Armutsgrenze zu hieven, die etwa 1000 Dollar pro Jahr über dem mittleren Familieneinkommen in der Sowjetunion liegt? Die Schwarzen stehen zwar immer noch ganz unten auf der Einkommensleiter, doch auch ihre Situation habe sich seit dem Beginn der umfassenden Sozialprobleme der sechziger Jahre bedeutend verbessert. Der Feldzug gegen die Armut, so will man uns glauben machen, sei vor allem durch Einkommensumverteilung gewonnen worden.

Auch hier treffen wir wieder auf die Blindheit der Sozialwissenschaftler gegenüber Tatsachen, die ihnen unangenehm ins Auge stechen. Was hat sich denn seit 1964 wirklich ereignet? Eine enorme Aufblähung der Wohlfahrtszahlungen stoppte brutal die einsetzende Verbesserung der Lebensbedingungen für die Armen und besonders für die Schwarzen und – ich formuliere das bewußt so – hinterließ eine grausigere Ruinenlandschaft zerstörter Existenzen und zerrissener Familien als die Sklaverei. Denn obwohl es den intakten Familien der Schwarzen besser geht als je zuvor und die Rassendiskriminierung stark zurückgegangen ist, haben sich die Lebensumstände der armen Schwarzen radikal verschlechtert. Ihr höheres Einkommen macht es nur schwerer, für Abhilfe zu sorgen.

Die Konservativen wissen und betonen schon lange, daß Armut weniger eine Einkommensfrage als vielmehr eine Sache der geistigen Einstellung ist und daß Unterstützung durch die Öffentliche Hand die meisten der Menschen, die davon abhängig werden, zu Krüppeln macht. Seit 1964 wird uns ständig unwiderleglich bewiesen, daß die Konservativen mit ihren Warnungen eher untertrieben haben. Seit dem Beginn des »Feldzugs gegen die Armut« hat die moralische Verkrüppelung, hervorgerufen durch die Abhängigkeit von Unterstützungen, epidemische Ausmaße angenommen und sie wird sich in den nachwachsenden Generationen noch verstärken.

Als die Wirtschafts- und Sozialwissenschaftler Anfang der achtziger Jahre die Stellung der Mittel- und Oberschicht in der amerikanischen Wirtschaft untersuchten, befiel sie erneut eine Sehschwäche. Wieder zogen sie ihre Statistiken zu Rate und behaupteten weiterhin, wie Lester Thurow im »Wall Street Journal«, in den Inflationsjahren seit 1973 habe es »keine nennenswerten Verschiebungen in der Verteilung der Einkommen gegeben, und zwar weder zwischen den verschiedenen Sektoren (Öffentliche Hand, Wirtschaft, Arbeitnehmerschaft) noch zwischen Gruppen (zwischen arm und reich oder Schwarzen und Weißen)«.[11] Laut Thurow liegt der wahre Grund für den von Ober- und Mittelschicht beklagten wirtschaftlichen Druck in der riesigen Diskrepanz zwischen den 8 Prozent, die den Anstieg des Realeinkommens anzeigen und den 50 Prozent, die den gleichen Zuwachs in Zahlen ausdrücken. Diese Diskrepanz erzeuge gefährliche »Geldwertillusionen« und könne sogar dazu führen, daß man sich einrede, der Lebensstandard sei gesunken, während das objektiv gar nicht der Fall sei. So wie behauptet wird, daß die Schwarzen nicht in der Lage seien, die durch den glorreichen »Feldzug gegen die Armut« bewirkte Verbesserung ihrer Lebensbedingungen zu erkennen, wird auch behauptet, daß die Bessergestellten unter eingebildeten Schwierigkeiten leiden. Man muß einräumen, daß die Leiden der Amerikaner, die der Ober- und Mittelschicht angehören, nicht entfernt mit denen der Schwarzen zu vergleichen sind, doch einen Verlust an Wohlstand und Lebensqualität haben sie immerhin zu beklagen. Statistische Angaben über das steigende Bruttosozialprodukt und die steigenden Haushaltseinkommen verfälschen eben das Bild von den Lebensbedingungen.

Die Mittelschicht ist in Amerika zahlenmäßig am stärksten vertreten. Zum Verständnis ihrer Situation muß man sich zunächst klarmachen, wie viele Irrtümer in den Angaben über Bruttosozialprodukt oder Volkseinkommen enthalten sind. Wirtschaftsexperten wissen längst, wie zweifelhaft Fortschritt durch ein Wirtschaftswachstum ist, das sich mit jedem giftigen Abwasserschub in ein Naturgewässer, mit jeder Ölspur auf einem entlegenen Strand und dem Lärm jeder neuen Fabrik oder jedes neuen Flughafens erhöht, während es durch überquellende Museen oder reine Luft für Millionen von Menschen nicht im geringsten beeinflußt wird.

Das in den siebziger Jahren so schön und so stetig wachsende Bruttosozialprodukt hat eine schlimme Irreführung verursacht. Zu seinem Wachstum trug nämlich auch die Zerstörung der Familie bei. Die Folge davon – die hohe Scheidungsrate – erhöht zunächst einmal das Volkseinkommen, da Wohnungswirtschaft, Schnellrestaurants und Kindergärten mehr Umsatz machen und die Gesamtzahl der Beschäftigten steigt. Geschiedene Männer und Frauen trinken mehr Alkohol, haben mehr körperliche und seelische Leiden und geben mehr Geld für soziale Dienstleistungen aller Art aus. Zwischen 1965 und 1979 stieg die Zahl der Scheidungen in den USA von 479 000 auf etwa eine Million pro Jahr, entsprechend wuchs das Bruttosozialprodukt aufgrund der geschilderten, wenig erfreulichen Tatsachen. Eheschließungen hingegen wirken gegenteilig. Das einleuchtendste Beispiel dafür ist der Mann, der seine Haushälterin heiratet. In der Ehe wird der Lohn erhöht und der Frau formlos das Haushaltsgeld übergeben, das weder in der Steuer- noch in der Volkseinkommensstatistik auftaucht.

Erheblich ist der Einfluß von Inflation und Besteuerung auch auf den Anteil der arbeitenden Frauen. Die Inflation läßt die Arbeitnehmer in immer höhere Einkommensklassen aufrücken, während die Kaufkraft ihres Geldes sinkt. Die Steuersätze halten aber mit diesen aufgeblähten Einkommen Schritt. Anfang 1980 kassierte der Staat schon die Hälfte jedes Dollars, der über das Durchschnittseinkommen hinaus verdient wurde, sei es in Form von Steuern oder in Form von Sozialbeiträgen. Damit werden jene Familien bestraft, die ein engagierter Alleinverdiener ernährt. Zwei halbherzige Job-Inhaber stehen sich vergleichsweise besser. Das Ausbleiben großzügiger Investitionen, die hohe Produktivität und sichere Arbeitsplätze schaffen könnten, verstärkt diesen Trend. Anstatt sich dauerhafte Betriebseinrichtungen zuzulegen, neigen die Firmen dazu, mehr Niedriglohnverdiener, Teilzeitbeschäftigte oder Saisonarbeiter einzustellen. So werden seit den siebziger Jahren der Zusammenhalt der Familien und das Wirtschaftswachstum in den USA unterminiert, während die Gesamtbeschäftigtenzahl steigt. Die Doppelverdiener-Familie kann sich nämlich mehr leisten, als die nur von einem Verdiener abhängige.

Und doch beklagen sich diese Familien, wie Thurow feststellte, über wirtschaftlichen Druck – sie können mit ihrem Einkommen nicht soviel anfangen, wie sie erwartet hatten. Thurow führt das auf die »Geldwertillusion« zurück. Dabei erliegt er selbst jedoch einer Statistik-Illusion, denn im Gegensatz zu den Betroffenen nimmt er die psychischen Störungen, die mit dem derartig erzielten höheren Einkommen einhergehen, und die bevölkerungspolitischen Aspekte nicht wahr.

Wenn Freizeit und Familienleben immer mehr der bezahlten Arbeit geopfert werden, entwickelt sich die Zeit bald zum wertvollsten aller Güter. Sie wird knapp und damit kostbar. Jeder Zeitverlust wirkt sich verhängnisvoll auf das allgemeine Wohlergehen aus. Jede Frau, die ganztags arbeitet, steht unter einem harten Zeitdruck. Darunter leidet der Haushalt. Einiges können Doppelverdiener nach der Arbeit erledigen, einiges wird an Haushaltshilfen delegiert. Der Rest bleibt ungetan oder den Schnellrestaurants, Wäschereien und Kindergärten überlassen. Beide Ehepartner nehmen mehr Streß auf sich, zwischen ihnen entstehen mehr Spannungen, und häufig sind Scheidungen die Folge. Verdient die Frau im Monat weniger als 1000 Dollar, entsteht den Doppelverdienern sogar ein Verlust, da die Arbeit einer Hausfrau – je nach Kinderzahl und Lebensumständen – mit umgerechnet 1000 Dollar bewertet werden kann.

Diese Zahlen lassen jedoch die Dynamik in der Entwicklung

des Familienlebens außer acht. Der neue Trend – weg vom aggressiven Karriere-Mann und Alleinverdiener hin zur Doppelverdiener-Familie – zeigt sich ausgerechnet zu einer Zeit, da die jungen Leute aus der Nachkriegs-Kinderschwemme Familien gründen. Diese Flut, die in den sechziger und frühen siebziger Jahren Schulen, Universitäten und den Arbeitsmarkt überschwemmte, erreichte in den späten siebziger Jahren den Immobilienmarkt. Die jungen Ehepaare richteten sich jetzt häuslich ein und konnten als Doppelverdiener von der Inflation profitieren. Doch sobald Kinder kamen, änderte sich ihre Situation entscheidend. Nach Meinung des Arbeitsministeriums muß das Einkommen nach der Geburt des ersten Kindes um 26 Prozent steigen, damit der Lebensstandard gehalten werden kann. Beim zweiten Kind sind es schon 47 Prozent, kommt das erste Kind zur Schule, bereits 57 Prozent, und nach zehn Jahren mehr als 100 Prozent. Diese Prozentsätze beziehen sich auf das Realeinkommen, das gerade in der Zeit überdurchschnittlich steigen müßte, da die Verdienstmöglichkeiten der Frau durch die Kinder stark eingeschränkt sind.

Legt man die Inflationsrate der siebziger Jahre zugrunde, so ist nach zehn Jahren zahlenmäßig das *vierfache* Einkommen erforderlich, nur um den Lebensstandard halten zu können. Das schaffen die meisten Ehemänner nicht. Wenn sie es versuchen, bleiben sie immer hinter den gesetzten Zielen zurück, weil Erfolge stets durch höhere Steuern und andere Belastungen zunichte gemacht werden: Der Mann füllt seine Rolle als Ernährer der Familie nicht mehr aus und leidet zunehmend unter einem Gefühl der Minderwertigkeit.

Diese Aufstellungen verdienen wirklich, noch genauer unter die Lupe genommen zu werden. Wie alle Regierungsangaben über das Einkommen sind sie mit Statistik-Illusionen behaftet. Niemand, der Kinder hat, wird behaupten, daß sie sein Leben ärmer machten oder daß sein Lebensstandard sinke, wenn er sein Geld für sie anstatt – wie es die Kinderlosen tun – für Freizeitbeschäftigungen ausgibt. Das Problem liegt vielmehr in den Belastungen, denen Mann *und* Frau und damit ihre Beziehung ausgesetzt sind, wenn die Frau gezwungen ist zu arbeiten, obwohl sie so dringend zu Hause gebraucht wird. Die Einkommensstatistiken zeigen klar, daß die meisten

Frauen, trotz der Verherrlichung der berufstätigen Frau, die Teilzeitarbeit bevorzugen. Mit steigendem Familieneinkommen sinkt ihre Arbeitsstundenzahl und auch ihr Jahresverdienst. Steigen dagegen die Verdienstmöglichkeiten der Männer, dann nutzen diese sie auch und setzen ihre Arbeitskraft bis zum Äußersten ein. Das haben Irwin Garfinkel und Robert Haveman vom »Institute for Research on Poverty« (Institut zur Erforschung der Armut) festgestellt. Sie widerlegen damit die Behauptung von John Kenneth Galbraith, Lester Thurow und anderen, daß Männer weniger arbeiten, wenn ihr Einkommen steigt und daß niedrigere Steuern den Arbeitseifer dämpfen.

Ein näheres Hinsehen zeigt auch, daß verheiratete Frauen härter und verheiratete Männer nicht so hart arbeiten, wenn sich die Einkommenschancen der Familie verringern. Da aber die westliche Wirtschaft vor allem den gut verdienenden Männern ihre Produktivitätsfortschritte verdankt, ist leicht einzusehen, daß unsere extrem progressiven Steuersätze in Verbindung mit der Inflation die Produktivität senken und die Beschäftigtenzahl aufblähen.

Was können wir also feststellen? Die westlichen Regierungen haben eine Kampagne angezettelt, die die Ehefrau aus der unbesteuerten Hauswirtschaft in die Arme des Finanzamts scheucht, und mit ihr verlassen viele private, steuerfreie Dienstleistungen – vom Kochen bis zur Kinderpflege – das Heim. Die massenhafte Vermehrung der Massagesalons in amerikanischen und europäischen Städten legt die Vermutung nahe, daß die sexuelle Erfüllung ebenfalls auszieht. Wie dieses Beispiel zeigt, ist die Kampagne der Finanzverwaltungen nur begrenzt erfolgreich. Zwar ist ein Teil der unbesteuerten Hauswirtschaft in die steuerzahlende Wirtschaft abgewandert, doch dafür gerät ein mindestens vergleichbarer Anteil steuerpflichtiger Tätigkeiten in den Untergrund.

Die Familien zerfallen unter der Last der Steuern und Sozialabgaben, moralische Hemmungen verlieren sich. Die wachsende Mobilität und Anonymität macht Geschäfte und Arbeitsverhältnisse undurchschaubarer und die Buchhaltung manipulierbar. Steuer- und Einkommensstatistiken erfassen die Einnahmen aus Rauschgiftschmuggel, Glücksspiel und Prostitution nicht. Sie unterschätzen oder ignorieren den Umfang an Schiebereien, Schwarzarbeit, Fremdarbeiterverleih, die Einkünfte aus Trinkgeldern, den Wertzuwachs bei Briefmarken und Antiquitäten. Unberücksichtigt bleiben auch »Doppelte Buchführung« und Schmiergelder, ohne die manche Kleinunternehmen die gegenwärtige Bürokratie und Steuergesetzgebung nicht überleben könnten.

Fachleute schätzen den Umfang dieser Untergrundwirtschaft, indem sie den Bargeldumlauf verfolgen (er betrug 1979 in den Vereinigten Staaten etwa 500 Dollar pro Kopf, ob Mann, Frau oder Kind) und die offizielle Einkommensstatistik mit der geschätzten Gesamtzahl der Transaktionen vergleichen. (Einen Anhalt geben auch Stichproben in den Steuererklärungen.) Daraus läßt sich schließen, daß die »irreguläre« Wirtschaft zwischen 10 und 25 Prozent des Bruttosozialprodukts ausmacht. Im Grunde kokettiert der Bürger nicht mit der Steuerhinterziehung, doch die exorbitanten Steuern bereiten Sorgen und Ängste und lassen dergleichen zuweilen als einzigen Ausweg erscheinen. Doch die augenblickliche Erleichterung weicht bald der Verdrossenheit und Demoralisierung.

Diese Schwierigkeiten, denen vorwiegend rasch wachsende junge Familien ausgesetzt sind, verdeutlichen, warum die äußerlich wohlhabende Mittelschicht sich über wirtschaftlichen Druck beklagt. Sie zeigen auch, daß umfangreiche Steuersenkungen nötig sind, damit die illegale und halblegale Geschäftstätigkeit eingedämmt und die Lebensfähigkeit der intakten Familie verbessert wird. Mit ähnlichen Problemen schlagen sich ja alle westlichen Industrieländer herum. In Schweden zum Beispiel, wo die Steuerprogression noch schärfer und die Sozialgesetzgebung noch umfassender ist als in den USA, liegt die Scheidungsrate folgerichtig um 60 Prozent über derjenigen der Vereinigten Staaten. Die Zahl der außerehelichen Partnerschaften ist dreimal so hoch, so daß jedes dritte schwedische Kind unehelich geboren wird. Der prominente schwedische Sozialist und Wirtschaftstheoretiker Gunnar Myrdal bekannte: »Die hohen Steuern machen uns zu einer Nation von Anschaffern.«[12]

Die amerikanischen Einkommensstatistiken erzeugen auch über die Reichen statistische Illusionen. Während die Verteilung der Jahreseinkommen sich in den siebziger Jahren kaum änderte, war eine erhebliche Verschiebung in der Verteilung des Wohlstandes festzustellen. Diese Entwicklung ist nur zu verstehen, wenn man die Tatsachen und insbesondere die Auswirkungen der Inflation genau betrachtet und dabei die frommen Rücksichten von links und von rechts beiseite läßt. Zum Beispiel sollen Witwen und Waisen das Opfer der »grausamsten Steuer« sein. In Wirklichkeit behaupten sie sich, zumindest wenn sie vollen Anspruch auf Sozial- und Wohlfahrtsunterstützung haben, recht gut gegen die Inflation. Zwischen 1972 und 1977 stieg in den USA das mittlere Einkommen der Seniorenhaushalte von 80 auf 85 Prozent des Durchschnittseinkommens der Gesamtbevölkerung. Ende der siebziger Jahre stellten Christopher Jencks von der Harvarduniversität und Joseph Minarek von der Brookings Institution fest, daß die Sparer und Geldanleger, also vornehmlich die reichen Leute, von der Inflation am schwersten betroffen waren.

In den späten siebziger Jahren, als die Wachstumsrate gegen Null ging und riesige Ölrechnungen im Ausland bezahlt werden mußten, begann der Lebensstandard der Amerikaner natürlich zu sinken. Dennoch hat jede Gruppe, die mit den steigenden Preisen Schritt halten konnte, ihre relative Stellung in der US-Wirtschaft verbessert. Tatsächlich haben sich die meisten Familien, deren Einkommen nicht dem Verbraucherpreis-Index hinterherhinkt, sowohl real als auch relativ erheblich verbessert, denn im Index wurde der Einfluß der Inflation mindestens um ein Fünftel zu hoch angesetzt. Dieser Fehler ist darauf zurückzuführen, daß die durch hohe Zinsen gestiegenen Kosten für den Eigenheimbesitz mit 30 Prozent in den Verbraucherpreisindex einbezogen werden. Nur wenige Hausbesitzer müssen die Kosten Jahr für Jahr tragen. Sie können sich statt dessen an der Wertsteigerung erfreuen und die abgezahlten Hypotheken von der Schuldenlast abziehen. Zusätzlich können die Eigenheimbesitzer Zinszahlungen vom zu versteuernden Einkommen absetzen, obwohl der Hauptanteil dieser Zahlungen nicht aus echten Zinsen besteht, sondern eine Inflationsprämie darstellt, welche die Bank für den Wertverfall des Geldes gegenüber dem Hypothekarwert entschädigen soll. Unter dem Strich erhalten die Hausbesitzer, die der Mittelschicht angehören, wie auch 70 Prozent der Senioren also einen gewissen Inflationsausgleich.

Als bedeutend stärkerer Ausgleich wirkt die Kopplung des Einkommens an den Lebenshaltungs-Index. Alle Arbeitnehmer mit Indexklauseln in ihren Verträgen verbesserten ihre soziale Stellung in den siebziger Jahren relativ, weil sie der allgemeinen Rezession ausweichen konnten. Sozialhilfeempfänger standen sich besonders gut, weil ein fünf Jahre lang nicht korrigierter Fehler im Gesetz ihnen eine doppelte Erhöhung verschaffte.

Die Wohlfahrtsausgaben hielten in den meisten US-Staaten mit der Inflation Schritt oder wurden sogar objektiv erhöht durch Verdreifachung der Nahrungsmittelgutscheine oder anderer Naturalbeihilfen, wodurch sich die Lage der Wohlfahrtsempfänger erheblich verbesserte. Straff organisierte Arbeitnehmer, wie die Stahlwerker, Autoarbeiter, Fernfahrer, Post-, Gemeinde- und Regierungsbediensteten konnten sich ausnahmslos über der Stagnationsgrenze halten. Sie erkämpften sich Gehaltssteigerungen, bessere Altersversorgung und Sozialleistungen auf Kosten aller Steuerzahler oder zu Lasten der Wettbewerbsfähgkeit ihrer Industrie in der Weltwirtschaft.

Ein besonders hoher Stellenwert in der Vermögensverteilung kommt den verstärkten Leistungen der Sozialversicherung zu. Das Vermögen der Sozialversicherung besteht aus etwa sieben Billionen Dollar Regierungsanleihen und den aufgelaufenen Zahlungen der Arbeitnehmer. Diese Guthaben der Arbeitnehmer repräsentieren zu einem Großteil das Vermögen der amerikanischen Mittelschicht. Der Kongreßabgeordnete David Stockman schrieb dazu: »Ein wachsender Anteil der Ersparnisse der Mittelschicht wird nicht mehr in Konten der (privaten) Banken und anderer Geldinstitute verwaltet. Er hat vielmehr die Form künftiger, von Politikern verwalteter Ansprüche an den Staat angenommen.«[13] Obwohl dieses reale Volksvermögen nicht in den Vermögensstatistiken auftaucht, hat es sich in den siebziger Jahren ständig erhöht und eine reale Vermögensverschiebung zugunsten der Mittelschicht bewirkt.

Im Gegensatz dazu erlitt die amerikanische Oberschicht in den letzten Jahren eine neue »Große Depression«. Wenn die progressive Umverteilung soziale Spannungen zwischen Reichen und Armen beseitigen könnte, dann wären die Jahre 1974 bis 1980 in der überbesteuerten und inflationsgeplagten Wirtschaft der westlichen Nationen eine Zeit gewesen, in der Milch und Honig geflossen wären. In Wirklichkeit waren sie eine Ära wachsender Frustration und sozialer Unsicherheit für Gewinner und Verlierer. Laut Minareks Studie für die Brookings Institution können sich die Auswirkungen, die die Vermögensumverteilung auf den Wohlstand hat, durch die Inflation noch verstärken. Minarek vergleicht die Einkommensangaben der Volkszählung – die sich so lesen, als begünstige die Inflation leicht die Reichen und benachteilige die Armen – mit umfassenderen Meßzahlen. Diese enthalten auch Naturalvergünstigungen (von Nahrungsmittelgutscheinen bis zu Manager-Privilegien) sowie Wertveränderungen (wie die Wertsteigerungen von Grundbesitz und den Realwertverfall von Wertpapieren) und die Änderungen in der Steuerbelastung (Aufrücken zu höheren Steuersätzen und Abgaben auf nominelle Gewinne, die sich als reale Verluste erweisen können).

Diese Betrachtungsweise widerlegt viele unserer bisherigen Auffassungen über die augenblickliche Vermögensverteilung in den USA und trägt schon dadurch zu einem neuen Verständnis der Lage bei. So gleichen Wertsteigerungen bei Eigenheimen und Naturalvergünstigungen die Nachteile beim Aufsteigen zu höheren Steuersätzen in der Unter- und Mittelschicht mehr oder weniger aus, doch sobald das Jahreseinkommen 25000 Dollar übersteigt, zehrt die Progression der Einkommensteuer die Wertsteigerungen bei Häusern und anderen Geldanlagen auf oder übertrifft sie sogar. In noch höheren Einkommensgruppen führen die Rückgänge im Einkommen und im Wert der auf Dollar lautenden Wertpapiere zu erheblichen Vermögensverlusten. Diese Verluste sind nur schwer zu messen, doch Minarek schätzt, daß eine jährliche Zunahme der Inflation um 2 Prozent das Realeinkommen auf der 100000-Dollar-Ebene um etwa 10 Prozent, auf der 200000-Dollar-Ebene sogar um 18 Prozent verringert (in diesem Fall ein Verlust von 40000 Dollar durch die Inflation selbst). Obwohl die jährlichen Einbußen für Millionäre proportional nicht ganz so hoch sind, hat sich die sechs Jahre – von 1974 bis 1980 – anhaltende Inflation am stärksten auf die höchsten Einkommen ausgewirkt.

Minarek ließ die Auswirkungen der zweistelligen Raten am Ende des Jahrzehnts beiseite. Eine entsprechende Kalkulation würde auf dieser Basis grob gerechnet einen Einkommensverlust der reichen Familien von über einem Drittel allein im Jahr 1979 ergeben. Der Wertverfall war jedenfalls enorm. Festverzinsliche Wertpapiere verloren zum Beispiel zwischen Juni 1979 und Anfang 1980 eine halbe Billion Dollar.

Am Anfang der achtziger Jahre zeigten sich die Auswirkungen dieser Entwicklungen auf alle Einkommensklassen und die wirtschaftlichen Aussichten Amerikas. Das Wirtschaftswachstum fiel auf Null, die Sparrate auf 4 Prozent. Die Oberschicht ist in normalen Zeiten die Speerspitze der Wirtschaft und stets zu großen Investitionen bereit. Jetzt flüchtete sie sich in unproduktive Steuer-Oasen, in Goldvorräte, Immobilien und die Spekulation. Zusätzlich verschlimmerte die Demoralisation der Elite die Schwierigkeiten der unteren Schichten.

Alle diese Dinge entgingen der Aufmerksamkeit unserer statistikorientierten Wirtschaftsexperten, während sie eifrig ihre Zahlen nach Material für kryptomarxistische Thesen und Planspiele durchforsteten. Doch ihre statistische Auffassung von der Wirtschaft verkannte vor allem die aufeinander einwirkenden Faktoren Armut und Reichtum in einer Welt, die immer noch mit der Goldenen Regel des Kapitalismus regiert werden kann – wenn wir es nur wollen.

Die Früchte des Schenkens

Der Kapitalismus beginnt historisch gesehen mit dem Geben. Es wird immer mehr über diesen Grundgedanken einer »Wirtschafts-Anthropologie« geschrieben – angefangen bei Melville Herskovits' bahnbrechendem Buch »Man and His Works« (Der Mensch und sein Werk) bis zu Marvin Harris' »Cannibals and Kings« (Kannibalen und Könige). Die ersten Kapitalisten waren danach Stammeshäuptlinge, die einander im Veranstalten großer Festlichkeiten zu übertreffen suchten. Ähnlich entstand auch der Brauch, sich gegenseitig zu beschenken.

Die Geschenke wurden in der Regel im Rahmen einer kultischen Handlung und natürlich in der Hoffnung auf ein späteres Gegengeschenk dargebracht. Der Wert dieser Gegenleistung war nicht festgelegt, doch wurde wohl auch eine Art Zinsen erwartet, denn der Beschenkte versuchte stets, den Wert der empfangenen Geschenke durch seine Gegengabe zu überbieten.

Harris beschreibt den Vorgang, wie er sich bei den Siuai auf den Salomonen abspielte, folgendermaßen: »Ein junger Mann qualifiziert sich als künftiger ›Mumi‹, indem er härter als alle anderen arbeitet und seinen Verbrauch an Fleisch und Kokosnüssen sorgfältig einteilt. Damit beeindruckt er seine Frau, seine Kinder und seine weiteren Verwandten dermaßen, daß sie ihm helfen, sein erstes großes Fest auszurichten. Wird es ein Erfolg, dann wächst die Schar seiner Anhänger, und er setzt alles daran, sich noch großzügiger zeigen zu können. Er baut ein Klubhaus, in dem sich seine Anhänger aufhalten und Gäste bewirtet werden können, und weiht es mit einem Fest ein. Ist dies wiederum erfolgreich, vergrößert sich abermals die Zahl seiner Anhänger, die ihm bei der Ausrichtung des nächsten Festes helfen wollen, und schließlich kommt er als ein neuer ›Mumi‹ ins Gespräch. Zwar muß der ›Mumi‹ mit immer protzigeren Festen seinen Anhängern immer größere Anstrengungen zumuten, doch die Gesamtwirtschaft wächst...«[14]

In einer ethnologischen Studie beschreibt Helen Codere das »Potlatching«, eine ähnliche Abfolge von Arbeit, Sparen, Kapitalansammlung und Festen unter den Kwakiutl-Indianern im Nordwesten der USA: »Die Verteilung von Privatvermögen an die Allgemeinheit ist der immer wiederkehrende Höhepunkt einer endlosen Reihe von Kreisläufen, bestehend aus Kapitalansammlung, Verteilung desselben auf dem Potlach-Fest in Form von Geschenken, erneute Kapitalbildung und Festvorbereitungen.«[15]

Solche Geschenk-Konkurrenzen sind Wettbewerbe in Altruismus, denn eine Gabe wird nur dann mit einer größeren Gegengabe beantwortet werden, wenn der Beschenkte, überrascht und angenehm berührt, seinerseits den Spender beglücken will, wozu ihm wiederum dessen Wünsche und Bedürfnisse bekannt sein müssen. So fördert der Geschenkwettbewerb Verständnis und Sympathie der Menschen füreinander. Der Kreislauf der Geschenke – und damit der wirtschaftliche Nutzen – wird wachsen, solange die Gaben von den Beschenkten höher eingeschätzt werden als von den Spendern. Diese Sitte überwand den Tauschhandel – mehr noch, sie schuf eine Art Geld, bestehend aus Verpflichtungen, Schulden oder Versprechungen. Mit der Veranstaltung seines Festes erlegt der »Mumi« allen seinen Gästen eine Schuld auf. Mit der Teilnahme erkennen sie eine Verpflichtung ihm gegenüber an. Das gleiche geschieht, wenn Sie jemandem einen Dollar geben, einerseits erkennen Sie eine Schuld in bestimmter Höhe ihm gegenüber an, andererseits geben Sie das Schuldanerkenntnis eines Dritten an ihn weiter. Doch dieser Vorgang, der Verbindlichkeiten schafft, muß irgendwo mit einem Spender und einem Geschenk, einem Fest und einem »Mumi«, einer Investition und einem Investor beginnen.

Die Verbindlichkeiten führten zu Gegengeschenken und neuen Verbindlichkeiten und verwoben so zu einem immer größer werdenden Teppich aus wirtschaftlichem Schaffen und Güteraustausch. Jeder Spender hoffte auf größere Gegengaben, ohne sich ihrer jedoch sicher zu sein, und jeder Beschenkte fühlte sich zu spendablen Gesten verpflichtet.

Diese Ausweitung der Verbindlichkeiten ist der Vergrößerung der Geldmenge gleichzusetzen. Der springende Punkt liegt in der Schaffung von Verbindlichkeiten (oder dem Gefühl der Verpflichtung auf seiten des Gastes) durch die Hingabe eines Gutes (zum Beispiel einer Mahlzeit). Der »Mumi« konnte als der Kapitalist nicht gut Ansprüche stellen, Verpflichtungen auferlegen oder die Geldmenge ausweiten, ohne für ein angemessenes Angebot zu sorgen. Die Nachfrage steckte schon im Angebot – in der Mahlzeit.

Nach dem »Potlatching« war der nächste Schritt die Einführung des Geldes, mit dessen Hilfe nun das System der Gaben und Gegengaben ausgedehnt werden konnte, so weit Treu und Glauben reichten – von den Siuai, dem Stamm des »Mumi« bis zur Weltwirtschaft.

Eine wichtige Übergangsform bildeten dabei die chinesischen »Huis«, ein früher von den Auslandschinesen bevorzugtes Instrument der Kapitalbildung, mit dem sie von San Francisco bis Singapur phantastische Erfolge als Groß- und Einzelhändler erzielten. Das gegenüber dem »Potlatching« weiterentwickelte und verfeinerte System des »Hui« begann damit, daß der kapitalbedürftige Organisator sich verpflichtete, eine Serie von zehn Festessen zu veranstalten. Im Verlaufe jedes Mahles wurde unter den Gästen Geld gesammelt und einem Hui-Mitglied durch Los oder geheime Ausschreibung zugeteilt. Dieses Spendenkarussell drehte sich so lange, bis jedes Mitglied sein Startkapital zurück hatte.

Ähnliche Bräuche gab es bei den Japanern und unter den nach Westindien deportierten Schwarzen. Alle beruhten darauf, daß man einem Mitmenschen Geld oder andere Güter anvertraute und – keineswegs sichere – Gegenleistungen in der Zukunft erwartete.

Jedes Angebot erzeugt seine eigene Nachfrage – dieser Grundsatz der klassischen Wirtschaftslehre ist unter dem Namen »Saysches Gesetz« bekannt. Im Grunde ist es nichts anderes als das »Potlatching«. Das Prinzip des Kapitalismus besteht darin, erst zu geben und später zu nehmen, die Nachfrage ist schon im Angebot enthalten. Bevor die Geldwirtschaft aufkam, wurden die Geschenke mit der Aussicht auf sofortigen Prestigegewinn und ein späteres »Fest mit Zinsen« ausgeteilt. Sie konnten aber auch zur Umgehung der Zwänge des Tauschhandels eingesetzt werden, zur Vermeidung der peinlich genauen Abstimmung von Bedürfnissen und gelieferten Gütern. In den meisten Fällen waren die Feste und Geschenkaktionen echte unternehmerische Leistungen. Sie setzten den Erwerb von

Gütern zu bekannten Preisen voraus, und die Veranstalter rechneten damit, im Austausch dafür irgendwann Güter in einem noch unbekannten Wert zu erhalten. Der Erfolg dieses Sparens und Investierens hing von der Ehrlichkeit und der wirtschaftlichen Leistungsfähigkeit aller Beteiligten ab.

Geld unterscheidet sich von anderen Verbindlichkeiten vor allem durch seine Unbestimmtheit. Geld setzt Vertrauen voraus und verheißt Freiheit. Ohne Geld müßte jeder Güterverkehr vorhergeplant sein. Die Freiheit wird erst möglich durch die Bereitschaft des Menschen, ohne Aussicht auf eine genau festgelegte Gegenleistung zu arbeiten oder etwas hinzugeben.

In der Planwirtschaft entwickelt sich das Geld zu einer Illusion oder zu einer leeren Versprechung, da fast alle Käufe schon vorher festgelegt sind. So kann zum Beispiel der Rubel in der Sowjetunion nur in begrenzten Beträgen für eine sehr eingeschränkte Liste begehrter, aber knapper Güter ausgegeben werden. Ähnlich ist es im ganzen Ostblock.

Der Geldbedarf entsteht ausschließlich aus der Anerkennung von Schulden für Güter und Leistungen. Geld ist wertvoller als die Bereitstellung von Gütern, weil es Freiheit gewährt – schließlich braucht es nicht für ein vorbestimmtes Gut ausgegeben zu werden. In einer kapitalistischen Wirtschaft wissen Arbeiter und Geschäftsleute nur zu gut, daß ihre Kaufkraft einzig und allein von ihrer Lieferfähigkeit abhängt.

Wer zum Beispiel dieses Buch kauft, ersteht es nicht mit Geld, sondern mit seiner in Geld umgewandelten Arbeit. Er tauscht seine Arbeit, seine produktive Leistung nicht nur gegen meine Leistung ein, sondern auch gegen die der Verleger, Lektoren, Graphiker, Übersetzer, Korrektoren, Drucker, Buchhändler, Buchvertreter und Auslieferer. Die Liste der Menschen, die in der modernen arbeitsteiligen Wirtschaft für die Arbeit an einem Buch bezahlt werden, ist praktisch unendlich lang. Was auch gekauft wird, ob eine Kokosnuß, ein Haarschnitt oder eine Baßgitarre, letzten Endes wird nicht mit der gesetzlichen Währung, deren Kaufkraft von der Regierung beeinflußt werden kann, sondern mit der Bereitstellung von Gütern und Leistungen bezahlt. Bedürfnisse entstehen und manifestieren sich nicht im Laden, wo der flüchtige Kaufakt vollzogen wird, sondern am Arbeitsplatz, wo unter Risiken und Anstrengungen der lebenswichtige Beitrag zur Bereitstellung von Gütern und Leistungen erbracht wird. Im kapitalistischen System achtet der Mensch sein Geld, denn das Geldausgeben ist für ihn psychologisch in der Verausgabung seiner Arbeitskraft verwurzelt.

Ein deutliches Merkmal der Inflation ist das Auseinanderfallen von Angebot und Nachfrage, der zunehmende Glaube der Menschen, ihre Kaufkraft könne auf Dauer ihre Lieferfähigkeit übersteigen; daß man für nichts etwas bekommt, daß man andauernd nehmen kann, ohne zu geben. Wenn die Zentralbanken *diese* Nachfrage finanzieren, wird der Wert des Geldes, dieses Nachfrageinstruments, nur zu bald gegen Null gehen (was laut Voltaire ohnehin der eigentliche Wert dieser Papierfetzen ist).

Und sollten die Zentralbanken diese Papierfetzen sogar verbürgen, indem sie sie in Gold konvertierbar machen, sind Gold *und* Papiergeld kaum etwas wert, wenn sich das moralische Gerüst aus Produktion und Warenaustausch auflöst. In einer kranken Wirtschaft, in der es kein Vertrauen in das Geld mehr gibt, muß man für ein Kilo Korn vielleicht ein Kilo Gold zahlen – in der gesunden Geldwirtschaft bekommt man eine ganze Tonne dafür.

Die kapitalistische Produktionsweise schafft Vertrauen in die Nachbarn, in die Gesellschaft und in die ausgleichende Logik der Schöpfung. Suchet, so werdet ihr finden, gebet und es wird euch gegeben werden – das Angebot schafft sich selbst die Nachfrage. Diese kosmische Wahrheit, diese leicht nachvollziehbare Logik, unterscheidet die freie von der sozialistischen Wirtschaft. Die sozialistische Wirtschaft geht von einer rationalen Definition der Bedürfnisse oder der Nachfrage aus und schreibt das Angebot nach vorher festgelegten Richtlinien vor. In einer sozialistischen Wirtschaft wird nichts angeboten, bevor nicht die Nachfrage festgestellt und bis ins einzelne aufgeschlüsselt worden ist.

Die Geschenke in der Geldwirtschaft des neuzeitlichen Kapitalismus sind die Investitionen. Niemand wird Geschenke machen, ohne irgendeine Vergeltung dafür zu erwarten – sei es in dieser Welt oder im Jenseits. Sogar die Bibel verspricht dem, der da gibt, daß ihm gegeben werde. Das Wesen des Schenkens liegt keineswegs im Fehlen jeglicher Aussicht auf Belohnung, sondern im Fehlen einer vorher festgelegten Belohnung. Wie Geschenke werden auch Investitionen ohne Aussicht auf eine vorher festgelegte Belohnung gemacht. Der Erfolg von Geschenken oder Investitionen ist stets ungewiß, seien es Gewinne oder Verluste, sie müssen vom Geber getragen werden. Da Fehlschläge häufig sind, ist der Augenblick, in dem Investitionen getätigt werden, ein Augenblick des Zweifelns, der Erwartung, ja sogar des Glaubens. Aber auch Fehlschläge können nützlich sein, denn im Laufe der Zeit, vielleicht nach Generationen, bilden sie einen Bodensatz an Erfahrung, dem wertvollsten Kapital, über das sowohl der einzelne Unternehmer als auch die gesamte Gesellschaft verfügen kann.

Dieses Wissen geht über das in der Schule gelehrte hinaus, übertrifft auch die in den Experimenten der Sozial- oder Naturwissenschaften gewonnenen Erkenntnisse oder die Erfahrungen der sozialistischen Staatswirtschaften. Unternehmerische Experimente sind gleichzeitig Abenteuer, bei denen die wirtschaftliche Existenz des Investors auf dem Spiel steht. Er wagt seinen Einsatz mit erhöhter Leistungsbereitschaft und gesteigerter Wachsamkeit. Dieses Experiment kann ihn auf die höchsten Höhen führen; und treten Krisen und Überraschungen ein, so beflügeln sie ihn nur zu noch größeren Leistungen.

Dieser Vorsprung an Motivation entscheidet oftmals über Erfolg oder Mißerfolg von Unternehmen oder Nationen. Harvey Leibenstein von der Harvarduniversität bewies in einer großen Untersuchung, daß für unterschiedliche Produktivitäten weder das – in den wissenschaftlichen Texten so groß herausgestellte – durchrationalisierte Verteilungssystem noch irgendeine andere meßbare Größe des Produktionsprozesses maßgebend ist. Für die Unterschiede sind Management, Motivation und Geisteshaltung verantwortlich, Faktoren, die Leibenstein unter dem Begriff »x-Effizienz« zusammenfaßt. Er verweist auf Tolstois »Krieg und Frieden«, wo zu lesen ist, daß der Militärwissenschaft zufolge die Stärke einer Armee gleich ihrer Kopfzahl ist. Doch in Wirklichkeit sei sie das Produkt aus dieser und einem unbekannten Faktor x, dem Kampfgeist der Armee...

Die Aufgabe, den unbekannten Faktor x zu ermitteln, sei nur zu lösen, wenn bewußt darauf verzichtet würde, diese Unbekannte x durch die Umstände zu ersetzen, unter denen sie wirksam ist, wie zum Beispiel die Kommandos eines Generals, die Ausrüstung der Soldaten und so weiter... und indem mit diesem Faktor die mehr oder weniger stark ausgeprägte Bereitschaft zu kämpfen und der Gefahr ins Auge zu blicken, bezeichnet werde.[16]

Meßbare Einsatzzahlen, mit denen die Planwirtschaft arbeitet, haben also gar keinen entscheidenden Einfluß auf das Resultat. Leibenstein führt an, daß es bei Arbeitern, die in der gleichen Fabrik die gleiche Arbeit verrichten, Produktivitätsunterschiede im Verhältnis von 1 : 4 gibt. Vergleicht man Fabriken mit gleicher Ausstattung und gleich großer und gleich gut bezahlter Belegschaft, können sogar Unterschiede bis zu 50 Prozent auftreten. Management, Motivation und geistige Einstellung sowie deren Einfluß auf die Anpassungs- und Lernfähigkeit lassen in der Auswirkung auf die Produktivität alle meßbaren Größen hinter sich. Das gilt im gleichen Maße für den einzelnen wie für Gruppen, für Manager wie für Arbeiter. Entscheidend ist die Bereitschaft, »zu kämpfen und der Gefahr ins Auge zu blicken«, Anstrengungen auf sich zu nehmen und Wagnisse einzugehen.

Fehlt dieser Faktor X, so bleiben die besten Chancen einer Wirtschaft ungenutzt. Die Lehren aus Erfolg und Versagen bilden nur sehr langsam ein Kapital an wirtschaftlichem Sachverstand. Wie Leibenstein nachweist, zeigt die geschichtliche Entwicklung, daß dieser geistige Faktor sich am besten durch Eigentum entwickelt. Eigentum zu besitzen, sei es an einem Grundstück, der eigenen Arbeit oder in VW-Aktien, heißt, sich den Risiken und den Antrieben des Produktivvermögens auszusetzen.

Das heißt auch, daß der Eigentümer immer auf der Höhe der Entwicklung stehen muß, stets über das Wissen seiner Zeit verfügen muß, von ihm inspiriert und motiviert wird. Er reagiert sofort auf überraschende Veränderungen in Trends, Verhaltensweisen und Techniken, die den Wert und die Entwicklung seines Eigentums beeinflussen.

Der Sozialismus dagegen ist eine von allen Mitgliedern einer

Wirtschaftsgesellschaft bezahlte Versicherungspolice gegen sämtliche denkbaren wirtschaftlichen Risiken. Sie bewirkt aber eine Abschirmung gegen das Wissen um die wirklichen Gefahren und Chancen einer Gesellschaft. Anstatt sich der abwechslungsreichen, gewinnbringenden Vielfalt auszusetzen, nimmt die Gesamtwirtschaft das viel größere Risiko der Erstarrung in einer sich wandelnden Welt in Kauf. Eine kapitalistische Wirtschaft, in der die Risiken auch vom einzelnen Bürger getragen und realistischer eingeschätzt werden, kann durchaus stabiler als eine sozialistische sein.

Der Sozialismus geht davon aus, daß wir schon ziemlich genau wissen, was zu tun ist, um die unserer Nation gesteckten Ziele zu erreichen. Der Kapitalismus aber verschließt die Augen nicht vor der Tatsache, daß wir in einer ungeheuer komplizierten Welt voller Unwissenheit und Gefahren leben und daß wir unsere Schwierigkeiten nur mit ausdauernder Anstrengung, Erfindungsreichtum, Menschenfreundlichkeit und Liebe überwinden können. Das eine System behauptet, wir könnten die gewünschten Ergebnisse zuverlässig vorhersagen und sicher erzielen. Das andere sagt, daß wir etwas hergeben müssen, lange bevor wir wissen können, was die Welt uns zurückgibt. Das eine gründet sich auf die empirisch festgestellte menschliche Schaffenskraft, das andere auf Optimismus und Glauben.

Der Kapitalismus baut auf eine von Moral und Vorsehung regierte Welt, in der die Menschen vernunftgemäße Abenteuer unternehmen. Die Geschenke bringen nur etwas ein, wenn sie in altruistischem Geist und mit Verständnis für die Bedürfnisse der Mitmenschen gemacht werden. Der Erfolg hängt von dem Vertrauen auf eine im Grunde ehrliche und aufgeschlossene Gesellschaft ab, in der es möglich ist, etwas ohne vertraglich zugesicherte Gegenleistung herzugeben, etwas zu wagen, ohne den Erfolg schon in der Tasche zu haben. Man hofft lieber auf einen überraschenden Gewinn, als sich auf den mageren Ausgleich durch vertragsgemäße Bezahlung zu verlassen. Im Angesicht drohender Gefahren und bohrender Ungewißheit wird man die Initiative ergreifen. Im Sozialismus geht mit der Hoffnung auch die Initiative zugrunde. Es gibt kein System kollektiver Bevormundung und Absicherung, das am Ende nicht die Risiko-

und Kampfbereitschaft abtötet; das nicht jener Großzügigkeit in den Arm fällt, welche die Grenzen der Welt erweitert und die Menschen einander näher bringt.

Was sich oberflächlich gesehen als die Stärke des Kollektivismus ausnimmt, nämlich der Glaube, es könne ein erschöpfendes und objektives Wissen über den Menschen heute und in der Zukunft geben, ist gleichzeitig seine entscheidende Schwäche. Wer Gewißheit und Sicherheit sucht, lebt in der Vergangenheit, denn die allein ist gewiß, und sein Verhalten ist notwendigerweise reaktionär – trotz aller »fortschrittlichen« Rhetorik. Wenn überhaupt, haben wir Gewißheit erst, nachdem die Gelegenheit zum Handeln vertan ist. Der Unternehmer, der auf einen stabilen Markt wartet, der Staatsmann, der auf gesicherte neue Staatseinkünfte hofft, bevor er die Steuern senkt, der Politiker, der auf eine gesicherte Mehrheit wartet – sie alle handeln zu ängstlich und zu spät.

Die Produzenten können nie mit einer gesicherten Nachfrage für ihre Güter rechnen. Die Nachfrage ergibt sich aus der Qualität der Produkte, und diese ändern sich in einer sich wandelnden Welt andauernd. Wer die Zukunft gestalten will, muß immer mit dem Zweifel leben und sich am Glauben stärken. Das Schicksal der westlichen Demokratien und des Kapitalismus hängt davon ab, ob dieser Glaube an die Zukunft sich in den Ländern, die ihn hervorgebracht haben, behaupten kann.

Die Angebotsseite

Dieses Kapitel behandelt die Theorie von der angebotsorientierten Wirtschaft. Leser, die eine weniger abstrakte Darstellung des Themas bevorzugen, mögen es getrost überschlagen.

Die Leistungen des Kapitalismus entstammen der Angebotsseite der Wirtschaft. Diese simple Erkenntnis ist der Kern jeder erfolgreichen Wirtschaftspolitik in den kapitalistischen Wirtschaftssystemen des Westens. Dieses einleuchtende Prinzip übersehen manchmal sogar die konservativen Theoretiker in ihrer oft verbissenen Auseinandersetzung mit Währungsstatistiken und »Deficit Spending« (Finanzierung von Staatsausgaben durch Verschuldung). Die Liberalen übersehen es aufgrund ihrer Vorliebe für Nachfragestrukturen und Kaufkraft.

Manchmal bekommt man Schützenhilfe von unerwarteter Seite: Sogar Karl Marx hütete sich, in der Kontrolle über den Konsum oder gar über die Geldmenge den Grundstein und das Herz des Kapitalismus zu sehen.

Allerdings irrte Marx, als er die materiellen Bestände der Gesellschaft – und nicht das metaphysische Kapital menschlicher Freiheit und Schöpfungskraft – zum wichtigsten Produktionsmittel erklärte. Die Schwierigkeiten des heutigen Kapitalismus ergeben sich weniger aus einer Verringerung des materiellen Kapitals, als vielmehr aus der andauernden Zerrüttung der geistigen Produktionsmittel – damit sind vor allem Selbstvertrauen und Begeisterungsfähigkeit gemeint – des Menschen als Wirtschaftssubjekt. Denn damit wird das Gewissen des Kapitalismus unterminiert – die Einsicht, daß man etwas geben muß, damit man etwas bekommt, daß man ein Angebot schaffen muß, damit die Nachfrage sich einstellen kann.

Die Schwierigkeiten haben ihren Ursprung wohl in der Politik, denn die gegenwärtige Lage erinnert an die Zeit, da die Wirtschaftswissenschaft ihre ersten Triumphe feierte. Das war das Zeitalter des Merkantilismus, das auch auf den Primat der Politik pochte. Adam

Smith tadelte damals die europäischen Regierungen, die annahmen, daß die Nachfragemacht, die sich in angesammelten Goldbeständen niederschlägt, die Ursache ihres Reichtums sei. In seinem Werk »Der Wohlstand der Nationen« machte Smith klar, daß echter Reichtum in der Fähigkeit zu produzieren und anzubieten liegt – und nicht in den Goldbarren, die infolge von Handelsüberschüssen angehäuft werden.

Doch im Laufe der zwei Jahrhunderte, die seit dem Anfangserfolg, den Adam Smith für die angebotsorientierte Wirtschaftswissenschaft errang, verstrichen sind, hat die Nachfrageseite allzuoft triumphiert. Die Ursachen dafür sind in den politischen Grundauffassungen zu suchen – in der Theorie von Politik und Öffentlicher Meinung.

Demokratische Politik gründet sich auf formeller gesetzlicher und wahlrechtlicher Gleichheit. Sie entspringt der religiösen Vorstellung, daß vor Gott alle Menschen gleich sind. Doch diese Gleichheit ist im täglichen Leben kaum zu erreichen. Gewiß hat jeder Mensch bei der Wahl nur eine Stimme, doch einige wenige können, vermöge ihrer Energie und Beredsamkeit oder durch ihre Herrschaft über die Medien, die Meinungen von Millionen beeinflussen. Ein gewählter Politiker sollte zwar die Auffassungen und Interessen seiner Wähler vertreten, doch ebensogut kann er ihre Meinungen manipulieren und ihre Interessen in seinem Sinne interpretieren.

Vernünftigerweise werden Politiker, die über wirkliche Macht verfügen, zunächst die Auffassungen des breiten Publikums formen und ihnen nicht blindlings folgen – besonders dann, wenn es um praktische Dinge oder um komplizierte Sachverhalte geht. Die Öffentlichkeit ist eigentlich nur ein Phantom – wie Walter Lippmann so meisterlich und, sollte man meinen, für alle Zeiten gültig in seinem Buch »Public Opinion« (Die Öffentliche Meinung) dargelegt hat. Doch zu manchen Fragen gibt es überhaupt keine Öffentliche Meinung – jedenfalls nicht in dem Sinn, wie der Begriff allgemein verstanden wird.

Meinungsumfragen schaffen oftmals erst eine Meinung. Aus schemenhaften, unbestimmten Gefühlen destillieren sie scheinbar beständige, unwandelbare Zahlen – in Wirklichkeit jedoch nur Luftblasen. Auf ähnliche Weise, wenngleich mit ernsterem Hintergrund, schaffen Politiker sich ihre Mehrheiten. In Wahlkampagnen, Reden, Beratungen und in der Ausübung ihres Amtes halten erfolgreiche Politiker sich nicht mit passiven Stellungnahmen zu Forderungen in der Öffentlichkeit auf, sondern sind aktiv, indem sie neue Ideen anbieten und an den Mann bringen.

Aktive Politik bildet das Angebot und Öffentliche Meinung die Nachfrage. In einer demokratischen Gesellschaft können Meinungsmacher den Umschwung der Öffentlichen Meinung erreichen und damit Druck auf die mächtigen und beständigen Einrichtungen der Exekutive ausüben. Das Ergebnis ist dann ein aufgebrachtes, entfremdetes Wählervolk, der Verfall der politischen Autorität, eine schwerfällige, einfallslose Regierung und der Beginn des nationalen Niedergangs – die von Ortega y Gasset in seinem »Aufstand der Massen« beschriebenen Symptome einer auf den Kopf gestellten Hierarchie. Auf die Wirtschaft übertragen hieße das, der Nachfrage zu erlauben, das Angebot von seinem vorrangigen Platz zu verdrängen. Das Ergebnis würde eine schwerfällige, einfallslose Wirtschaft, Inflation und das Absinken der Produktivität sein. Und unter diesen Krankheiten leiden Politik und Wirtschaft heutzutage.

Die Schwierigkeiten beginnen damit, daß Nachfrage und Öffentliche Meinung nicht fest umrissene, leicht erkennbare Dinge sind. Sie sind vielmehr Strömungen von Begierden und Gefühlen, die erst als Reaktion auf das Angebot Gestalt annehmen.

Die Ausrichtung auf die Nachfrage erzeugt Stagnation, denn noch nicht bekannte Güter, die unvorhersehbaren Früchte von Genie und Erfindungsgabe, sind dann nicht gefragt. Gleichmacherei in der Wirtschaft fördert die Habgier und vernachlässigt das Schenken. Sie läßt die vielfältigen Angebotsquellen zugunsten einer verschwommenen sterilen Nachfrage versiegen. Es besteht kein Grund, beiden Prinzipien den gleichen Rang einzuräumen, denn die Nachfrage konnte sich in unseren Wirtschaftslehrbüchern erst als ebenbürtig darstellen, nachdem irregeleitete Politiker ihr zu hohler Überlegenheit verholfen hatten.

Die Initialzündung zu diesem traurigen Erfolg lieferte die Werttheorie mit der Ermittlung des Preises als Schnittpunkt von Angebots- und Nachfragekurven. Diese Schaubilder und Gleichungen sind die zentralen Glaubensbilder unserer Wirtschaftslehre – sie täuschen Machtgleichheit zwischen Nachfrage und Angebot vor.

Dieses Trugbild entstand aus zwei falschen Gedankengängen. Den einen nennen die Philosophen falsche Konkretisierung oder Reifikation (abgeleitet aus dem lateinischen Wort res = Sache). Mit der Reifikation wird einer Abstraktion, zum Beispiel der Öffentlichen Meinung, oder einer subjektiven Auffassung (etwa: »Der echte Wert des Geldes liegt im Gold«) objektive Substanz oder Dinglichkeit zugeschrieben. Der Psychologe Wilhelm Reich leistete sich ein berühmt-berüchtigtes Extrem von Reifikation, als er die sexuelle Energie zu einer Substanz erklärte, die er Orgon nannte und in seinen Orgon-Kästen sammeln wollte.

Der zweite grundlegende Fehler in den Lehrbüchern ist das ungefähre Gegenteil der Reifikation – die falsche Abstraktion, die aus Dingen Begriffe macht und entsprechend mit ihnen umgeht. Viele berühmte Utopien gehen auf solche unzulässigen Abstraktionen zurück. Ein Beispiel dafür ist die Aussage, Menschen seien lediglich leicht beeinflußbare Bündel von Gedanken und nicht teilweise unmanipulierbare biologische und soziale Einzelwesen.

In den Modellen des vollkommenen Wettbewerbs der klassischen, der »laissez-faire«-Wirtschaftstheoretiker, wird die Nachfrage weitgehend reifiziert, das Angebot jedoch zur Abstraktion gemacht. Die vagen, die Konsumentennachfrage bestimmenden Einflüsse werden als faßbare, genau definierte Größen dargestellt, während die faßbaren und genau definierten Güter, die das Angebot bilden, ständig wechselnde Ideen und Zahlen sein sollen. Obwohl Nachfragekurven nur die gefühlsmäßige Reaktion der Verbraucher auf einige Güter und deren Preise wiedergeben können, bekommen sie das gleiche Gewicht und die gleiche Bedeutung wie die Darstellung des Angebots. Dabei repräsentiert die Angebotskurve Leistungen, Anstrengungen und Absichten der Produzenten, also was und wieviel bereits produziert wurde. Nach den Tabellen erscheinen Angebot und Nachfrage gleichzeitig auf dem Markt, was dazu führt, daß Ursache und Wirkung beharrlich durcheinandergebracht werden.

Das Konzept des vollkommenen Wettbewerbs – einer der

Stützpfeiler der klassischen Theorie – ist sehr nützlich, wenn es gilt, für einzelne Güter den bereits vorhandenen Markt zu beschreiben; doch es ist kaum brauchbar für die Hauptaufgabe des Kapitalismus, die verwegene Unternehmung, neue Märkte zu schaffen. In vielen wissenschaftlichen Untersuchungen wurde bereits nachgewiesen, daß vollkommener Wettbewerb überhaupt kein Wettbewerb ist, sondern nur eine Konkurrenz von Schlafmützen. Denn das ist jeweils der Gleichgewichtszustand, in dem alle Beteiligten lückenlos informiert sind und ohne Gefahr für ihre Marktstellung weder die für optimal befundenen Preise noch die Produkte ändern können und somit keinen nennenswerten Einfluß auf Angebot und Nachfrage haben.

Der vollkommene Wettbewerb schließt also die Vorzüge der angebotsorientierten Wirtschaft aus – die Geheimnisse und Überraschungen des echten Wettbewerbs müssen einem seelenlosen Mechanismus weichen, der Ersparnisse automatisch anlegt, Angebot und Nachfrage gleichzeitig reguliert und die Aufgabe des Unternehmens am besten einem Computer überläßt.

Trotz seiner teilweise bestechenden Logik und seiner Eleganz rechtfertigt das klassische Modell nicht, daß sich konservative Ökonomen so vehement zu seinen Gunsten einsetzen. Es scheint zwar eine Zurückdrängung der staatlichen Einflußnahme zu befürworten, liefert jedoch den Regierungen immer neue Vorwände für staatliche Eingriffe, um seine eigenen unvermeidlichen Schwächen ausgleichen zu können. Tatsächlich hat dieses perfektionistische Konzept mehr dazu beigetragen, den Kapitalismus zu diskreditieren als sein Funktionieren zu erläutern.

Ihren größten Triumph errang die Nachfrageseite, nachdem sich die Makroökonomie zu einer eigenen Disziplin gemausert und sich die Schule der Keynesianer – die Keynes' Werke häufig falsch auslegte – etabliert hatte. John Maynard Keynes begann seine weltberühmte »Allgemeine Theorie der Beschäftigung, des Zinses und des Geldes« mit einer scheinbaren Widerlegung des Sayschen Gesetzes und schloß dem eine komplizierte und verworrene Darlegung an, die dahingehend interpretiert wurde, daß Ertrag und Beschäftigtenzahl hauptsächlich von der Nachfrage der Konsumenten abhängen. Den Keynesianern zufolge besteht die Hauptaufgabe des

Staates auf dem Wirtschaftssektor darin, eine ausreichende einzel-oder gesamtwirtschaftliche Nachfrage durch steuerliche oder monetäre Maßnahmen zu sichern. Da die Regierungen kapitalistischer Länder das Nachfrageinstrument – die Geldmenge (also das Geldangebot) – leicht kontrollieren konnten, schlossen die Politiker daraus, daß sie alle anderen Angebote ebenso beeinflussen könnten. In der Folge faszinierte die von Regierungen manipulierte Nachfrage Bürokraten und Wirtschaftsexperten. In allen Berechnungen und Analysen wurde das Angebot langsam zu einer abgeleiteten Größe herabgewürdigt. Das Saysche Gesetz war nicht nur verworfen, sondern auf den Kopf gestellt worden. Ursache und Wirkung wurden einfach mit der Behauptung, die Nachfrage erzeuge selbst das Angebot, vertauscht: »Nimm, und man wird dir geben.«

Die angebliche Widerlegung des Sayschen Gesetzes durch Keynes war wohl das einschneidendste Ereignis in der modernen Wirtschaftslehre. Damit wurde der auf hinterhältige Weise in der Mikroökonomie errungene Sieg der Nachfrage über das Angebot nun auch für die Makroökonomie bestätigt. Doch in Wahrheit hält Keynes – selbst in bezug auf das Saysche Gesetz und die Rolle des Angebots – viel mehr von der angebotsorientierten Wirtschaftspolitik, als die heutigen Keynesianer wahrhaben wollen.

Thomas Sowell erklärt in den Büchern »Say's Law: An Historical Analysis« (Das Saysche Gesetz – eine historische Untersuchung) und »Classical Economics Reconsidered« (Neue Überlegungen zur klassischen Volkswirtschaftslehre) das Theorem, das den Namen des französischen Ökonomen Jean-Baptiste Say trägt, wie folgt: Die Summe der Löhne, Gewinne und Zinsen, die zur Herstellung einer Ware aufgewendet wurden, reicht genau, um sie zu kaufen. Das heißt nicht, daß dieselben Leute, die ein Auto herstellen, es notwendigerweise kaufen werden, sondern, daß sie es könnten. So können sich, quer durch ein ganzes System, Kaufkraft und Produktionskraft überall die Waage halten – es gibt immer genug Wohlstand, um die angebotenen Produkte zu kaufen. Es können keine Warenhalden aufgrund einer unzureichenden Gesamtnachfrage entstehen. Die Produzenten schaffen mit ihrer produktiven Tätigkeit selbst die Nachfrage für ihre Waren.

Dieses Konzept vereinfacht in mancher Hinsicht zu sehr, doch es birgt eine ganze Reihe wirtschaftlicher Grundsätze und Einsichten, die niemals von Keynes oder anderen widerlegt wurden. Diese Einsichten sind der Grundstein der angebotsorientierten Wirtschaftstheorie. Für Keynes war der Kern der Theorie eine Binsenweisheit, deshalb befaßte er sich lieber mit Problemen, die entstehen, wenn ein Teil des im Produktionsprozeß verdienten Geldes auf die hohe Kante gelegt wird. Wenn diese Spargelder ausgeliehen und – wie die klassischen Ökonomen annahmen – sofort investiert werden, fließt das Geld in die Löhne, Gewinne und andere Einkommen der Kapitalgüterindustrie. Wenn also die Ersparnisse der Autowerker nicht von ihren Managern zum Kauf von Maschinen ausgeliehen werden, könnten sie als Kredit an ein Stahlwerk für die Anschaffung eines Hochofens gehen. Damit bekommen die Hochofenhersteller genug Geld, um ein Haus anzuzahlen, der Bauunternehmer verdient genug, um sich ein neues Motorboot zu kaufen und so weiter, bis einer sich ein neues Auto zulegt und der Saysche Kreislauf geschlossen ist. Keynes wandte jedoch ein, daß Spargelder keineswegs immer ausgeliehen und investiert würden, sie könnten durchaus »ohne zu arbeiten« in der Bank oder im Sparstrumpf stecken, also gehortet werden.

Laut Keynes gibt es für Wirtschaftler genügend Gründe, zeitweise nicht auf die Spargroschen der Allgemeinheit zurückzugreifen. Einer wäre die Krisenangst, die auch den Verbraucher veranlaßt, weniger zu kaufen und mehr zu sparen. Den Industriellen schreckt sie so sehr, daß er weniger Investitionskredit aufnimmt. Dann gehen die Industrieprodukte auf Halde, Ersparnisse verschwinden in Banken und Wäschefächern und die Arbeitnehmer verlieren ihre Jobs. Dieser Situation fand sich Keynes in den frühen dreißiger Jahren gegenüber, als er in England seine »Allgemeine Theorie« schrieb, und sie mußte ihm wie eine schlagende Widerlegung des Sayschen Gesetzes vorkommen.

Ob umfangreiches Sparen wirklich durch entsprechende Investitionen ausgeglichen wird, hängt laut Keynes von den wechselnden Absichten und dem »Instinkt« der Geschäftsleute und Finanziers ab. Im Vertrauen auf das Saysche Gesetz und die darin enthaltene logische Gewißheit von einer ausreichenden Kaufkraft sollte der Geschäftsmann wohl investieren. Doch Keynes gab zu bedenken:

»Eine geschäftliche Unternehmung ist... kaum weniger als eine Expedition zum Südpol auf die genaue Kalkulation zu erwartender Erträge gegründet. Wenn also die animalische Vitalität erlischt, der instinktive Optimismus ausbleibt, können wir uns nur noch an eine mathematische Erwartung klammern, und die Unternehmung geht zugrunde.«[17]

Neben der Depression sieht Keynes noch viele andere Gründe für ein Verlöschen des Instinkts, unter anderem das Paradoxon der Spartätigkeit: Ein einzelner kann besser für die Zukunft vorsorgen, indem er mehr spart, also auf Konsum verzichtet. Doch wenn die Mehrheit sich entschließt, weniger Güter zu kaufen und mehr Geld zurückzulegen, kommt es zu einem Einnahmeeinbruch infolge fehlender Verbrauchernachfrage, was sinkende Investitionen zur Folge hat. Am Ende können die Menschen weniger zurücklegen als vorher. In einer Welt unberechenbarer Geschäftsleute wird die Spartätigkeit oder der Konsumverzicht keineswegs durch Investitionen in Kapitalgüter ausgeglichen.

Keynes läßt einen zweifeln, ob *jemals* genug investiert wird, um die Wirkung der Spartätigkeit auszugleichen, und man fragt sich, warum die Wirtschaft nicht andauernd stagniert. Doch er nennt noch zwei weitere Faktoren, die zu Investitionen veranlassen. Den einen bezeichnet er »Grenznutzen des Kapitals«, den anderen »wirksame Nachfrage«. Läßt man die hochakademische Gehirnakrobatik beiseite, laufen beide Faktoren auf eine neue Bestätigung des Sayschen Gesetzes hinaus, auf eine Bestätigung des Vorrangs der Angebotsseite.

Sowohl die »wirksame Nachfrage« als auch der »Grenznutzen des Kapitals« hängen von den *voraussichtlichen* Gewinnen ab, von den »Erträgen, die der Unternehmer *erwartet*«. Die Nachfrage, das entdecken wir sogar bei Keynes, existiert weitgehend nur in der Vorstellung des Anbieters. Wenn er in eine neue Fertigungsanlage investiert, ist er nicht sicher, daß er Käufer für seine Produkte findet. Er weiß nicht, ob Erfindungen oder neue Geschmacksrichtungen seine Anlage nicht wertlos machen. Sein neues Produkt kann Nachfrage erzeugen, aber vielleicht erst im Laufe der Zeit. Obwohl die Nachfrage zunächst unbekannt ist, lebt sie schon in der Vorstellung des Unternehmers.

Heute gilt Keynes als Befürworter der Ausgabensteigerung – einer Ausweitung der Einzelnachfragen – zur Abwendung aller wirtschaftlichen Übel. Dabei ging er davon aus, daß das Verhältnis, in dem die Leute ihr Geld ausgeben und sparen, einigermaßen konstant ist, und daß es nur darauf ankomme, für ausreichende Investitionen zu sorgen. Unter diesen Voraussetzungen würden sich die mit Einkommen, Verbrauch und Spartätigkeit zusammenhängenden Probleme von selbst lösen. Das war schon ein Schritt in die richtige Richtung, weg von der klassischen Annahme: Wenn nur ausreichend gespart wird, werden die Investitionen sich schon einstellen.

Keynes ließ den Aktivitäten des kapitalistischen Einzelunternehmers wieder die verdiente zentrale Stellung in der Wirtschaftslehre zukommen. Nicht abstrakte Einflüsse oder Mechanismen, sondern freie, lebendige Menschen sind der Motor der keynesianischen Wirtschaftspolitik. Gedankenlose Hortung oder passive Genügsamkeit und Sparkapitalbildung sind nicht die Wegbereiter des materiellen Fortschritts. Dieser liegt auch nicht in einem von der Vorsehung herbeigeführten Gleichgewichtszustand, sondern in »sachkundiger Investition«, die allein »jene dunklen Kräfte des Schicksals und der Unwissenheit, die unsere Zukunft bedrohen, überwinden kann«.[18]

Da die Welt, wie Keynes sie sieht, weder rational zu erfassen, noch ihre Zukunft vorhersehbar ist, läßt sich seine Botschaft nicht in mathematische Formeln oder Planungsmodelle pressen. Keynes wußte um die Grenzen der Sozialwissenschaft und der rational begründeten Vorhersage und erkannte, daß die schöpferische Kraft des menschlichen Geistes, der sich andauernd auf neue Bedingungen einstellen muß, weiter reicht als alle Theorien und Systeme.

Zwar ist Wirtschaften möglich, weil Menschen sich vernünftig verhalten und ihre Interessen auf vernünftige Weise verfolgen, doch das Schiff der Vernunft muß sich in einer zuweilen sturmgepeitschten, nebelverhangenen Wirklichkeit behaupten.

Als Keynes den privaten Investor zur Zentralfigur seiner Wirtschaftslehre machte, stieß er nicht nur die stark vereinfachenden klassischen Modelle von ihrem Sockel, sondern auch alle Systeme und Theorien, auf denen totalitäre Regime aufbauen konnten. Die Investitionstätigkeit ist »abhängig von wechselnden Meinungen über die Zukunft. Die herausragende Tatsache ist der äußerst unsichere Fundus an Wissen, auf den wir unsere Einschätzung des zu erwartenden Ertrages gründen müssen... Der tatsächliche Ertrag einer Investition über einen Zeitraum von vielen Jahren entspricht sehr selten den anfänglichen Erwartungen. Die Geschäftsleute spielen ein doppeltes Spiel mit Können und Glück. Wenn es keine Versuchung gäbe, das Glück zu erproben, würde – abgesehen vom Gewinn – niemand eine Befriedigung darin finden, eine Fabrik, eine Eisenbahn, ein Bergwerk oder eine Farm aufzubauen. Nur als Resultat einer kühlen Kalkulation gäbe es wohl kaum Investitionen.«[19]

Die kühlen Kalkulationen der mathematisch-orientierten Wirtschaftslehre ließen achtlos beiseite, was für Keynes ebenso wie für alle realistischen Ökonomen das Wichtigste ist: Daß die passive Anhäufung von Liquidität keine Vorsorge für die Zukunft darstellt, wenn nicht wagemutige Unternehmertätigkeit hinzukommt – die allerdings auch keine Sicherheit garantiert. Das ist der wahre Kern der zu negativ gefärbten konservativen Aussage Keynes'. Er hielt ebenso wenig vom Marxismus wie vom Laissez-faire. Er lehnte alle Theorien ab, welche die Ökonomie als einen bloßen Mechanismus der Dialektik oder der Kräfte des Marktes auffaßten. Er bot der Wirtschaft ein hierarchisches Ideal an, in dessen Zentrum der kompetente Unternehmer stand. Ziel seiner Wirtschaftspolitik war es, den Unternehmer in der Entwicklung seiner Fähigkeiten zu unterstützen und seine Bereitschaft zur Investition zu stärken. Dazu bekennt sich auch – zumindest nach außen – die Republikanische Partei Amerikas.

Die grundsätzliche Anerkennung der überragenden Stellung des Angebots verhilft auch – ironischerweise – Amerikas führendem sozialistischen Intellektuellen, John Kenneth Galbraith, zu viel Beifall. In seiner Trilogie über die Wirtschaft der USA, »Die Überflußgesellschaft«, »Die moderne Industriegesellschaft« und »Wirtschaft für Staat und Gesellschaft« ist das eigentliche Thema eine interessante – wenn auch ziemlich fehlerhafte – Neuformulierung des Sayschen Gesetzes.

Wie Keynes lehnt Galbraith das Theorem erst einmal ab: »Es ist schwer, wenn nicht gar unmöglich, einen Wirtschaftswissenschaftler zu finden, der sich noch zu dem historischen Diktum bekennt.«[20] Doch dann poliert Galbraith die ehrwürdige Maxime einfach auf und präsentiert sie zunächst als »Abhängigkeitseffekt«, in einem späteren Werk als »revidierte Reihenfolge« (in der schlicht das Angebot vor der Nachfrage rangiert).

»Wenn eine Gesellschaft zu immer mehr Wohlstand gelangt, werden die Bedürfnisse immer mehr durch das Mittel geweckt, mit dem man sie befriedigt... Die Produzenten können die Bedürfnisse sogar künstlich durch Werbung und Verkaufsförderung hervorrufen. Auf diese Weise werden die Bedürfnisse von der Produktion abhängig.«[21]

Das Angebot erzeugt selbst die Nachfrage – so wäre das Ganze besser formuliert. Die Produzenten übernehmen weiterhin die führende, schöpferische Rolle, indem sie durch ihr Produktangebot Bedürfnisse wecken, die wiederum die Nachfrage schaffen und gestalten. Ihre Investitionsentscheidungen bestimmen Umfang und Zusammensetzung der Verbrauchereinkäufe.

Was Galbraith und seine Anhänger als die bahnbrechenden neuen Kräfte des Wirtschaftslebens ansehen, sind nur die unausweichlichen Wirkungen des kapitalistischen Angebots. Was würde wohl die aufgeblasene Rhetorik der Linken mehr schrumpfen lassen als das simple Eingeständnis, daß die Seele des Kapitalismus der Wettbewerb und vorübergehende monopolistische Positionen sind?

Diese Auffassung erscheint radikal, ja ikonoklastisch angesichts der Tatsache, daß die Gleichgewichtstheorie bei den Theoretikern der Rechten religiöse Verehrung genießt. Doch kein noch so radikales Eintreten für den Vorrang der Angebotsseite richtet ähnliche Zerstörungen in den verstaubten Heiligtümern der klassischen Ideologien an wie die Dynamik des Kapitalismus selbst.

Nicht irgendeine unsichtbare Hand lenkt die kapitalistische Kreativität, sondern die sichtbare, zupackende Hand des Managers und Unternehmers. Die Firmen ändern ständig ihre Produkte, Marketingtechniken, Werbestrategien und Verkaufskampagnen, um eine Marktlücke zu finden, von der aus sie so lange wie möglich Monopolgewinne einstreichen können. Ohne Regierungsunterstützung, Schutz durch Patente oder anderweitigen Ausschluß der Konkurrenten sind solche Monopole nur kurzlebig, doch sie bleiben stets das Ziel der Geschäftsstrategie, der Brennpunkt schöpferischen Unternehmertums, der Motor für Grundlagenforschung und Entwicklungsarbeit.

Die Monopolstellungen sind insgesamt nicht von Dauer – es sei denn, die Regierung beschützt sie –, weil sie ständig von möglichen in- und ausländischen Wettbewerbern und Nachahmern bedroht sind. Auf die Frage, wie viele Firmen notwendig seien, um den Wettbewerb in einer Industrie zu erhalten, antwortet der Wirtschaftsprofessor Arthur Laffer: »Eine.« Sie steht immer im Wettbewerb mit künftigen Konkurrenten. Sie kann ihr Monopol nur aufrechterhalten, solange der Preis für ihr Produkt so niedrig ist, daß die anderen Firmen auf dem Markt nicht mithalten können.

In diesem Sinne sind Monopole gut. Je dynamischer und erfinderischer eine Wirtschaft ist, umso mehr Monopole wird sie hervorbringen. Ein schnell wachsendes Wirtschaftssystem wird viele Monopole aufweisen, weil ständig neue Industrien entstehen, die gut verdienen, bevor die Konkurrenz sich formieren und durch Nachahmung Schritt halten kann.

Diese Art des »Monopolkapitalismus« führt nicht direkt zur Befriedigung vorhandener Verbraucherwünsche, denn die Käufer können erst, wenn sie ein Muster zu einem genauen Preis kennen, wissen, was sie sich wünschen. Die Verbraucher reagieren auf die schöpferischen Experimente der Unternehmer, aber die Nachfrage, so Galbraith, »äußert sich nicht in spontanen Bedürfnissen der Käufer. Der Abhängigkeitseffekt bewirkt vielmehr, daß sie aus dem Produktionsprozeß selbst entsteht« (von ihm abhängt). »Wenn die Produktion steigen soll, müssen Bedürfnisse künstlich geschaffen werden.«[22] Genauso ist es. Die leistungsfähige kapitalistische Gesellschaft lebt nicht von selbsttätigen Mechanismen, sondern von der Leistungsfähigkeit, der Schöpferkraft und dem Führungswillen der Kapitalisten.

Die heutige Linke hat es lieber, wenn die Regierung die Führung übernimmt, doch sie entrinnt damit nicht dem Sayschen Gesetz, das im Grunde für jedwedes menschliche Gruppenverhalten gilt. »Volkswille« ist in der Politik nicht »spontaner« oder weniger von Anstößen und Manipulationen durch die Elite beeinflußt als in der Wirtschaft. Die demokratische Masse kann weder produktiv noch kreativ tätig sein; sie ist nur fähig, zu reagieren und zu ratifizieren. Sie bestätigt oder verwirft die kreativen Angebote unternehmender Leute in der Wirtschaft wie in der Politik. Howard Jarvis, der Abgeordnete des Staates Kalifornien, war mit seiner Steuersenkungsvorlage nicht weniger unternehmerisch als Ray Kroc mit der Schaffung der McDonalds-Hamburger-Restaurantkette. Beide gaben den vagen, doch am Ende entscheidenden Wünschen des Volkes eine adäquate Form.

Wie demokratisch ein Wirtschaftssystem ist, hängt entscheidend von seinen Wahlmöglichkeiten ab, das heißt, von einer Vielzahl monopolistischer Experimente, die der Vielfalt an Bedürfnissen und Wünschen des Publikums entspricht. Mit seinem Füllhorn an Wahlmöglichkeiten hebt sich der kapitalistische freie Markt wohltuend von jedem noch so demokratischen politischen Forum ab, denn dort wird mit jeder Wahl eine quasimonopolistische Macht erworben. Die repräsentative Demokratie ist jedoch immer noch allen anderen Staatsformen vorzuziehen, weil sie den Wettbewerb der Experimente unter der Elite fördert.

Es gibt kaum Beweise dafür, daß der Kapitalismus die Demokratie korrumpiert. Im Gegenteil, es spricht viel dafür, daß sie auf den Kapitalismus dringend angewiesen ist. Auch die weit verbreitete Meinung, daß in der angeblich von übermächtigen Konzernen zerfressenen demokratischen Gesellschaft die Geschäftswelt begünstigt und staatliche Aufgaben vernachlässigt werden, läßt sich im Licht der jüngsten Erfahrungen kaum aufrechterhalten. In den meisten demokratischen Ländern hat der staatliche Sektor größere Zuwachsraten als die Privatwirtschaft.

In jedem Wirtschaftssystem ist der private Investor die treibende Kraft, die Kreativität und Initiative fördert. Eine Volkswirtschaft wächst nicht von selbst oder auf behördliche Anordnung, sondern weil unternehmende Menschen Wagnisse eingehen, kreative Einfälle in Monopole und Monopole in ganze Industrien umwandeln; weil sie etwas hergeben, bevor sie wissen, was sie dafür wiederbekommen.

So bleibt der Grundgedanke des Sayschen Gesetzes unwandelbar gültig: Das Angebot erzeugt die Nachfrage. Es kann kein Überangebot an Gütern, nur ein Überangebot an schlechten Waren geben. In einer notwendigerweise unterversorgten Welt, dem ureigensten Feld der Wirtschaftswissenschaft, bedeutet ein scheinbares Überangebot von Gütern jeglicher Art einen Mangel an kreativer Produktion, an neuen Angeboten, an neu geweckten Wünschen.

Zudem werden Ersparnisse in dieser inflationsgeplagten Zeit sehr wohl investiert. Sparen ist ein Engagement für die Zukunft, eine Psychologie der Produktivität und des Wachstums. Seit dem Zweiten Weltkrieg haben die Länder mit den höchsten Sparraten, vornehmlich Japan und andere kapitalistische Länder, auch die höchsten Wachstumsraten. Die scheinbaren Überangebote an Gütern kommen in erster Linie in den Ländern vor, die nicht genug sparen.

Diese Situation illustriert den entscheidenden Irrtum der nachfrageorientierten Wirtschaft. Wie der Politiker, der sich von der »Öffentlichen Meinung« abhängig wähnt, immer nur in der Vergangenheit lebt und reagiert, anstatt zu agieren, versagen Unternehmer, die wie gebannt auf Nachfragekurven starren, vor der Aufgabe, neue Produkte zu entwickeln. Es gibt keine meßbare Nachfrage für noch unbekannte Dinge.

Ohne den ständigen Zustrom neuer Produkte erstickt der Markt in einer Flut überständiger Dinge. Die werden dann immer kostengünstiger und mit immer neuem geschmacklosen Design produziert, immer auffälliger verpackt und in immer aufwendigeren und raffinierteren Verkaufskampagnen unter die Leute gebracht. Konzerne wachsen nur noch durch den Ankauf anderer Firmen, der Arbeitsmarkt konzentriert sich auf Spezialisten, das Warenangebot wird trist und langweilig, die Reklame immer schreiender. Bald wird die Regierung bedrängt, etwas für die Nachfrage zu tun, und der Teufelskreis, der die Grundlage des Kapitalismus – die Kreativität – bedroht, schließt sich. Die zu Hilfe gerufene Regierung muß einige bevorzugte Sektoren des ausgebluteten Kapitalismus mit Subventionen am Leben erhalten und bläht die Bürokratie auf, um das zu leisten, was die lustlose Wirtschaft nicht mehr schafft. Die wachsende Bürokratie hemmt erst recht den industriellen Fortschritt, der doch auf die Kreativität der Produzenten angewiesen ist.

Das Saysche Gesetz unterstreicht die Gültigkeit der angebotsorientierten Wirtschaftstheorie. Sein Wert liegt nicht in mathematischen Zusammenhängen, da im Wirtschaftsleben alle noch so eleganten mathematischen Modelle in ihrer Bedeutung immer weit hinter dem Handeln und der geistigen Einstellung von Menschen mit freiem Willen – die sich gegenseitig beeinflussen und fördern – zurückbleiben. Die Tragweite des Sayschen Gesetzes ergibt sich vielmehr aus seiner Betonung des Angebots und der katalytischen Wirkung der Investition von Kapital. Es zwingt die Wirtschaftsexperten, sich zuerst mit den Motiven und Anreizen für die Produzenten zu befassen, sich von der Vorliebe für Verteilung und Nachfrage zu lösen und sich wieder den Produktionsmitteln zuzuwenden.

Die Gelehrten werden sich schwertun mit dieser gedanklichen Umkehr, doch sie ist notwendig für das Verständnis der gegenwärtigen Sorgen des Kapitalismus. Der Wechsel zur Angebotsseite bringt den Verzicht auf die so schön bequemen, aber viel zu starren Modelle und Formeln mit sich und die erneute Auseinandersetzung mit Geschichte und Psychologie, Geschäftsstrategie und Technologie.

Die Wirtschaftswissenschaft sollte sich wieder mit den Geheimnissen menschlichen Sozialverhaltens und menschlicher Kreativität befassen, die Adam Smith so einleuchtend beschrieb, die Marx so brutal in seine Theorie hineinzwängte, die Keynes in den meisten seiner Schriften ausführlich abhandelte und die sogar Galbraith in seiner manchmal verdrehten Art so liebevoll ausmalt. Dazu ist es nützlich, noch einmal auf Keynes zurückzukommen, der eine so überragende Stellung in der modernen Wirtschaftslehre einnimmt und als der Apostel des Primats der Nachfrage gilt.

Keynes zeigt in seinem Paradoxon der Sparsamkeit, daß die Absichten des einzelnen ziemlich unsichere Anhaltspunkte für die Auswirkungen des Verhaltens einer Gruppe sein können (einer mag ruhig sparen wollen, doch wenn es zu viele tun, kann weniger Sparkapital das Ergebnis sein).

Keynes lebte zu einer Zeit, als der staatliche Einfluß und die

Besteuerung noch als vergleichsweise unbedeutende Faktoren in der kapitalistischen Wirtschaft auftraten, und so übertrug er sein System auch nicht auf die Tätigkeit des Staates. Doch Keynes' Paradoxon der Sparsamkeit gilt für das erzwungene Sparen durch hohe Steuern ebenso wie für das freiwillige Sparen durch Konsumverzicht. Wie die Gruppe mag die Regierung *beabsichtigen,* zu sparen, doch wenn sie keine wirksamen Investitionen sicherstellen kann, werden ein Rückgang des Gesamteinkommens und eine Tendenz zur Stagnation das Ergebnis sein.

Keynes liefert mit seiner Theorie vom Ursprung der Armut neue Argumente für das Mißtrauen gegen übermäßiges Wachstum des Staatseinflusses. So schrieb er: »Der mangelnde Anreiz zu Investitionen war zu allen Zeiten der Schlüssel zu den Wirtschaftsproblemen... Der Wunsch des einzelnen, seinen eigenen Wohlstand durch Konsumverzicht auszubauen, war meistens stärker als die Motivation des Unternehmers, den Wohlstand der Nation durch den Einsatz von Arbeit in der Schaffung langlebiger Güter zu mehren.«[23]

Einen der Gründe für dieses Verhalten sah er darin, daß es immer »Vermögensspeicher« oder »Sickergruben der Kaufkraft« gab, in denen das Geld verschwand, anstatt produktiv zu wirken. Wie Henry George, der Autor des Wirtschaftsbestsellers »Progress and Poverty«, meinte auch Keynes, daß Landbesitz so einen »Vermögensspeicher« darstellt, solange die Hypothekenzinsen höher sind als der landwirtschaftliche Ertrag, denn dann können nur Leute Land kaufen, die nicht in der Lage sind, es zu bestellen, also Spekulanten aus der Stadt. Weitere Sickergruben der Kaufkraft sind Gold, Juwelen, Kunstgegenstände, alte Münzen und Briefmarken.

Der Kauf derartiger Güter mindert Investitionen, Produktion oder Kaufkraft noch nicht unmittelbar. Wenn Sie mir 500 Dollar für eine Unze Gold geben, haben Sie nur Ihre Investitions- oder Kaufkraft auf mich übertragen, und es geht kein Produktivkapital verloren. Die Schwierigkeiten beginnen erst, wenn immer mehr Menschen sich entschließen, ihr Geld in Gold oder anderen Sickergruben anzulegen. Dann steigt der Goldpreis rapide, und immer mehr Kaufkraft wird stillgelegt. Der steigende Preis bedeutet ja, daß es mehr Käufer (Nachfrage) als Verkäufer (Angebot) gibt. Das Problem verschlimmert sich, wenn die Verkäufer (in unserem Beispiel ich mit den erhaltenen 500 Dollar) sich entschließen, das eingenommene Geld in anderen kaum vermehrbaren Dingen wie Land, Kunstwerken, alten Schlössern oder beständigen Luxusgütern wie Rolls Royces und Juwelen anzulegen. Die Händler, die an diesen Transaktionen verdienen, werden ebenfalls produktive Investitionen vermeiden und ihrerseits die Preise für Gold und van Goghs, Antiquitäten und Oldtimerautos, Rembrandts und Immobilien hochtreiben. Das Resultat ist ein Rückgang der Erträge aus produktivem Kapital und ein Anstieg der Gewinne von Sammlern und Spekulanten. Die Wirtschaft wechselt von produktiven Investitionen zu unproduktiver Geschäftemacherei, von Erfindungen und wirtschaftlichem Neuland zu Ferienzentren und vorzeitigem Ruhestand.

Das Land, die Edelmetalle und die Kunstwerke werden nicht produziert, sondern sind vorhanden, sie steigen eine Zeitlang im Wert, aber sie tragen so gut wie nichts zum Volkswohlstand oder zum produktiven Kapital der Wirtschaft bei.

Sickergruben verdanken ihren Erfolg dem Glauben an ihre nicht zu übertreffende Liquidität. Das Angebot an Land und Gold ist unelastisch, beide Güter können nicht beliebig vermehrt werden, beide werden immer sehr teuer sein. Ihre Knappheit garantiert ihren Wert angesichts der steigenden Bevölkerungszahl. Im Streben nach Sicherheit und Liquidität haben die Menschen schon immer zuviel Vermögen in die unproduktiven Güter gesteckt. Könige und Edelleute führten nach heutigem Standard, umgeben von Goldvorräten und Juwelen, ein ärmliches Leben in ihren riesigen Residenzen.

Für Keynes war jedoch die größte Sickergrube das Geld, die Liquidität selbst. Er meinte, daß in der stabilen modernen Wirtschaft die Werte vorwiegend auf Bankkonten gehortet würden. Die Vorliebe für hochliquide Anlagen – das Bestreben der Privatpersonen wie der Firmen, durch hohe Abschreibungsbeträge und einbehaltene Gewinne Geldpolster zu schaffen – ließ den Kreditzins weit über den zu erwartenden Ertrag aus Sachinvestitionen steigen.

In der »Allgemeinen Theorie« betont Keynes immer wieder den verderblichen Einfluß überhöhter Zinssätze auf die Investitionsbereitschaft – dieser abschreckende Effekt werde durch die erhöhte Spartätigkeit keineswegs ausgeglichen. Er empfahl sogar eine jährliche Zinssenkung, damit das Investitionsniveau in schwachen Jahren gehalten werden könne.

In den siebziger Jahren mag der Zinssatz etwas von seiner abschreckenden Wirkung auf die Investoren verloren haben, denn obwohl er immer noch hoch erscheint, besteht er jetzt in vielen Ländern aus einer »Inflationsprämie«, die den Kapitalgeber für den schrumpfenden Wert seines ausgeliehenen Geldes entschädigen soll. Außerdem können Zinszahlungen von der Steuer abgezogen werden, und da die Steuern und die bewußte Inflationsprämie mit der Inflation steigen, kann sich auf diese Weise jedes Jahr eine kleine reale Zinssenkung ergeben. Tatsächlich waren die Zinssteigerungsraten gegen Ende der Dekade – inflations- und steuerbereinigt – immer negativ.

Wenn die Zinssenkung die Investitionsbereitschaft erhöhen soll, dann wäre nach keynesianischer Politik jetzt eine Steuersenkung fällig. Statt dessen wird jährlich der Zinssatz beschnitten. Die hohen Steuersätze auf Kapital und Einkommen schrecken die Investoren heute mehr ab, als es in früheren Jahren, in denen Steuern und Auflagen des Staates relativ niedrig ausfielen, die Zinssätze taten.

Die Inflation bewirkt, daß sich Geld als Wertanlage und Hort der Liquidität nicht mehr eignet. Keynes liebäugelte mit einem System, in dem Bargeldvorräte nur durch den regelmäßigen Kauf von Wertmarken gültig bleiben sollten. Das ist jetzt praktisch Wirklichkeit geworden – durch die Zinskupons der Regierungsanleihen. Jetzt zeigt sich, daß Inflation und Wertmarkensystem ohnehin die gleiche Wirkung haben – sie bestrafen den Geldhamsterer. Deshalb stürzen sich die um Sicherheit bemühten Anleger wieder auf Grundstücke, Gold, Juwelen und neuerdings auch auf Staatsanleihen (die Ende der siebziger Jahre eindeutig die tiefste Sickergrube für Investitionskapital und Kaufkraft bildeten). Regierungsanleihen und nicht Land, Gold oder Geld brachten Profite, die über dem Zinssatz und den Erträgen von privaten Investitionen lagen. Scheinbar war das Geld profitabler und sicherer beim Staat als bei den echten Unternehmern angelegt, denn es war ja durch die progressive Besteuerung abgesichert.

Im Laufe des vergangenen Jahrzehnts wurde der Staat immer

mehr zu dem, was Keynes eine »bodenlose Sickergrube des Volkswohlstands« nannte. Es gibt offenkundig keine angebotsorientierte Beschränkung für die Ausdehnung des Staatseinflusses oder die Steigerung seiner durch Steuern erzwungenen Rentabilität, keine Qualitätsprüfung seiner Leistungen durch ein Nachlassen der Nachfrage, kaum einen Zwang für die Regierung, den Gürtel enger zu schnallen, wenn die Wirtschaft lahmt.

Mit dem Wachstum des Staates hielten auch die Steuern Schritt. Die Hilfsprogramme schossen wie Pilze aus dem Boden, die Geldmenge blähte sich auf und die Inflation steigerte die Steuersätze mit der Progression. Grob gerechnet schlägt die amerikanische Regierung einen Profit von 60 Prozent aus der Inflation, denn jedes Prozent Preisanstieg ergibt 1,6 Prozent mehr staatliche Einnahmen.

Dies sind die neuen Ursachen für Stagnation und Armut in der westlichen Welt. Politiker verkaufen in erster Linie Sicherheit, und es besteht immer Nachfrage nach dieser Dienstleistung. Aber Sicherheit hat – wie Sparsamkeit, Liquidität oder Freiheit – ihre eigenen Widersprüche. Eine Minderheit kann durchaus Befreiung vom Risiko und Sicherheit vor der Inflation erreichen, indem sie sich an den Staat wendet, aber wenn die Mehrheit das tut, sind Sicherheit und Stabilität der Nation beeinträchtigt.

Die Bürger, die den Staat nicht anzapfen können, kaufen Gold und Luxusyachten, Regierungsanleihen und Devisen. Oder sie machen den Häuserbau zu einem Billionen Dollar fressenden Ungeheuer, das inzwischen schon mehr als den Nominalwert aller Aktien amerikanischer Gesellschaften verschlungen hat.

Die Schlußfolgerung aus dem Sayschen Gesetz lautet dazu: Das subventionierte Angebot macht die Nachfrage kaputt. Die Produktion ohne einen aufnahmewilligen Markt ist eine Form versteckten Verbrauchs, und entgegen dem Anschein stimuliert sie die Wirtschaft keineswegs. Die Produktion besteht aus unproduktiven Staatsausgaben (auch diejenigen, welche die Nachfrage ankurbeln sollen, dämpfen sie in Wirklichkeit schon bald), trotz aller statistischen Steigerungen der »Kaufkraft«. Die künstliche Nachfrage erfordert – wie eine Sucht – immer größere und immer mehr Spritzen, um den Anfangseffekt aufrechtzuerhalten. Wenn die Regierung

Wohlfahrts- und Arbeitslosenunterstützung zahlt und Druckposten im Öffentlichen Dienst vergibt, mindert das den Anreiz zu produktiver Arbeit, und wenn der Staat den erfolgreichen Unternehmen noch höhere Steuern auferlegt, um das alles zu finanzieren, muß die Nachfrage sinken.

Tatsächlich führen fast alle zur Bekämpfung der Armut entworfenen und in der Form einer Konsumförderung arbeitenden Stützungsprogramme zu einem Sinken der Nachfrage, denn sie unterminieren die Produktion, aus der sich jede echte Nachfrage herleitet. Die Kaufkraft »sickert« weder, wie behauptet wird, in alle Bereiche durch, noch »schwemmt« sie nach oben, um sich in Gewinne und Ersparnisse zu verwandeln. Die Kaufkraft entsteht nur durch produktive Arbeit auf allen Ebenen. »Gib, und man wird dir geben.« Dies ist das Geheimnis nicht nur des Wohlstands, sondern auch des Wachstums.

Es ist auch die wesentliche Einsicht der angebotsorientierten Wirtschaftslehre. Der Staat kann die reale Gesamtnachfrage nicht nennenswert durch Steuern und forcierte Ausgaben beeinflussen, indem er dem einen Geld wegnimmt, um es einem anderen, sei er nun im Staatsdienst oder nicht, auszuhändigen. Dieses Hin- und Herschieben von Geld ist weiter nichts als ein »Nullsummenspiel«, und die reale Wirkung auf die Einkommen ist entweder gleich Null oder negativ.

Auch eine Steuersenkung würde sich nicht in einem direkten Schub auf die verfügbaren Gesamteinkommen auswirken, denn jeder Dollar des daraus entstehenden Defizits muß durch einen Dollar Staatsverschuldung finanziert werden. Den aber zahlt der Käufer von Bundesanleihen aus seinem verfügbaren Einkommen. Kurzfristig würde die wirksame Gesamtnachfrage dabei von der Produktion, nicht durch staatliche Maßnahmen, hervorgerufen. Die einzige Möglichkeit, mit der Steuerpolitik die Realeinkommen nachhaltig zu beeinflussen, besteht darin, einen Leistungsanreiz für die Produzenten zu schaffen. Der Staat hat es in der Hand, eine direkte und nachhaltige Steigerung der wirksamen Nachfrage und des Realeinkommens herbeizuführen – indem er das eingefahrene Schema der Begünstigungen ändert. Er muß die Arbeit gegenüber der Freizeitbeschäftigung, die Investition gegenüber dem Konsum, die produktiven Einrichtungen gegenüber den Vermögenssümpfen und steuerpflichtige Tätigkeiten gegenüber den steuerfreien bevorzugen. Das ist die Marschrichtung der angebotsorientierten Wirtschaftspolitik.

Das Wesen des Reichtums

Ist Saudi-Arabien reich? – Ist Mekka mohammedanisch? könnte man statt einer Antwort fragen. Saudi-Arabien besitzt ein Drittel der bekannten Erdölreserven der ganzen Welt, dem Wert nach sogar die Hälfte, weil das saudische Öl billiger zu fördern ist als Öl fast jeder anderen Provenienz.

Daher gehört Saudi-Arabien natürlich zu den reichsten Staaten der Welt. Nach den verfügbaren Zahlen liegt das Land im Prokopfeinkommen und Vermögen nur noch hinter einigen kleineren Scheichtümern. Wenn schieres Einkommen und Kaufkraft den Gradmesser für Reichtum bildeten, dann wären die Saudis aussichtsreiche Bewerber um die Spitzenposition.

Doch wie viele – scheinbar simple – wirtschaftliche Begriffe birgt der Reichtum unter seiner (manchmal ölig) glänzenden Oberfläche einen ganzen Schwarm von Widersprüchen. Der Reichtum eines Landes ist eine viel schwerer zu berechnende Größe als die Kaufkraft seiner Bewohner oder sein Vorrat an Bodenschätzen. In der Tat existiert ein Begriffssystem, nach dem zuviel Kaufkraft ein Zeichen drohender Verarmung darstellt, und überschüssige Liquidität von einem Mangel an Wohlstand in seinen konkreteren, unveräußerlichen Formen zeugt. Ein Land – wie zum Beispiel die junge Ölnation Großbritannien oder eben Saudi-Arabien – dessen reiche Leute ihr Geld in auffälliger Weise verschwenden, muß sich mit mehreren Problemen gleichzeitig herumschlagen: Mit einer selbstgefälligen Plutokratie, einer selbstzerstörerischen Angst vor der Zukunft, einer wirtschaftsfeindlichen Gesellschaft und einem Mangel an Möglichkeiten zu Investitionen in reale Kapitalgüter, die auch in künftigen Jahrzehnten Ertrag bringen. Der Gradmesser für Reichtum sind Vermögenswerte, die Einkünfte in der Zukunft erwarten lassen. Die Ölmilliarden könnten nur dem dauerhaften Vermögen der Nation zugerechnet werden, wenn man sie in produktives Kapital umwandelte, also in Fabriken, Häfen, Straßen, Schulen und Berufsausbildungen, die auch später, wenn das Öl versiegt ist, noch etwas einbringen.

Vor vierhundert Jahren war Spanien so reich wie Saudi-Arabien heute. Das Silber aus den bolivianischen Potosi-Minen bescherte dem Land eine ungeheuere Geldflut, die Spanien jedoch nicht in echten Wohlstand ummünzen konnte, so daß es bald wieder in seine frühere Armut zurückfiel, während die scheinbar ärmeren Länder Europas mit der Industrie aufblühten.

Ein reiches Land muß das Sparen genauso fördern wie den Konsum. Das Sparen wird oft als hinausgeschobener Konsum definiert. Aber es gehört noch etwas dazu: Die Investition – das ist die Fähigkeit, konsumierbare Güter für den Zeitpunkt zur Verfügung zu stellen, zu dem der Konsum einsetzen wird. Sparen hat nur einen Sinn, wenn man später mit dem abgezogenen Geld auch etwas kaufen kann.

Für den einzelnen ist das kein Problem: Irgend etwas wird es immer zu kaufen geben. Aber eine Nation muß hart arbeiten, um diesen echten Wohlstand durch ausdauernde, rationelle Güterproduktion zu schaffen. Das Schicksal des Königs Midas, der alles, was er berührte, in Gold verwandelte, bis er nichts mehr zu essen hatte, und das Schicksal Spaniens mit den im Hafen von Cadiz angelandeten Schätzen machen deutlich, daß das einseitige Ansammeln von Vermögen genauso unbefriedigend, ja sinnlos sein kann wie eine unerwiderte Liebe.

Die Saudis können gegenwärtig die Aktien produktiver Unternehmen anderer Länder kaufen, aber auch Gold, Yachten, Rolls Royce-Limousinen, Juwelen, Kunst und andere Wertgegenstände. Doch Saudi-Arabien kann nur ein wirklich reiches Land werden, wenn es den einmal versiegenden Strom der Ölmilliarden rechtzeitig in Kapitalgüter umwandelt, die dem Land auch künftig Einnahmen verschaffen. Materielle Hilfsquellen werden nur durch die Kombination mit anderen Einkommensquellen zu echtem Reichtum.

Ein Problem der Saudis ist freilich, daß solche Ertragskombinationen immer von Auflösung bedroht sind. Fabriken veralten und bleiben an einen Ort gebunden, die Erträge sind vergleichsweise niedrig. Sie versickern manchmal im Wüstensand. Das Kapital kann augenblicklich dahinschmelzen, wenn die internationale Lage sich plötzlich ändert. Zudem ist sein Wert von den Zukunftserwartungen abhängig. In einem politisch nicht sehr stabilen Land ist es schwer, die Menschen zu der Loyalität und Ausdauer zu motivieren, die einen anhaltenden Ertrag sichert. Immer lauert im Hintergrund die Versuchung, die Ölmilliarden zu nehmen und mit ihnen in die Schweiz oder an die Wall Street zu gehen.

Im Iran war die Lage vor dem Umsturz von 1979 ähnlich. Die Iraner konnten sich alles kaufen, doch alles wurde irgendwie wertlos, sobald es im Lande eintraf. Das Spar- und Investitionskapital schmolz in der Sonne des unterentwickelten Wüstenlandes dahin. Ein Mercedes kostete ein Vermögen, aber in einem Land ohne Straßen oder vernünftige Fahrziele war er weniger wert als der billigste Ford in Detroit.

Mit horrenden Kosten wurden Fabriken und Bürotürme aus dem Wüstensand gestampft, doch ohne funktionierende Telefone, fachkundige Sekretärinnen, qualifizierte Facharbeiter und kompetente Manager waren diese Gebäude nur Grabmäler einer fehlgeleiteten Industrialisierung. Noch tummeln sich fürstlich bezahlte Berater in den Ölländern, doch mit dem Rückflugticket in der Tasche und dem mangelnden Vertrauen in die Zukunft kosten sie wohl mehr, als sie jemals einbringen können.

Vielleicht sind die Ölfürsten des Nahen Ostens gut beraten, wenn sie den größten Teil ihres Geldes im Ausland anlegen und alles vorbereiten, um nachzukommen, sobald es politische Schwierigkeiten gibt oder die Ölquellen versiegen. Sie sind sicher reich, doch in ihren Ländern, darunter Saudi-Arabien, herrscht ganz sicher kein Wohlstand. Es gilt dort mit einer Geldillusion fertig zu werden.

So geht es nicht nur den Nahostländern. Der Präsident des Rechnungshofes von Venezuela schrieb über die Probleme seines Landes: »Der Reichtum mancher Länder entsteht aus der Mühsal und Arbeit seiner Bewohner. Wenn man etwas herstellt, beherrscht man es. Schaffung und Erhaltung von Wohlstand sind eine Lebensform, die wir nie gehabt haben. Unser Wohlstand kam aus der Erde. Wir haben eine Wirkung ohne Ursache.«[24]

Wo ist nun der wahre Wohlstand zu finden? In der Wirkung, über die Ölländer wie Saudi-Arabien verfügen? Oder in der Ursache, wie sie sich seit Jahrhunderten auf vergleichsweise ärmlichen

Inseln wie Großbritannien und Japan, Hongkong und Taiwan manifestiert?

Diese Frage wird jetzt hochaktuell, weil Großbritannien sich anschickt, in die Wohlstandsfalle des Nordseeöls zu tappen und seine Zukunft zu verspielen. Wird sich dieses Öl einmal als Danaergeschenk erweisen, weil es Großbritannien davon abhielt, seine eigentlichen Leiden – die sinkende Produktivität und die Gleichgültigkeit seiner Arbeiter – zu kurieren? Das Öl könnte, wie die Neutronenbombe, den echten Reichtum des Landes, nämlich die Zuversicht und Tüchtigkeit seiner Bewohner, zerstören; dann blieben nur noch die sterilen Strukturen eines ehemals florierenden Industriestaats übrig, die von einer aufgeblähten, immer selbstgefälligeren Bürokratie verwaltet würden. Die Wirtschaft ist dann nur noch zur Mitnahme leichter Umverteilungsgewinne fähig.

In den Vereinigten Staaten versteht jedenfalls kaum jemand die Rolle der reichen Männer und das Wesen des Wohlstands. Es kursieren immer noch die Legenden von den alten Räuberbaronen und Ölkönigen und vermischen sich mit den Familienchroniken der Rockefellers, Mellons, Kennedys und Du Ponts, und die radikalen Autoren denken über König Midas in Amerika nach.

Wie die Araber und Engländer verwechseln viele Amerikaner Geld und Wohlstand und bringen das produktiv angelegte Vermögen der reichen Familien mit den Schatzkammern und den Dienerscharen indischer Maharadschas oder arabischer Prinzen durcheinander. Der amerikanische Reichtum ist solider. Doch ebenfalls solide sind Mißgunst, Haß und Verständnislosigkeit gegenüber den Reichen. Bewunderung für reiche Leute, die sich durch eigene Leistungen hervorgetan haben – wie Erfinder oder Sportler – mischt sich mit Neid auf scheinbar unverdienten, durch Erbschaft oder Glück gewonnenen Reichtum.

In den Reichen personifiziert – und karikiert – sich der Kapitalismus. Von ihnen bezieht er seine Impulse, sie sind der Ursprung seiner Kraft – und seine Achillesferse. Für das Wohl der kapitalistischen Gesellschaft ist entscheidend, wie die Reichen beurteilt werden und wie sie sich selber sehen.

Ein kapitalistisches System ist vornehmlich eine »Noosphäre«, ein Reich des Geistes und der Gefühle. Wie schon Irving Kristol betont, kann der bloße Ausdruck »die Wirtschaft« irreführend sein, weil er dazu verleitet, die Größen Bruttosozialprodukt, Kapitalansammlung, Beschäftigung und andere modische Zahlen als lebendige Faktoren des Wirtschaftslebens aufzufassen. Dabei gewinnen diese Angaben ihre Bedeutung erst durch den Geist und die Tätigkeit des Unternehmers. Die Wirtschaftslehre kann Entwicklungen nur so weit voraussagen, wie sie die Motive und die psychologischen Zusammenhänge der wirtschaftlichen Tätigkeit durchschaut.

Auch Anlagevermögen und Rohstoffquellen verraten wenig über die Wirtschaft eines Landes. Aus der Vogelperspektive sind sich Werksanlagen in New Jersey und im Iran ziemlich gleich, und eine verstaatlichte Fabrik unterscheidet sich nicht von einer privaten. Die Arbeiter und Manager sozialistischer Staaten ähneln ihren westlichen Kollegen so sehr, daß sie die »Konvergenztheorie«, nach der beide Wirtschaftssysteme sich im Laufe der Jahre immer mehr angleichen, zu belegen scheinen.

Doch auch angesichts des Rückgangs des Wirtschaftswachstums in einigen westlichen Nationen unterscheiden sich sozialistische sehr wohl von kapitalistischen Staaten, nämlich in der Fähigkeit, ihren Völkern reichlich Nahrung und Unterkunft und einen hohen Lebensstandard zu bieten sowie neue Technologien und Verdienstmöglichkeiten für die Zukunft zu sichern.

Mehr noch, dieser Unterschied wird ständig größer, wie schon ein oberflächlicher Vergleich der Lager diesseits und jenseits des Eisernen Vorhangs zeigt. Allein die Vereinigten Staaten produzieren schon die Hälfte des Nahrungsmittelexports der Welt und 40 Prozent des Wohlstands, während die sozialistischen Länder noch immer wirtschaftlichen und technologischen Beistand vom Westen erwarten. Diese Divergenz ergibt sich nicht aus dem Umfang der Rohstoffquellen oder Fabrikanlagen, sondern aus der Motivation und den Ideen der Menschen und ihrer Einstellung zum Leben.

Der Kapitalismus ist ein intellektuelles und psychisches Abenteuer. Deshalb verbindet sich in ihm – verglichen mit sozialistischen Systemen – eine ungleich größere Kreativität mit scheinbar geringerer Stabilität. In einer freien Wirtschaft können Initiativen die Gegebenheiten verändern, das Schicksal formen. Der Preis des Goldes und anderer Wohlstandsspeicher steigt und fällt entgegengesetzt zum Wert des Produktivvermögens und dem Glauben an die Goldene Regel des Kapitalismus. Das Engagement für die Zukunft kämpft gegen die Anzeichen des nationalen Verfalls, der Mut der Investoren wächst und sinkt mit ihrer Einschätzung der Aussichten. Ideen können ein Atomkraftwerk oder ein Stahlwerk zu einem Nichts schrumpfen lassen, die Halbleiterindustrie nach Singapur und Südkorea verlagern, die raffiniertesten, wissenschaftlich untermauerten Marketingstrategien zu Makulatur machen, Brachland spekulativ in Märchenparadiese und durch ein Gerücht wieder in Wüsteneien verwandeln. Der Markt, dieses lebendige Knäuel aus Ideen, Erwartungen und Preisen, braucht mit seinem Zauberstab nur den Besitz zu berühren, und schon werden einige wenig beachtete Dinge überaus wertvoll, fällt auf andere, für unerschütterlich gehaltene Bastionen des Reichtums der Schatten des Wertverfalls.

Sogar das feste Fleisch des »human capital« kann allzu rasch im Sog der Angst zerfressen werden. Der Psychologe Jung hat gesagt, die Gesellschaft könne Epidemien körperlicher Krankheiten gut überstehen, doch gegen geistigen Verfall sei sie machtlos. So sind auch unsere Gesetze und Gemeinschaftseinrichtungen, unsere Fabriken und unser Vermögen praktisch wehrlos gegen psychische Epidemien. Das Wachstum lebt vom Glauben an sich selbst, die Investition vom »Instinkt« des Investors, das Kapital vom Leistungswillen, und der ist ebenso anfällig wie das Denken.

Die Qualität des Denkens und der Einstellung kann in der Wirtschaft alle Quantitäten an Kapital und Arbeitskraft beherrschen. Ein Arbeitsvertrag enthält so wenig Wesentliches, daß schon der Entschluß der Arbeitnehmer, nur nach den im Vertrag festgelegten Vorschriften zu arbeiten, ganze Industrien stoppt, Flughäfen lahmlegt, ja den gesamten Verkehr zusammenbrechen läßt. In einer freien Wirtschaft ist die Arbeit – wie die Investition – auf den »Instinkt« angewiesen, denn die geleistete Arbeit, die nicht in Vertragsbedingungen enthalten ist, ist in der Tat eine Investition. Sie wird erbracht in der Hoffnung auf einen Bonus – das kann eine Gehaltserhöhung oder eine Beförderung sein –, der jedoch nicht gesichert ist und von der wirtschaftlichen Lage der Firma abhängt.

Arbeit ist also der Ursprung des Reichtums (sogar bei Genies, die ihren Erfolg bekanntlich mehr der Transpiration als der Inspiration verdanken), doch nur durch ein Ziel vor Augen ist er auch zu erhalten. Oftmals enden millionenschwere Popstars oder Sportskanonen in der Gosse, während verarmte Familien genug zurücklegen können, um ein erfolgreiches Unternehmen zu gründen. Die alten Weisheiten über den Wert des Sparens sind immer noch gültig, schon weil sie für reichlich Investitionskapital sorgen, vor allem aber, weil sie Phantasie und Zielstrebigkeit fördern. Wenige Unternehmen starten mit einem Bankkredit – Kleinunternehmen fast nie. Ihr Kapital ist die Arbeit.

Dazu ein Beispiel: Vor zehn Jahren ließ sich eine libanesische Familie in der Stadt Lee im Staat Massachusetts nieder. Ihr Startkapital waren ein paar lumpige Dollar und noch weniger Wörter der englischen Sprache. Sie investierten ihre Dollars in einen verfallenen Laden an einer Ausfallstraße und richteten dort ein Gemüsegeschäft ein. Jeden Morgen um fünf Uhr fuhr der Man mit einem rostzerfressenen Lastwagen zu den Farmern im Connecticut-Tal, kaufte ihnen ihr bestes Gemüse zum niedrigsten Preis ab und verkaufte es anschließend in Lee. Damit erbrachte er eine klassische unternehmerische Leistung – er fand ein Preisgefälle heraus und machte es durch den Einsatz von Arbeit nutzbar.

Die Arbeit und die Unternehmertätigkeit wurden zunächst gering entlohnt und dadurch auf unsichtbare Weise kapitalisiert und in den Laden investiert. Alle sechs Kinder beteiligten sich durch fleißige Mitarbeit an dieser Kapitalisierung. Der Laden war bis spätabends geöffnet und baute sich bald einen festen Kundenstamm auf. Nach einigen Jahren hatte man Mühe, sich im Sommer einen Weg durch die Kundenmenge zu dem frischen Spargel und den Topfpflanzen zu bahnen. Je nach Jahreszeit verkauften diese tüchtigen Unternehmer Blumen und Weihnachtsbäume, Honig und Marmelade, Wein und Süßigkeiten, Limonade und Spirituosen, und das alles vor den Toren etlicher Supermärkte, Tankstellen und Läden, die zwar besser gerüstet waren, die aber alle in der hochbesteuerten, konjunkturschwachen Wirtschaft überleben mußten.

Das Geheimnis der libanesischen Familie waren die sechs Kinder (mit denen sie noch lange nach der Einwanderung auf der Prokopf-Einkommensskala weit unter der Armutsgrenze lagen) und die unternehmerische Einstellung des Mannes, die alle Theorien und Vorhersagen über den Haufen warf. Der Mann heißt Michael Zabian. Kürzlich kaufte er das größte Bürogebäude in Lee. Es ist dreistöckig und aus dem gleichen Marmor wie das Capitol in Washington. Zabian besitzt ein Herrenmodegeschäft und ein kleines Einkaufszentrum (an der Stelle, wo sich kürzlich noch der kleine Gemüseladen befand) und posiert im dreiteiligen Anzug auf den Photos der Handelskammer.

Das ist schon ein bemerkenswerter Erfolg, doch beileibe kein Einzelfall. Zwei andere Libanesen haben ähnliche kleine Wunder ebenfalls in Massachusetts vollbracht, und sie konkurrieren sogar miteinander. In anderen Städten haben Einwanderer – Kubaner in Miami, Portugiesen in Providence und Newark, Filipinos in Seattle, Koreaner in Washington und New York – kommerzielle Bravourleistungen vollbracht, und zwar praktisch ohne Unterstützung von Banken, staatlichen Stellen oder Wirtschaftsexperten.

Kleine, von unternehmenden Menschen gegründete Firmen können sich schnell zu bedeutenden Faktoren in der Gesamtwirtschaft entwickeln. Wieder ein Beispiel: die Berkshire Paper Company, von Whitmore (Nick) Kelley aus Glendale, Massachusetts, als eine Notizblockfabrik gegründet. Die Firma war zunächst nur eine von vielen Papierfabriken am Housatonic River, machte mehrmals Verluste, kam wieder in die Gewinnzone und war 1980 ein bedeutender Lieferant für große Konzerne. Kelley besaß kein Startkapital aus Erbschaft oder Kredit. Die Berkshire Paper Company arbeitete zuerst mit Papiervorräten, Maschinen und Werkhallen, die von anderen Gesellschaften aufgegeben worden waren. Das Unternehmen begann ohne irgendwelche Materialien oder Kapitalien, die volkswirtschaftlich relevant gewesen wären, und gelangte schließlich zur Blüte. Heute ist es auch auf dem Halbleitersektor tätig und besitzt das Quasimonopol für drei gefragte Produkte.

Als Student in den Anfangssemestern besuchte Nick Kelley oft seinen Stiefvater, der in einer Firma für Papierbearbeitungsmaschinen angestellt war. In der Fabrik sah Kelley große Papierstapel herumliegen und wollte wissen, was damit geschehe. Das sei Abfall von den Probeläufen der Maschinen, erfuhr er, ab und zu werde das Papier auf die Müllkippe gefahren. Kelley bat darum, ihm die Abfälle zu überlassen. Ein Bündel Papier vorzeigend fragte er in einem Büroartikelgeschäft, was man wohl daraus machen könne. »Notizblöcke« war die Antwort. Kelley probierte herum, sah sich – als Student getarnt – in einer Notizblockfabrik um und hatte bald herausgefunden, wie er solche Blöcke herstellen könnte. Sein Stiefvater half ihm, eine alte Papierschneidemaschine aufzutreiben und zu reparieren, und nebenbei erfand er noch eine Methode, den Leim mit einer Farbrolle, anstatt mit einem Pinsel, aufzutragen. Dann zog er eine Verkaufskampagne auf und war bald ein erfolgreicher Notizblockhersteller.

Schwierigkeiten inspirierten Kelley zu neuen Lösungen und stachelten seine Unternehmungslust noch an. Als er die Abfälle aus der Papiermaschinenfabrik nicht mehr bekam, lernte er, Papierreste günstig bei Jobbern in New York einzukaufen. Irgendwann merkte er, daß ihn jemand übertrumpft hatte.

In Boston sprach Kelley mit dem Einkäufer einer Bürobedarfsfirma, der bezweifelte, daß Kelley mit seinen 18 Cents je Block überhaupt noch konkurrenzfähig sei. Da Kelley schon etwa 30 Cents für das Kilo Rohmaterial zahlte, wollte er wissen, wer noch billiger liefern konnte. Sein Konkurrent war eine italienische Familie, die – ebenfalls mit alten Maschinen – in einem verfallenen Lagerhaus in einer Nachbarstadt produzierte. Ihre Verfahren waren wirklich kostengünstiger als Kelleys. Er mußte zugeben, daß der italienische Familienvater »der Größte« war: »Die hatten mich klar abgehängt. Ich entschloß mich sofort, die Fabrikation von Notizblöcken an den Nagel zu hängen.«

Statt dessen kaufte Kelley die Blöcke der Italiener und brachte sie mit Hilfe seines Verkaufstalents unter die Leute. Außerdem erstand er eine Druckmaschine und veredelte die Notizblöcke, indem er sie mit Linien und Ornamenten versah. Das wiederum veranlaßte die große Papierfirma Schweitzer, ihm den Auftrag zur Herstellung von Gerichtsformularen zu erteilen.

Der große Durchbruch kam für Kelley mit dem Auftrag, Teebeutel anzufertigen. Die Maschinen von Schweitzer konnten das feine Papier nicht verarbeiten. Obwohl Kelley nur Maschinen für dickes Papier besaß, sagte er zu, die Teebeutel herzustellen. Er versuchte mehrere Tage und Nächte, seine Maschinen umzurüsten, verbrauchte dabei ein Viertel des Vorrats an Teebeutelpapier, und dann blockierte die Schneidemaschine. Schließlich fand er heraus, daß er viele Lagen Papier vor dem Schneiden zusammenpressen mußte – und konnte liefern. Damit erwarb Kelley sich den Ruf eines Zauberers, der kleine Wunder für die Papierindustrie vollbringt. Von nun an übertrugen die großen Konzerne ihm ihre schwierigsten Aufgaben.

Im Laufe der Zeit schuf er sich drei Quasimonopole auf dem amerikanischen Markt. Er produziert erstens für Kosmetikkonzerne von Avon bis Revlon ein Spezial-Fingernagelpapier mit langen Fasern, welches die Frauen beim Polieren der Nägel benutzen, zweitens ein Gesichtsreinigungspapier, das Make-up und Schmutz ohne Reiben aufnimmt, und drittens – und das ist vielleicht das einträglichste von Kelleys Quasimonopolen – ein Spezialpapier für die Produzenten von Mikroprozessoren. Es hüllt die hochreinen Siliziumkristalle ein und darf nur ganz wenige Fusseln aufweisen, um diese elektronischen Bauelemente nicht wieder zu verunreinigen.

Kelley mußte dieses Papier selbst entwickeln und wälzte dazu die Fachliteratur über Halbleiterherstellung so lange, bis er den Mikrochip-Produzenten von National Semiconductor über Intel bis Motorola das klinisch reine, superdünne Papier mit den entsprechenden technischen Informationen liefern konnte. Mit dieser mittelständischen Unternehmerkarriere hat Kelley bewiesen, daß Zuversicht und Phantasie die wertvollsten Anlagegüter unserer Wirtschaft sind und daß Reichtum weniger im Geld als in der geistigen Einstellung steckt.

Die offiziellen Erhebungen unterschlagen das. Heilbroner und Thurow behaupten, daß 1969 rund 25 Prozent aller Familien netto kein Vermögen besaßen. Dabei hatte ein Drittel von ihnen ein Auto und 90 Prozent hatten einen Fernseher. Diese Haushalte, zum größten Teil aus Alleinstehenden oder verlassenen Frauen mit Kindern bestehend, besaßen Autos im Wert von 5 Milliarden Dollar, Haushaltsgeräte – wie Waschmaschinen – im Wert von 16 Milliarden, Häuser im Wert von 11 Milliarden und außerdem ein Vermögen in Form von Ansprüchen an Krankenkassen, Sozialversicherungen und andere staatliche Einrichtungen. Sie verfügen über ein »human capital«, das man auf viele Milliarden beziffern muß, auch wenn es teilweise durch Überalterung und jugendliche Unverantwortlichkeit gemindert wird.

Das Nettovermögen dieses Bevölkerungsteils wird mit Null angesetzt, weil seine Schulden das erfaßbare Vermögen übersteigen. Inzwischen haben etwa 80 Prozent dieser Menschen ihre Lage entscheidend verbessert. In der Statistik traten an ihre Stelle andere, die entweder zu jung, zu alt, zu verschwenderisch oder zu kinderreich sind, um einen positiven Saldo in ihrer Vermögensaufstellung vorzuweisen.

Es wäre vielleicht angebracht, die Unterstützungsansprüche an den Staat von dieser Berechnung auszuklammern, weil sie oft so viel menschliches Potential vernichten wie schaffen. Andererseits tauchen die Faktoren mit den nachhaltigsten Auswirkungen in den Tabellen einfach nicht auf. Zum Beispiel wurde das zusätzliche »human capital« in der Gestalt der libanesischen Einwandererfamilie einseitig als eine Verstärkung der Armee der Armen – ohne jegliche Vermögenswerte – abgebucht.

Familien ohne Vermögen haben Amerika aufgebaut. Viele der Einzelfirmen, die seit dem Zweiten Weltkrieg ein Nettovermögen von 500 Milliarden Dollar (sechsmal soviel wie alle großen Konzerne zusammen) angesammelt haben, nahmen ihren Anfang in einem – nach der heutigen Bewertung – vermögenslosen Haushalt. Der so oft zitierte riesige, unüberbrückbare Abgrund zwischen arm und reich ist einfach ein Märchen. In Lee/Massachusetts begegnete die libanesische Familie Zabian bei ihrem atemberaubenden Aufstieg vielen Nachfahren wohlhabender Familien auf dem Weg nach unten.

Die Statistiken, die von den Dogmatikern der angeblich unbeweglichen Klassenschranken vorgelegt waren, widersprechen sich selbst. Thurow legt eine Untersuchung vor, aus der hervorgehen soll, daß Erbschaften »der Hauptfaktor« für Spitzenpositionen auf der Liste der Millionäre von 1962 waren. »Von diesen Familien«, sagt Thurow, »gaben 57 Prozent an, sie hätten einen wesentlichen Teil ihres Vermögens geerbt. 66 Prozent sprachen von einigem ererbten Vermögen.«[25]

Dann versuchte Thurow nachzuweisen, daß 75 Prozent der Superreichen aus der in »Fortune« veröffentlichten Liste einen großen Teil ihres Vermögens geerbt hätten. Er gibt selbst zu, daß diese 75 Prozent grob geschätzt sind – sie widersprechen außerdem anderen Angaben. Wie die meisten solcher Schätzungen wird auch diese wohl dadurch verfälscht, daß sie Frauen – die fast immer ihr Vermögen erben – mit einschließt. Auf jeden Fall hatte 1978 nur etwa ein Drittel der männlichen Supermillionäre einen beträchtlichen Teil seines Reichtums geerbt. Von den Millionären mit jeweils rund zwei Millionen Dollar Nettovermögen gaben 1979 immerhin 71 Prozent an, sie hätten überhaupt nichts und nur 14 Prozent, sie hätten ein beträchtliches Vermögen geerbt.

Sogar in der Spitzengruppe der Multimillionäre waren bei 31 Prozent überhaupt keine und bei 9 Prozent nur geringfügige Erbschaften zu verzeichnen. Aus anderen Untersuchungen geht hervor, daß in der weit größeren und volkswirtschaftlich bedeutenderen Gruppe der Leute mit über 60000 Dollar Vermögen 85 Prozent der Familien 1953 zum ersten Mal auftauchten. Mit einigen Ausnahmen, die immer groß in den Medien herausgestellt werden, herrscht seit zwei Generationen ein ständiges Auf und Ab in der Schicht der Reichen.

Wie ist das möglich, wenn doch die vom Zauber der Zinseszinsrechnung faszinierten Experten so leicht nachweisen können, daß die Reichen immer reicher werden müssen, bis ihnen zuletzt alles gehört? Warum können die Reichen den Gral nicht an ihre Nachkommen weiterreichen, ohne den kostbaren Inhalt zu verschütten?

Nun, so mancher strauchelt am Ende doch; der Tod und die Steuer räumen unter den erwartungsvollen Erben auf. Howard Hughes hatte überhaupt keinen Erben. Die Witwen, die im Durchschnitt zwölf Jahre nach dem Mann das Zeitliche segnen, gehen mit ihrem Geld nach Europa, um einen kostspieligen – echten oder falschen – Herzog zu heiraten. Schon beim Begräbnis der Reichen drängen sich die »Goldgräber« aller Schattierungen in der Menge.

Was von einem Vermögen – nach dem Tribut an wohltätige und kulturelle Einrichtungen – noch übrig bleibt, wird geteilt unter vielen verlorenen und wiederaufgetauchten Söhnen und Töchtern. Sie verstehen zwar, was Kapitalertrag heißt, sind aber meistens unfähig, etwas dafür zu tun, auch wenn sie den nötigen Ernst aufbringen. Dem ererbten Vermögen werden eben nicht die unternehmerischen Fähigkeiten beigegeben, die unerläßlich sind, um es zu erhalten. Einfach alles auszugeben, ist natürlich leichter, als sich in mühevoller Kleinarbeit die Anlageformen herauszusuchen, bei denen mehr herausspringt, als die Spesen ausmachen.

In letzter Zeit hat sich der Zauber des Zinseszinses auch durch die kombinierte Wucht von Inflation und Besteuerung verflüchtigt. Dies trifft die Reichen am härtesten, denn mit jedem Anstieg des Preisniveaus um zwei Prozentpunkte wird ein Zehntel ihres Einkommens verschlungen.

Die Familien Mellon, Rockefeller oder Frick sind zwar immer noch wohlhabend, aber sie müssen ständig Einbußen hinnehmen. Ihr Vermögen splittert sich auf unter einer wachsenden Schar von Nachkommen, sinkt mit dem Aktienwert in- und ausländischer Gesellschaften oder verschwindet in Stiftungen. Manchmal werden ihre Grundstücke oder anderen Werte verkauft, um mit dem Erlös gemeinnützige Institutionen oder sogar den Staat zu unterstützen. So wurde das traditionsreiche Landgut der Rockefellers in Pocantico Hills der Nationalstiftung für den Denkmalschutz übereignet. Nach dem Tod dreier Söhne des Begründers der Dynastie hatten die beiden übriggebliebenen und deren Kinder weder übermäßiges Interesse noch genügend Geld, um die alten Symbole familiärer Macht und Herrlichkeit zu erhalten.

Auch in Zukunft werden die Träger dieser Namen wohlhabend bleiben, doch sie werden nicht mehr die führende Stellung in unserem System oder einen nennenswerten Anteil an unserer Multibillionenwirtschaft innehaben. In Amerika werden die Nachkommen der Reichen nur selten noch reicher, sie werden vielmehr von erfolgreichen Familien aus den unteren Einkommensklassen überflügelt. Die Furcht vor einer erblichen Plutokratie ist ebenso unbegründet wie die Hoffnung auf einen Rückgang des staatlichen Einflusses in der Wirtschaft.

Vermögen ist nur etwas wert, wenn es Einkünfte bringt, die aller Voraussicht nach anhalten werden. Diese Erwartung kann sich in Sekundenschnelle ändern, dem können die materiellen Dinge natürlich nicht folgen, und so ist das Land voll von massiven, dauerhaften Symbolen des radikalsten Wertverfalls: Popart-Galerien, grünüberwucherte Eisenbahngleise, Fabriken, in denen die riesigen Computeranlagen der sechziger Jahre hergestellt wurden, Lagerhäuser, in denen diese Mammuts jetzt schlummern, Berge remittierter Bestseller, verlassene Gummibaumplantagen, die einst so imponierenden Textilwerke von Massachusetts, die stillgelegten Stahlwerke in Pennsylvania, die unverkauften Vorräte an Süßstoff – die Liste ist endlos.

Im Kaleidoskop der wechselnden Bewertungen, der überraschenden Gewinne oder Verluste verändern sich die Reichtümer dieser Welt viel schneller als durch jede staatliche Maßnahme. Thurows Berechnung des Kapitalertrages in den sechziger Jahren – mit der er auch dessen gleichbleibende Verteilung beweisen wollte – unterschlägt das Absinken der Aktien, den Billionen-Boom im Eigenheimbau, die massiven Gewinne und Verluste in den Kleinbetrieben, den rasanten Währungsverfall, die Verluste auf Rentenpapiere und den raketenhaften Preisanstieg von Gold und Kunstgegenständen. All das kann der Daumen eines Ölscheichs in neue Konstellationen von Reichtum und Wertlosigkeit verwandeln.

Zwischen 1946 und 1975 betrug der unbereinigte Kapitalzuwachs – ob nun durch Verkäufe »realisiert« oder nicht – auf sämtliche Vermögen der Amerikaner 2,64 Billionen Dollar. Innerhalb dieser unvorstellbaren Gesamtsumme gab es gewaltige Verschiebungen der Vermögen und der Bewertungsmaßstäbe. In den Jahren 1973/74 fielen allein die Aktien um zwei Drittel Billionen Dollar –das entspricht einem Viertel des in den dreißig Jahren vor der amerikanischen Inflation erzielten gesamten Wertzuwachses auf Grundbesitz und Kapital. Am Ende dieser dreißig Jahre fiel – inflationsbereinigt – der Gesamtertrag aus Wertpapieren für alle Haushalte auf

26 Milliarden Dollar netto – weniger als eine Milliarde pro Jahr vor Steuerabzug und weniger als Null, nachdem das Finanzamt zugelangt hatte.

Vor der Einführung des experimentierfreudigen Kapitalismus, als der Reichtum in Landbesitz und anderen unvergänglichen Gütern lag, gab die Vermögensstatistik ein zuverlässigeres Bild der Wirklichkeit. Heute ist das nur noch in sozialistischen Gesellschaften, wo sich Reichtum manchmal mit lebenslangen Parteiämtern verbindet, zu erhalten.

Im heutigen Kapitalismus hat der Reichtum ein Doppelgesicht. Auf der einen Seite steckt er in unveränderlichen, immer komplizierteren und spezialisierteren Dingen, auf der anderen unterliegt er vollkommen den immer rascher aufeinanderfolgenden, unvorhersehbaren Veränderungen in Wissen, Information und Einschätzungen.

Der einzige stabile Anlagewert inmitten der Erschütterungen und Unsicherheiten ist ein diszipliniertes Gehirn. Materielle Dinge vergehen, doch Geist und Willenskraft können für die verunsicherte Menge Zeichen setzen, sich in Silikonchips und Beton konkretisieren, bevor die Konkurrenz aufwacht. Die besten, die überzeugendsten, die erfinderischsten und beweglichsten Geister bergen mehr Reichtum als der größte Goldvorrat.

Doch sowie die Ergebnisse von Phantasie und Mathematik konkretisiert und investiert sind, schnappt die Falle zu. Die überwiegende Mehrzahl der amerikanischen Vermögen verflüchtigt sich in zwei Generationen wieder. Einzelne reiche Menschen kommen sehr selten in den Genuß des »durchschnittlichen Kapitalertrages«, auch wenn sie sich mit ihm bescheiden wollen – wenn sie also auf eine gute automatische Verzinsung ihres einmal eingesetzten Kapitals hoffen, anstatt sich in der Hoffnung auf höhere, aber nicht gesicherte Gewinne neu zu engagieren.

Reiche Leute befinden sich in der Lage des Glücksspielers, der gegen die Bank spielt. Nach den Gesetzen der Wahrscheinlichkeit wird seine Chance, sein Geld zu behalten oder zu vermehren, bestimmt von dem Verhältnis zwischen der Summe, die er besitzt, und dem Kapital der Bank. Sein Ruin ist zu 90 Prozent sicher, wenn die

Bank zehnmal soviel Kapital besitzt wie er und das Spiel mehr als 900 Einsätze umfaßt. Wenn er nur ein Hundertstel des Bankkapitals besitzt, ist sein Ruin nach 50 Einsätzen schon zu 99 Prozent sicher. In einer freien Wirtschaft entspricht der Bank das gesamte Vermögen der übrigen Mitglieder eines Landes. Wenn also die freie Wirtschaft ein vom Zufall regiertes Nullsummenspiel wäre (in dem der Gewinn des einen Verlust für einen anderen bedeutet), dann wäre der baldige Ruin jedes Unternehmers wirklich so sicher wie das Amen in der Kirche.

Doch die Tätigkeit des freien Unternehmers ist nur zum Teil vom Zufall abhängig, und so hat er eine weitaus bessere Chance, seine Gewinne zu behalten, als ein Glücksspieler. Allerdings sind die reichen Familien im Laufe der Zeit Fährnissen ausgesetzt, die ihr Vermögen ziemlich rasch aufzehren. Je mehr das Geld auf die folgenden Generationen übergeht, desto mehr verschaffen sich die Gesetze der Wahrscheinlichkeit wieder Geltung, und auch die Manager sind nicht mehr so begeistert bei der Sache. Kurz, die großen Vermögen wachsen und vermindern sich mehr nach den Gesetzen der Wahrscheinlichkeit und Ungewißheit als durch den Zinseszins.

Das ist die Hefe, der schöpferische Kern des Kapitalismus. Neue Ideen brechen sich Bahn und schaffen sich die notwendigen Produktionsmittel, während der alte Reichtum dahinwelkt. Gefährlich bedroht wird das System von einer Besteuerung mit steiler Progression, die immer größere Teile der höheren Einkommen verschlingt. Die Folge ist, daß die Reichen sich weigern, ihr Geld für neue Unternehmungen zu riskieren. Es wird nicht mehr für produktive Zwecke zur Verfügung gestellt, sondern verschwindet in Goldhorten, Sammlerobjekten oder Steuersparprojekten. Das sind aber wirtschaftlich bedeutungslose Aktivitäten, ja im Grunde nur Sumpfblüten der Steuergesetzgebung.

Die Reichen verlieren dadurch trotzdem ihr Geld, aber vor allem muß die Wirtschaft auf ihre Kapitalhilfe verzichten. Schließlich findet in der Elite kein Auf- und Abstieg mehr statt – die Wirtschaft wird unbeweglich. Der Wohlstand der Nation verwandelt sich in bloßen Reichtum, und die Bürger beginnen, das Kapital – den Einsatz für künftigen Wohlstand – aufzuessen.

Bei der Verfolgung der Reichen durch die Steuerbehörde wird von Experten immer wieder der Begriff des »nicht erarbeiteten Einkommens« (zu dieser Art von Einkommen zählen in Amerika einige der produktivsten Vermögen) benutzt, das sind Erträge aus früher verdientem Geld, die nach großen Steuerabzügen gespart oder investiert werden. Ererbtes Vermögen findet dabei besondere Beachtung, weil es eine undemokratische Machtkonzentration symbolisiert. Dabei erweitert auch geerbtes Vermögen den Horizont eines Wirtschaftssystems, denn es hält die Zersplitterung des Produktivkapitals auf. Daß die Erbschaftssteuern zu hoch sind, sieht man daran, wie wenig sie insgesamt einbringen, und an der Tatsache, daß sie eine florierende Steuersparindustrie hervorgebracht haben. Doch für die Politiker ist diese Steuersparte im Zeitalter der Jagd auf die Reichen propagandistisch so wertvoll, daß sie sich hüten werden, sie über Bord zu werfen.

Einige Jahre bevor der Libanese Michael Zabian in Amerika landete, trat Peter Sprague, heute dessen Nachbar in Massachusetts, eine Erbschaft von 400000 Dollar an. Das Geld stammte aus dem Verkauf von Aktien der Sprague Electric Company. Viele andere Erben schafften es, Beträge dieser Größenordnung in einigen Jahren zu verbrauchen oder zu verwirtschaften. Doch Sprague legte das Geld so an, daß es noch schneller den Bach hinuntergehen konnte. Er suchte sich dafür Firmen aus, die vor dem Bankrott standen und keine Kapitalgeber mehr fanden.

Sein erstes geschäftliches Abenteuer war der Versuch, eine Hühnerzucht im Iran aufzubauen. Dabei machte er eine der wichtigsten Erfahrungen für einen Unternehmer: Es kommt immer anders, als man denkt. Das Projekt basierte auf der in Lateinamerika bewährten Ralston-Purina-Technologie und sollte den rasch wachsenden Markt für Geflügel im Nahen Osten erschließen. Die Überraschungen begannen mit heftigen Schneefällen. Niemand hatte Sprague gesagt, daß es im Iran auch schneien kann. Der Schnee ruinierte die Ralston-Purina-Maschinen.

Dann mußte der Jungunternehmer erfahren, wie der orientalische Futtermittelmarkt funktioniert: »Man kauft hundert Kilo Korn und bekommt nicht viel weniger Sand oder Steine geliefert.«

Nach einer Reihe ähnlicher Reinfälle konnte Sprague mit seinem Kapital an Erfahrungen doch noch Geld im Iran verdienen. Er zog mit seinem Geflügeldünger eine Million Bäume heran, züchtete Champignons in stillgelegten Kühlhäusern und besaß schließlich die größte Kühlhauskette des Landes.

1964, drei Jahre nach seinem Start im Iran, wurde Sprague auf eine lahmende Elektronikfirma namens National Semiconductor aufmerksam. Er studierte eine Woche lang ihre Bücher, kaufte ein Aktienpaket und ließ sich zum Chairman ernennen. Heute gehört die Firma zur Spitzengruppe der Halbleiterhersteller und weist ein Rekordwachstum auf. Die 300-Mann-Belegschaft wuchs inzwischen auf 34000 Mitarbeiter an.

Mitte der sechziger Jahre kaufte Sprague noch weitere Firmen auf und war 1969 Mitbegründer der Auton Computing Company, die heute viel Geld mit dem Auffinden von Haarrissen und Lecks in den Rohren von Atomkraftwerken verdient.

In seiner Rolle als Arzt todkranker Firmen konnte der Sportwagen-Fan Sprague es sich sogar leisten, die renommierte britische Luxuswagenfabrik Aston-Martin zu sanieren. Sie ist heute wieder in den schwarzen Zahlen, und damals wäre ihr der lebenswichtige amerikanische Markt durch neue Abgasbestimmungen fast versperrt worden.

Ein Unternehmer mit Energie, Entschlossenheit und Charisma konnte so aus seiner Erbschaft von 400000 Dollar ein kleines Vermögen für sich selbst und eine Goldgrube für die Wirtschaft machen. Er hat damit mehr erreicht als alle die schwerfälligen Stiftungen oder Behörden, die schon 400000 Dollar verbrauchen, um eine Dienststelle einzurichten.

Leider fallen die Schlaglichter der Medien allzuoft auf die Millionenerben, die sich vornehmlich durch hohen Verbrauch an Kokain und Ehepartnern auszeichnen. Darüber wird leicht vergessen, daß in einer kapitalistischen Wirtschaft die Hauptaufgabe der Millionäre nicht darin besteht, das Volk zu unterhalten, sondern Geld zu investieren – großzügig und unbürokratisch Kapital zur Verfügung zu stellen. Die überwiegende Mehrheit der Reichen tut das auch. Sie verbraucht nur einen kleinen Teil ihrer Einkünfte selbst, der Rest wird in Produktionsstätten gesteckt, die Arbeit und Brot für viele tausend Beschäftigte geben und die Verbraucher mit den benötigten Gütern versorgen. In erster Linie sind es immer noch die Reichen, die der Wirtschaft frei verfügbares Kapital bereitstellen können.

Dieses frei verfügbare Kapital finanziert alles, was wir an Neuem und Eigenständigem in unserer Kultur und Wirtschaft finden. Es gewährt den scheinbar aussichtslosen Idealisten unter den Politikern und Geschäftsleuten eine Chance. Es hilft, geniale Erfinder und große Künstler zu fördern oder eine neuartige Bildungseinrichtung zu schaffen.

Trotzdem gilt diese Art des Geldausgebens bei den mathematisch orientierten Ökonomen als sinnlose Verschwendung der Mittel und bei den linken Politikern als plutokratische Protzerei. Die intellektuellen Reformer wollen das freie Kapital sogar aus unserer Wirtschaft verbannen. Der mit diesem Kapital verbundene Einfluß auf die Politik soll auf »Ausschüsse für die Wahrung Öffentlicher Interessen« und auf Zuteilungsgremien übergehen. Das Stiftungswesen wird auf diese Weise mit immer mehr »unabhängiger« Bürokratie, das Kulturleben mit Expertengremien gegängelt. Alle diese »geklonten« und angeblich unabhängigen Ableger von Regierungsstellen sind am Ende nichts anderes als der allmächtige Staat selbst.

Das Schlimmste sind allerdings Pläne, nach denen die Reichen als Lieferanten des Investitionskapitals ausgeschaltet werden sollen. Das hieße, alle Neuerungen, alle begeisternden Visionen, alle experimentellen Investitionen zu institutionalisieren. Diese Bestrebungen, jegliche Kreativität zu politisieren und der Routine zu unterwerfen, finden seit neuestem ihren Ausdruck in der wetterwendischen Subventionspolitik des amerikanischen Energieministeriums, das Investitionen in neue Energiequellen hauptsächlich danach beurteilt, ob sie genügend Wählerstimmen fangen können. Einen Monat lang ist Sonnenenergie der letzte Schrei, im nächsten die Erdwärme, dann Wind und Gezeiten und so weiter – ein endloser Reigen der Moden und Vorlieben. Das alles wird wohl mit einem ziemlich großen Schritt zurück in die Vergangenheit enden und für viele staubige Jahrhunderte den Rückgriff auf die teuerste und giftigste aller Energiequellen – die Steinkohle – bedeuten.

Nur der einzelne kann etwas Neues schaffen. Institutionen fürchten sich vor unerprobten oder noch nicht in Mode gekommenen Ideen. Deshalb werden sie sich hüten, neues Wissen zu fördern. Also müssen die Reichen ihr Vermögen riskieren (und es am Ende verlieren), um die Wirtschaft zu retten. 1970, im letzten Hochkonjunkturjahr, bezogen die Millionäre 90 Prozent ihres Bruttoeinkommens aus Einzelfirmen, Gesellschaften und Aktienbesitz. Die Verluste der Firmen betrugen 40 Prozent der Gewinnsumme. 1978 waren immer noch 250 000 Millionäre mit von der Partie. Sie hatten die Hälfte ihres Geldes in Aktien angelegt, rund 20 Prozent in Firmen und nur 24 Prozent in Regierungsanleihen und anderen angeblich sicheren Wertpapieren.

Die Rolle des Risikopolsters der Wirtschaft kann niemand mit dem gleichen Erfolg wie die Reichen übernehmen. Die Segnungen des Kapitalismus stellen sich ohne die Kapitalisten leider nicht ein. Die Leute auf den unteren Stufen der Vermögensleiter sollten ihr Auge ruhig einmal vom Konsumspektakel abwenden und die Dramen an der Wirtschaftsfront über ihnen beobachten. Diese Dramen entbehren nicht der Tragik, denn die großen Familien, die sich hier als Vorkämpfer bewähren müssen, scheitern am Ende fast ausnahmslos und gehen im Lebenskampf der freien Wirtschaft unter.

Man sollte unsere Reichen nicht mit den Saudis oder mit König Midas in seinem goldenen Käfig vergleichen. Sie verwalten nicht nur ihre Vermögen, sondern auch den Volkswohlstand. Der Mythos vom König Midas wird eher in der Dritten Welt wahr, wo die Regierenden lediglich Geld scheffeln können, wo es nichts außer teuren Importgütern zu kaufen gibt und wo das bißchen Wohlstand, das übrigbleibt, in leicht mitführbaren Werten zu versickern pflegt.

In einem funktionierenden Kapitalismus hingegen sind die Reichen weise genug, nicht in die Falle des Midas zu tappen. Sie verwandeln fruchtloses Anlagekapital und vorerst nicht benötigte Spargelder in Fabriken und Bürohochhäuser, Farmen und Laboratorien, Orchester und Museen. Sie verwandeln das Gold in Güter, in Arbeit und Kunst. Das ist die Aufgabe der Reichen: Im immerwährenden Kampf um Wohlstand und Fortschritt müssen sie den Schichten unter ihnen Chancen eröffnen.

Die Waffen in diesem Kampf sind nicht Geld und Maschinen, Produktionszahlen und Einkommensstatistiken, sondern Einfallsreichtum und Zuversicht. Über allem steht der zuversichtliche Glaube an die Kraft der freien Wirtschaft, die sich auch in der ungewissen Zukunft durchsetzen wird.

Das Wesen der Armut

In ihrer eigenen Welt des Reichtums nahm die Oberklasse der Amerikaner seit jeher die unglaublichsten Geschichten aus der Welt der Armen mit unbeweglichem Gesicht zur Kenntnis. Wir gaben zwar Ernest Hemingway darin recht, daß die Reichen sich hauptsächlich durch ihr Geld von uns unterscheiden, doch bei den Armen, zu dieser Annahme neigten wir, müsse es sich um einen fremden Stamm handeln, der exotischen Sitten und Gebräuchen folgt, die wiederum nur beglaubigte Sachverständige durchschauen können.

Es traf sich dabei ganz gut, daß viele der Armen Schwarze waren. Sie sahen anders aus; vielleicht waren sie auch anders. Es wurden eine Menge authentisch klingender Märchen verbreitet: Die Schwarzen seien von Natur aus matriarchalisch eingestellt, ihr Intelligenzquotient sei, wie bei den Iren, Juden und anderen Einwanderern, schon aus genetischen Gründen niedriger (vielleicht hatten die Schwarzen ja weniger Platz im Kopf). Außerdem wurde eine deutliche Vorliebe für Gewalttätigkeit und schlampige Lebensführung bei ihnen festgestellt. Deshalb dürften wir sie nicht verurteilen, sagten die »Fortschrittlichen«, wenn wir uns nicht des Ethnozentrismus und des kulturellen Imperialismus schuldig machen wollten. Eine natürliche Tendenz zum Verbrechen, niedrige Intelligenz und ein vaterloses Zuhause – das war die Schlußfolgerung – begründeten eine erklärbare Vorherbestimmung dieser Leute zur Armut, woraus wir alle eine Menge lernen konnten. Diese edle Haltung setzte einen so mutigen Geist kultureller Relativierungen voraus, daß sie natürlich nicht lange durchgehalten werden konnte, besonders nicht in der Politik. So mußten neue Erklärungen her. Die wirkten zwar fundierter, waren aber nicht weniger an den Haaren herbeigezogen. Sklaverei, Benachteiligung und Ausbeutung, so hieß es jetzt, hätten die Psyche der Schwarzen so deformiert, daß man alle denkbaren neuen seelsorgerischen und therapeutischen Maßnahmen aufbieten müsse, um den Schaden wiedergutzumachen. Rassismus und Arbeitslosigkeit würden den Schwarzen so zusetzen, daß man ihnen mit umfangreichen staatlichen Arbeitsbeschaffungs- und Rehabilitierungsprogrammen unter die Arme greifen müsse.

Solche und ähnliche Erkenntnisse stärken den Glauben, daß – aus Gott weiß was für Gründen – die Schwarzen und die Armen allgemein eben ganz anders seien als wir. Dieser Glaube nährt neue Märchen, auf die sich – offen oder versteckt – wieder neue staatliche Hilfsprogramme berufen.

Zum Beispiel arbeiten die meisten von uns nur, um Geld zu verdienen. Freizeit ist uns lieber. Nicht so die Armen, obwohl sie doch meistens die unangenehmeren Jobs haben. Sie sind so scharf auf Arbeit, wird allen recherchierenden Wissenschaftlern eingebleut, daß ihre Arbeitswut auch nicht durch Wohlfahrtsunterstützung und Nahrungsmittelbons, die mehr einbringen können als der Lohn, gebremst wird. Ja, sie drängten sich nach der Arbeit, obwohl die effektiven Abzüge – Steuern, Abgaben und Fortfall der Unterstützung – fast 100 Prozent erreichen können.

Es ist bekannt, daß die Familien der Mittelschicht unter Scheidung und Trennung sehr zu leiden haben. Die Männer geben ihre Jobs auf, sie trinken und gehen erotischen Abenteuern nach, sie ruinieren ihre Gesundheit und ihr Einkommen. Die Kinder versagen in der Schule. Und dann glaubt man, daß dieselben epidemisch auftretenden familiären Schwierigkeiten sich auf das Leben der Armen kaum auswirken. Bei ihnen können niedriges Einkommen und hohe Arbeitslosigkeit nur auf Diskriminierung zurückzuführen sein.

Bei uns verdienen die meisten Männer mehr als ihre Frauen. Sie neigen nicht dazu, ihre Frauen zu verlassen und werden selten von ihnen verlassen. Aber man meint, daß die armen Männer kaum beeindruckt oder entmutigt sind von dem relativ höheren Einkommen ihrer Frauen durch Unterstützungs- und Rehabilitierungsprogramme.

Die Armen Amerikas konnten bisher nur aufsteigen, wenn sie zunächst niedrig bezahlte Jobs annahmen und härter arbeiteten als alle anderen. Heute glaubt man, das Stadium der harten, schlecht bezahlten Arbeit könne durch Umschulung und Förderung und entsprechende Zeugnisse übersprungen werden. Diese Einstellung zum Problem der Armut in den Vereinigten Staaten grenzt schon an eine neue Form der Bigotterie.

Wir müssen uns damit abfinden, daß wir trotz des Überflusses, den uns die kapitalistische Wirtschaft beschert, immer in einer Welt voller armer Menschen leben werden. Es werden weiterhin arme Einwanderer nach Amerika kommen, dafür sorgen schon die modernen Verkehrsmittel, und das wird für absehbare Zeit so bleiben, wenn die Einwanderung nicht gestoppt wird, was sich aber aus moralischen und wirtschaftlichen Gründen verbietet.

Wer die Armut wenigstens eindämmen will, sollte alle Hoffnungen auf eine Beseitigung der Ungleichheit durch Umverteilung fallenlassen.

Dagegen können erfolgreiche Maßnahmen gegen die Armut die Ungleichheit am Anfang sogar noch vergrößern. Um das Einkommen der Armen zu steigern, muß man zunächst die Investitionstätigkeit ankurbeln, um damit den Wohlstand der Reichen – wenn auch nicht gleich ihre Kauffreude – zu erhöhen. Die Armen bekommen bessere Arbeit, werden befördert und steigern ihr Einkommen prozentual mehr als die Reichen. In absoluten Beträgen gewinnen aber die Reichen mehr hinzu, und so wird sich der Abstand zwischen arm und reich zunächst vergrößern. Freilich sind solche Annahmen auf lange Sicht unzuverlässig, weil sie eine statische Wirtschaft voraussetzen, in der die Zahl der Großverdiener und der Leute mit mittleren Einkommen nicht zunimmt.

Zudem können in einer modernen Wirtschaft auch Veränderungen der Bevölkerungsstruktur die Ungleichheit verstärken. Mit jeder Verfeinerung der Arbeitsteilung werden neue Spezialisten herangezüchtet, die mehr Bezahlung für ihr gefragtes Können beanspruchen und sich im Einkommen vom Gros der Arbeitskräfte abheben. Diese Tendenz nimmt wahrscheinlich noch zu, wenn in den neunziger Jahren weniger Arbeitskräfte mit höherer Schulbildung ins Berufsleben eintreten und sich die – legale und illegale – Einwanderung verstärkt.

Wie man diese Einflüsse auch beurteilen mag, alle Maßnahmen, die das Einkommen der Reichen – und damit die Investitionen – verringern, um den Armen mehr zu geben (und ihre Arbeitslust zu dämpfen), würden sich nur in sinkender Produktivität, steigender Arbeitslosigkeit und noch mehr Armut auswirken.

Die meisten mit den Problemen der Armut befaßten Experten

lesen aus den Statistiken eine zunehmende Verbesserung der Lage verschiedener Einwanderergruppen heraus. Stetig wachsende Einkommen gehen mit erhöhter Schul- und Berufsbildung einher. Um nun den Armen Amerikas die gleichen Aufstiegschancen wie den mittellosen Einwanderern zu eröffnen, werden staatliche Programme geschaffen, die eine ähnlich stetige Verbesserung bewirken sollen.

Der Eindruck, daß die Armut allmählich überwunden wird, ist aber falsch. Er gründet sich nämlich auf statistische Zahlen, die wesentliche Faktoren des sozialen Aufstiegs außer acht lassen. Früher verdienten die Einwanderer zunächst einmal Geld, indem sie hart arbeiteten. Erst ihre Kinder kamen in den Genuß höherer Bildung.

Arme Leute können schnell aufsteigen, aber sie werden heute durch eine Umverteilungspolitik entmutigt, die neuen, wenig abgesicherten Wohlstand mehr trifft als die listig verschleierten Einkommen und sicher angelegten Vermögen der Reichen. Die Armen fahren besser in einer dynamischen Wirtschaft, die viele unvorhersehbare Kapitalgewinne verspricht – schließlich erleiden sie weniger Kapitalverluste –, als mit einem straff durchorganisierten System, in dem nur Diplome und andere Empfehlungen, die Reiche einfach kaufen können, etwas zählen.

Der einzig zuverlässige Ausweg führt immer über Arbeit, Familie und Glauben. Wer der Armut entkommen will, muß nicht nur arbeiten, er muß mehr arbeiten als diejenigen, die über ihm auf der sozialen Leiter stehen. Bisher hat das jede Generation der unteren Schicht eingesehen. Aber die Armen von heute – und die Weißen noch mehr als die Schwarzen – weigern sich, hart zu arbeiten.

Irwin Garfinkel und Robert Haveman haben in einer detaillierten Studie mit dem Titel »Earnings Capacity, Poverty and Inequality« (etwa: Verdienst, Armut und Ungleichheit) berechnet, wie die verschiedenen Einkommensgruppen ihre Verdienstmöglichkeiten nutzen – das heißt, wie hart außer Hause gearbeitet wird. Die Studie wurde im Auftrag des Institute for Research on Poverty an der Universität des Staates Wisconsin angefertigt. Aus ihr geht hervor, daß die Armen – aus mehreren plausiblen Gründen – bedeutend weniger hart und nicht so lange arbeiten und – entsprechend

Alter, Berufserfahrung und Vorbildung – auch weniger verdienen als die Menschen, die vor ihnen in den gleichen Stadtvierteln wohnten, und auch als diejenigen, die inzwischen aufgestiegen sind. Dabei sind schon Abschläge für Arbeitslosigkeit, Frühinvalidität und angebliche Diskriminierung mit eingerechnet.

Diese Zahlen belegen, daß die Arbeit ein sträflich vernachlässigter Faktor in unseren Produktions- und Einkommensstatistiken ist und daß die heutigen staatlichen Wohlfahrts- und Unterstützungsprogramme die Arbeitsleistung nur verringern. Nicht aus Faulheit entscheiden sich die Armen für die Freizeit, sondern weil sie dafür bezahlt werden. Sinnvolle Arbeit erschöpft sich ja nicht in der Erfüllung von Arbeitsverträgen, sondern erfordert Einsatzbereitschaft und Bereitschaft zum Mitdenken. Die Arbeitnehmer müssen begreifen, daß das, was sie bekommen, abhängig ist von dem, was sie geben – daß sie Arbeit anbieten müssen, um sich Güter leisten zu können. Eltern und Lehrer müssen den Kindern dieses Prinzip erklären und durch ihr Vorbild verdeutlichen. Nichts wirkt lähmender auf die Leistungsbereitschaft als das Gefühl, daß die Leistung ja doch nicht belohnt wird und daß wir in einer finsteren, ungerechten Welt leben, in der nur die Rücksichtslosen und Privilegierten vorankommen. Werden solche Ansichten schon in der Familie geäußert, beeinträchtigt das den Lerneifer in der Schule und erst recht den wirtschaftlichen Erfolg im späteren Leben.

Wie die meisten menschlichen Verhaltensweisen wird auch die Einstellung zur Arbeit schon in der Familie geprägt. Die damit zusammenhängenden Probleme kann man nach einer Betrachtung der Familienstruktur leicht verstehen.

In der Tat sind – nächst der Arbeit – die intakte monogame Ehe und die Familie die wichtigste Voraussetzung für den sozialen Aufstieg. Die schon genannte Studie der Universität von Wisconsin hat ergeben, daß verheiratete Männer zwischen zweieindrittel- und viermal so hart arbeiten wie verheiratete Frauen und mehr als doppelt so hart wie weibliche Familienoberhäupter (dabei sind die Benachteiligung der Frau und die Belastung durch die Kinderbetreuung schon berücksichtigt). Die Arbeitsleistung der Männer steigt mit Alter, Vorbildung, Berufserfahrung und Kinderzahl, während die

Frauen im Laufe der Jahre immer weniger leisten. Am meisten fällt auf, daß – bei sonst gleichen Voraussetzungen – Junggesellen mit ihrer Arbeitsleistung bei 100 Prozent liegen, verheiratete Männer dagegen bei 150 Prozent. Die Ehe wirkt sich also bei Männern in einer anderthalbfachen Leistungssteigerung aus. Da die Männer ohnehin höhere Leistungsbereitschaft zeigen und die Frauen ihre Arbeitskraft auch bei Fortfall jeglicher Diskriminierung weniger nutzen, ist die intakte Familie offenkundig der wichtigste Faktor im Kampf gegen die Armut.

Ist jedoch eine Frau das Familienoberhaupt, wird es fast unmöglich, das Familieneinkommen erheblich zu steigern, auch wenn die Frau höhere Bildung besitzt, hochqualifiziert ist und eine Haushaltshilfe beschäftigt. Ihre familiären Pflichten verhindern einfach, daß sie sich so in den Beruf hineinkniet, wie es zur Ausschöpfung ihres Verdienstpotentials erforderlich wäre. Nur wenige Mütter geben dem Geldverdienen absoluten Vorrang in ihrem Leben. Ein verheirateter Mann wird jedoch durch die Bedürfnisse seiner Familie dazu angehalten, seine eigentlich zerstörerische Aggressivität umzulenken in Unterhalt und Vorsorge für Frau und Kinder. Schon diese geschlechtsspezifische Rollenverteilung zwingt den Staat, bei jeder ernsthaften Maßnahme gegen die Armut das Hauptgewicht auf die Stärkung der Stellung des Mannes in der armen Familie zu legen.

Diese Einstellung zu Arbeit und Leistung ist aber nur eine der vielen Abhängigkeiten, die zwischen Familienleben und Armut bestehen. Edward Banfield charakterisiert in seinem Buch »The Unheavenly City Revisited« (Erneute Betrachtung der un-himmlischen Stadt) die Unterschicht hauptsächlich durch ihre Weigerung, sich auf die Zukunft zu orientieren. Die Angehörigen dieser Schicht leben in den Tag hinein und sind unfähig, zu planen, zu sparen oder langfristig eine Tätigkeit auszuüben. Banfield meint, daß man solche engen Horizonte als tiefverwurzelte psychische Leiden hunderttausender armer Leute verstehen muß. Er legt damit den Finger auf eine offene Wunde, verschweigt jedoch, daß Millionen Männer, die eine Zeitlang ähnlich gegenwartsbezogen, impulsiv und blind für die Zukunft gelebt haben, sich zu vorausschauenden Bürgern des Mittelstandes entwickeln konnten. Er sagt auch nicht, daß Millionen scheinbar zukunftsorientierter Männer plötzlich ihre Stellung aufgeben, ihre Ersparnisse verschleudern und genauso kurzsichtig und ungeordnet weiterleben, wie die engstirnigsten unter den Armen.

Was Banfield hier als Unterschichtsmentalität beschreibt, betrifft vorwiegend unverheiratete, geschiedene und getrennt lebende Männer. Diese »unabhängigen« Männer, wie die Volkszählung sie nennt, sind so zahlreich und benehmen sich so auffällig, daß sie schon als typisch für die untere Schicht gelten.

Die mangelnde Voraussicht ist ein Resultat der geschwächten Stellung der Familienväter. Das Leben der armen Leute unterliegt allzu oft dem gleichen hastigen Rhythmus von Anspannung und Entspannung, der die sexuellen Abenteuer junger lediger Männer kennzeichnet. Die weibliche Sexualität hat sich dagegen in Jahrtausenden dem viel langsameren, gleichmäßigen Rhythmus von Schwangerschaft und Kinderaufzucht untergeordnet. Frauen haben deshalb ein weiträumigeres Lebensgefühl, besitzen in ihrem Körper ein Stück der Ewigkeit. Das Leben in einer zivilisierten Gesellschaft erfordert die Unterordnung des hastigen Gefühlslebens der jungen Männer unter die auf Dauer angelegten mütterlichen Instinkte der Frau. Genau das geschieht in der Einehe – der Mann zähmt seinen Sexualtrieb, und die Frau läßt ihn durch die Geburt der Kinder teilhaben an der Ewigkeit. Sie ermöglicht ihm den täglichen Umgang mit seinen Nachkommen, der ihm ohne die Ehe verwehrt bliebe. Er gibt ihr den Lohn seiner Arbeit, den er sonst für sinnlose Vergnügungen verschwenden würde. Die Frau gibt ihrem Mann eine Zukunft, er dankt ihr das mit Treue und lebenslanger Fürsorge durch Arbeit. Harte Arbeit ist die wirksamste Waffe gegen die Armut, doch die Ehe ist die beste Voraussetzung für den sozialen Aufstieg durch höherqualifizierte Arbeit.

Wenn eine Ehe scheitert, fällt der Mann oft in die primitiveren Verhaltensweisen seiner Junggesellenjahre zurück. Sein Einkommen fällt durchschnittlich um ein Drittel, und er wird weit anfälliger für Trunksucht, Drogenabhängigkeit und Kriminalität. Die intakte Ehe führt dagegen weg von der Unbeständigkeit der Jugend – und der Armut – hin zum beruflichen und sozialen Aufstieg.

Wie schon Banfield zu Recht betont, spielt die Zeit eine wichtige Rolle beim sozialen Aufstieg. »Kapital ist Zeit«, sagt bereits die österreichische Schule der Wirtschaftslehre. Sie meint damit die Hinausschiebung des Konsums mittels einer aufwendigen Produktionsweise. In den ärmeren Volksschichten hingegen ist alle Zeit gegenwärtige Zeit, und es wird nicht genügend Kapital – in Form von Arbeit kombiniert mit Ausbildung und Ersparnissen – angesammelt, um ausreichendes Einkommen und Wohlstand zu sichern. Doch ein noch zuverlässigeres Merkmal für die Zugehörigkeit zur unteren Bevölkerungsschicht als das Verhältnis zur Zeit ist eine mangelhafte Familienstruktur. Wenn die Bindungen der Väter zu ihren Kindern und deren Zukunft nur schwach sind, fehlt den Männern der Ansporn zum Arbeiten und Sparen.

Der britische Bevölkerungswissenschaftler E. A. Wrigley geht sogar so weit zu behaupten, daß die unmittelbaren festen Bindungen an die Kinder in der Kernfamilie die Voraussetzung für die Industrielle Revolution waren. In den sich wirtschaftlich nur langsam entwickelnden Ländern Osteuropas und Asiens, sagt Wrigley, ging die Ehe in der Großfamilie auf, und die Väter brauchten nicht allein für ihre Kinder aufzukommen. Im elisabethanischen England und anderen frühindustriellen Ländern des 16. Jahrhunderts dagegen durfte ein Paar erst heiraten, wenn der Mann nachgewiesen hatte, daß er eine Familie ernähren kann. Das Bevölkerungswachstum war also direkt an das Wirtschaftswachstum gekoppelt.

»In der vorindustriellen Zeit«, so schrieb Wrigley, »lebten die Menschen in einer bewegten Gegenwart mit entsprechend kurzfristigen Zielen.« Das heißt, sie hatten keine Zeit, Kapital zu bilden, in unserem Sinne zu arbeiten, zu sparen und damit die Stillung ihrer Bedürfnisse auf eine unvorhersehbare Zukunft, die sie vielleicht gar nicht erleben würden, zu verschieben. Erst die beständigen Bindungen zwischen Arbeit, Wohlstand, Sexualität und Kindern schufen die zukunftsorientierte Grundhaltung der westeuropäischen Völker. »Immer wieder wird behauptet, die Kernfamilie sei aus der Industrialisierung und Urbanisierung hervorgegangen«, schließt Wrigley; »dabei war sie schon Jahrhunderte vorher da.« Auf der Kernfamilie baute die zielstrebige Bourgeoisie und die Arbeitsmoral des Industriezeitalters auf.

Natürlich ist dies eine stark vereinfachende Darstellung der Gedanken Wrigleys zur Industriellen Revolution, doch wird damit seine zentrale These illustriert: »Die Eheschließung ist... der Kern des gesamten Geflechts der sozialen Verhaltensweisen.«[26] Ganz besonders ist sie die Ursache für das Denken des Mannes in größeren Zeiträumen und damit für das Sparen und die Kapitalbildung. Umgekehrt führt allgemeine Zügellosigkeit und Familienzerrüttung zu dauernder Armut, weil die Männer des erweiterten Horizontes, den ihre Kinder verkörpern, beraubt werden.

Eine Erforschung der Armut, die mit dem Zustand von Ehe und Familie beginnt und endet, würde viel mehr über dieses schwerwiegende Problem offenbaren als alle Statistiken über Einkommen, Arbeitslosigkeit, Bildung, Intelligenzquotienten, Wohnungsbelegung und Diskriminierung, die von den Computern der Experten verarbeitet und in immer neuen Kombinationen und Aufbereitungen ausgedruckt werden. Doch eine Untersuchung des Zusammenhangs zwischen Arbeit und Familie ließe die dritte und vielleicht wichtigste Ursache für den Aufstieg in einer kapitalistischen Wirtschaft – den Glauben – unberücksichtigt.

In seiner Studie »The Moral Basis of a Backward and Society« (Die moralischen Grundlagen einer zurückgebliebenen Gesellschaft) wies Banfield überzeugend nach, daß die Familie allein als Grundlage des sozialen Aufstiegs noch nicht ausreicht. Er kam zu dieser Überzeugung, als er die Lebensbedingungen in einer wirtschaftlich toten italienischen Kleinstadt untersuchte. Sie war von lauter Kernfamilien bewohnt, denen jeglicher Glaube an die Zukunft fehlte. Banfield schloß daraus – fälschlicherweise – auf die Überlegenheit der Großfamilie, denn er berücksichtigte nicht, daß in solchen Riesengemeinschaften der Kern an wirtschaftlicher Verantwortlichkeit fehlt. Dagegen erkannte er richtig, daß der Familie noch etwas fehlt, was unbedingt erforderlich ist, um den wirtschaftlichen Fortschritt zu sichern.

Und so erreicht Banfield, wie jeder ernsthafte Erforscher sozialer und wirtschaftlicher Zusammenhänge, den Punkt, an dem eine höhere Moral ins Spiel gebracht werden muß. Ihm fallen aber nur so weltliche Dinge wie Zusammenarbeit, Gemeinschaftsgeist und weite Horizonte ein. Adolph Berle hingegen, der den florierenden, vorwiegend von Mormonen bewohnten Staat Utah mit dem ärmlichen, von kaum religiösen Menschen bewohnten Nachbarstaat Nevada verglich, schloß auf einen »transzendentalen Vorteil«, den man mit dem nüchterneren »Faktor X« von Leibenstein gleichsetzen kann. Lionel Tiger wiederum meint, einen »evolutionären Optimismus, eine Biologie der Hoffnung« zu sehen, die den menschlichen Genen entspringen. Sie und viele andere meinen aber, jeder auf seine Weise, nichts anderes als die dritte Triebkraft des sozialen Aufstiegs, und das ist der Glaube.

Der Glaube an die Menschheit, an die Zukunft, an den wachsenden Nutzen des Gebens, der Glaube an die allseitigen Vorteile des Handels, an die Fürsorge Gottes ist die Voraussetzung für einen erfolgreichen Kapitalismus. Der Glaube in allen diesen Ausprägungen stärkt die arbeitenden und unternehmenden Menschen gegen die Mißerfolge und Frustrationen, die in dieser nüchternen Welt unvermeidlich sind. Der Glaube muß Vertrauen und Zusammenarbeit in einer Wirtschaft fördern, die beides oft vermissen läßt, und die Menschen bereit machen, auf gegenwärtige Befriedigungen zugunsten einer keineswegs gesicherten Zukunft zu verzichten. Dieser Glaube muß Wagnis und Initiative in unserer Welt stärken, in der man nur etwas erreichen kann, wenn andere mitmachen. Der Mensch ist auf das Vertrauen in eine höhere Moralität angewiesen, wenn er ohne Aussicht auf eine Gegenleistung etwas hergeben, ohne Sicherheit vor Wertverfall sparen oder über den Arbeitsvertrag hinaus etwas leisten soll. Es muß eine Belohnung jenseits des verwirrenden täglichen Existenzkampfes geben. Den Kernfamilien in dem italienischen Dorf fehlte dieser Glaube, nicht aber den polygynen Mormonengemeinschaften und auch nicht den Auslandschinesen, die von ihm bei der Arbeit fern ihrer Familien beseelt waren.

Nur der Glaube kann Berge versetzen, auch die Berge von ideologischem Unrat und Lustlosigkeit, die der geplagten Wirtschaft der westlichen Welt heute im Wege stehen. Er schwemmte schon Heerscharen von Einwanderern mit wenigen Pennies in der Tasche an Amerikas Küsten, er half ihnen, das amerikanische Wirtschaftsimperium zu errichten, und er vollbringt auch heute jeden Tag neue Wunder bei der Bewältigung wirtschaftlicher Schwierigkeiten.

Nur gemeinsam können die drei Stützpfeiler Arbeit, Familie und Glaube den sozialen Aufstieg sichern, denn nur wenn alle drei zusammenwirken, reichen sie über die Kinder in die Zukunft. Sie sind auch die Grundlagen einer freien Wirtschaft und einer blühenden menschlichen Gemeinschaft.

Die Zukunft des Unternehmers

Die meisten Kritiker des Kapitalismus geben heute zu, daß der Unternehmer die entscheidende Rolle im Frühstadium des kapitalistischen Systems spielte. Doch jetzt unterlägen die abendländischen Nationen einem tiefgreifenden, nicht mehr umkehrbaren Wandel. Die Anforderungen der modernen Wissenschaft und Technik, Rohstoffknappheit und Umweltverschmutzung läuteten das »Reifestadium« des Kapitalismus ein, in dem nur noch riesige Bürokratien, also Konzerne und Regierungen, technischen Fortschritt und Wirtschaftswachstum sichern könnten. Für kleine Erfinder und Kapitalanleger sei kein Platz mehr. Die modernen, aus Rücklagen und Anleihen finanzierten, der Kontrolle ihrer Aktionäre und Aufsichtsgremien entglittenen, von selbstherrlichen Managern und Technokraten gesteuerten weltumspannenden Konzerne entwickelten sich zu schwerfälligen multinationalen Mammuts, die immer mehr staatlichen Einfluß erforderlich machten, nur um in Schach gehalten zu werden. Die legendären Einzelunternehmer, Finanziers und Erfinder des frühen Kapitalismus seien eine aussterbende Spezies, die in der modernen Weltwirtschaft und in dem modernen Industriestaat keine Rolle mehr spiele.

Das ist jedenfalls die Lage, wie John Kenneth Galbraith und seine Anhänger sie uns seit langem darstellen. Diese Theorie enthält gerade soviel Wahrheit, wie man benötigt, um ihre Verdrehtheit zu kaschieren.

Nun, Galbraith prangert zurecht die großen eigengesetzlichen kommerziellen Technostrukturen an, die sich der Kontrolle durch ihre rechtmäßigen Eigentümer, die Aktionäre, zu entziehen versuchen. Die heutigen Konzerne haben in der Tat einen beträchtlichen Einfluß auf ihre Umwelt. Sie können teilweise sogar die Preise diktieren und schon damit den Staat zu regulierenden Maßnahmen herausfordern. Galbraith hat auch darin recht, daß diese Wirtschaftsbereiche, die sich auf den Weltmärkten gegen die subventionierten Staatsfirmen anderer Länder behaupten müssen, sehr rationell wirtschaften und nicht durch übertrieben strenge Antitrustgesetze aufgebrochen werden sollten. Größe an sich ist noch kein berechtigter Vorwurf. Doch Galbraith machte den Fehler, sich dem alternden Schumpeter anzuschließen, als dieser – ganz im Gegensatz zu seinen Erkenntnissen aus jungen Jahren – den langsamen Untergang des freien Unternehmers voraussagte. Galbraith, Schumpeter und viele ihrer Adepten unter den Ökonomen in aller Welt sind dem Irrtum erlegen, daß eine einzige Technostruktur sich allmählich der ganzen Wirtschaft bemächtigen und dann im Staat aufgehen werde.

Diese oder ähnliche Voraussagen werden seit der Industriellen Revolution etwa alle fünf Jahre von einem der großen Wirtschaftsgurus gewagt. Doch die Theorie, die dahintersteckt, beruht auf einem so primitiven Irrtum, daß sogar ein Schuljunge ihn erkennen müßte. Die Propheten des Sozialismus machen sich nämlich statische Bilder von dynamischen Vorgängen. In jeder einigermaßen entwickelten Wirtschaft werden die größten Unternehmen immer auch die effizientesten sein, denn dadurch sind sie ja so groß geworden. Sie profitieren von der Wirtschaftlichkeit der großen Serie und von der Spezialisierung. Aber wer die Wirtschaft nur als ein System statistisch festgehaltener Quantitäten ansieht, muß zu dem Fehlschluß kommen, daß nur die Größe für den Erfolg eines Unternehmens ausschlaggebend ist. Übertragen hieße das, die sportliche Spitzenstellung einer Fußballmannschaft sei nur von der Menge der lärmenden und biertrinkenden Fans in den Stadien abhängig. Den Erfolg eines Konzerns jedoch bestimmen nicht quantitative, sondern qualitative Kriterien – das richtige Produkt, die rationelle Herstellung und das schlagkräftige Marketing.

Der Theorie zufolge haben die großen Unternehmen einen Punkt nahe dem Maximum ihrer Kuznets-Kurve erreicht – das heißt auf dem langsam steigenden Teil nach dem steil hochschießenden Abschnitt auf der liegenden S-Kurve ihres Wachstums, also einen Punkt *nach* der schöpferischen Phase.

Erfolgreiche Unternehmen wachsen zuerst langsam, weil sie noch Anfangsinvestitionen für ein neues Produkt vornehmen. Schnelles Wachstum stellt sich erst ein, wenn die Märkte erschlossen und die Produktionsmethoden entwickelt sind. Zum Schluß ist das Stadium der eingefahrenen Massenherstellung erreicht. In jeder

Wirtschaft erreichen nur vergleichsweise wenige große Firmen dieses letzte Stadium und kommen in den Genuß seiner Auswirkungen auf dem einheimischen und dem internationalen Markt. Sie stellen ihre Produkte dann so perfekt und so kostengünstig her, daß sie nur auf geringe Konkurrenz stoßen und dadurch den Markt beherrschen. Sie können so effizient sein, weil sie viele Jahre lang immer das gleiche Produkt herstellen, wobei sie Produktion und Vertrieb kontinuierlich noch verbessern. Solche Unternehmen werden allmählich starre, hochspezialisierte Gebilde. Statistisch gesehen sind sie enorm produktiv, aber unter dem Gesichtspunkt des Wirtschaftswachstums und technischen Fortschritts sind diese Mammuts für die Wirtschaft nur von geringer Bedeutung. Sie sind jetzt nur effizient, weil sie in ihrer Frühphase dynamisch und aggressiv waren. Wer diese herangereiften Konzerne als den Gipfel des wirtschaftlichen Fortschritts preist und ihre Vermehrung fordert, handelt wie einer, der eine Fakultät mit Bestseller-Professoren wie John Kenneth Galbraith aufbaut, anstatt junge, unverbrauchte Wissenschaftler heranzuziehen, wie zum Beispiel den hochgeschossenen jungen Mann, der 1952 das damals wenig beachtete Buch »Theorie der Preiskontrolle« schrieb.

Die Linke geht fehl in der Annahme, daß die größten Konzerne ihre Hegemonie über die Wirtschaft noch verstärken. Gewiß, der Staat trägt so gut er kann mit seiner Steuerpolitik dazu bei, Neuerungen zu unterdrücken und Firmenzusammenschlüsse zu begünstigen. Die dadurch in den siebziger Jahren entstandene Kapitalknappheit schädigte vor allem kleine Firmen, die sich vergrößern wollten. Weder die fünfzig noch die zweihundert größten Industriefirmen Amerikas haben seit 1937 ihre Sachanlagen vergrößert oder ihren Ausstoß vermehrt. Gegenteilige Berichte berufen sich vor allem auf das wachsende Auslandsgeschäft dieser Gesellschaften, die sich auf dem Weltmarkt gegen die subventionierten Staatsfirmen durchsetzen müssen. In Wahrheit gibt es keinen Beweis für die Behauptung, die Großkonzerne verdrängten die kleinen Unternehmer. Die Zahl der jährlichen Neugründungen ist seit 1950 von 93 000 auf 450 000 gestiegen, die Zahl der Pleiten hat sich dagegen nicht in einem annähernd gleichen Verhältnis erhöht.

Der Grund, warum die Linke das alles ganz anders sieht, ist leicht gefunden. Die Propheten des Übergangs zum Sozialismus versuchen uns ihre Zukunft immer durch das Anprangern überholter Verhältnisse schmackhaft zu machen. So wie Marx Zustände in der Industrie kritisierte, die sich schon zu der Zeit, als er seine Werke schrieb, wandelten, gehen unsere heutigen Wissenschaftler von Produktionsweisen und Strukturen aus, die sich gerade heute schnell ändern. In ihrer Auseinandersetzung mit dem gegenwärtigen technischen Fortschritt pflegen sie die dynamischsten Industriezweige zu vergessen. Sie ignorieren den Aufschwung der Daten- und Nachrichtentechnik und die vielen neuen Energiespartechniken. Sie beschäftigen sich kaum mit der umwälzenden Entwicklung der Mikrobiologie, der Glastechnik, den Neuheiten in der Kopier- und Drucktechnik und der Photographie. Die ganz junge Lasertechnik, die neuen Diagnoseverfahren und die antivirale Pharmazie finden ebenfalls keine Berücksichtigung in der neueren Wirtschaftstheorie.

Wenn man den Überlegungen der Linken zur Entwicklung der Industrie folgt, muß man zu dem Schluß kommen, daß Bergleute, Tagelöhner und Fließbandarbeiter die führenden Persönlichkeiten in der künftigen kapitalistischen Wirtschaft sein werden. Galbraith stellt uns dann auch als Muster für die neue Technologie eines der schlechtesten Beispiele vor, den 1974 kreierten Ford »Mustang«, und er höhnt: »Das nennt man ein *neues* Automobil.« Die Zukunftsperspektive seines Buches »Die moderne Industriegesellschaft« fußt auf diesem Pseudosportwagen, der im Gefolge der Ölkrise keine Chance mehr hatte und mit anderen Benzinsäufern die Ford Motor Company beinahe in den Abgrund gerissen hätte. Damals begann aber schon der Trend zu kleineren und sparsameren Modellen. Die mühselige, kostspielige Umrüstung in den Ford-Fabriken ist für Galbraith jedoch nur ein willkommener Anlaß, die Unbeweglichkeit und Einfallslosigkeit großer Konzerne anzuprangern.

Die Theorien der Linken befassen sich vorzugsweise mit Firmen auf dem Maximum der liegenden S-Kurve ihres Wachstums. In diesem Stadium werden die Neuentwicklungen seltener und die Konzerne bürokratischer, sie arbeiten nur noch an geringfügigen Verbesserungen, neuen Verpackungen und Kostensenkungen, um den letzten Nutzen aus einer statisch gewordenen Produktion herauszuquetschen.

Die amerikanische Autoindustrie hat sich Ende der dreißiger Jahre auf drei riesige, immens produktive Firmen konzentriert. Seitdem haben sich ihr Rang in der Wirtschaft und ihre Produkte kaum verändert. Die große Chance zu einem neuen Durchbruch kam 1974 nicht mit dem »Mustang«, sondern mit der Notwendigkeit, neue Lösungen für bessere Abgaswerte vorzustellen. Doch die Amerikaner überließen diese Chance den Japanern und Europäern. Anstatt neue, bessere Motoren zu entwickeln, beugten sich die Großen Drei von Detroit dem kurzsichtigen Drängen der Umweltbehörde und einigten sich auf den katalytischen Abgasreiniger, der den Schadstoffausstoß verringert, ohne große Umbauten an den veralteten Motoren zu verursachen. Aus der Sicht der Konzerne war das vielleicht unvermeidlich. Sie hatten sich so sehr der Aufgabe angepaßt, das perfekte industrielle System für Erzeugung und Absatz eines bestimmten Fortbewegungsmittels mit Verbrennungsmotor zu betreiben, daß sie auf veränderte Bedingungen nicht mehr reagieren konnten. Auf dem Höhepunkt ihrer Produktivität hatten sie ihre ganze Manövrierfähigkeit eingebüßt.

Burton Klein weist in seinem Buch »Dynamic Economics« (Die dynamische Wirtschaftslehre) nach, daß Neuerungen fast nie von den führenden Firmen einer Branche ausgehen. Sogar wenn ein Großkonzern bahnbrechende Erfindungen macht (wie die Bell Laboratories mit dem Transistor oder den Sonnenenergiezellen), übernimmt fast immer eine mittelständische Firma – meistens von abtrünnigen Ingenieuren und Managern des Konzerns gegründet – die kommerzielle Einführung.

Die Liste dieser kurzsichtigen Marktführer liest sich wie ein Gotha der Großindustrie: In der Gründerzeit konnten die Kutschenhersteller kein marktreifes Automobil herausbringen, und die Kerzenmacher verschliefen die Entwicklung der Elektrizität. Dann waren es junge Firmen, wie die des deutschstämmigen Tischlers Heinrich Boeing, die eine neue Phase der Flugzeugentwicklung einläuteten. Kodak bemerkte viel zu spät das Marktpotential der Sofortbildkamera, und die Rechenschieberproduzenten ließen sich von den elektronischen Taschenrechnern überrollen. Der Büromaschinengigant IBM mußte kleineren Firmen hinterherlaufen, um den Anschluß in der Kopier- und Textverarbeitungstechnik nicht zu verpassen. Sogar der IC- und Taschenrechnerpionier Texas Instruments wurde von kleineren Konkurrenten auf dem Feld der Mikroprozessoren abgehängt. Ford und General Motors mußten bei all ihrer ausgefuchsten Marketingstrategie auf radikale technische Neuerungen so lange verzichten, bis kleinere Konkurrenten diese zur Verkaufsreife geführt hatten, denn die teuren, durchrationalisierten Großserien-Fabriken wären durch einen zu raschen Wandel wertlos geworden. So war es nur folgerichtig, daß ein Motorradhersteller – nämlich Honda – das erste Auto vorstellte, das ohne Abgaskatalysator den strengen amerikanischen Abgasvorschriften entsprach.

Burton Klein nahm sich die fünfzig größten Erfindungen des 20. Jahrhunderts vor und wies nach, daß die Großkonzerne nicht eine einzige richtig gewürdigt hatten.

Fast alles, was Professor Galbraith über die Auswirkungen der modernen Technologie verbreitete, widerspricht den tatsächlichen Verhältnissen. Während er mit Bob McNamara (dem späteren US-Verteidigungsminister) und Walter Murphy über die Verhältnisse bei Ford und General Motors plauderte und sich selbst im Zentrum seiner »Modernen Industriegesellschaft« wähnte, grollte hinter seinem Rücken schon die neue Industrielle Revolution.

Sie fand in Hunderten mittelständischer Unternehmen statt und wurde von Menschen angeführt, die er nie kennengelernt hatte. Einige von ihnen waren aus den Universitätslaboratorien und großen Forschungszentren in die Frontlinie der modernen Industrie geeilt und hatten ihrerseits wohl auch nie von Galbraith gehört. Es waren die versponnenen Forscher, die prosaischen Genies der Halbleiter- und Mikroprozessoren-Revolution, die den billigsten Rohstoff der Welt, ordinären Sand, in Werkzeuge des Geistes verwandelten – in Silikonplättchen, so groß wie eine Fliege, die mehr Additionen ausführen können als eine Million Buchhalter in einer Million Jahren. Es sind unvorstellbare Wunderwerke, die den Herrschaftsbereich des menschlichen Gehirns unvorstellbar weit ausdehnen können, viel mehr als Öl, Stahl und Maschinen den menschlichen Muskel im Industriezeitalter verstärken konnten.

Anders als der Düsenantrieb, die Atomenergie, der Windgenerator oder die Solarzelle ist der Mikroprozessor nicht nur ein Fortschritt in der gegenwärtigen Technik oder eine neue begrenzte Technologie. Er befruchtet alle Industrien – sogar die Elektronik selbst. Er macht Maschinen und Geräte kleiner, anpassungsfähiger, zuverlässiger und sparsamer. Mehr noch, der Mikroprozessor ist ein »Schneller Brüter« des Geistes, der die Grundlagen seines Wissens selbst erzeugt, eine unerschöpfliche Quelle des Fortschritts auf allen Gebieten, von der Astrophysik bis zur Medizin. Diese märchenhaften Möglichkeiten lassen die meisten Linksliberalen jedoch kalt. Der Vormarsch des Mikroprozessors ist für sie nur ein neuer Anlaß, die Automation als Bedrohung der Individualität und als Ursache der Arbeitsplatzvernichtung zu brandmarken. Dabei lehrt uns die Geschichte des wirtschaftlichen Fortschritts, daß erhöhte Produktivität den einzelnen von untergeordneten Tätigkeiten befreit, neue Arbeitsplätze und Berufe schafft. Natürlich bringen materielle Fortschritte keinen moralischen, geistigen oder ästhetischen Gewinn. Doch wer Wirtschaft und Technik nicht verkümmern lassen will, muß mit dem Mikroprozessor leben.

Daß die Linken ihn nicht lieben, ist verständlich, denn er führt ihre Voraussagen über die wirtschaftliche Entwicklung ad absurdum. Wenn wirklich, wie sie sagen, technischer Fortschritt und Wirtschaftswachstum nur noch vom Staat und den Großkonzernen gesichert werden können, dann hätte die Computer-Revolution von der alle überragenden IBM oder wenigstens von *einer* der führenden Computerfirmen, womöglich mit Regierungsunterstützung, ausgehen müssen. Tatsächlich ausgelöst wurde diese Revolution von der zweitrangigen Kamerafirma Fairchild und vorangetrieben in vielen neugegründeten Firmen unvoreingenommener und unabhängiger Unternehmer. Der große Durchbruch kam 1971 bei der winzigen Firma Intel, die drei Jahre nach ihrer Gründung durch Robert Noyce und Gordon Moore und den Erfinder E. H. Hoff den Mikroprozessor auf den Markt brachte. Fünf Jahre später war Intel mit achttausend Beschäftigten zwischen Kalifornien und Singapur der größte Mikroprozessoren-Hersteller der Welt.

Die Bürokraten in Washington sehen in dem Computerriesen

IBM sowohl einen Motor des technischen Fortschritts als auch ein gefährliches Monopolunternehmen. IBM ist in der Tat das einfallsreichste und kreativste Großunternehmen der Welt. Aber auch IBM mußte empfindliche Schlappen hinnehmen. Im Konkurrenzkampf mit Xerox, Kodak und anderen Unternehmen auf dem Kopierermarkt bewies der Konzern keine glückliche Hand, auf seinem ureigensten Gebiet, der Entwicklung und Produktion von riesigen Wissenschaftscomputern, wird er von der kleinen Firma Cray Research hart bedrängt, und die Zwerge Wang Laboratories und Digital Equipment haben IBM mit manchen elektronischen Büromaschinen sogar schon überrundet. Das soll natürlich nicht heißen, daß IBM und andere Riesenfirmen nicht eine überaus wichtige Rolle in der amerikanischen Wirtschaft und in der Weltwirtschaft spielen. Selbst Galbraith wies darauf hin, daß die Konzerne sich gegenseitig ergänzen und in Schach halten, ja sogar ein Gegengewicht gegen den Einfluß des Staates bilden. Seinerseits hat IBM die Vorherrschaft von Xerox auf dem Kopierermarkt angekratzt und sich gegen eine Reihe von Staatsmonopolen der Computerindustrie in aller Welt behauptet. Jetzt hat der Konzern einen Vorstoß in die Satelliten-Nachrichtentechnik unternommen und den Marktführer ATT (American Telephone & Telegraph) im Nachrichtenweitverkehr aufs Korn genommen.

Solche Titanenkämpfe erwecken in der Öffentlichkeit den Eindruck, die Mammutkonzerne seien die Avantgarde der technologischen Entwicklung. Doch sie haben sich kaum jemals darin hervorgetan – außer in einigen Branchen, wie beispielsweise Verkehr oder heute bei den Nachrichtensatelliten. Gerade der Mikroprozessor hat gezeigt, wie kleinere Firmen die Entwicklung und die Konkurrenz in dieser Schlüsselindustrie der Zukunft vorantreiben können.

Barry Commoner, der sich positive Anstöße nur von staatlicher Seite vorstellen kann, behauptete 1979 in seinem Buch »Radikale Energiewirtschaft«, nur die 1962 von der Regierung vergebenen Großaufträge über integrierte Schaltkreise hätten diesen Industriezweig geschaffen. Dabei gab es 1962 schon viele Dutzende von Halbleiterherstellern mit Hunderten von bereits erteilten

Patenten. Der Staat leitet nur selten neue Entwicklungen ein. Auch das Raumfahrtprogramm macht da keine Ausnahme. Es wurde nach einem technischen Standard entwickelt, der bereits zehn Jahre alt war. Die staatlichen Forschungslaboratorien sind der unfruchtbarste Teil der amerikanischen Wissenschaft, ja, manchmal behindern sie den technischen Fortschritt sogar mehr als sie ihn fördern. Mag sein, daß der Staat 1962 die Halbleiterentwicklung begünstigte, indem er militärisch verwendbare Erfindungen der Privatindustrie kaufte, aber aufzuhalten war der Siegeszug dieser Technik ohnehin nicht mehr. Es herrschte damals die gleiche Dynamik wie in den Anfängen der Autoindustrie, lange bevor Tausende hart miteinander konkurrierender Maschinenfabriken in den großen drei Konzernen von Detroit aufgingen.

Es gibt auch genug Anzeichen dafür, daß die Mikroprozessorbranche nicht die letzte Ausnahme von der angeblichen Regel einer Vorherrschaft der Großkonzerne und der Bürokratie sein wird. Schon stehen zwei neue Technologien in den Startlöchern – der Laser und die Mikrobiologie. Beide bieten unabsehbare, noch unerschlossene Möglichkeiten. Die Mikrobiologen züchten neue Organismen, die eines Tages Insulin, Interferon, seltene Hormone und andere, heute fast unerschwingliche Medikamente, in Massen produzieren werden. Oder sie fressen Ölverschmutzungen auf und erzeugen Energieträger wie Alkohol. Der Laser revolutioniert schon jetzt die Vermessungstechnik und wird vielleicht einmal die Kernfusionsenergie möglich machen. Beide Spitzentechnologien befinden sich fast ausschließlich in der Hand junger Wissenschaftler und Einzelunternehmer. Das sind die Pioniere jenes klassischen Kapitalismus, den Schumpeter so nostalgisch in seinem Buch »Capitalism, Socialism, and Democracy« (Kapitalismus, Sozialismus und Demokratie) beschreibt. Sie führen heute den einzig sinnvollen Kampf gegen die Armut. Kleine Firmen der Spitzentechnologie – und nicht die Großunternehmen – schaffen die meisten Arbeitsplätze. Während der letzten zehn Jahre vermehrte sich die Belegschaft der tausend größten Firmen in Amerika praktisch nicht – und die Aktien dieser Unternehmen fielen real um 26 Prozent. Dagegen haben zwischen 1969 und 1976 kleinere Firmen 7,6 Millionen neue Arbeitsplätze geschaffen – fast viermal so viel wie der Staat. Eine Untersuchung des Handelsministeriums hat ergeben, daß junge Unternehmen mit Spitzentechnologie ihre Belegschaft jährlich um 40 Prozent aufstocken – das ist dreizehnmal so viel wie bei Firmen im »Reifestadium«. Darüber hinaus stellen die kleineren Unternehmen 80 Prozent der Arbeitsplätze für Schwarze und andere benachteiligte Gruppen.

In den letzten Jahrzehnten haben die Einzelfirmen mehr Kapitalzuwachs gehabt als die Mammutkonzerne. Die Kapitalertragssteuer-Senkung von 1978 sorgte für einen großen Schub an Investitionskapital. Im »Silicone Valley«, dem Zentrum der Mikrochip-Industrie, hat sich allein 1979 die Zahl der Firmen um mehr als hundert vermehrt, und dieser Trend wird bis weit in die achtziger Jahre anhalten.

Diese schöpferischen Impulse entspringen alle dem Geist und Genius des Kapitalismus, der schon die »Mumis« der primitiven Stämme beseelte. Er zeigte sich bei den Engländern und Holländern, als sie den Welthandel aufbauten, und natürlich bei den amerikanischen Industriepionieren, die das größte kapitalistische Wirtschaftssystem der Welt schufen. Heute ist das Potential des unternehmerischen Schaffens größer als jemals zuvor in der Geschichte der Menschheit. Jetzt, zu Anfang der achtziger Jahre, geht es darum, ob dieses Potential in den USA so genutzt wird, daß sie ihre führende Stellung behalten, oder ob Nationen in Europa und Asien an ihre Stelle treten werden.

Die kreativsten Industrien, wie die der Elektronik und der Nachrichtensatellitensysteme, haben einen hohen Kapitalbedarf, aber in keinem modernen kapitalistischen Land wurde das Sparkapital so langsam angesammelt und so sinnlos verpraßt wie in den Vereinigten Staaten. Viele dieser Spitzenindustrien benötigen für ihre Entwicklung großzügigere gesetzliche Regelungen und Beamte, die diese Vorschriften mit viel Verständnis für die Bedürfnisse der Spitzenindustrien anwenden, doch in Amerika wurden erfolgreiche Firmen stets härter besteuert und mit strengeren Vorschriften traktiert als in jedem anderen kapitalistischen Land. Manchmal werden Unternehmer hier beinahe so behandelt, als hätten sie sich gegen das

Gemeinwohl verschworen (zum Beispiel sollen sie den – unmöglichen – Nachweis führen, daß ihre Produkte nicht mißbraucht werden können).

Japan lag früher weit abgeschlagen auf dem Mikrocomputermarkt, doch seine Sparrate war pro Kopf fast sechsmal so hoch wie die der USA und es investierte hohe Summen in die Mikroelektronik und andere Entwicklungen. Die meisten europäischen Länder übertrafen die USA ebenfalls in der Sparquote und in Forschung und Entwicklung. Die Japaner konnten gewaltige Fortschritte bei den Mikrodatenspeichern, die Europäer in der Pharmazie und der Kernkraftwerkstechnik erzielen, während die USA ihr Volksvermögen an marode Autofirmen verschwendeten und sich um Spekulationsgewinne der kapitalhungrigen Ölindustrie sorgten – einer Branche, die im Zeichen der Energieknappheit nationale Priorität hat.

Trotzdem konnten Amerikas konzernfreie Unternehmer Ende der siebziger Jahre den Zukunftswerten an den amerikanischen Börsen wieder Geltung verschaffen. So sackte der »Dow Jones Index« der dreißig Riesenkonzerne, angeführt von General Motors und ATT, in zehn Jahren ständig ab und stieg 1979 nur um vier Prozent. Dagegen steigen die Aktien der kleineren Gesellschaften seit 1974 beharrlich. Der »Value Line Composite Index« mit 1675 Werten – darunter zwangsläufig viele mittlere und kleinere Unternehmen – stieg seit 1974 um 140 Prozent und ließ damit die kumulierte Inflationsrate weit hinter sich.

Als die Wirtschaft mit den sorgenvollen Mienen der Mammutkonzerne und der Staatsbürokratie in die achtziger Jahre ging, nahmen die kleinen Unternehmer die Herausforderung an und erklärten sich der Zukunft gewachsen. Während die Ängstlichen sich auf alle verfügbaren Goldbarren stürzten, hielten diese Firmen das Banner menschlicher Kreativität und neuer Technologie hoch und zeigten, wie man konjunkturelle Schwierigkeiten anpackt. Zur Bekämpfung der Inflation boten sie Produkte mit sinkenden Realkosten an. Um die Produktivität zu steigern, stellten sie Geräte vor, die die Leistung von Mensch und Maschine vervielfachen. Um Umwelt und Ressourcen zu schonen, schufen sie Produkte, die weder Giftstoffe ausstoßen noch kostbare Materialien verschlingen. Um Energie zu sparen, entwickelten sie Produkte, die wenig Treibstoff in Herstellung und Gebrauch benötigen. Viele Spitzentechnologie-Firmen sparen sogar am materiellen Kapitaleinsatz, sie arbeiten hauptsächlich mit »human capital«, mit Ideen und Menschen, und benötigen deshalb bis zu 50 Prozent weniger Investition je Arbeitsplatz als die Auto- und Stahlindustrie.

Diese Firmen werden am Ende allen anderen überlegen sein. Doch ob sie es schaffen, die wirtschaftlichen Probleme Amerikas rechtzeitig zu überwinden, hängt weitgehend von den Politikern ab – von ihrer Bereitschaft, endlich einzusehen, welche Dienste freie Männer und freies Kapital der Gesellschaft leisten. Zu Beginn der achtziger Jahre stützten die Politiker jedenfalls noch den bankrotten Chrysler-Konzern und belegten die Energie mit neuen Steuern. Damit gaben sie zu verstehen, daß sie Vertrauen nur zu Dingen haben, die sie vorherbestimmen und kontrollieren können.

Der Klassenkampf

Die Demokratie ist ein politisches System, in dem die Interessen und Meinungen des Volkes zum Ausdruck kommen; oder genauer gesagt – laut G. K. Chesterton –, die Ansichten der »kleinen, anmaßenden Oligarchie der Leute, die gerade auf den Beinen sind«[27]. Die Interessen und Meinungen der Mehrheit – der Nachfahren und Vorfahren – werden kaum beachtet. Diese unvermeidliche Beschränkung des Wahlrechts durch den Zufall von Geburt oder Tod macht nur wenige betroffen.

Ein ernsteres Hindernis für die Verwirklichung unserer Ideale liegt in der Natur der Menschen, unter denen wir leben – die »gerade auf den Beinen sind« (und sei es, um im Schutz der Dunkelheit mit Drogen oder einer Waffe in der Hand herumzulungern). Die amerikanischen Ideale von Freiheit und Gleichheit, Friedlichkeit und Fairneß haben der Welt ein Beispiel gegeben. Doch ihre Verwirklichung scheitert im einzelnen immer wieder an dem schwachen Fleisch und Blut, an der Langsamkeit der politischen Entwicklung und an dem immer zu gewärtigenden Widerstand von Familie und Gemeinschaft.

Das hehre Ziel der Vollkommenheit verführt immer wieder zu Versuchen, den fehlerhaften Menschen mit undemokratischen Mitteln dorthin zu treiben. Angesichts der Unmöglichkeit, den Traum von einer Gesellschaft ohne Konflikte und Klasseneinteilung zu verwirklichen, greifen die vorgeblichen Idealisten genau die Dinge an, die dem sozialen Fortschritt in einer Demokratie Dauer geben, nämlich: die gesellschaftlichen Strukturen und die rechtsstaatlichen Verfahrensweisen.

Die Idealisten verabscheuen zum Beispiel das, was sie Heuchelei nennen. Aber nur durch Heuchelei – das unaufrichtige Bekenntnis zu angestrebten Idealen – können diese Ideale über den engen Kreis der wahren Gläubigen hinaus wirken. Die Heuchelei ist der Tribut des Lasters an die Tugend. Eine Gesellschaft, die diesen Tribut oft verlangt, ist bei einer der beiden höchsten Formen humaner und wohltätiger Umverteilung angelangt (die andere ist der Kapitalismus). Man kann die Heuchelei auch als gute Form oder Kultiviertheit preisen oder sublimieren – als einen gegenseitigen Schutz vor den offenen Messern des ewigen Wettbewerbs der Individuen. Die Heuchelei kann uns besser machen als wir sind.

Die Maske der guten Form und Heuchelei wird am undurchdringlichsten, wenn es ums Geld oder um sexuelle Dinge geht, denn hier sind die Messer am schärfsten gewetzt. So bemerkte Norman Podhoretz in seiner Autobiographie »Making it«, das Geld sei inzwischen das »schmutzige kleine Geheimnis« der Menschen in der westlichen Welt geworden – es sei von so vielen Tabus und Vorschriften umstellt wie in der viktorianischen Ära das Sexuelle. Man könnte dem hinzufügen, daß es auch im Sexualleben immer noch viele »schmutzige kleine Geheimnisse« gibt. Wir können zum Beispiel immer noch nicht frei über die Homosexualität oder die sexuelle Unterlegenheit des Mannes sprechen.

Podhoretz hat absolut recht: Die Tabuzone um das Geld ist tatsächlich eine der gravierendsten Schwächen des Kapitalismus. Es gibt nichts, was nach den Regeln der Etikette so verpönt wäre, wie das Prahlen mit dem Gehalt oder dem Einkommen oder gar wie das Eingeständnis, daß Geld unser Verhalten beeinflußt. Vor der Zurschaustellung des Reichtums versagen fast alle Argumente, weil das Geld unser aller Leben durchdringt und beeinflußt, weil es unsere Stellung in der Gesellschaft und unter unseren Freunden bestimmt, weil es der oberste Wertmaßstab im Kapitalismus ist und vor allem, weil es das eindeutigste und begehrteste Rangabzeichen ist.

Wir können unseren Reichtum kaum unverschämter herausstellen, als wenn wir zu verstehen geben, Geld bedeute uns gar nichts, im Grunde sei es die Mühe nicht wert, und alles, was wir brauchten, sei ein gemütliches Heim, eine liebe, treusorgende Frau, gute Schulen für die Kinder, ein bißchen Zeit zum Lesen und Angeln, gute Gesundheit und ein interessanter Job. Kurz, wir wollen alles haben und trotzdem der gute Kumpel bleiben. Wir wollen alles – auch Unabhängigkeit von der Mißgunst der anderen. Leider ist das unmöglich. Noch mehr Verwirrung entsteht in diesen Fragen, weil versäumt wird, zwischen Mann und Frau zu unterscheiden. Geld spielt im Leben der Männer eine viel unmittelbarere, entscheidendere Rolle als bei den Frauen, die selten begreifen, was alles mit dem Beruf des

Mannes auf dem Spiel steht. Sein Einkommen bestimmt – im Gegensatz zu dem einer Frau – nicht nur seinen Lebensstandard, sondern auch seine Aussichten, zu heiraten und Kinder zu haben – und somit sexuell ein Mann zu sein. Der Beruf des Mannes ist also tief in der Liebe verwurzelt.

Frauen finden wegen ihrer persönlichen Vorzüge Anerkennung, Männer dagegen werden vor allem nach ihrer Fähigkeit, eine Familie standesgemäß zu unterhalten, eingeschätzt. Wenn sie darin versagen, haben sie kaum noch eine Aussicht auf Erfolg im Leben. Doch den harten Gesetzen des Kapitalismus zufolge wird dies nie offen zugegeben. So verläßt »sie« ihn, weil er »zuviel trinkt« oder weil »wir uns auseinandergelebt haben« und nicht etwa, weil er zu wenig verdient. »Er« verläßt sie, weil sie »unausstehlich geworden ist« und nicht etwa, weil sie viel mehr verdient als er und dadurch seinen männlichen Status bedroht. Manchmal gibt »er« sie auch auf, weil er reich geworden ist und glaubt, sich durch die Heirat einer jüngeren Frau selbst verjüngen zu können.

Künstler, Adlige, Politiker, Akademiker und Ästheten umgeben sich mit vielen Dingen, die ihren Status beweisen sollen. Doch gerade in ihrer Vielfalt dienen diese Statussymbole lediglich dazu, den Primat des Geldes notdürftig zu kaschieren. Nur wenige Intellektuelle finden eine passende Antwort auf den Vorwurf: »Warum haben Sie eigentlich so wenig Geld, wenn Sie schon so clever sind?«

Mit Hilfe des Geldes werten sich auch alle diejenigen auf, die kokett behaupten, sie seien »aus bescheidenen Verhältnissen gerade bis in die Mittelschicht« aufgestiegen. So ist es fast unmöglich, an der vornehmen Harvard-Universität jemanden zu finden, der sich freiwillig als reich oder gar zur Oberschicht gehörig bezeichnet – es sei denn, es handelt sich um einen arabischen Prinzen.

Als beliebte Tarnung fungiert auch die Volksgruppe. Die Nachkommen der irischen, italienischen, polnischen oder jüdischen Einwanderer, die im Pro-Kopf-Einkommen schon den alten protestantischen Neuengland-Adel übertreffen, posieren vorzugsweise –ungeachtet ihres wirtschaftlichen Erfolges – als bescheidene Außenseiter, die noch den Staub der alten Heimat an den Füßen haben. Auch die angelsächsischen Protestanten mit Vermächtnissen und anderen laufenden Einkommen behaupten, sich wie Tagelöhner zu stehen. Ein morbider Haß auf die reichen Eltern wird zum neuen Statussymbol und zum Ausweis der richtigen sozialen Einstellung gegenüber den Unterdrückten dieser Welt. Und – was man auch nicht vergessen sollte – viele der höchstgebildeten, privilegiertesten, langlebigsten, gesündesten und finanziell am besten abgesicherten Glieder unserer Gesellschaft, die zudem noch den Löwenanteil des Volksvermögens und der Ländereien besitzen, können sich als benachteiligte Unterprivilegierte darstellen – einfach weil sie dem weiblichen Geschlecht angehören.

Prominente, seien es Politiker, Sportler oder Wirtschaftsmogule, erzählen recherchierenden Reportern bereitwillig, sie entstammten den ärmeren Schichten. Das stimmt immer, denn fast jede Familie in der heutigen westlichen Welt stand – gemessen am heutigen Lebensstandard – früher einmal ärmlicher da. Schließlich wurde auch der Neuengland-Adel in der alten Heimat von Römern, Dänen, Franzosen und anderen Eroberern unterdrückt und ausgebeutet. Die letzten amerikanischen Präsidenten aus den angeblich so bescheidenen Verhältnissen waren aber nach allen sinnvollen Maßstäben als reich einzustufen.

Um die aus Koketterie oder Angst vor dem Finanzamt ins Feld geführte »Armut« ins rechte Licht zu rücken, sei nur erwähnt, daß alle amerikanischen Familien, die 1979 mehr als 25 000 Dollar verdienten, schon zum oberen Fünftel der Bevölkerung gehörten. Sechs von zehn dieser Familien schafften das nur mit Doppelverdienern. Jede Familie mit mehr als 35 000 Dollar Jahreseinkommen gehörte schon zum oberen Zehntel. Die Mehrheit des Volkes ist arm im Vergleich zu einem durchschnittlichen Universitätsprofessor oder Studenten, einem Beamten der Wohlfahrtsabteilung oder einem Fernsehredakteur.

Soziologen und Referenten in den Ministerien nahmen den Lebensstandard des Mittelstandes (in Wirklichkeit der Oberschicht) als Maßstab, um die Armutsgrenze oder Richtlinien für »lebenswichtige Bedürfnisse«, menschenwürdige Unterbringung und Arbeitsbedingungen oder »angemessenes Einkommen« festzulegen. Diesen Lebensstandard erreicht nur eine Minderheit hart arbeitender, einsatzfreudiger Familien. Arme Familien, die über Wohlfahrtsunterstützung und Umschulungshilfen sowie mehr Zeit für Erholung und Schwarzarbeit verfügen, beziehen ein Gesamteinkommen, das dem eines Mittelständlers entspricht. Dennoch bleiben sie im Vergleich zum Mittelstand arm, weil die Wohlfahrtsunterstützung das sorglose, unproduktive In-den-Tag-Hineinleben begünstigt.

Ähnlich krasse Mißverständnisse treten auf, wenn es um Arbeitsplätze geht. Die Jugendarbeitslosigkeit ist schlimm genug, aber die Anforderungen, die »fortschrittliche« Beamte und Professoren an Arbeitsplätze für unqualifizierte Heranwachsende stellen, sind so märchenhaft, daß wohl keiner einen Job finden wird. Es sollen Anfangsstellungen in angenehmer Umgebung mit Gehältern sein, die für Familienväter ausreichten. Der Aufstieg soll ebenso gewiß sein wie Vergünstigungen aller Art. Die Arbeit muß streßfrei sein; Überstunden sind ebenso tabu wie herrschsüchtige Vorgesetzte und Unannehmlichkeiten jeder Art. Doch solche Wolkenkuckucksjobs gibt es nicht einmal für Studierte aus gutem Hause. Auch was diese suchen – nämlich Positionen, die Selbständigkeit und Selbstverwirklichung, Freiheit von autoritären Zwängen und vor allem ein hohes Gehalt (im oberen Fünftel der Pyramide) garantieren –, fällt nur den Siegern in einem mörderischen, aber mit Glacéhandschuhen ausgetragenen Wettbewerb zu. Viele dieser Sieger müssen – und das ist die Kehrseite der Medaille – von den verachteten Strebern, die nichts als ihre Arbeit kennen, mit durchgeschleppt werden.

Wie früher die Aristokraten, suchen heute die reglementierfreudigen Staatsdiener ein moralisches Alibi für die Ausbeutung anderer (in diesem Fall der Wirtschaft). So behaupten staatliche und halbstaatliche Würdenträger, das Geschäftsleben bestehe doch nur aus Cocktail- und Golfrunden und Wettbewerbsbeschränkungen. Es gibt eben keinen überragenden wirtschaftlichen Erfolg, der nicht Neid und Mißgunst auf allen Seiten hervorruft – und diese Tatsache steht im Widerspruch zu dem, was die Wohlstandsgesellschaft und ihre Nutznießer uns immer wieder einreden wollen.

Mangelndes Verständnis für derartige Zusammenhänge erzeugt natürlich soziales Fehlverhalten, wozu auch die unaufrichtige und verderbliche Gleichmacherei in der Politik zählt. Zwar geben die »fortschrittlichen« Reichen ihr eigenes Geld nicht her, doch sie versuchen ihre Schuldgefühle loszuwerden, indem sie sich lautstark und mit einem frommen Augenaufschlag für eine Vermögensumverteilung einsetzen. Sie unterstützen dabei Maßnahmen, die jede Vermögensbildung erschweren – Hauptsache, ihr eigener Wohlstand ist nicht gefährdet. In der Avantgarde der Umverteiler marschieren seit jeher Universitätsprofessoren, die ja schon durch viel Freizeit, Gutachtertätigkeit und andere Vorrechte reichlich entlohnt werden. Doch als die Finanzbehörde einmal den Lehrgeldzuschuß für Kinder von Universitätslehrern besteuern wollte, erzitterten die marmornen Mauern Washingtons unter ihrem Protestgeschrei.

Wirtschaftliche Motivationen werden auch dadurch verleugnet, daß an ihrer Stelle andere Einflüsse überbewertet werden. Die weitverbreiteten rassischen und ethnischen Vorurteile sind in Wahrheit Ausdruck wirtschaftlicher Über- oder Unterlegenheit. Das Problem der amerikanischen Rassen- und Klassendiskriminierung läßt sich in einem Satz zusammenfassen: Je erfolgreicher eine Gesellschaft die wirtschaftliche Chancengleichheit durchgesetzt hat, um so größer sind die Abstände zwischen ihren Vermögens- und Einkommensklassen. Integration und Chancengleichheit sind entgegengesetzte Ziele. In den amerikanischen Südstaaten gab es während der Sklaverei wahrscheinlich mehr Rassenintegration als heute und in der Feudalwelt des Mittelalters mehr Klassenintegration als in der heutigen Wohlstandsgesellschaft. Wenn die Zusammensetzung der gesellschaftlichen Schichten festliegt und unabänderlich ist, können Arm und Reich ohne große Spannungen eng zusammenleben. Wenn aber alle Menschen vergleichbare Einkommenschancen haben, identifizieren sie sich stark mit ihrer wirtschaftlichen Schicht. In einem System mit hoher sozialer Mobilität wissen alle, daß sie sehr schnell absteigen können (ausgenommen sind davon nur die Superreichen), und die Armen wissen durchaus, daß sie ihre Lage weitgehend sich selbst zuzuschreiben haben. Die Reichen wissen auch, daß die Armen wenig zu verlieren haben, wenn sie durch Reichtum erworbene Vorrechte in Frage stellen.

Um nun Spannungen aus dem Weg zu gehen, bevorzugen alle Schichten Kontakte innerhalb der eigenen Klasse. Das erstreckt sich bis auf die Auswahl der Schulen für die Kinder. Alle verhalten sich so – Fortschrittliche und Konservative, Schwarze und Weiße, Senatoren und Richter, Sozialisten und Unabhängige. Nur junge unverheiratete Männer brechen manchmal aus (ich selbst fand es eine Zeitlang schick, in den Slums zu wohnen). Nahezu alle Familien der Oberschicht und viele der Mittelschicht schicken ihre Kinder – ganz gleich, wie fortschrittlich sie politisch eingestellt sein mögen – in Privatschulen oder öffentliche Institutionen mit bürgerlichem Niveau. Sie müssen es sich gefallen lassen, der Heuchelei beschuldigt zu werden, weil sie dem Ideal von der Gleichheit aller Menschen zuwiderhandeln. Dabei ist es doch nicht verwerflich, sondern lobenswert und nützlich für die Gesellschaft, finanzielle Opfer für die Kinder zu bringen. Durch nichts wird die ungebrochene Lebensfähigkeit unserer Familie besser demonstriert als durch die Bereitschaft von Millionen Eltern, sich jahrelang einzuschränken, um ihren Kindern eine gediegene, von schädlichen Einflüssen freie Erziehung zukommen zu lassen. Damit leisten sie eine enorme Investition in die Zukunft, in das »human capital«, das die kommenden Generationen so dringend benötigen und auf das die Kinderlosen angewiesen sind, wenn sie einmal ihre Pension oder Rente beziehen wollen.

Verwerflich ist doch vielmehr das Bestreben der »Fortschrittlichen«, die bürgerlichen Familien mit geringerem Einkommen zu zwingen, ihre Kinder in Gettoschulen zu stecken, in denen verwahrloste Kinder die anderen mit Messern und Drogen terrorisieren. Natürlich sind integrierte Schulen wünschenswert. Aber sie können nur Erfolg haben, wenn alle Beteiligten das Vorhandensein und den Sinn verschiedener Klassen der Gesellschaft nicht leugnen, sondern anerkennen.

Mit dieser Anerkennung handelt man sich leicht den Vorwurf der Heuchelei und Voreingenommenheit ein, dabei ist sie eine der Voraussetzungen für sozialen Aufstieg und wirtschaftliches Wachstum. Wenn ein kapitalistisches System wachsen soll, muß es bürgerliche Disziplin und Moral stärken und belohnen. Das heißt nichts anderes, als daß die erfolgreichen Familien ihren Umgang und den ihrer Kinder sorgfältig aussuchen müssen. Das ist für alle von Vorteil, denn die Armen erhalten ein Vorbild, dem sie nacheifern können, und die Wohlhabenden können ungestört die bürgerlichen Tugenden an ihre Kinder weitergeben. Wer diesen Ablauf stört, fügt den Menschen aller Schichten Schaden zu. Manches Kind aus gutem Hause ist verroht oder kriminell geworden, nur weil es der »spießigen« Welt seiner Eltern entrinnen wollte. Mancher Drogensüchtige aus bescheidenen Verhältnissen wird von den Söhnen Wohlhabender mit dem teuren »Stoff« versorgt, nur damit sie sich als »tolle Kerle« aufführen können. Eltern, die ihre Kinder vor diesen Gefahren nicht schützen, weil sie morbider, mehr abwärtsgerichteter Gleichmacherei huldigen, anstatt nach Höherem zu streben, dürfen sich nicht wundern, wenn ihr Nachwuchs sozial absteigt und später in Armut leben muß.

Noch schlimmer ist es, wenn die Oberklasse das Verhalten der untersten Schichten toleriert oder gar fördert, denn dann übt sie Verrat an den Armen. Sie nimmt ihnen jede Motivation zur Verbesserung ihrer Lage und unterstützt noch ihren kulturellen Verfall. So paradox das klingt: Nur, wer es schon zu etwas gebracht hat, kann sich die nachlässige Lebensweise der unteren Schichten leisten.

Die staatliche Wohnungspolitik ist aufgrund dieser Fehleinschätzung der Bedeutung von Geld und sozialer Schicht genauso verfahren wie die Schulpolitik. Jeder Hausmakler wird bestätigen können – und dabei kaum übertreiben –, daß die drei ausschlaggebenden Gründe für den Wert einer Wohnung oder eines Hauses lauten: »Lage, Lage und nochmals Lage«. Und so traurig das klingt, die beste Lage hat stets die größtmögliche Entfernung zu den Quartieren der Armen, der zerrütteten Familien, die von der Wohlfahrtsunterstützung leben.

Das Eigenheim und die Eigentumswohnung sind – besonders wegen der Aussicht auf Wertsteigerung in der Inflation – die hauptsächliche – oder die einzige – Anlageform der mittleren Einkommensschichten. Immobilien haben kaum einen Wert an sich, denn ohne Instandhaltung kann eine Siedlung oder ein Wohnblock in einem halben Jahr zum Slum werden. Ihr eigentlicher Wert liegt in der sozial akzeptablen Nachbarschaft und der Nähe zu Schulen, die nicht von der Unterschicht besucht werden. Alle Veränderungen in der Bewertung ihres Eigenheims können die Finanzen der Mittelstandsfamilien erschüttern.

Der Wohnungsmarkt ist durch Mietkontrollen und andere Eingriffe so manipuliert, daß die Mittelschicht gegen weitere staatliche Maßnahmen Sturm laufen muß, will sie ihr Vermögen und ihren sozialen Status vor weiterer Demontage bewahren.

Die Verantwortlichen im Wohnungs- und Städtebauministerium in Washington entstammen zwar der Oberschicht, doch sie tun das eben Gesagte als »Spießertum« oder »Rassismus« ab und sehen keinen Grund, ihre Politik zu ändern. Ihre beiden obersten Ziele sind soziale Integration und Rassenintegration und die Schaffung »anständiger« Wohnverhältnisse für die Armen. Aber in einer Gegend, in der nur Unterstützungsempfänger leben, kann es keine anständigen Wohnmöglichkeiten geben. Diese Menschen bekommen ihre Wohnung praktisch kostenlos und gehen entsprechend nachlässig damit um. Anständige Wohnverhältnisse sind eine Auswirkung bürgerlicher Lebensweise, nicht ihre Ursache. Die Wohnungen der Armen wären nur in einem guten Zustand zu halten, wenn man sie an Bessergestellte verkaufte.

Leider finden Journalisten und Fernsehreporter immer noch ein Publikum für ihre »Beweise«, daß der Rassismus in der amerikanischen Gesellschaft weiter grassiert. Was in den USA und jedem anderen Land grassiert (und zwar auch unter den »fortschrittlichen« Bürokraten, sobald sie selbst Kinder haben), ist das Bestreben, sich in Wohnquartieren »seinesgleichen« niederzulassen, in denen man nicht überfallen oder noch nicht einmal neiderfüllt angestarrt wird.

Angesichts dieser Probleme sollte man nicht aus den Augen verlieren, daß in den letzten zwei oder drei Generationen viele Amerikaner die Gelegenheit zum sozialen Aufstieg genutzt haben. Der falsche Eindruck, daß sich nichts bewegt, konnte nur aufgrund der isolierten Betrachtung einer einzigen Generation entstehen. Diese anfechtbare Methode entstammt der gleichmacherischen Vorstellung, daß Eltern und Familie überhaupt keinen Einfluß mehr auf die Gestaltung des Lebenswegs ihrer Kinder haben sollten, was schlechthin erschreckend ist. Denn das bedeutet nichts anderes, als daß soziale Herkunft, Volkszugehörigkeit, Religion und sogar das Geschlecht im Leben der Menschen keine Rolle mehr spielen dürften und die klassenlose Gesellschaft die einzig legitimierte Gemeinschaftsform wäre. Sie würde sich aus lauter gleichartigen Individuen mit nahezu gleicher Begabung und gleicher Leistung zusammensetzen, die alle das gleiche Lebensschicksal haben würden. Die einzige individuelle Note könnten vielleicht unterschiedliche Kleidung oder Tanzfiguren verleihen. Die soziale und kulturelle Vielfalt, jetzt vielleicht noch unser wertvollstes Gut, würde keinen nennenswerten Einfluß mehr haben, auch nicht auf Ambitionen und Einkommen.

Seltsamerweise wollen die Gleichmacher ausgerechnet die Institutionen schwächen, die als einzige noch intakt sind, nämlich Heim, Familie und Kirche. Die an ihrer Stelle vorgesehenen Kinderhorte, Schulen und Wohlfahrtsprogramme werden den sozialen Aufstieg bestimmt nicht fördern. Die Gleichmacher können zwar Familien und Gemeinschaften zerstören, die Einkommen der Erfolgreichen zugrunde besteuern, Ehrgeiz und Produktivität bestrafen, aber sie sind unfähig, etwas für das Fortkommen der Menschen zu tun, denen es an sozialen und familiären Bindungen fehlt. Doch der Aufstieg der Bürokraten, die für die Armen zuständig sind, ist in jedem Fall so sicher wie das Amen in der Kirche.

Um alle diese Widersinnigkeiten zu verschleiern, macht sich eine neue Heuchelei breit. Während die übliche Heuchelei in einem unaufrichtigen Bekenntnis zu unerfüllt gebliebenen Idealen besteht, äußert sich die Heuchelei der heruntergekommenen Sozialisten in falscher Etikettierung von Übelständen. So wird die kapitalistische Gesellschaft als rassistisch, männlich-chauvinistisch, ausbeuterisch und korrupt beschrieben – nicht, weil sie es tatsächlich wäre, sondern um immer mehr Machtvollkommenheit für den Staat und seine sendungsbewußten Vertreter herauszuschlagen. Die toben ungeniert ihre unterdrückte Phantasie in Jahrtausendprogrammen zur Umgestaltung des gesamten menschlichen Lebens – vom Sex bis zur Wirtschaft – aus und führen dabei ein ganz normales bürgerliches Privatleben.

Eine weitere, inzwischen zur Volksseuche ausgebreitete Form der Heuchelei besteht darin, daß intelligente Leute wider besseres

Wissen ihre Mitmenschen der schlimmsten Verbrechen gegen die Menschlichkeit beschuldigen. Diese Haltung ist selbst dort anzutreffen, wo man sie kaum erwartet – bei der Kirche. Unter den übermächtigen weltlichen Einflüssen werden viele Geistliche an ihrem Glauben irre, leiden unter ihren Zweifeln und versuchen das zu kompensieren, indem sie lauthals für außerkirchliche Reformvorhaben eintreten. Die Krise des Kapitalismus symbolisieren vielleicht am deutlichsten die religiösen Institutionen, die ihre seelsorgerischen Aufgaben vernachlässigen und statt dessen die geistlichen Bedürfnisse der Menschen durch verinnerlichte radikale Politik stillen möchten. So vereint sich die Kirche mit der Universität und dem Staat zu einer unheiligen Allianz, die den Klassenkampf mit einem Feldzug gegen den Reichtum überwinden will.

Der Krieg gegen die Reichen

Eines der sträflich vernachlässigten Kapitel der Sozialgeschichte ist die Feindschaft der Gesellschaft gegenüber ihren größten Wohltätern. Auf allen Kontinenten und zu allen Zeiten wurden die Menschen, die sich als Schöpfer des Volkswohlstandes hervortaten, mit der härtesten Grausamkeit verfolgt. Beispiele aus der jüngsten Geschichte sind die Judenvernichtung in Deutschland, die Ausrottung der Kulaken und die Judenpogrome in Rußland, die Vertreibung und Ausrottung der Ibos im Norden Nigerias, die Verfolgung der wirtschaftlich Erfolgreichen durch die Roten Garden in China, die Tötung von fast einer Million Auslandschinesen in Indonesien, die Massaker unter den Weißen und Indern in Uganda, ihre Enteignung und Vertreibung aus Tansania und die Ermordung und Internierung der Biharis in Bangladesh. In bester Erinnerung ist noch, daß gegen Ende der siebziger Jahre ein Großteil der Elite Kubas und Südostasiens ins offene Meer getrieben wurde.

Überall nehmen die Grausamkeiten zu, und die Leichenberge wachsen an in dem unablässigen Kampf der Neider gegen die angeblich so gefährlichen Reichen, die Krämer, die Geldverleiher, Großhändler, Zwischenhändler, die Unternehmer schlechthin. Gleichzeitig steigt aber auch die Millionenzahl der Opfer unnötiger Armut und Hungersnot.

Überall ist man finster entschlossen, die Nation zu »entwikkeln«, und überall beginnt man dieses Vorhaben, indem man die Leute, die bereits Entwicklungsarbeit geleistet haben, enteignet, vertreibt oder umbringt. Einen traurigen Höhepunkt babylonisch-vielsprachiger Verwirrung erreichten diese Widersprüche in den Vereinten Nationen, wo mit großem Eifer gegen den Fluch der Armut und den »Imperialismus« der Amerikaner und Zionisten, den Schöpfern des Wohlstandes, zu Felde gezogen wird.

Offenbar hat es der menschliche Geist schwer, selbst wenn er in Oxford oder an der Sorbonne seinen letzten Schliff bekommen hat, an den Kapitalismus zu glauben: an die fruchtbare Energie der Ungleichheit, die unerschöpfliche Kraftquelle der Arbeitsteilung, das vielfältige Potential der Marktwirtschaft und den allseitigen Nutzen von Handel und Eigentum. Es scheint ihm leichter zu fallen, den Beherrschern dieser Kräfte faustische Züge anzudichten, sie als dämonische Zauberer zu verfolgen.

Unheimlich werden diese Phantasien, wenn sie sich der Menge bemächtigen. Ein französischer Soziologe berichtete von der Verwirrung, die einige jüdische Kleiderfabrikanten in den sechziger Jahren anrichteten, als sie Läden in der Provence eröffneten. Wie konnten sie bei soviel Eleganz und Pariser Chic mit so niedrigen Preisen auskommen? Das fragten sich nicht nur die Konkurrenten. Das mußte eine Verschwörung sein. »Die handeln doch mit Rauschgift«, wurde bald gemunkelt, und als zwei junge Mädchen sich nach Paris aufmachten, steckten angeblich die Kleiderfabrikanten als Menschenhändler dahinter. Da lief der Mob zusammen, stürmte die Läden und brannte sie nieder. In den rauchenden Trümmern konnten die Inhaber über die manchmal seltsamen Früchte unternehmerischer Tüchtigkeit nachdenken.

In Amerika tauchen ähnliche Gerüchte auf, sobald ein kleiner italienischer Geschäftsmann Erfolg hat: »Den stützt doch die Mafia.« Ein chinesisches Restaurant, eine chinesische Wäscherei muß natürlich ein Stützpunkt des Opiumschmuggels sein. Ein Strafgefangener berichtete mir einmal, im Gefängnis wisse jeder, daß John D. Rockefeller nur so viel Geld machen konnte, weil er der Bande von Jesse James angehörte; die Standard Oil Company habe nur die bürgerliche Fassade abgegeben. Das Vorurteil, aller Reichtum sei durch Diebstahl und Betrug entstanden, hält sich am hartnäckigsten in den Gefängnissen und – an der Harvarduniversität.

Edward Banfield erklärt in seinem Buch »Die moralischen Grundlagen einer zurückgebliebenen Gesellschaft«, daß solche Phantasien für eine stagnierende Wirtschaft typisch sind. Er untersuchte die Verhältnisse in einer kleinen italienischen Stadt, um die Ursachen der Armut aufzudecken und stieß dabei auf die gleichen Vorurteile wie in Amerika. Danach betrügt jeder Unternehmer seine Angestellten, schafft jeder Priester Geld aus dem Opferstock beiseite, hält jeder Politiker und Polizist die Hand auf. Ein Lehrer bemäntelte seine Faulheit mit der resignierenden Feststellung, das

Wissen diene doch nur dazu, die Armen noch mehr auszubeuten. Jeder wirtschaftliche Erfolg wurde sofort als ein Resultat von Bestechung und Verbrechen interpretiert. In einer solchen Gesellschaft hat die Wirtschaft natürlich keine Chance.

Auch in amerikanischen Innenstädten stößt wirtschaftlicher Erfolg immer mehr auf offene Feindschaft. Bezeichnend ist dafür ein Vorfall, der sich während der Stromausfälle von 1974 in New York abspielte. Zwei junge schwarze Geschäftsleute hatten ein Trendmodegeschäft in Harlem eröffnet. Sie hatten großen Erfolg bei ihren »Brüdern und Schwestern«, doch im Schutz der langen Dunkelheit brachen schwarze Banden den Laden auf, verwüsteten ihn und legten Feuer. Das alles, obwohl große Plakate in den Schaufenstern auf die schwarzen Inhaber hinwiesen. Der Neid auf den Wohlstand anderer macht nicht einmal vor der eigenen Rasse oder Hautfarbe halt.

Inzwischen ist der Haß auf die Schöpfer des Wohlstands zum Rassismus der Intelligenz geworden. Statt gegen jüdische Finanziers, orientalische Teppichhändler und halsabschneiderische Wucherer richtet sich der Haß jetzt gegen Ausbeuter und Unterdrücker, Plutokraten, Räuberbarone, Bankiers, Spekulanten, Reaktionäre – gegen das Establishment schlechthin. Aus diesem Haß heraus, in seiner Diktion wird die ganze besessene Polemik der gelehrten Marxisten vorgetragen.

Doch ob primitiv oder raffiniert, mit Fremdenhaß gewürzt oder vom Computer ausgespuckt, die Angriffe der Intellektuellen auf die Reichen nähren sich aus demselben Mißtrauen gegen den Kapitalismus, der schon den Mob in Harlem und in der Provence motivierte. Es steckt dahinter dieselbe Blindheit für die allseitigen Vorteile des Handels, die schon immer den Protektionismus befürwortete und den Irrglauben erzeugte, daß die wahre Ursache der Armut – jawohl, der Reichtum sei! Selbst Abby Rockefeller, ein von den Radikalen beeinflußter Nachkomme dieser berühmten Dynastie, bekannte: »Der Gedanke, daß Reichtum und Armut miteinander verknüpft sind, daß eins das andere nährt, daß die vielen zugunsten der wenigen darben, daß Wohlstand und Elend unauflöslich zusammengehören – dieser Gedanke war neu, ja unwiderstehlich für mich.«[28]

»Der Reichtum ist die Ursache der Armut« – dieser Gedanke hat wie ein Atomblitz im Kopf so manches jungen Radikalen eingeschlagen und ist immer noch der Leitstern für alle, die zur Befriedigung ihrer Bedürfnisse nach Alternativen für harte Arbeit, Ungleichheit, Sparsamkeit und freie Nutzung der Chancen suchen. Wieviel leichter, als sich selbst dem Härtetest des Lebens zu stellen, ist es doch, die Reichen zu beschimpfen oder sie gar zu bestehlen! Wieviel angenehmer, als durch Fleiß und Nachdenken etwas zu schaffen, sind doch Forderungen nach Enteignung: Eigentum ist Diebstahl! Haß schafft Zusammengehörigkeit! Gewalt ist Freiheit!Realismus ist Unterdrückung! Überall, wo diese Ideen sich breitmachen, herrscht und wächst die Armut. Statt zu behaupten, der Reichtum sei die Ursache der Armut, wäre es aufrichtiger zu erklären, daß die Armut vielmehr durch die Verbreitung ebendieses Irrtums verursacht wird.

Es grenzt schon fast an einen Skandal, daß die amerikanische Hochburg dieses Irrglaubens, den Banfield schon in seiner »Zurückgebliebenen Gesellschaft« entdeckte, unser geistiges Establishment ist. Vor allem Sozialwissenschaftler, hochkarätige Journalisten und führende Regierungsbeamte verbreiten ihn mit ihren Theorien von der Armut, in deren Mittelpunkt die Schwarzen stehen. Ihnen wird eingetrichtert, daß die ganze Welt sich gegen sie verschworen habe, daß die Mächtigen sie nicht hochkommen lassen wollten, daß Rassismus und Diskriminierung nur durch noch mehr Gesetze und Verordnungen eingedämmt werden könnten, daß die freie Wirtschaft Arbeitsplätze vernichte, daß Mietskasernenbesitzer die Mieter ausbeuteten, daß Polizisten solange als schuldig zu gelten haben, bis sie vom Vorwurf der Brutalität reingewaschen sind, daß ihre einzigen Freunde die Armenanwälte, Sozialarbeiter, Arbeitsamtsreferenten, die »fortschrittlichen« Politiker und anderen Vertreter des Staates seien. Wenn die Schwarzen das nicht gleich schlucken, wird es ihnen im Fernsehen noch einmal serviert. In Kriminalfilmen tragen die bösen Hintermänner immer teure Maßanzüge, wohnen in Penthouses und regieren in den Bürotürmen von Konzernen.

Dieses Bild der Welt mochte in der italienischen Kleinstadt, wo die Geschäftsleute in der Tat korrupt waren und die Mafia abkassierte, der Wirklichkeit einigermaßen nahe kommen. Doch bei uns wie in Italien richtet dieses Bild einer korrupten und käuflichen Gesellschaft verheerenden Schaden an. Es macht die Armen, die alles glauben, unfähig, ihre Lage zu verbessern. Denn eine Aufwärtsentwicklung ist stark abhängig von einer Aufwärtsorientierung und der Bewunderung für Vorbilder. Nur damit werden Verständnis für die Regeln des Wettbewerbs und Respekt vor den Gewinnern geweckt. Wenn wir aber den Armen einbleuen, daß unser System verrottet und ungerecht ist, daß man in ihm nur als Akademiker vorankommt oder als Erbe eines Vermögens, lähmen wir ihre Tatkraft und rauben ihnen den Mut.

In Wirklichkeit leben wir doch in der entwicklungsfähigsten Gesellschaft der Weltgeschichte. Die Tugenden, die am meisten zählen, sind Fleiß, Disziplin, Ehrgeiz und Risikobereitschaft. Nur im Staatsdienst haben Vorbildung und Zeugnisse Vorrang, in allen anderen Bereichen lernt man am meisten durch die Praxis. In der Wirtschaft ist der Himmel die obere Grenze. Warum ist dann die gegenteilige Auffassung in Amtsstuben und Medien, in Schulen und Wohlfahrtsämtern so verbreitet? Weil das düster ausgemalte Bild einer unbeweglichen Gesellschaft, in der nur geringe Chancen und wenig Spielraum für Wagemut und Initiative geboten werden, vor allem dem Lebensgefühl der Nachkommen unserer Oberschicht so schön entspricht. Man hat ihnen ja eingetrichtert, daß sichere, aber langweilige Bürokratenjobs dem wagemutigen Streben in der freien Wirtschaft vorzuziehen seien. So wählten sie Laufbahnen, die weit entfernt sind von den Karrieren ihrer Vorfahren.

Das Verhängnis unserer heutigen Oberschicht ist ihre Abstiegsmentalität. Es ist kaum die Rede davon, wenn ihre Sprößlinge sich versammeln, doch sie liegt überall in der Luft. Viele Leute, die ein Vermögen geerbt haben und es über die Zeitläufe retten wollten, mußten in den letzten fünfzig Jahren zusehen, wie es ihnen unter dem Einfluß von Inflation und Besteuerung durch die Finger rann. Einige brachten ihre Söhne dazu, wenigstens einen selbständigen Beruf zu ergreifen und ganz anständig davon zu leben. Doch dann erlebten sie, wie ihre langhaarigen Enkel die aus dem schwindenden Familienvermögen finanzierte Internatserziehung abbrachen und sich als

Künstler oder Handwerker durchschlugen. Zwischendurch holten die jungen Leute sich Arbeitslosenunterstützung und warteten ab, bis sie ein Plätzchen in der Regierungsbürokratie fanden. Dann konnten sie die Armen über Aufstiegsmöglichkeiten beraten.

Unsere wirtschaftlich entmachtete Oberklasse hat es jedoch verstanden, sich Gehör zu verschaffen. Mit der genossenen Bildung und den erstklassigen Beziehungen konnte sie ihren – im Vergleich zu ihrer Kopfzahl – außerordentlichen Einfluß auf die Meinungsbildung ausbauen. Das Ergebnis ist die vorherrschende Meinung vom Untergang der freien Wirtschaft, die den Armen gerade in einer Zeit ungeahnter Möglichkeiten und Aufstiegschancen unablässig von den Medien und vom Staat suggeriert wird.

Der Krieg gegen die Reichen geht also weiter in der freien Wirtschaft, seine Opfer sind – auch wenn sie sich an der Hexenjagd beteiligen – wie immer die Armen. Gerade sie haben eine mobile Gesellschaft dringend nötig. Die absteigende Oberklasse begnügt sich jedoch damit, unbeweglich und beharrlich so weit wie möglich oben zu bleiben, die Menschen unter sich mit ideologischen Tröstungen zu versehen und sich zur notdürftigen Tarnung ihres Verfalls den Anstrich einer progressiven »Neuen Klasse« zu geben.

Die moralische Gefahr »fortschrittlicher« Gesinnung

»Wer von Anfang an genau weiß, wohin sein Weg ihn führt, wird es nie weit bringen.« So sprach Napoleon am Anfang seiner brillanten, stürmischen und letztlich verderbenbringenden Laufbahn, die ihn von Versailles über Moskau in die Verbannung nach St. Helena brachte. Wahrlich ein Lebensweg, der den Neid der Götter hervorrufen könnte, doch Nationen sollten einen unauffälligeren Pfad wählen. Sie können es sich nicht leisten, erst durch die Tat zu lernen, können nicht auf den Ertrag von Kühnheit und Unternehmungslust hoffen. Eine Nation muß genau wissen, wohin die Reise geht, wenn sie nicht ihren Untergang in Kauf nehmen will.

Die Staatskunst besteht im wesentlichen in der richtigen Einschätzung von Risiken und entsprechendem Handeln nach den dabei gewonnenen Erkenntnissen. In der Politik muß in vieler Hinsicht so wie in der Versicherungswirtschaft gehandelt werden. Auf der internationalen Szene ist Vorsicht und nochmals Vorsicht das oberste Gebot für die Verantwortlichen mächtiger Staaten. Denn für Nationen gibt es keine Versicherung, die eine Generalpolice für napoleonische, geschweige denn für nukleare Kriege ausstellt.

Innerhalb der eigenen Grenzen muß der Staat ebenfalls auf ein sorgfältig ausgewogenes Verhältnis von Risiko und Absicherung achten. Sowohl die einzelnen Bürger als auch die Unternehmen dürfen sich nicht zu sehr auf einen vorgezeichneten Weg verlassen, denn dann wird die Wirtschaft zu unbeweglich, um in einer sich wandelnden Welt zu bestehen. Sicher mögen sich viele mit einer narrensicheren Garantie auf Einkommen, Beschäftigung, Chancengleichheit, Gesundheit oder Nachfrage wohl fühlen. Doch die Gesellschaft als Ganzes wird schweren, oftmals irreparablen Schaden dadurch erleiden, daß sie sich veränderten Umständen nicht mehr anpassen kann.

Andererseits zerstört ein Zuviel an Risiko und Unsicherheit in der Politik den Glauben an die Zukunft, auf den der Kapitalismus aufbaut. Im Grunde war und ist für das kapitalistische Wirtschaftssystem ein gewisses Gefühl der Sicherheit ebenso wichtig wie der Wagemut. Viele unternehmerische Großtaten beginnen mit einem bescheidenen Wunsch nach Sicherheit. Das Sicherheitsstreben führt zur Schaffung von Sparkapital, der Wagemut zu Investitionen.

Vielleicht ist das ganze Geheimnis des Kapitalismus seine Fähigkeit, das Streben nach Sicherheit, das sich in der Spartätigkeit manifestiert, in geschäftliche Unternehmungen umzuwandeln, zu denen Risikobereitschaft nötig ist. Die Reaktionsgefäße dieser lebenswichtigen Alchemie sind die Börsen. Dort verwandelt sich Furcht in Wachstum, Vorsicht in Kreativität, Existenzangst in Unternehmungsgeist und das Verlangen, zu bewahren, in den Schwung, etwas Neues aufzubauen. Hier haben wir das Musterbild einer kapitalistischen Industrie, welche den reichlich vorhandenen Rohstoff Angst vor der Zukunft zu den hochwertigen Gütern Vertrauen in die Zukunft und Schaffung der produktiven Voraussetzungen für ihre Bewältigung verarbeitet.

Die erste Aufgabe fällt vornehmlich einer Elite von Managern und Geschäftsleuten zu, die andere dem Millionenheer der Sparer. Doch beide sind unlöslich miteinander verbunden. Im Herzen des Kapitalismus sind sie die Systole und die Diastole der Schaffung von Wohlstand und des Kreislaufs der Wirtschaftskraft.

In primitiven Gesellschaften beginnt die unternehmerische Tätigkeit meistens mit der Schaffung eines einfachen Rückversicherungssystems. Das Überleben der Gruppe hängt oft ab von gegenseitiger Unterstützung in Notzeiten. Erfolglose Jäger müssen an der Beute beteiligt, eine Vorsorge für Krankheit und Tod getroffen werden. In den unentwickelten Gesellschaften wie im modernen Leben entspringt auch die Spartätigkeit mehr der Notwendigkeit, zu überleben als der Absicht, zu investieren.

In den USA konnten sich die Einwanderergruppen mit der am weitesten entwickelten Solidarität, die Juden, die Chinesen und Japaner, am besten unter den Bedingungen der freien Wirtschaft behaupten; die schlimmste Auswirkung der Sklaverei für die Schwarzen war die Zerstörung der eng verbindenden Stammesstrukturen. Als im späten 19. Jahrhundert in Amerika auch von Schwarzen Unternehmen gegründet wurden, geschah dies zunächst in Form von Sekten und Bruderschaften, die später in große Konzerne umgewandelt wurden. Ein Beispiel dafür ist die Atlanta Life and Pilgrim Health and Life Insurance.

Das ist das Grundprinzip aller kapitalistischen Gesellschaften: Sicherheit als Voraussetzung einer blühenden Wirtschaft. Während der ersten Jahrzehnte ihrer Unabhängigkeit wurden in den Vereinigten Staaten mehr Versicherungsgesellschaften als jede andere Art von Firmen eingetragen – von Firmen aus dem Verkehrsbereich einmal abgesehen.

Das Geld ist eigentlich auch nichts anderes als eine Versicherung. Das Versprechen der Regierungen, die papierenen Banknoten auf Verlangen in Gold oder Silber einzutauschen, war praktisch eine Police gegen den Verfall der Währung und den Zusammenbruch von Handel und Wirtschaft. Das Gold hinter dem Dollar machte die Banknote nicht wertvoller als das Papier der Versicherungspolice über ein Warenlager oder ein Haus. Der Wert des Geldes hängt ab von der Produktivität der Wirtschaft, von den Gütern, die man gegen Geld eintauschen kann, so wie der Wert eines Hauses in dem Schutz liegt, den es seinen Einwohnern vor den Unbilden der Witterung gewährt. Der Handelsverkehr wäre ohne Transportversicherung undenkbar. So wie die Lebens- und Feuerversicherungen dem Immobilienmarkt durch Gewährung ausreichend großer Hypotheken mit langen Laufzeiten zu seiner heutigen Bedeutung verholfen haben, so hat auch die Goldversicherung hinter Dollar, Pfund Sterling und Mark das Vertrauen in diese Währungen aufgebaut und sie für riskante, weit in die Zukunft reichende Transaktionen brauchbar gemacht. Die Abschaffung dieser Versicherung war einer der ausschlaggebenden Gründe für den Schwund an Vertrauen in den Dollar, für die Verringerung der Spar- und Investitionstätigkeit in den USA und die zunehmenden Schwierigkeiten im Welthandel.

Die Parteigänger des Kapitalismus stellen vor allem Wagemut und Initiative als die großen Tugenden heraus. Doch wenn die Sprache auf Absicherung und Vorsorge kommt, tun sie, als handele es sich um abgegriffene sozialistische Ideen. Aber Vorsorge und gegenseitige Unterstützung waren zu jeder Zeit ein integraler Bestandteil der freien Wirtschaft – vom primitiven Kapitalismus der Eingeborenenstämme bis zum modernen kapitalistischen Wohlfahrtsstaat.

Die Wohltätigkeit begann zu Hause, im Kreise der Familie, griff über auf den Stamm, die Religionsgemeinschaften und Stiftungen. Sie entwickelte sich weiter in Genossenschaften, patriarchalisch geführten Firmen, Gewerkschaften, Versicherungsgesellschaften und ging schließlich auch auf den Staat über. Jede dieser Institutionen hat eine wichtige Funktion im weitgespannten Netz sozialer Sicherheit.

Das Wohlergehen einer kapitalistischen Wirtschaft ist abhängig vom Gleichgewicht zwischen der Sicherheit, die sie bietet und dem Risiko, das sie fordert – liegt zwischen Solidarität und Wettbewerb, Sparen und Investition. Für gesundes Wachstum braucht das Kapital Absicherung und Solidarität genauso wie Wagemut und Wettbewerb. Der Versuch, dieses Gleichgewicht herzustellen, kann nur gelingen, wenn die Politiker begreifen, daß man in einer sich wandelnden Welt mit dem Risiko leben muß. Der Staat kann das Risiko zwar verlagern, indem er einige Bevölkerungsgruppen besonders versichert, aber er kann es nicht aus der Welt schaffen.

Wenn der Staat seinen Bürgern und Unternehmen alle Risiken – Arbeitslosigkeit, Inflation, ausländische Konkurrenz, sinkende Nachfrage, Unfall und Invalidität – abnehmen will, belastet er sich selbst in einem Maß, das er nicht verantworten kann. Auch der Staat kann sich, wie die Lloyds-Gruppe in London, mit Risiken übernehmen. Daß er – im Gegensatz zu Lloyds – sein Geld selbst drucken kann, bedeutet nur, daß die Abrechnung zeitlich verschoben wird. Dann kommt ein Staat, dem der Bankrott droht, sogar in Versuchung, sein Konto mit einem Krieg (dem einzigen Risiko, das der Staat besser tragen kann als die Privatwirtschaft) zu bereinigen. Doch Napoleons Problemlösungen passen schlecht in die heutige weltpolitische Landschaft.

In einem kapitalistischen System wird das delikate Gleichgewicht zwischen Absicherung und Risiko von einem Faktor bestimmt, der sich in der Versicherungsfachsprache »moralische Gefahr« nennt. Er bezeichnet die Gefahr, die von Versicherungen ausgeht, indem Ereignisse herbeigeführt oder Schäden verursacht werden, vor denen die Versicherung gerade schützen soll. Hier liegt die Grenze, bis zu der ein Versicherungsvertrag noch einen Sinn hat, und auch die natürliche Grenze für die soziale Absicherung in einer kapitalistischen Wirtschaft. So wie übertriebenes Sparen oder Goldhorten aus Angst vor wirtschaftlichen Schwierigkeiten eine Depression durch Verringerung der Käufernachfrage verursacht, so kann übertriebene Absicherung die Gefahren heraufbeschwören, vor denen sie bewahren sollte.

Die privaten Versicherungen, die von der Regierung gedrängt wurden, ihren Service auszubauen, müssen sich gegenwärtig mit dieser »moralischen Gefahr« herumschlagen. Seit einigen Jahren ist Brandstiftung das häufigste Verbrechen in Amerika. In den meisten Fällen haben hohe Versicherungssummen dazu verlockt. Schadensersatzprozesse zur Abgeltung ärztlicher Kunstfehler belasten ebenfalls die Versicherungswirtschaft und zwingen die Ärzte zu einem dauernden Papierkrieg. Die Gerichte erkennen oft nur deshalb auf hohe Entschädigungen, weil sie wissen, daß die Versicherungen sie zahlen.

Seitdem in Amerika die staatliche Krankenversicherung eingeführt wurde, kümmern sich Ärzte und Patienten kaum noch um die Kosten der Behandlung. Ärztliche Leistungen sind inzwischen so teuer, daß die Vorauszahlung des Patienten oft mehr ausmacht als früher das gesamte Honorar. So wird das versicherte Risiko erhöht und das vom Versicherungsträger gewünschte Verhalten bestraft. Menschen, die gesund leben, müssen für Raucher, Trinker, Drogensüchtige, rücksichtslose Autofahrer, Vielfraße und notorische Krankfeierer mitzahlen. Leute, die ihren Besitz sichern und ihre Juwelen wegschließen, zahlen erhöhte Prämien für alle, die mit ihren Klunkern am Hals einkaufen gehen.

Die staatliche – und teilweise auch die private – Überversicherung haben Folgen, die dem eigentlichen Sinn der Versicherung widersprechen. Immer mehr Menschen werden nämlich zu der Auffassung verführt, ihre größte Chance, reich zu werden, liege nicht in Arbeit und Investition, sondern in gerichtlichen Auseinandersetzungen mit den Erfolgreichen; nicht in gesundem Leben, sondern in einer finanziell einträglichen Krankheit, nicht in einer langen schöpferischen Karriere, sondern in vorzeitigem Ruhestand. Solche Auswüchse waren in den überschaubaren Gemeinschaften familiärer, kirchlicher und genossenschaftlicher Solidarität viel seltener. Die Hilfeleistungen der Kirchen, wohltätigen Einrichtungen, Großfamilien und primitiven Stämme wurden vom absolut einwandfreien Verhalten der Empfänger abhängig gemacht. Die Kontrolle wurde natürlich durch die persönliche Bekanntschaft von Spendern und Begünstigten erleichtert. Innerhalb der Volksgruppen funktionierte diese Hilfe so gut, daß in der Großen Depression der dreißiger Jahre beispielsweise nur ein paar Chinesen und Japaner staatliche Unterstützung beantragten. Leider ist nicht ganz von der Hand zu weisen, daß derartige gegenseitige Unterstützung nicht mehr greifen kann, weil unsere westliche Gesellschaft zu mobil, verstädtert, individualistisch und irreligiös geworden ist. Die Versicherungsgesellschaften und vor allem die staatlichen Sozialleistungen bieten inzwischen viel weitergehendere Deckung bei niedrigeren Kosten, und sie beziehen auch die Mitbürger ein, die keine Bindungen mehr an Kirche, Familie oder irgendeine andere Gemeinschaft haben. Aufgrund der Spezialisierung durch fortschreitende Arbeitsteilung mußten eben auch neue Formen der Solidarität geschaffen werden.

Mit dem New Deal unter Präsident Roosevelt wurde die soziale Sicherung in Amerika ein zentrales Thema der Bundespolitik. Der Staat übernahm für seine Bürger die Risiken der Arbeitslosigkeit, Invalidität durch Krankheit oder Alter und andere Fährnisse des Lebens in der Industriegesellschaft. Er sammelte die Prämien ein und verteilte das Geld unter die Anspruchsberechtigten. Doch selbst solche einschneidenden Neuerungen wie Arbeitslosenunterstützung, Sozialrente, Kindergeld und Invalidenrente wurden nicht von den Linken eingeführt, sondern in den Einzelstaaten von republikanischen Liberalen der Mitte oder im Bund sogar schon unter dem republikanischen Präsidenten Herbert Hoover. Ein weiterer Republikaner, Präsident Eisenhower, schuf 1953 das »U.S. Department of Health, Education and Welfare« (HEW – Ministerium für Gesundheit, Erziehung und Wohlfahrt). Amerikanische Sozialprogramme erlebten ihre größte Ausweitung nicht etwa unter der »Great Society« des Demokraten Lyndon Johnson, sondern während der Amtszeit der republikanischen Präsidenten Richard Nixon und Gerald Ford. Da die wohlfahrtsstaatliche Absicherungspolitik sich aber auf eine stillschweigende Allparteienkoalition stützt, betreffen Lob und Tadel für diese Entwicklung alle relevanten politischen Kräfte, Wirtschaftsverbände und Gewerkschaften, Demokraten und Republikaner.

Die populärste Einrichtung des modernen Bürokratenstaates, die staatliche Krankenversicherung, wird von den größten Konzernen, allen voran General Motors und United States Steel, leidenschaftlich befürwortet. Sie bieten allen ihren Arbeitnehmern – manchmal auch den Pensionären – sogar zusätzlich freie medizinische Versorgung, obwohl, wie der Präsident von General Motors erklärte, die Gratiskrankenversicherung mehr als zweihundert Dollar je fertiggestelltes Auto koste, und das sei mehr, als die Firma daran selbst verdiene. United States Steel stellte fest, daß seine soziale Belastung die internationale Wettbewerbsfähigkeit des Konzerns beeinträchtigt. Wenn für die Nation gut sein soll, was für General Motors gut ist, dann sollte der Kongreß schleunigst nach der staatlichen Krankenversicherung auch die kostenlose Autoversicherung, den automatischen Prall-Luftsack und viele weitere Sicherheitseinrichtungen für jedes Auto vorschreiben. Die Volksvertreter würden damit das Risiko des Autofahrens ganz von den unglücklichen Unfallopfern und den möglicherweise nachlässigen Autoherstellern auf die immer zuverlässigen Steuerzahler verlagern.

Das Prinzip der Milderung und Verteilung des Risikos steckt auch in mancher Maßnahme, die gar nicht nach Versicherung aussieht, aber ebenso die Folgen wirtschaftlicher Mißerfolge oder Veränderungen umlegt. So können Gesetze gegen die Diskriminierung das Risiko der Arbeitslosigkeit oder zu geringen Einkommens gleichmäßiger verteilen. Zuschüsse und Steuererleichterungen für die Anschaffung umweltschützender Einrichtungen verteilen Kosten, die sonst von den Verursachern der Verschmutzung allein zu tragen wären. Viele Maßnahmen des Department of Energy bewirken, daß die Folgen der Energieknappheit von allen, nicht nur von besonders betroffenen Branchen, getragen werden.

Das Resultat der Bemühungen des Staates und der Privatwirtschaft, alles umzulenken, zu verteilen, umzulegen, auszugleichen, zu nivellieren, zu umgehen, zu kaschieren und die wahren Kosten und

Risiken des wirtschaftlichen Wandels zu kollektivieren, ist eine Desensibilisierung der Wirtschaft. Sie reagiert nicht mehr so feinfühlig auf die ungünstigen Nachrichten von Knappheit und Ungleichgewicht – hohe Preise signalisieren ja neue Chancen; sie kann auch nicht mehr so zuverlässig wie früher die gute Kunde von Kreativität, Initiative und Neuerung verbreiten.

Das ist die »moralische Gefahr« des Wohlfahrtsstaates. Doch keines der Absicherungs- und Wohlfahrtsprogramme berücksichtigt dieses Problem, auch wenn einige es durch die Begünstigung weit in die Zukunft weisender Unternehmungen und Investitionen etwas mildern.

Die führenden Wirtschaftler sollten sich wirklich um ein besseres Verständnis der Anforderungen an den almosenverteilenden Staat und der Gefahren und Chancen, die von ihm ausgehen, bemühen. Schließlich ist die weitgehende Absicherung kein Fremdkörper, sondern ein etwas aus den Fugen geratener Ableger der kapitalistischen Grundauffassung.

Die moralischen Gefahren, die von den gegenwärtig überzogenen Programmen ausgehen, sind offenkundig. Die Arbeitslosenunterstützung fördert die Arbeitslosigkeit. Das Kindergeld macht immer abhängiger vom Staat und zerrüttet die Familie. Die Kranken- und Invalidenversicherung begünstigt, daß sich kleine Wehwehchen zu zeitweiliger Arbeitsunfähigkeit und die Arbeitsunfähigkeit zu Frühinvalidität auswächst.

Sozialrenten mindern die private Vorsorge für das Alter und zerstören die Bindungen zwischen den Generationen. Absicherungen gegen den Preisverfall in der Landwirtschaft und hohe Energiekosten schaffen überfüllte Vorratssilos und Brennstoffknappheit. Ausbildungs- und Umschulungsbeihilfen vergrößern nur das Gefühl der Abhängigkeit vom Staat, ohne eine Befriedigung durch sinnvolle Arbeit zu garantieren. Alle Maßnahmen zur Bekämpfung der Armut verleihen dem »anerkannten Armen« einen gewissen Status und sorgen dafür, daß die Armut nie verschwindet. Deshalb sollten alle Programme, deren moralische Gefahren ihren Nutzen übertreffen, eingeschränkt werden – am besten durch Kürzung der Auszahlungen.

Es gibt berechtigten Grund zu der Annahme, daß der moderne Wohlfahrtsstaat längst die Grenze zwischen Nutzen und Schaden überschritten hat und die Absicherung das notwendige Risiko bereits soweit unterdrückt, daß alle Bürger – nicht nur die unverschuldet in Not geratenen – mit Unsicherheit und Angst vor der Zukunft darauf reagieren.

Während der siebziger Jahre brachten es die 44 bedeutendsten amerikanischen Wohlfahrts- und Unterstützungsprogramme auf zweieinhalbmal soviel Wachstum wie das Bruttosozialprodukt und dreimal soviel wie Löhne und Gehälter. Die staatlichen Stellen schütteten jährlich 200 Milliarden Dollar Unterstützung und Beihilfen an 50 Millionen Empfänger aus. (Diese Angaben enthalten nur Zahlungen, auf die kein Anrecht aufgrund eingelegter Beiträge erworben wurde.) 1976 entfielen auf die durchschnittliche, von der Fürsorge lebende vierköpfige Familie rund 15 000 Dollar. 1979 waren es schon 18 000 Dollar. (Das sind echte Durchschnittszahlen, keine Extremwerte!) Dagegen betrug der mittlere Verdienst in Amerika 1976 nur 14 500 Dollar und 1979 nur 16 500 Dollar. Der Mindestlohn einschließlich anderer Vergünstigungen belief sich gerade auf die Hälfte des Fürsorgesatzes. Eine findige Familie konnte Gelder aus siebzehn Wohlfahrtsprogrammen abzapfen, darunter Kindergeld, Krankenbehandlung, Nahrungsmittelgutscheine, Wohngeld und eine Reihe weiterer Beihilfen. Hinzu kamen die viele Freizeit und die Einkünfte aus Schwarzarbeit. Demgegenüber standen die von soviel staatlicher Fürsorge verursachten moralischen Gefahren: um sich greifende Arbeitsunlust und Familienzerrüttung.

Die Wohlfahrtsprogramme zeigen erschreckend, wie weit der wohlmeinende Staat übers Ziel hinausschießen kann, denn sie wirken bis in die Mittelschicht. Arme Familien erhielten soviel Geld vom Staat, daß sie im Durchschnitt um 30 Prozent über der Armutsgrenze lagen. Mit dem anerkannten Mindestlohn schaffen das nur zwei Verdiener. Auch hier sind die moralischen Gefahren wieder klar. Die meisten Hilfsprogramme sind ausgerechnet in den späten siebziger Jahren, während der Zeit des stetigen Beschäftigungszuwachses, ausgeweitet worden. Zunächst verstärkten sie bei Familien, die sich offenkundig selbst erhalten konnten, nur noch das Gefühl der Abhängigkeit vom Staat. Inzwischen haben die Beiträge der arbeitenden Familienväter aber eine Höhe erreicht, die in weiten Kreisen ernste Zweifel an den demokratischen Institutionen aufkommen läßt.

Der Ausbau des Wohlfahrtsstaates hat andere Arten der Fürsorge für Arme und Abhängige verdrängt. Bis 1935 kam die Hälfte aller Unterstützungen aus privaten Einrichtungen. Jetzt beträgt dieser Anteil nur noch ein Prozent. Vor der Wohlfahrtsschwemme sorgten vielfach die Nachkommen für ihre Eltern, heute unterstützen immer mehr Eltern, obwohl sie selbst hohe Sozialabgaben zu tragen haben, ihre Kinder bis ins Berufsleben hinein.

Die Parteigänger des aufgeblähten Wohlfahrtsstaates schätzen die entstandene Lage so ein: Ohne die staatlichen Programme sind die Kranken, die Alten und die Jugendlichen sich selbst überlassen – also verbessert der Wohlfahrtsstaat die Lage der Armen erheblich, während er ihre Bereitschaft und Fähigkeit, selbst für sich zu sorgen, kaum beeinträchtigt. Das Gegenteil ist der Fall: Die staatlichen Maßnahmen bringen erstaunlich wenig Nutzen, aber sie wirken sich verheerend auf Motivation und Eigeninitiative aus.

Dabei haben sich im Laufe der letzten Jahrzehnte noch tiefgreifendere Auswirkungen der moralischen Gefahr ergeben. Der Wohlfahrtsstaat hat nicht nur die private Fürsorge durch Familie und wohltätige Einrichtungen verdrängt, sondern auch die private Spartätigkeit und Vorsorge. Die Diastole im Herzen des Kapitalismus, mit der das Sparkapital aufgesaugt wird, das ihn am Leben erhält, ist sehr schwach geworden. Der Anteil der Ersparnisse am Bruttosozialprodukt fiel 1979 unter vier Prozent, das ist der absolute Tiefpunkt seit dreißig Jahren. In der zweiten Hälfte der siebziger Jahre erreichte die private Sparrate in den USA nur ein Viertel der japanischen, die es auf 24,9 Prozent brachte, etwas mehr als ein Drittel der französischen und die Hälfte derjenigen von Großbritannien.

Die größte moralische Gefahr bei der Verstaatlichung der Vorsorge liegt in der Zerstörung des Gleichgewichts zwischen Risiko und Absicherung. Jede Versicherung muß versuchen, alles schon vorher festzulegen, die Einkünfte im Ruhestand, Zahlungen bei Krankheit, Arbeitslosigkeit und Familienzerrüttung – kurz, für alle

Wechselfälle des Lebens – abzusichern. Doch wenn zu viele Leute genau wissen, was auf sie zukommt, kann die Wirtschaft es nicht weit bringen. Die einzelnen moralischen Gefahren verdichten sich dann zu einer nationalen Gefahr, und diese Gefahr besteht darin, daß die Wirtschaft, die auf die unbekannte, notwendigerweise riskante Zukunft angewiesen ist, erstarrt.

Der künftige Wohlfahrtsboom

Seit vielen Jahren müssen die Befürworter des Wohlfahrtsstaates zugeben, daß in ihm die intakten bedürftigen Familien benachteiligt werden. Deshalb beschloß man, die Leistungen auf *alle* Familien mit arbeitslosen Vätern auszudehnen. Das geschah in 26 Einzelstaaten, und manche Beobachter wunderten sich nachher, daß dies die Zerrüttungsepidemie unter den armen Familien keineswegs stoppte.

Es war doch sonnenklar: Die Ehen zerbrachen nicht am Geldmangel, sondern weil die Höhe der Unterstützung Stellung und Ansehen des Vaters in der Familie erschütterte. Er fühlte sich in seinem eigenen Heim nicht mehr als Mann. Zuerst versuchte er vielleicht, seine Autorität durch Streit und Muskelkraft wiederherzustellen. Aber Gewalt gegen Frauen ist ein Eingeständnis der Schwäche. Also ging er auf die Straße, um sich als Mann zu beweisen.

Diesen einfachen Zusammenhang übersehen fast alle Soziologen, die sich mit den staatlichen Angaben über die von der Wohlfahrt unterstützten Familien beschäftigen. Ihre Untersuchungen kreisen immer um Armut und Arbeitslosigkeit als Hauptursachen der Familienzerrüttung. Die Experten begreifen nicht, daß eher umgekehrt Armut und Arbeitslosigkeit und sogar der weitgehend psychische Zustand der »Unvermittelbarkeit in Arbeit« aus der Familienzerrüttung entspringen.

In jeder multiplen Faktorenanalyse ragen die wirtschaftlichen Schwierigkeiten als die Hauptschuldigen an den familiären Problemen heraus, weil sie eben auch die anderen, weniger greifbaren und meßbaren Faktoren enthalten und widerspiegeln. Dazu gehören männliche Autorität und Selbstsicherheit, die auch die sexuelle Potenz bestimmen, weiter der von Frau und Kindern gezollte Respekt und die Motivation, Mühen und Frustrationen des Arbeitsalltags zu ertragen. Nichts wirkt sich so verheerend auf männliche Wertvorstellungen aus wie die langsam dämmernde Erkenntnis, daß Frau und Kinder auch ganz gut ohne ihren Ernährer auskommen könnten.

Der Mann bekommt immer mehr das Gefühl, daß die Rolle

des Familienvorstands ihm auf dem langen Weg vom überschaubaren Jägerleben über die Industrielle Revolution ins moderne Massendasein abhanden gekommen ist, ja, daß der Wohlfahrtsstaat ihm Hörner aufgesetzt hat. Seine Reaktion auf diese Einsicht ist jene Mischung aus Resignation und Wut, Aussteigermentalität und Gewalttätigkeit, Kurzsichtigkeit und sexueller Ausschweifung, die so charakteristisch ist für den Lebensstil der Armen. Dieser Ablauf ist weniger ein Spiegelbild der wirtschaftlichen Verhältnisse als die Auswirkung einer Politik, die armen Familien keinen männlich-starken Vater gönnt, sie dadurch noch ärmer macht und die wirtschaftliche Zukunft der Kinder verbaut.

Auf der Wohlfahrtsszene ist das Geld nicht mehr der von Männern hart erarbeitete Verdienst, sondern ein den Frauen vom Staat zuerkanntes Anrecht. Anspruch und Protest verdrängen Fleiß und Disziplin bei der Beschaffung von Einkommen. Junge Männer lassen sich von Frauen aushalten und finden ihre männliche Anerkennung in den Chauvi-Banden der Straße, an der Bar oder in der Zeugung unehelicher Nachkommen.

Die staatliche Fürsorge verfolgt und bedrängt diese Väter und versucht, sie zum Unterhalt ihrer Kinder zu zwingen. Doch nur wenige haben Dauerjobs, die ihnen so viel bedeuten, daß sie weiterarbeiten, wenn der Staat ihnen auf die Schliche kommt. Einige unterstützen Frau und Kinder zwar freiwillig, melden ihren Verdienst aber meistens nicht.

Unterhaltsprozesse haben lediglich zur Folge, daß die Familien weniger als vorher bekommen, weil die Unterstützung gekürzt wird. Was der Vater dann zahlt, entspringt nicht mehr seinem moralischen Verantwortungsgefühl, sondern dem verhaßten juristischen Zwang. Er wird sich darum drücken, sobald er kann. Alle Versuche, die Väter zur Arbeit und zum Unterhalt der Kinder zu zwingen, müssen scheitern, wenn das ihre finanziellen Interessen – und die ihrer Familie – beeinträchtigt.

Unterhaltsklagen für die sogenannten »Kinder der Liebe«, von kaum erwachsenen Männern gezeugt oder aus Zufallsbegegnungen entstanden, sind ebenso nutzlos, denn diese Kinder hat eigentlich die Wohlfahrt mit ihrer »Aid for Families with Dependent

Children« (AFDC oder ADC – Hilfsprogramm für Familien mit bedürftigen Kindern) in die Welt gesetzt. In einer freien Gesellschaft kann man einen Mann nicht lange zwingen zu arbeiten, nur um für Kinder zu zahlen, die er kaum sieht, da sie von der Mutter in Gemeinschaft mit einem anderen Mann großgezogen werden. Schließlich ist sinnvolle Arbeit keine Angelegenheit der Routine, sondern der Motivation, die Tolstoi den Faktor x genannt hat.

Die vom Wohlfahrtsstaat zum Unterhalt verurteilten Väter zahlen ein paarmal und geben dann ihren Job auf oder machen sich aus dem Staub. Einige verstärken das Heer der Schwarzarbeiter oder tauchen in der gefährlichen, aber gewiß männlichen Welt des Verbrechens unter. Andere suchen sich nach einer Weile einen neuen Arbeitsplatz in der nicht unbegründeten Hoffnung, daß die amtlichen Computer sie nicht entdecken.

Die Vorschriften, nach denen solche Väter zur Unterstützung gezwungen werden sollen, sind besonders lächerlich, weil sie bei den Müttern mit kleinen Kindern, den offiziellen Unterstützungsempfängern, ansetzen, anstatt bei diesen Männern, die nirgends registriert sind, die von dem System profitieren, ohne selbst zu zahlen, die von den Fürsorgegeldern verlassener Mütter leben, ohne diese Frauen zu heiraten. Denn diese Männer sind durchaus nicht immer die Väter der Kinder, unter denen sie leben. Sie wohnen eine Weile mit einer Unterstützungsempfängerin zusammen und ziehen dann zur nächsten. Diese Männer sind die Hauptnutznießer – und die Opfer – der Wohlfahrt, die durch ihre bloße Existenz verhindert, daß sie heiraten oder verheiratet bleiben und die Mühe des sozialen Aufstiegs auf sich nehmen.

Es gibt Hunderttausende solcher Männer. Sie sind das schwerfällige Gegengewicht zu der Masse der Unterstützungsempfängerinnen mit Kindern, die allen Sozialreformern und Sozialarbeitern so am Herzen liegen. Doch die Mütter können ihre Familien ebensowenig wie die Sozialarbeiter aus der Armut herausführen. Wenn man den Müttern Arbeit gibt, bringt das kaum irgendwelchen Nutzen für die Gesellschaft oder den Feldzug gegen die Armut. Nur die Männer können mit ihrer Arbeit die Armut eindämmen. Alle staatlichen Maßnahmen gegen die Armut beeinträchtigen die Stellung des Vaters in dem Maße, wie sie die Lage der Mutter verbessern, ja, sie nehmen ihm die befreiende Motivation zu einer kontinuierlichen Berufslaufbahn.

Eine ganz andere Gruppe als diese nirgends registrierten Männer bilden die »Arbeitsfähigen«, die selbst Unterstützung beziehen – alternde Trinker, Leute, die ihre beste Zeit hinter sich haben, Vorbestrafte und all die Unangepaßten und Ungeschickten dieser Welt. Sie verschmähen alle Umschulungs- und Rehabilitierungsprogramme, die sie wieder auf die Beine bringen sollen. Da sie auf diesen Personenkreis fixiert sind, gehen die auf Wohlfahrtszahlungen basierenden Wiedereingliederungsmaßnahmen vor allem an der Jugend vorbei, die eigentlich im Kampf gegen die Armut absoluten Vorrang genießen sollte.

Der ideale Wohlfahrtsempfänger, dessen Ansprüche der amtliche Computer sofort anerkennt, ist eine Frau mit mehreren unehelichen Kindern, deren Väter sie nicht benennen kann, die sich hoch verschuldet und all ihr Geld sofort ausgibt. Diesem Ideal kamen einige Hunderttausend junge amerikanische Mütter in den letzten Jahren ziemlich nahe.

Alle Bemühungen, die Belastung der Volkswirtschaft mit Wohlfahrtszahlungen durch ein Kesseltreiben auf »Drückeberger« und »Betrüger« zu mildern, entlarven nur wenige Missetäter, inkriminieren jedoch Tausende von Grenzfällen, die nur eine Armee von Tausenden von salomonischen Richtern gerecht beurteilen könnte.

Niemand wird der Meinung sein, daß Kontrollen überflüssig sind. Dem Gesetz muß Respekt verschafft werden. Doch Ungerechtigkeiten und Ungereimtheiten sind unvermeidbar, wenn jedem, sofern er ein niedriges Einkommen vorweisen kann, Unterstützung zuerkannt wird. Es gibt kein absolut gerechtes System für die künstliche Nachbesserung von Einkommen, deshalb sollte lieber angestrebt werden, das ganze Wohlfahrtssystem so weit wie möglich einzuschränken, es sogar ein bißchen unattraktiv, seine Inanspruchnahme verwerflich zu machen. Denn Wohlfahrtsunterstützungen sind schädlich, wenn die Zahlungen so hoch ausfallen, daß sie die Freiheit von Millionen arbeitsfähiger Menschen beschränken. Wie bei allen Versicherungsverträgen bestimmen die zu erwartenden

Vorteile das Ausmaß der moralischen Gefahr. Eine Feuerversicherung verführt zum Beispiel zur Brandstiftung, wenn eine Gegend so heruntergekommen ist, daß die Versicherungssumme den Wert der Baulichkeiten übersteigt. Unser Wohlfahrtssystem schafft moralische Gefahren, weil die Unterstützung höher ist als das, was ehrliche Arbeit einer intakten Familie einbringt.

Unter diesen Umständen sind die *meisten* Wohlfahrtsempfänger Betrüger, weil die meisten Väter sicher in der Lage wären, die Mütter ihrer Kinder zu heiraten und für ihren Unterhalt aufzukommen. Von der anderen Seite gesehen sind aber nur *wenige* Betrüger darunter, weil weder die Frauen noch ihre Männer unter den gegenwärtigen Verhältnissen ihren Kindern einen »standesgemäßen Unterhalt« – nach den Richtlinien des »low-income budget« der US-Regierung (Familien mit niedrigem Einkommen betreffend) geben könnten.

Will ein junger Mann aus der Wohlfahrtsszene eine Familie nach diesen Richtlinien unterhalten, muß er Heirat und Kinderkriegen hinausschieben, bis er seine beruflichen Fähigkeiten entwikkelt und sich in jahrelanger Arbeit bewährt hat. Der Versuch, diese moralischen Voraussetzungen durch staatliche Mindestvorschriften zu schaffen, nachdem man sie vorher durch falsch konzipierte finanzielle Hilfen verkümmern ließ, ist natürlich aussichtslos.

Den schlimmsten Betrug begehen jedoch nicht die Akteure auf der Wohlfahrtsszene, sondern diejenigen, die sie geschaffen haben und damit den Armen, Kindern wie Erwachsenen, eine der wichtigsten Wahrheiten des Lebens vorenthalten: Daß man, will man gut leben und der Armut entgehen, die Familie um jeden Preis zusammenhalten und härter arbeiten muß als die oberen Schichten. Aber in den frühen siebziger Jahren einigte sich die Nation darauf, mittels einer sogenannten Wohlfahrtsreform diese Wahrheit nicht nur den Wohlfahrtsempfängern, sondern allen Familien vorzuenthalten. Eine negative Einkommenssteuer sollte eingeführt werden. Ein Drittel der Amerikaner sollte so automatisch das Geld bekommen, wie der Fiskus es den restlichen zwei Dritteln wegnimmt. Die Armut sollte durch naive Umverteilung besiegt werden.

Das Projekt wurde von so verschiedenartigen Politikern und

Experten wie Richard Nixon, Milton Friedman, George McGovern, Paul Samuelson und vor allem Daniel Patrick Moynihan unterstützt. Die Zeit war offenbar reif dafür. Doch die Einigkeit sollte schon bald zerbrechen.

Senator Moynihan verkündete plötzlich mutig und lapidar: »Ich habe mich geirrt.« In Büchern und Artikeln wurde jetzt das bestehende System mit all seinen Fehlern als »unser System, ob richtig oder falsch« hingestellt.

»Ein wundervoll kompliziertes Gebilde aus Programmen, Bemessungsgrundlagen und Richtlinien, ein kompliziertes Wohlfahrtssystem, das das komplizierte Problem der Armut in Amerika lösen muß«[29], nannte es Ronald Reagans Berater Martin Anderson. Er meinte auch, man könne die Unterstützungssätze anheben, wenn man die Berechtigung nur streng genug kontrollierte.

Richard Nathan, Nelson Rockefellers ehemaliger Berater, pflichtete ihm bei: Keine große Reform, geringfügige Verbesserungen seien das Gebot der Stunde. Drei »fortschrittliche« Professoren der University of California in Berkeley schlossen sich mit einem Zeitschriftenartikel an: »Das absolut gerechte, effiziente Wohlfahrtssystem unserer Wirtschaftslehrbücher ist nur eine Fata Morgana. Auch die umfassendste Reform würde uns nur ein System bescheren, das viele der gegenwärtigen Probleme nicht lösen kann.«[30]

Inzwischen wandten Irwin Garfinkel, Robert Haveman und David Beaton ihre Verdienstchancen-Methode auf zehn verschiedene Wohlfahrts-Beitrags- und -Leistungsprojekte an, darunter Nixons Familien-Unterstützungsplan, einige Lohnhilfen- und Kindergeld-Systeme sowie einige Pläne für negative Besteuerung. Die Gelehrten am Institute for Research on Poverty schickten die so aufbereiteten Programme durch ihre Computer und erfuhren zu ihrem akademisch-verhaltenen Erstaunen, daß das gegenwärtige AFDC doch am besten die echt Bedürftigen erreichte, nämlich diejenigen, die nicht nur kein Geld hatten, sondern auch keine Möglichkeiten, welches zu verdienen. Dieses Programm schloß von vornherein fast alle Studenten aus, ferner die Empfänger von Zahlungen aus Vermächtnissen, gescheiterte Romanciers, hauptberufliche Freizeitbastler und alle anderen, die sich selbst erhalten können und von einem nur nach dem Einkommen orientierten System enorm profitieren würden. Nach vielen Jahren wissenschaftlicher Forschung und parlamentarischer Kämpfe waren wir wieder da angelangt, wo wir begonnen hatten – bei dem vorhandenen Wohlfahrtssystem, das allerdings auch sehr verbessert worden war.

Hinter dem ganzen Umschwung steckten zwei bemerkenswerte Experimente, deren Ergebnisse sich jeder zu Herzen nahm. Das eine war ein Reformprogramm, das der damalige Gouverneur Reagan in seinem Staat Kalifornien verwirklichte und das vor allem die Einhaltung der Vorschriften über Arbeitsfähigkeit der Männer und die Anspruchsberechtigung der Kinder durchsetzte. Nach zwei Jahren intensiver Kontrollen ging die Zahl der Unterstützungsempfänger um 400000 zurück, gegenüber den Planungen sogar um 800000.

Das zweite Experiment war eine Untersuchung des »U.S. Department of Health, Education and Welfare« (HEW-Ministerium für Gesundheit, Erziehung und Wohlfahrt) über den Einfluß von staatlich garantierten Mindesteinkommen auf Arbeitsleistung und Zusammenhalt der Familien. Die Erhebungen wurden in verschiedenen Großstädten mit Schwerpunkten in Denver und Seattle angestellt. Dabei erwies sich die staatliche Einkommensgarantie nach Auskunft der Vertragsfirmen des Ministeriums als ein Schlag ins Wasser. Die Arbeitsleistung sank um ein Drittel bis zur Hälfte, die Rate der Familienzerrüttung stieg um 60 Prozent im Vergleich mit einer Kontrollgruppe, die Unterstützung nach dem AFDC bezog. Eine eingehende Analyse ergab, daß die Kosten für Nichterscheinen am Arbeitsplatz 25 bis 55 Prozent des Aufwands betragen würden, der für die Anhebung der Löhne auf das Mindesteinkommen erforderlich wäre und gleichzeitig jede finanzielle Milderung der Armut durch neue Familienzerrüttung zunichte gemacht würde. Schlußfolgerung: Staatlich garantierte Einkommen würden sich noch verheerender auswirken als das gegenwärtige Wohlfahrtssystem.

Infolge der bemerkenswerten Fähigkeit der Sozialwissenschaftler, die nicht zu übersehenden Zusammenhänge zwischen Arbeit und Familie zu ignorieren, wirkten diese Ergebnisse wie ein Schock selbst auf die Experten, die sie seit langem vorhersagten. Frühere Untersuchungen durch scheinbar gewissenhafte Fachleute hatten nie einen deutlichen Zusammenhang zwischen Wohlfahrtszahlungen und Familienzerrüttung ergeben, und man schloß daraus, daß staatlich garantierte Einkommen den Familien nur nützen würden. Die Sozialwissenschaftler waren sich einig darin, daß nur Arbeitslosigkeit und Armut die Familien zerstören und von staatlicher Unterstützung abhängig machen und daß zu niedrige Entlohnung nur auf Rassismus und Diskriminierung der Frau beruhen. Doch die Ergebnisse von Denver und Seattle hatten alle Hoffnungen auf einen Nutzen der staatlichen Beihilfen zerstört, und so wurden Gouverneur Reagans Maßnahmen in Kalifornien mit hochgespannten Erwartungen beobachtet.

Was Ronald Reagan in Kalifornien erreichte, war in der Tat beachtlich. Als er 1971 mit seinen Kontrollen begann, hatte sich die Zahl der Unterstützungsempfänger in den zehn Jahren zuvor auf 500000 Familien mit 2,1 Millionen Köpfen vervierfacht. Jeden Monat kamen 8000 Unterstützungsfälle hinzu. In den Staaten Massachusetts und Michigan lagen die Verhältnisse ähnlich, aber dort beschränkte man sich darauf, Washington um Hilfe anzugehen. Die Hilferufe waren manchmal – wie in New York – von Verzweiflungsakten begleitet. So wurde dort der Nachweis des sechsmonatigen Aufenthalts als Voraussetzung für den Unterstützungsbezug wieder eingeführt, obwohl er schon einmal für verfassungswidrig erklärt worden war. Solche Aufenthaltsvorschriftren stiften immer mehr Schaden als Nutzen, weil sie die Bedürftigen an einen Ort binden, obwohl sie doch Bewegungsfreiheit für die Suche nach einem Job brauchen.

In Kalifornien legte Reagan statt dessen großes Gewicht auf die Beachtung der Arbeitsfähigkeit der Antragsteller. Mit neuen Gesetzen und Verordnungen eliminierte er alle Betrüger, ausreichend Versorgten und Vermögenden aus den Listen der Wohlfahrtsstellen. Er ließ saumselige Väter aufspüren und sie zur Alimentenzahlung verurteilen. Damit wurden viele neue Anträge auf Unterstützung hinfällig, und die Wachstumsrate des Sozialaufwands fiel von jährlich 25 auf 5 Prozent.

Obwohl Reagan kurzfristig viel erreichte, lag seinen Maßnahmen eine falsche Auffassung von den Wohlfahrtsproblemen zugrunde. Bildlich gesprochen hatten seine Experten zwar das Hoftor fest verriegelt, ein Sicherungs- und Alarmsystem angebracht, einen Polizeiposten installiert und einen Bürokraten zur Bewältigung der Papierflut eingestellt, doch dann setzten sie das schöne neue Anwesen in Brand, indem sie die Koppelung der Unterstützungssätze an die Inflationsrate zuließen. Darüber hinaus hoben sie die Unterstützung für Familien, die sich als wirklich bedürftig ausweisen konnten, um 43 Prozent an. Für Reagan war das ein gutes Ergebnis, denn es brachte ihm die nötige politische Unterstützung, um die Zahl der Sozialhilfeempfänger während seiner letzten Gouverneursjahre weiter abzubauen. Doch auf lange Sicht war das Ergebnis weniger berückend.

Gouverneur Brown behauptete später, das Programm bewähre sich gut. Aber 1978 wurde der sonnige Staat Kalifornien mit seinen niedrigen Lebenshaltungskosten und seiner blühenden Wirtschaft nur noch von Massachusetts im Anteil der Sozialkosten am Haushalt übertroffen, ebenso in der Höhe der Zahlungen an die einzelne Familie sowie der gesamten Sozialausgaben und der Zahl der Empfänger (bezogen auf die Bevölkerungszahl). Mit etwa 35 Prozent mehr Sozialfällen als im wirtschaftlich stagnierenden Staat New York wuchs die Zahl der Unterstützungsempfänger in Kalifornien um 40 Prozent schneller als dort – und das angesichts einer von Reagan für die gründlichen Kontrollen stark vergrößerten Wohlfahrtsbürokratie.

In der »konstruktiven Reform« Reagans steckte also die gleiche Illusion wie im staatlich garantierten Einkommen, nämlich die Fata Morgana eines »nützlichen« Wohlfahrtssystems, eines »durchrationalisierten« und »einfühlsamen« Programms, das die echten Armen über die Armutsschwelle hebt und die Unberechtigten ausschließt, das alle Väter dazu bringt, ihren Kindern Unterhalt zu zahlen und alle arbeitsfähigen Unterstützungsempfänger dazu, auch tatsächlich zu arbeiten.

Jedes Wohlfahrtssystem wird zwangsläufig die Armut vergrößern und manifestieren, wenn seine Unterstützungssätze das Lohnniveau und die Produktivität der Kleinverdiener übersteigen. Eine

Änderung der Bestimmungen kann vorübergehend Erleichterungen bringen, wie das Beispiel Kalifornien zeigt. Doch im Laufe der Zeit richten die Empfängerfamilien ihren Lebensstil so ein, daß wieder mit Unterstützungsgeldern materiell am meisten für sie herausspringt. Solange das Leben mit der Wohlfahrt (die Kombination aus Geld, Freizeit und anderen Vorteilen) mehr einbringt als der Verdienst eines Ernährers, wird das System von der Arbeit abschrecken und das Familienleben unterminieren. Eine rigorose Anwendung der Vorschriften zwingt die Familien nur, sich besser anzupassen und mehr Einkünfte zu verheimlichen.

Das soll natürlich nicht heißen, daß alle diese Familien ihren Vorteil genau kalkulieren und sich auflösen, nur um mehr herauszuschlagen, daß Teenager im Vertrauen auf die Wohlfahrt die Empfängnisverhütung unterlassen oder daß Mütter, die Unterstützung bekommen, alle Heiratsanträge ausschlagen, damit sie weiter Geld beziehen können. Das kommt auch vor, doch auch unter weniger extremen Umständen spielt die Wohlfahrt im Armengetto nun mal die bedeutendste Rolle. Sie übt einen verführerischen und letztlich zerstörerischen Einfluß auf die Ehen und die Arbeitsmoral der Armen aus und erzeugt im Laufe der Jahre in den Elendsquartieren eine eigene »Wohlfahrtskultur«. Not macht erfinderisch und gibt den Anstoß zum sozialen Aufstieg; die Wohlfahrt verschleiert den Ernst des Lebens und unterminiert jene Entschlossenheit, die frühere Generationen armer Leute die Armut mit Hilfe der Dreieinigkeit Arbeit, Familie und Glauben überwinden ließ.

Als verhängnisvoll erweist sich vor allem, daß die Wohlfahrt den Mann als Ernährer nicht mehr unentbehrlich erscheinen läßt, dadurch schwächt und behindert sie ihn als Motor des sozialen Aufstiegs. Im Gegensatz zur Mutter, deren Rolle von den biologischen Gegebenheiten bestimmt wird, müssen dem Mann die Aufgaben von der Kultur gestellt werden. Doch die Wohlfahrtskultur bedeutet ihm, er sei ein entbehrliches Glied der Familie – er fühlt es, seine Frau weiß es, seine Kinder ahnen es.

Die Wohlfahrt und die anderen sozialen Dienste stärken die Stellung der Mutter und machen den Mann überflüssig. Irgendwann – vor oder nach der Heirat – verlassen die Männer daher ihre Frauen und Kinder. Die Gettofamilie zerbricht an Krisen, mit denen jede normale Familie fertig wird. Vielleicht noch nicht beim ersten, auch nicht beim fünften Mal, doch irgendwann hat der schädliche Einfluß der Wohlfahrtszahlungen das Fundament der Vaterschaft, der Arbeitswilligkeit und der ehelichen Gemeinschaft ausgehöhlt.

Das Leben der Armen im heutigen Amerika wird nun mal beherrscht von der Tatsache, daß die Arbeitslöhne meistens niedriger sind als die Vorteile durch Unterstützung, Nahrungsmittelbons, Sozialwohnungen, mehr Freizeit und all die anderen Leistungen des Wohlfahrtsstaates. Solange sich das nicht ändert, werden die armen Familien real gesehen immer ärmer werden, besonders, wenn sie in Armenvierteln leben.

Der Kampf zwischen den beiden Reformrichtungen, der fortschrittlichen und der konservativen, ist lediglich ein Scheingefecht. Beide wollen den Betrug bekämpfen, aber beide formulieren Bestimmungen für die Arbeitsfähigkeit, die dem Betrug Tür und Tor öffnen. Keine der beiden Seiten sieht die Notwendigkeit ein, den realen Wert der Unterstützung zu senken, indem man keine Inflationsanpassung vornimmt und die Naturalbeihilfen unattraktiver macht. Im Gegenteil, beide Seiten sind im Prinzip dafür, die Unterstützung an den Preisindex zu koppeln, damit sie noch erstrebenswerter und sicherer wird gegenüber dem zu versteuernden, der Inflation unterworfenen, leicht zu vertrinkenden und durchaus nicht sicheren Arbeitseinkommen eines Mannes. Außerdem muß der Lohnempfänger auch noch auf kostenlose Krankenfürsorge, Nahrungsmittelgutscheine oder Wohnungszuschüsse verzichten. Unsere Wohlfahrtsexperten haben noch nicht einmal ansatzweise darüber nachgedacht, ob alle Vergünstigungen auf dieser fast endlosen Liste wirklich sinnvoll sind.

Das Experiment in Seattle und Denver hat gezeigt, welche Gefahren schon von dem AFDC ausgehen. Das Programm bietet jedem Ehepaar mit Kindern, das sich trennen will, oder jedem jungen Mädchen über sechzehn, das ein uneheliches Kind zur Welt bringen will, ein garantiertes Mindesteinkommen. 1979 gab es schon 20 Millionen Familien, die ihre Finanzen durch Trennung hätten aufbessern können, es aber unterließen. Drei Fünftel der theoretisch berechtigten intakten Familien mit niedrigem Einkommen widerstehen also der verführerischen Reklamekampagne, Nahrungsmittelgutscheine zu beantragen, die sicher sofort bewilligt würden. Millionen anspruchsberechtigter Ehepaare wollen vom Wohlfahrtsstaat nichts wissen. Nur in Elendsvierteln, unter den als arm gebrandmarkten Bedürftigen, haben die gemeinen Verführungskünste der Agenten des »Feldzugs gegen die Armut« vollen Erfolg.

Das Experiment des HEW in Seattle und Denver zeigte jedoch auch, daß viele Familien, die noch keine Unterstützung beziehen, durch raffinierte Propaganda zu beeindrucken sind. Sie werden ihr ganz sicher unterliegen, wenn sie alle ihnen zustehenden Vorteile kennen. Viele Arbeitsplätze und Ehen geraten also in Gefahr, wenn sie sich einer Wohlfahrtskultur ausgesetzt sehen, in der ein Unterstützungsbezug keine Schande mehr ist und die in der freien Wirtschaft gezahlten Löhne kaum die Wohlfahrtsunterstützung plus den Einkünften aus Schwarzarbeit übersteigen.

Die gegenwärtigen Probleme sind schon schlimm genug, doch sie können sich hinter der kommenden Krise verstecken. Bisher ist erst ein Fünftel der Bezieher von AFDC-Geldern dem vollen Wohlfahrtsprogramm ausgeliefert. Noch nimmt bei nur 20 Prozent der Bedürftigen die Wohlfahrt eine beherrschende Stellung im Leben ein. Doch diese 20 Prozent beziehen 60 Prozent der Geldmittel. Die anderen Unterstützungsempfänger geben nur Gastrollen in dem System (zum Beispiel während der Jahre einer Ehekrise) und verlassen es dann wieder. Die Gefahr einer an die Inflationsrate gekoppelten Unterstützung besteht doch darin, daß immer mehr Empfänger sich an die Wohlfahrtsszene gewöhnen – und dann treten Verhältnisse wie in Denver und Seattle ein. Diese Entwicklung bahnt sich jedenfalls in Kalifornien an, wo bereits 30 Prozent der Unterstützungsempfänger zu Dauerkunden der Wohlfahrt geworden sind.

Die größte Gefahr geht jedoch von der Bevölkerungsstruktur aus. Drei Faktoren sind entscheidend für die Wohlfahrtspolitik: erstens geht die Geburtenrate seit fünfzehn Jahren zurück, zweitens kommen die Kinder aus der Baby-Boom-Generation ins Erwachsenenalter und drittens weigern sich die meisten Armen, niedrige Arbeiten auszuführen. Das bedeutet, daß es ab Mitte der achtziger

Jahre immer weniger Arbeitswillige geben wird, die Leute im Ruhestand miternähren. Diese Entwicklung wird zu einer schweren Krise unseres Sozialversicherungs- und Pensionssystems führen. Es wird kaum noch jemand arbeiten wollen, wenn er als Pensionär das Doppelte und Dreifache der heutigen Steuern zahlen muß – und sei es in Form einer Mehrwert- oder anderen indirekten Steuer.

Die Lösung dieses Problems liegt vor der Tür – jenseits des Rio Grande beginnt Mexiko. Die legalen und illegalen Einwanderer werden eines Tages ganz offiziell der Wirtschaft die durch die geburtenschwachen Jahrgänge verlorengegangenen Arbeitskräfte ersetzen und die Renten für die Älteren zahlen. Die hispanische Minderheit zählt schon jetzt 12 Millionen Köpfe – halb so viel wie die schwarze Bevölkerung der USA. Die hohe Einwanderungsrate und der Geburtenüberschuß der lateinamerikanischen Minderheit sorgen dafür, daß sie bald mit den Schwarzen gleichziehen wird. Es bleibt allerdings eine der Hauptsorgen der amerikanischen Innenpolitik, ob die Hispanier den Schwarzen auf dem Weg in die Wohlfahrtsszene folgen werden. Ende der siebziger Jahre gab es dafür schon schlimme Vorzeichen. Die hispanischen Familien hielten zwar noch besser zusammen als die schwarzen, doch ihre Zerfallsrate war inzwischen auf das Doppelte angewachsen. Die Einwanderer mit Bürgerrechten flüchteten in Massen in die offenen Arme der Wohlfahrtsämter. Mit ihren Wählerstimmen setzten sie die Regierung zunehmend unter Druck. Sie forderten finanzielle Unterstützung und besondere Rechte. Aber immer weniger Hispanier verstanden sich darauf, geschäftlich tätig zu werden oder waren bereit, niedrig bezahlte Arbeit anzunehmen.

Noch enttäuschender als diese Entwicklung war die Reaktion der amerikanischen Regierung darauf. Anstatt sich die Erfahrungen mit den Indianern und den Schwarzen – ehemaligen Minderheiten, die völlig von staatlicher Unterstützung abhängig geworden waren – zu Herzen zu nehmen, machten sich die Washingtoner Bürokraten an die Betreuung der neuen Einwanderer mit alten Schlagworten wie »Diskriminierung« und »Armut«. Es kam noch schlimmer. Gegen alle Erfahrung aus unserer Geschichte der Einwanderung schuf das HEW (Ministerium für Gesundheit, Erziehung und Wohlfahrt)

Möglichkeiten zur zweisprachigen Erziehung, was nichts anderes als spanische Schulen bedeutete. Die Krönung der Unvernunft war die Anordnung, daß alle Dokumente und Formulare mit einer spanischen Übersetzung zu versehen seien. Damit wird die Eingliederung dieser Volksgruppe in die amerikanische Gesellschaft unnötig erschwert, die Indoktrination durch antiamerikanische Lehrer gefördert und letztlich die Sozialgesetzgebung zu sehr auf die Bedürfnisse einer Minderheit ausgerichtet.

Alle diese Maßnahmen sind eine goldgeränderte Einladung an hispanische Frauen, sich sorglos unseren Wohlfahrtseinrichtungen anzuvertrauen und eine Aufforderung an politisch interessierte Hispanier, sich zu profilieren, indem sie ihre Landsleute zu Protest und Gewalt gegen das Land auffordern, das – mit dem hinterlistigen Mittel der Wohlfahrt – ihre Frauen verführt und ihre Männer überflüssig macht.

Diese Gefahren werden den amerikanischen Wohlfahrtsstaat in den kommenden Jahren bedrohen; wie wir sie abwenden können, ist klar. Wir dürfen *nicht* verhindern, daß der Wert der Unterstützungszahlungen durch die Inflation sinkt. Die staatliche Krankenfürsorge, derentwegen allein es sich schon lohnt, offiziell in Armut zu leben, darf nur noch – außer in Katastrophenfällen – bescheidene Beträge auszahlen. Mietbeihilfen müssen direkt an die Hauswirte gezahlt werden, weil die leichter zu überwachen sind als Hunderttausende von Wohlfahrtsempfängern, die ihre Miete ohnehin nur selten freiwillig zahlen.

Heutzutage betrachten die Unterstützten ihre Behausung als eine Art Wegwerfwohnung, als den unentbehrlichen Rahmen für ihre Abhängigkeit vom Staat. Sie lassen sich vom Hauswirt aus der Wohnung herausklagen und ziehen in die nächste, um sie ebenfalls zu ruinieren. Diese Statisten der Wohlfahrtsszene verbrauchen, vom Kapitalaufwand und vom Abschreibungsbedarf her gesehen, mehr Wohnraum als der Mittelstand. Solche Verhältnisse frustrieren die Bewohner ebenso wie die Hauswirte und die Beamten, die sie stillschweigend dulden. Ganze Stadtviertel verkommen dadurch zu häßlichen Ruinenlandschaften.

Eine Lösung des Wohlfahrtsproblems ist möglich, wenn man

sich klarmacht, worum es im Grunde geht. Die Vorliebe der Sozialwissenschaftler für aufgegliederte Einkommensstatistiken hat zu einer Auffassung von der Armut als einem stabilen Zustand einer passiven Bevölkerungsschicht geführt. Die Sozialpolitik soll auf diese Menschen einwirken, doch keiner will wahrhaben, daß sie auch auf das System einwirken und es zu ihrem Vorteil ausnutzen. Die Armut ist bei den meisten Menschen doch nur ein vorübergehender Zustand, der auf eine Krise in ihrem Leben zurückgeht. Es ist Aufgabe der Wohlfahrt, diesen Leuten bei der Überwindung zeitweilig großer Schwierigkeiten zu helfen. Sie muß sich allerdings hüten, diese Schwierigkeiten in dauerhafte zu verwandeln, indem sie sie dazu erklärt. Mit diesen Zielvorgaben müßte ein künftiges Wohlfahrtssystem fast wie eine Umkehrung des heutigen aussehen.

Nach einem geflügelten Wort ist in die Harvarduniversität sehr schwer hineinzukommen, doch es ist ziemlich leicht, drinzubleiben. Das gilt auch für das gegenwärtige Wohlfahrtssystem. Bei plötzlich auftretender Not bringt es nur wenig Abhilfe. Die Antragsteller müssen meistens Wochen warten, Formulare stapelweise ausfüllen und sich langwierigen Untersuchungen und Beurteilungen stellen, bevor sie endlich Einlaß finden in das gelobte Land. Eine Faustregel lautet: Je höher die Bewilligung, desto härter die Auslese. Je mehr ein qualifizierter Anwärter zu erwarten hat, desto weniger bekommt der schlechthin Bedürftige: Die Frau, die es allein in die Stadt verschlagen hat, der Mann, der seine Arbeitsstelle oder seine Frau verloren hat oder der plötzlich arbeitsunfähig ist und noch zögert, sein Eigenheim zu verkaufen. Ein sinnvolles Wohlfahrtssystem würde die Prozedur in echten Notfällen erleichtern und bei notorischen Dauerkunden enorm erschweren. Ein solches ideales System würde auch Kindergeld für jedes Kind und jede Familie – ohne Rücksicht auf das Einkommen – vorsehen. Dieses zu versteuernde Kindergeld würde den Anreiz für große Familien, mit einem weiblichen Familienoberhaupt auszukommen, abbauen, denn Wohlfahrtsunterstützung ist die einzige Einkommensart, die automatisch mit der Kinderzahl wächst. Solche Kinderzuschüsse wirken auch den Forderungen nach ständiger inflationärer Erhöhung des Mindestlohns entgegen.

Kindergeld wird heute in den meisten westlichen Industrieländern gezahlt, am meisten jedoch in Frankreich. Dort wurde es eingeführt, um das Bevölkerungswachstum zu fördern. Dieses Ziel wurde zwar nicht erreicht, doch stärkte das Kindergeld die Familienbande, und die in den Vereinigten Staaten zu beobachtende Abhängigkeit von der Unterstützung wurde vermieden. Kindergeld ist nützlich, weil es nicht vom Nachweis der Bedürftigkeit abhängig ist. Da es nicht dazu verführt, arm zu bleiben, bringt es auch nicht die moralischen Gefahren der Wohlfahrtsszene mit sich.

Es gibt kein Wunderheilmittel gegen die Armut. Zu ihrer Überwindung gehört Arbeit und nochmals Arbeit. In einer Gesellschaft, die den Kindern zurecht verbietet, zum Lebensunterhalt der Familie beizutragen, sind Kindergeldzahlungen ein vernünftiger Weg, um die nächste Generation großzuziehen und auf das Leben vorzubereiten. Kindergeld ist richtig angewandte Sozialpolitik.

Eine derartige Politik wird ihren Befürwortern keinen Beifall von Wohlfahrts- und Bürgerrechtsorganisationen und nur wenig Zustimmung von Politikern eintragen, die gern der einen Gruppe übertriebene Vorteile zuschanzen und die andere hartherzig davon ausschließen. Nur ein sorgfältig zusammengestelltes Paket aus Nothilfezahlungen, gemäßigten Naturalbeihilfen und Kindergeld, was zusammen aber weit unter dem Ertrag harter Arbeit liegen muß, hat die besten Aussichten, der Armut wirksam zu begegnen, ohne eine Wohlfahrtskultur zu schaffen. Mehr läßt sich mit jedem wie auch immer gearteten Wohlfahrtssystem ohnehin nicht erreichen.

Die heutige Wohlfahrt unterminiert Arbeit und Familie und sorgt so dafür, daß die Armen arm bleiben. Im Gefolge der Wohlfahrt macht sich eine Ideologie und mit ihr eine Bürokratie breit, die den Armen den Glauben an die Zukunft raubt. Die Ideologie gründet sich auf falsche Theorien über den beherrschenden Einfluß von Rassismus und Frauendiskriminierung auf das Leben der Armen. Die Bürokratie bekennt sich zur »Chancengleichheit« und zu »stützenden Maßnahmen«. Sie wetteifert aber mit der Wohlfahrtsszene in ihrem verderblichen Einfluß auf die Armen – besonders auf die mit schwarzer Hautfarbe.

Das Arbeitsplätze-Poker

Die Feststellung, daß der »fortschrittliche« Liberalismus, nicht die rassische Diskriminierung, für die andauernde Armut der Schwarzen verantwortlich ist, wird Wirtschaftsexperten reichlich überzogen erscheinen. Nach ihrer Meinung haben weder engstirniger Idealismus noch die Wohlfahrt nennenswerten Einfluß auf die Armut, und nicht die Wohlfahrtsszene ist ausschlaggebend, sondern der Arbeitsmarkt.

In den siebziger Jahren entwickelte eine Gruppe junger Wirtschaftswissenschaftler unter der Leitung von Peter Doeringer (Boston University), Michael Piore und Lester Thurow (Massachusetts Institute of Technology) eine verwickelte Theorie, nach der Auswirkungen des Rassismus am Arbeitsplatz noch vorhanden sind, wenn die Diskriminierung offiziell schon beseitigt ist.

Die Qualität der Jobs für die Armen, so sagen sie, richtet sich nach der Qualität der Armen, die für die Arbeit zur Verfügung stehen. Diese Theorie des doppelten Arbeitsmarktes ist eine willkommene Ergänzung zu der berühmten Zweistufen-Wirtschaft von John Kenneth Galbraith: Auf der oberen Ebene operieren die »Preismacher«, eine »Planungsorganisation« großer Monopolfirmen, die ihre Arbeitskräfte gut behandeln, weil sie alle Kosten auf die von der Werbung konditionierten Verbraucher abwälzen können. Auf der unteren Stufe tummeln sich die »Preisnehmer«, kleinere Firmen mit wenig Ansehen und geringen Verdienstspannen, die sich mit dem zufrieden geben müssen, was das Gesetz von Angebot und Nachfrage, die Großkonzerne und der Staat ihnen zudiktieren. Die kleineren Firmen können keine hohen Löhne und Gehälter zahlen, ohne ihre Wettbewerbsfähigkeit zu beeinträchtigen. Diese Theorie erlaubt es dem geständigen Sozialisten Galbraith und seinen Gesinnungsgenossen, sich mit den großen Konzernen zu »verständigen« und »Frieden mit ihnen zu schließen«[31]. Gleichzeitig beäugen sie mißtrauisch die freie Marktwirtschaft, die immer mehr rationalisiert und trotzdem von den Giganten aufgekauft oder in die Enge getrieben wird.

In der Anwendung der Theorie auf den Arbeitsmarkt wird aus der oberen Ebene der »primäre Sektor«. Hier werden die besser bezahlten und angeseheneren Stellen der großen, gewerkschaftlich durchorganisierten Konzerne angeboten. Diese bieten Einarbeitung, Vergünstigungen nach Dienstalter und Pensionen aus Ruhegeldfonds, denen ein Gutteil der amerikanischen Wirtschaft gehört. Die Arbeitnehmer sehen diese Stellen als wohlerworbenen Privatbesitz an, geben sie nur auf, wenn die Firma Entlassungen vornehmen muß und erwarten Wiedereinstellung bei einem neuen Aufschwung.

Dagegen sind die Jobs auf dem »Sekundärsektor« schlecht bezahlt, unsicher, oft zeitlich begrenzt, ohne Aufstiegsmöglichkeiten und als erste von Abbaumaßnahmen bedroht.

Eine Stelle auf dem Primärsektor zu ergattern, ist nach der Theorie etwa das Gleiche wie der Kauf eines Hauses. Er hält zu vernünftigem, verantwortlichen Benehmen an und ist meistens von lebenslangen familiären Bindungen begleitet.

Die sekundären Jobs hingegen begünstigen das unregelmäßige, nicht auf Dauer angelegte Verhalten, das so häufig in der Unterschicht anzutreffen ist und den Bruch mit den unheilbringenden Traditionen jugendlicher Banden so erschwert. Auch wenn ein oder zwei Mitglieder einer Jugendbande einen Arbeitsplatz auf dem Primärsektor bekommen, werden sie ihn – so behauptet jedenfalls die Theorie – nicht verantwortungsbewußt ausfüllen, weil alle ihre Kameraden auf der Straße oder auf der sekundären Ebene bleiben, wo strebsame Arbeit verlacht oder sogar vereitelt wird. Hier wirkt sich einfach der Herdentrieb aus. Selbst sorgfältig ausgewählte Gruppenmitglieder würden kaum gute Arbeiter, wohl aber die als Ganzes eingestellte Gemeinschaft. Ein Armenviertel steigt sozial auf, wenn ganze Gruppen Jugendlicher gemeinsam gute Arbeitsplätze bekommen und die Stechuhr – später die Hochzeitsglocken – das Ende der liederlichen Kumpanei einläuten.

Mit dieser Theorie eines gespaltenen Arbeitsmarktes geht das Gespenst der unausweichlichen kapitalistischen Diskriminierung um. Auch ohne bewußte rassische oder gegen die Frau gerichtete Vorurteile, so wird behauptet, werden die meisten Schwarzen und

Frauen vom primären Arbeitsmarkt ausgeschlossen. Die primären Jobs bringen langfristige Verpflichtungen des Arbeitgebers gegenüber den Mitarbeitern mit sich, und deshalb wird die Firma keine Arbeitskräfte einstellen, die es vermutlich nicht lange an ihrem Arbeitsplatz aushalten.

Da es schwierig ist, sich von dem Inhaber einer Primärstelle zu trennen oder ihm lange eine Beförderung zu verweigern, wird die Firma neue Mitarbeiter nach anspruchsvollen Kriterien auswählen und nur Leute einstellen, die für den Aufstieg geeignet sind. Der Personalchef kann nicht in jedem Fall – so heißt es weiter – umfangreiche Recherchen anstellen. Deshalb muß er sich bei der Auswahl auf Faustregeln verlassen, auf bewährte Klischees und leicht erkennbare Charakteristika. Eine dieser Faustregeln lautet: Keine Schwarzen und keine Frauen. Frauen können durch Schwangerschaft ausfallen und Schwarze können mit den unverantwortlichen Verhaltensweisen der Sekundärszene behaftet sein. Da Fehler in der Personalpolitik für Betriebe mit Pensionsberechtigung und Anrechten auf Weiterbildung und Beförderung sehr kostspielig werden können, haben solche Faustregeln für den Arbeitgeber durchaus einen Sinn, selbst wenn damit Bewerber von vornherein eliminiert werden, die die Stelle ausfüllen könnten und sich auch auf höherer Ebene bewähren würden. Doch ob sinnvoll oder nicht, nach der Theorie wird diese Vorauswahl die Überfüllung des sekundären Arbeitsmarkts mit Schwarzen und Frauen verschlimmern, ihre Verdienstchancen mindern und das Verantwortungsgefühl untergraben. So muß sich unter geeigneten Bewerbern das Vorurteil bestätigen, daß eine scheinheilige männlich-chauvinistisch-weiße Clique ihrem beruflichen Erfolg im Wege steht – obwohl die Firmen ganz arglos eine auf praktische Erfahrung gegründete Vorgehensweise anwenden.

Ganz allgemein besagt die Theorie, daß der Beruf den Mann formt und daß schlechte Arbeit für schlechte Arbeitsleistung, niedriges Einkommen und zerrüttete Familien verantwortlich ist. Schlechte Jobs sorgen für Armut und Verbitterung unter den Schwarzen. Diskriminierung und rassistische Vorurteile entstehen auch aus dem auf ihren Vorteil bedachten Verhalten der Firmen. Lange Zeit nahm man an, daß der Wettbewerb um den Gewinn die

Diskriminierung eindämmt, doch auch er kann angeblich die Rassentrennung und die Benachteiligung der Frau am Arbeitsplatz und die Entstehung einer Unterklasse mit menschenunwürdigen Jobs und Lebensbedingungen fördern. Auf diese Weise, so wird behauptet, erzeugt der Kapitalismus die Armut.

Außer den sattsam bekannten Forderungen nach sozialem Wandel und allen möglichen radikalen Änderungen zeigt diese Theorie über die Entstehung der Armut zwei mögliche Verfahrensweisen auf. Für den primären Arbeitsmarkt wäre das eine neue Welle von Maßnahmen gegen die Diskriminierung, notfalls mit Kopfquoten, damit die Fronten der Voreingenommenheit in der Personalpolitik aufgebrochen werden. Auf dem sekundären Sektor hieße die Parole Vollbeschäftigung, wobei der Staat die Verhandlungsposition der niedrig entlohnten Arbeitskräfte stärken und die Übernahme von Mitarbeitern in den Primärsektor garantieren müßte.

Für skeptische Beobachter des Arbeitsmarktes hält Nathan Glazer eine ähnliche, aber nicht so stark vereinfachende Problemanalyse und vernünftigere Lösungsvorschläge bereit. Er empfiehlt eine Reform der Arbeitsbedingungen, nicht des Wohlfahrtssystems. Das hieße, Sekundärjobs attraktiver zu machen durch staatliche Leistungen wie Krankenfürsorge, Kindergeld, Arbeitslosenversicherung und andere Vorteile, die jetzt leichter durch Untätigkeit, nämlich durch die Wohlfahrt, als durch niedrig bezahlte Tätigkeit erworben werden können. Glazers Anregung hat den Vorzug, daß sie von den kleinen Firmen nicht die Schaffung aufwendiger Apparate für die Gewährung dieser Vergünstigungen verlangt.

Eine wachsende kapitalistische Wirtschaft kann anscheinend nicht ohne einen sekundären Sektor auskommen. Doch Wohlfahrt und Sozialleistungen müßten – wie in Frankreich – mehr an den Arbeitsplatz gebunden sein, anstatt – wie in den Vereinigten Staaten –nur nach Bedürfnisprüfung gewährt zu werden.

Die Theorien vom gespaltenen Arbeitsmarkt sind wohl von der sogenannten institutionalistischen Wirtschaftskritik beeinflußt. Die Institutionalisten behaupten nämlich, daß die reale Welt sich beträchtlich von den klassischen Modellen des reinen Wettbewerbs unterscheidet. Sie sagen aber nicht, daß kein Mensch das ernsthaft bestreitet. So ein theoretisches Modell ist die Kamera, nicht die Photographie, eine Art Werkzeug, das die Wirklichkeit gut oder schlecht einfangen, sie aber nicht erschöpfend beschreiben kann. Jedenfalls wollen die Institutionalisten das heuristische Modell des wirtschaftlichen Menschen auf dem freien Markt durch noch fragwürdigere Vorstellungen von institutionellen Strukturen ersetzen, die eine passive, formbare Masse von Menschen gestalten.

Mit der Behauptung, daß der Beruf – oder eine Institution – den Mann formt, daß der sekundäre Arbeitsmarkt unzuverlässige Mitarbeiter schafft, hat die institutionalistische Theorie eigentlich die Anerkennung und Zustimmung, die ihr zuteil geworden ist, verspielt – obwohl sie interessante Beobachtungen über das Verhalten auf der Straße und am Arbeitsplatz beigebracht hat. Zu einer Zeit, da die meisten Sozialwissenschaftler Heim und Familie als Schlüsselfaktoren für Charakterentwicklung und Arbeitsleistung ansehen, erscheint der Glaube der Wissenschaftler an den überragenden Einfluß des Arbeitsplatzes schlicht naiv. Jeder, der sich auch nur kurz unter Schwarzen aufgehalten hat, weiß, daß ihre Probleme schon lange vor ihrem ersten Ausschluß von einem primären Arbeitsplatz existieren und meistens auch lange, nachdem sie einen erhalten haben, noch nicht gelöst sind.

Jeder, der Kleinunternehmer in Großstädten kennt, weiß nur zu gut, daß die unbeständige Lebensweise der Arbeitskräfte aus dem Sekundärsektor die Ursache, nicht die Folge der unsicheren Verhältnisse ist. Doch die persönlichere und ungezwungenere Atmosphäre am Arbeitsplatz gibt motivierten Jugendlichen hier eine bessere Erfolgschance als in großen Konzernen.

Großbetriebe mit Primärstellen in Großstädten, wie General Motors in Detroit, haben kaum Erfolg in ihren Bemühungen, die Arbeitskräfte aus dem Armengetto von ihrem unsteten Verhalten abzubringen. So scheiterte ein Experiment in den sechziger Jahren, als der Konzern tausend neue Primärstellen für Schwarze schuf und ohne Ansehen der Person besetzte, an hohen Ausschußquoten und häufigem Nichterscheinen zur Arbeit. »Wir hatten so viel Ärger, als ob wir viertausend, nicht tausend Mann beschäftigten«[32], beklagte sich der Leiter des Projekts. Auch daraus muß man schließen, daß ein guter Arbeitsplatz allein noch keinen guten Mitarbeiter hervorbringt. Wer etwas anderes behauptet, ist von der Verachtung der Intellektuellen für die Arbeiterklasse angesteckt. Sie manifestiert sich am deutlichsten in den Professoren, die nach dem populären Motto, daß jeder auf dem Bau arbeiten kann, den Frauen die Mitarbeit auf der Baustelle erkämpfen wollen, sie ihnen im Universitätsbereich jedoch verbieten.

Andererseits erzielen Spitzentechnologiefirmen wie Control Data, Borg-Warner und IBM phänomenale Erfolge, wenn sie spezielle Fabriken nur für Schwarze einrichten und Zeit, Geduld und staatliche Zuschüsse aufwenden, um einen Facharbeiterstamm aufzubauen. Diese effektiv mit eigentlich illegaler Rassentrennung arbeitenden Fabriken so unterschiedlicher Branchen wie Druck, Buchbinderei und Elektronik bis zur Herstellung kompletter Computerterminals haben gezeigt, daß sich zumindest Teile des Arbeitskräftepotentials im Getto zu einem Stamm verantwortungsbewußter Mitarbeiter heranziehen lassen.

Solche Aktionen erfordern mindestens zwei Jahre lang Subventionen, die ständige Umwerbung mißtrauischer Politiker und unermüdliche Erziehungsarbeit zur Überwindung der aus der Wohlfahrtsszene mitgebrachten schlechten Angewohnheiten. Doch wenn das alles überstanden ist, sind diese Fabriken genauso produktiv und ihre Arbeiter genauso diszipliniert, wie in der jeweiligen Branche üblich. Eine Voraussetzung für den Erfolg ist jedoch, daß die Fabriken nicht als Lehrwerkstätten, sondern – nach den beiden Anlaufjahren – als ertragbringende Produktionsstätten betrieben werden – ohne irgendwelche Konzessionen hinsichtlich Qualität der Produkte, Disziplin und Termintreue.

Diese Erfahrungen zeigen, daß die Theorie, nach der die Eingliederung ganzer Gruppen in den primären Sektor schlechte Arbeitsmoral beseitigt, nicht ganz falsch sein kann. Andererseits haben die Programme der engagierten Verfechter des gespaltenen Marktes kaum Erfolg. Unter dem Druck der Regierung, die das Überwiegen von Minderheiten in niedrig bezahlten Jobs als Diskriminierung ansieht, bemühen sich jetzt Konzerne wie Borg-Warner und ATT, den Frauen, Schwarzen und Hispaniern in ihren Betrieben den Aufstieg zu ermöglichen, anstatt Anfänger einzustellen (was ihnen wiederum die alten Vorwürfe einbringen würde: »Gut, sie stellen Schwarze ein, aber fast nur auf der untersten Ebene.«). Die Regierung stemmt sich sogar gegen die Beschäftigung von Arbeitskräften aus dem Getto, indem sie Vorschriften über die anteilmäßige Zusammensetzung der Belegschaft macht und mit Klage wegen Diskriminierung droht, sobald Gettobewohner weniger verdienen als die anderen Mitarbeiter. Da ziehen es große Konzerne meistens vor, das ganze Rassenproblem zu umgehen und ihre Fabriken in den von Weißen besiedelten Vororten zu errichten.

Die amerikanische Regierung und die Wirtschaftsprofessoren beschäftigen sich aber vorzugsweise mit den Problemen der großen Konzerne. Für Galbraith und die Parteigänger der Theorie des gespaltenen Marktes sind die kleineren Firmen nur »sekundäre« Überreste eines früheren Stadiums der Wirtschaftsgeschichte, mikkerige, kurzlebige Fehlentwicklungen in einer Welt der Mammuts, duckmäuserische »Preisnehmer« in einer Welt der Oligopole, ein nostalgischer Überrest des amerikanischen Traums von der Unabhängigkeit.

Auch für den Staat sind kleinere Firmen nur Problemkinder, sie machen angeblich nur Ärger, weil sie so zahlreich sind, daß man sie nicht ausreichend überwachen kann. Ihre »scheinheiligen Inhaber« hinterziehen Steuern und umgehen alle Vorschriften, von den Antidiskriminierungsgesetzen über das Kündigungsschutzgesetz bis zu den Unfallverhütungsvorschriften, die die wohlmeinenden Freunde der Armen und Arbeitslosen im Kongreß durchgeboxt haben. Angeblich beuten diese Firmen ihre Mitarbeiter und auch ihre Kunden – besonders die Armen – aus. Sie sind eigentlich nur der anrüchige Bodensatz unter der von den Konzernen gebildeten Creme der Wirtschaft.

Doch in den kleinen Firmen gehören vier Fünftel der Arbeiter Minderheiten an. Diese Firmen sind weit arbeitsintensiver als die Konzerne und haben es seit dem Zweiten Weltkrieg auf mehr Kapitalzuwachs als die Giganten gebracht. Die Mitarbeiter kleiner Firmen sind durchweg besser motiviert als die der Konzerne. Kleinere Firmen haben zwar eine größere Fluktuation bei den Arbeitskräften, doch in einer Größenordnung, die die bisher gezeigte Aufmerksamkeit der Fachwelt nicht rechtfertigt. Ende der siebziger Jahre hatten Firmen mit mehr als tausend Mitarbeitern eine monatliche Fluktuationsrate von 1,4 Prozent, die kleineren Unternehmen kamen auf 1,8 Prozent. Das Gros der ganz kleinen Firmen liegt noch etwas darüber. In einer dynamischen Wirtschaft, die andauernd Veränderungen unterworfen ist, in der die Hälfte der Arbeitslosen selbst ihren Arbeitsplatz aufgegeben hat und in der knapp die Hälfte der Beschäftigten mindestens acht Wochen im Jahr nicht zur Arbeit erscheint, liefert die Fluktuationsrate von jährlich 25 Prozent bei den Kleinstfirmen – gerade fünf Punkte über der Rate der größeren Firmen – wahrlich keine Erklärung für das soziologische Phänomen der Armut.

Der Hinweis auf die groben, diskriminierenden Faustregeln für die Auswahl der Bewerber reicht ebenfalls nicht als Erklärung für das Versagen des Arbeitsmarktes aus. Das Problem der schwarzen Gettobewohner ist weder neu noch schwer zu begreifen. Es ist das Problem aller Generationen von Armen in Amerika: Sie müssen versuchen, mit Ehrgeiz und Leistung den Vorsprung, den die anderen durch gute Erziehung und Vorbildung erreicht haben, wettzumachen. Bei diesem Bemühen ist vom Wohlfahrtsstaat keine Hilfe zu erwarten, weil das nachweislich die Leistungsbereitschaft mindert.

Demoralisierend wirkt sich auch die Überbewertung von Zeugnissen und Diplomen aus, von der die »Fortschrittlichen«, die Lehrer und die Regierungsbeamten nicht lassen können, obwohl damit nur die Ausbreitung neuer Ideen gehemmt wird. Neben der scheinheiligen Haltung zum Rassenproblem steht nämlich die nicht minder scheinheilige Haltung in Fragen der Vorbildung. Sie gründet sich auf eine Reihe von Halbwahrheiten über deren Einfluß auf die Arbeitsleistung. Die Anbetung von akademischen Graden, Diplomen, Testergebnissen, Beurteilungen und Qualifikationen hat eine schulmeisterliche Meritokratie hervorgebracht, die den Herrschaftsbereich dieser obersten Grundsätze immer weiter ausdehnt: Wer keine Dokumente vorlegen kann, kommt nicht voran. Wer die kleinen Testkästchen nicht vollständig und nicht schnell genug ausfüllt, ist eine Niete. Wer sich nicht im akademischen Jargon ausdrükken kann, hat schon verspielt.

Dieses System erreicht seinen Höhepunkt im Staatsdienst, wo es ein Punktespiel geworden ist. Egal, wie gut einer seine Arbeit macht, er kann nicht aufrücken, wenn seine Punktzahl zu niedrig ist. Umgekehrt kann so gut wie niemand entlassen werden, der zwar schlampig arbeitet, aber ein gutes Testergebnis vorweist. Diesen Ärger mit den überall geforderten Zeugnissen entdeckte ich immer wieder in Gesprächen mit arbeitslosen Jugendlichen in New York und anderen Städten.

»Erst machen sie den Test mit mir, und ich muß all die Fragebogen ausfüllen, und dann sagen sie mir, ich komme nicht in Frage, weil ich kein Diplom habe.«

»Ich bin nur qualifiziert im Verkauf von Haschzigaretten.«

»Ich habe meine Arbeit gut gemacht, aber um weiterzukommen, muß man doch all diese Tests bestehen.«[33]

Auf Drängen der Regierung – und der Konzern-Personalchefs, die wiederum diesem Drängen nachgeben – streckt dieses System seine Fangarme allmählich auf alle Arbeitsplätze aus. Jahr für Jahr werden die Forderungen erhöht: Zuerst der Gymnasialabschluß, dann ein besonderer Test, dann ein Diplom, zum Schluß eine Bestätigung der Qualifikation. Das alles macht die Arbeit selbst zur Nebensache und die Vorbereitung auf den nächsten Test zum obersten Ziel. Das alles schützt auch die lange geschulten Sprößlinge des Mittelstandes vor der unliebsamen Konkurrenz der weniger gebildeten, aber hart und einfallsreich arbeitenden armen Leute.

Nur eine Folge solcher Verhältnisse ist, wie Herbert Beinstock vom Arbeitsministerium sagt, daß wir »eine Barriere für die Berufsanfänger in unserem Land schaffen«[34]. Diese Barriere stellt sicher, daß die Arbeitslosigkeit in Amerika immer mehr die Nichtakademiker trifft: vor allem Jugendliche ohne Schulabschluß und insbesondere solche mit schwarzer Hautfarbe. Wer die Berufsanfänger-Barriere überwunden hat, steht wahrscheinlich bald vor einer Aufstiegsbarriere. Dieselbe Anbetung der Diplome und Zeugnisse bestimmt nun die Entscheidung, wer befördert wird – eine diplomierte Frau, zum Beispiel, oder ein ehrgeiziger und energischer junger Mann?

Diese zweite Hürde bewirkt, daß sich immer mehr Arbeitsstellen als aussichtslose Endstationen erweisen und sich immer mehr akademische Aussteiger enttäuscht vom Berufsleben abwenden. Für einen tüchtigen Mitarbeiter ist es eine der entmutigendsten Erfahrungen mitanzusehen, wie gleichgültige Kollegen nur aufgrund von Zeugnissen einen phänomenalen Aufstieg schaffen.

In Krisenzeiten leisten die »Unqualifizierten« oft weit mehr, als man von ihnen erwartet. Ungelernte Schwarze und Frauen strömten im Zweiten Weltkrieg in die Fabriken und brachten die Rüstung auf Touren. Ausländer ohne Schulbildung und Angehörige ehemaliger Kolonialvölker, die nicht die Sprache ihrer Gastländer kennen, übernehmen qualifizierte Posten in der Wirtschaft mancher europäischen Nation, darunter Positionen, die in den Vereinigten Staaten Abiturienten oder gar Hochschulabsolventen vorbehalten sind.

Ungeschulte Bauern bauen in Taiwan, Singapur, Südkorea und Japan Fernseher, Automobile, elektronische Geräte, Mikrochips und Musikinstrumente, die erfolgreich auf dem amerikanischen Markt konkurrieren. Entgegen der landläufigen Auffassung bieten akademische Grade nur wenig Nutzen in der Bewältigung eines Großteils der beruflichen Aufgaben.

Das am Arbeitsplatz benötigte Wissen kann motivierten Mitarbeitern, die besonders schnell lernen, an Ort und Stelle vermittelt werden. Sogar Doeringer, Piore und Thurow betonen, daß die meisten der in der amerikanischen Wirtschaft benötigten Fähigkeiten am Arbeitsplatz erworben werden. In weit weniger als der Hälfte aller Berufe ist höhere Schulbildung unerläßlich. Der technologische Fortschritt ändert nichts daran. Er macht die Arbeit oftmals leichter und verlagert Gedankengänge in die Maschinen. Andere Berufe verlangen jetzt mehr Hinwendung und müssen direkt an den Geräten erlernt werden. Doch überall ist der Nutzen akademischer Ausbildung nur begrenzt.

Wenn andererseits die Arbeitgeber durch vorgeschriebene Mindestlöhne gezwungen werden, hohe Löhne für relativ unproduktive Arbeit zu zahlen, melden sich natürlich viel zu viele Bewerber, und die können am besten mit Zeugnissen ausgesiebt werden. Es ist schon vorgekommen, daß nur deshalb von LKW-Fahrern, Bauarbeitern und Kassierern ein Gymnasialabschluß gefordert wurde. Das beste Beispiel ist das HEW selbst, dem im Zusammenhang mit unbrauchbaren Eignungstests eine Beschäftigungsstruktur nachgewiesen wurde, die in einem Krankenhaus oder einer Universität Antidiskriminierungsklagen auslösen müßte.

Die Auswirkung der Zeugnisgläubigkeit reicht, wie der oft erhobene Vorwurf der Rassendiskriminierung, weit über den Arbeitsplatz hinaus. Wenn man Schwarzen, die mit siebzehn oder achtzehn das Gymnasium verlassen haben, erklärt, daß es ohne Abschluß keinen vernünftigen Job gibt, wirkt das genauso demoralisierend wie die Überzeugung, daß nur das rassistische weiße Establishment ihren Aufstieg verhindere.

Beide Behauptungen sind im Kern unwahr, doch beide verstärken natürlich die Anziehungskraft der Wohlfahrtsszene und der Straße. Das HEW verbreitet diese Vorurteile mit Millionenaufwand, und Bildungsideologie verwirrt die Geister der Gettobewohner ebenso wie Wohlfahrtsideologie und die Ideologie der Diskriminierung. Sie schwächen Ehrgeiz und Leistungswillen, die unerläßlich sind für den sozialen Aufstieg.

Das Ziel jeder auf Eindämmung der Armut gerichteten Politik muß sein, die Einkommen männlicher Familienoberhäupter zu verbessern und die gegenwärtigen Armen von den vergifteten Honigtöpfen der staatlichen Arbeitsstellen und Unterstützungszahlungen wegzubekommen. Doch so eine Politik ist das Gegenteil von dem, was sowohl die Regierung als auch die Experten befürworten. Das ist einer der Gründe, weshalb es noch lange große Inseln der Armut innerhalb des uns umgebenden Wohlstandes geben wird.

Die Arbeitsbeschaffungs-Illusion

Immer wenn eine Wirtschaftsflaute droht, hat eine Branche Hochkonjunktur: die der Erhaltung und Schaffung von Arbeitsplätzen. Im Gegensatz zu den anderen Wirtschaftszweigen haben hier die Politiker das Sagen. Das Lebensblut dieses Sektors sind natürlich nicht Ersparnisse und Investitionen, sondern Steuern und große Worte. Zum Beispiel brachte John Connally 1980 die amerikanische Massenseele in Wallung, als er während seiner Präsidentschaftskampagne versprach, die Arbeitsplätze seiner Landsleute durch Einfuhrbeschränkungen zu schützen: »Laßt doch die Japaner selbst in ihre Datsun-Autos am Pier steigen und selbst auf ihre Sony-Fernseher starren!« Die Regierung Carter konnte nicht zurückstehen und versprach ihrerseits, neue Arbeitsplätze durch Erweiterung des »Comprehensive Employment and Training Act« (CETA – Gesamtbeschäftigungs-Ausbildungsgesetz) zu schaffen. Dieses Programm verschlang bereits 12 Milliarden Dollar jährlich und sollte jetzt auch dem letzten Amerikaner einen Arbeitsplatz garantieren.

Als sich Ende 1979 die politischen und wirtschaftlichen Aussichten für das kommende Jahrzehnt verfinsterten, eilten Politiker jeglicher Couleur herbei und schanzten dem Autokonzern Chrysler, der 1979 eine stolze Milliarde Dollar Verlust erwirtschaftete, ungeheure Subventionen zu, damit die Arbeitsplätze erhalten blieben. Conally schlug die Schaffung eines staatlichen Hilfsfonds für verlustträchtige Konzerne vor, der die Subventionen ohne viel Umstände auszahlen sollte. Sogar Patrick Buchanan, der stockkonservative Redenschreiber des Expräsidenten Nixon, verlangte sofortige staatliche Unterstützung für die marode Autoschmiede und stimmte einer Kongreßstudie zu, nach der »eine Viertelmillion Arbeitsplätze auf Dauer verlorengehen würden«[35], wenn Chrysler ganz bankrott gehen sollte.

Die USA näherten sich Zuständen, wie sie in den siebziger Jahren in Großbritannien herrschten: Die Wirtschaft wurde unbarmherzig vom Staat gebeutelt und angeklagt, bis sie ihre Harmlosigkeit durch Versagen und Mißmanagement nachgewiesen hatte und sich der Subventionen als würdig erwies. Selbst Stahlfirmen, die nur wenig Unfähigkeit vorwiesen, wurden mit Importbeschränkungen und Ausnahmen von den Fusionsverboten belohnt. Eine ganze Reihe katastrophaler Fehler kostete – wie bei Chrysler – Tausende von Jobs, und wäre sie fortgesetzt worden, hätten die Pleitefirmen vermutlich eine staatliche Auszeichnung für die Schaffung von Arbeitsplätzen erhalten.

Indessen erklärten die wissenschaftlichen Arbeitsmarktforscher alle nicht staatlich subventionierten Tätigkeiten für ungesund und familienfeindlich. Nach der von ihnen vorgebeteten Litanei werden Landarbeiter schamlos ausgebeutet, Industriearbeiter rücksichtslos vergiftet, Sekretärinnen mit Kaffeekochen entwürdigt und Fließbandarbeiter zu Robotern gemacht. Die Ingenieure der Spitzentechnologiefirmen, so heißt es weiter, vernichteten die Arbeitsplätze anderer braver Arbeiter, und die Mitarbeiter der Versorgungsunternehmen verbreiteten Lungenseuchen und Krebs im ganzen Land. Die einzige Tätigkeit, die vor den gestrengen Augen der Gelehrten noch Gnade fand, war Arbeit, die nichts produziert. Das Kennzeichen dieser vornehmen Berufe ist neben guter Bezahlung das Privileg, daß der Inhaber so tun kann, als arbeitete er durchaus nicht etwa, um Geld zu verdienen. Dazu schrieb David B. Wilson im »Boston Globe«: »Die Hersteller von Nudeln, bleifreiem Benzin und Schraubenziehern, die Getreidefarmer und Immobilienverkäufer sind nützlicher für ihre Mitmenschen als jedes noch so große Heer von Bürokraten und Soziologen. Aber die Vertreter dieser neuen Klasse, wohlbestallt und praktisch unkündbar, finden immer wieder Gläubige für ihre Fiktion, nach der sie mehr für das Volk tun als die Fahrer von neunachsigen Sattelschleppern.«[36]

Diese Leute, die nicht für Geld arbeiten, deren Arbeit keinen meßbaren Gewinn abwirft, sind die eigentlichen Arbeitslosen. Denn das, was man nicht für Geld tut, wird im allgemeinen »Freizeitbeschäftigung« genannt, und wenn jemand das Geld ausgibt, das andere Leute verdient haben, heißt das »Konsum«. Es gehört schon einige Erfindungsgabe dazu, die subventionierten oder künstlichen Konsum- und Freizeitarbeitsplätze als gesellschaftlich nützlich auszuweisen und gleichzeitig die echte Arbeit im Privatsektor als würdelose Kriecherei zu brandmarken. Doch genau das geschieht seit Jahren in wissenschaftlichen Abhandlungen. Es ist eine dezentralisierte Ideologie-Industrie entstanden, die am laufenden Band Berichte, Studienkonferenzen, Seminare, Broschüren, Videobänder, Kolloquien, Dokumentarfilme und Monographien produziert und an die Medien verteilt. Was dabei herauskommt, ist die Verteufelung produktiver Arbeit und das verlogene Zukunftsbild einer Wirtschaft, in der niemand mehr ehrlich arbeiten muß.

Andererseits müssen viele staatliche und gemeinnützige Arbeitsplätze natürlich subventioniert werden. Sie sind für die Gesellschaft unentbehrlich, obwohl sie rechnerisch keinen Gewinn bringen. Ihre Inhaber müssen von der produktiven Arbeit der anderen leben. Deshalb muß die Ausweitung der staatlichen Tätigkeiten mit einer Erhöhung der Gewinne aus verkauften Gütern einhergehen. In den letzten Jahren ist in den USA der Anteil der verkauften Produktion am Bruttosozialprodukt aber ständig gesunken.

Das bedeutet nichts anderes, als daß die subventionierten Staatsdiener einen immer größeren Teil der wirtschaftlichen Gesamtleistung verbrauchen und dementsprechend weniger für die produktiv Beschäftigten übrigbleibt. Seit denn fünfziger Jahren ist in den Vereinigten Staaten der Prozentsatz der vom Staat beanspruchten Güter und Dienstleistungen zweimal so stark gestiegen wie in England, das relativ gesehen schon immer weitaus mehr Staatsbedienstete hatte. 1975 hatten die USA Großbritannien schon fast eingeholt. Damals gingen 34 Prozent des verfügbaren Bruttosozialprodukts an den Staat, in England 37 Prozent. Die verbleibende Differenz entfiel auf den verstaatlichten britischen Gesundheitsdienst. Großbritannien erhebt mit Sicherheit höhere Sozialabgaben, aber die USA übertreffen die meisten anderen Länder der freien Welt im Anteil der direkten Regierungsaufträge – vom Wohnungsbau bis zur Verteidigung – am Bruttosozialprodukt.

Ohne die Energiekrise wäre dieses staatliche Wachstum leicht zu verkraften gewesen. Aber im Gegensatz zu den vom Nordseeöl begünstigten Engländern müssen die Amerikaner mit einer OPEC-Besteuerung von 60 Milliarden Dollar leben, und deshalb müssen sie den Export ausweiten. Nur sind die sicher sehr nützlichen staatlichen Einrichtungen keine Exportartikel. Damit also der Export und gleichzeitig die amerikanischen Staatsdiener sowie die OPEC zu ihrem Recht kommen, mußten sich die nicht subventionierten produktiven Arbeitnehmer Amerikas einschränken. Viele amerikanische Privatfirmen bekamen das zu spüren.

Offenbar um die wahren Ursachen dieser Mißstände zu verschleiern, inszenierten amerikanische Regierungskreise eine Täuschungskampagne: Dem Volk wurde eingeredet, daß Big Business durch überhöhte Gewinne und finstere Machenschaften den Staat gezwungen habe, den Arbeitsmarkt selbst in die Hand zu nehmen. Zwar störte es keinen Politiker, daß zahllose Arbeitsplätze in Kleinbetrieben durch immer neue Steuern, Reglementierungen oder Mindestlöhne verlorengingen. Aber sowie ein großer Konzern in Zahlungsschwierigkeiten geriet oder ausländischer Konkurrenz ausgesetzt war, wurde etwas unternommen, denn die Medien und die Gewerkschaften könnten ja Kapital daraus schlagen. Die Regierung »mußte« sich einmischen, um einheimische Arbeitsplätze zu retten.

Das Ergebnis war ein weiterer Realeinkommensrückgang für die Mitarbeiter des Privatsektors, denn ein Teil des Gegenwerts ihrer Leistung mußte ja abgezweigt werden, um die jammernden Konzerne und Gewerkschaften zu beschwichtigen. Jedenfalls glaubte das Volk am Ende, daß viele Arbeitsplätze nur durch das Einschreiten des Staates gerettet worden seien. So konnten die Politiker sich zu Wohltätern der Arbeitnehmer emporstilisieren, während sie andere, dringendere Probleme vernachlässigten.

Unter Präsident Carter begnügte der Staat sich nicht mehr mit der »Erhaltung« von Arbeitsplätzen. Die Regierung beschloß ein bundesweites Programm zur »Schaffung« von Arbeitsplätzen in noch nie dagewesenen Dimensionen. Es begann mit Haushaltsmitteln von 12 Milliarden Dollar für 1979 und steigender Tendenz für die folgenden Jahre. Damit verringerte sich wiederum der Anteil am Volkseinkommen für die Menschen, die Güter und Dienstleistungen für Binnenmarkt und Export schaffen. Und wiederum konnten die Politiker sich als die großen Verteidiger des Besitzstandes der Arbeitnehmer feiern lassen.

Solche Methoden verringern natürlich die Gesamtbeschäftigungszahl. Andererseits sollte man nicht unterschätzen, mit wieviel Überredungskunst und scheinbarer Logik sie an den Mann gebracht werden. Konservative und »Fortschrittliche« erliegen in gleichem Maße dem zweifelhaften Charme dieser Argumentation, wenn der Druck in dieser Arbeitsbeschaffungswirtschaft steigt.

Wer kann denn etwas gegen das CETA (Beschäftigungs- und Ausbildungsgesetz) haben, solange es überhaupt etwas gegen die Arbeitslosigkeit und ihre unvermeidlichen Begleiterscheinungen Überschuldung, Kriminalität und Familienzerrüttung ausrichtet? Wer ist gegen staatliche Unterstützung für einen maroden Konzern wie Chrysler, wenn die Alternative lautet: Aufkauf durch ausländische Konzerne, die selbst zum Teil verstaatlicht oder subventioniert sind? Wer würde Staatsbürgschaften ablehnen, wenn sie Arbeitslosenunterstützung und Beihilfen – im FallChrysler auf 16 Milliarden Dollar geschätzt – unnötig machten?

Die Kosten für den Fall, daß man einen Konzern ganz fallenläßt, sind überschaubar hoch, während die Kosten seiner Rettung zunächst recht niedrig erscheinen. Das schlechteste Arbeitsbeschaffungsprogramm erscheint zudem attraktiver als die Folgen der Arbeitslosigkeit. Deshalb wird eine Nutzen-/Kostenanalyse immer zugunsten eines staatlichen Eingreifens sprechen – sowohl im Fall Chrysler wie in der globalen Arbeitsmarktpolitik. Da das Ganze jedoch die Produktivität der amerikanischen Industrie mindert, droht die Arbeitsplatzsicherung aufgrund von Stagnation in der Wirtschaft zu weniger Sicherheit zu führen.

Das Zauberwort der amerikanischen Regierung gegen die Arbeitslosigkeit wie gegen so viele Wechselfälle des Lebens lautet aber Versicherung. Doch wie alle staatlichen Absicherungen ist die Arbeitslosenversicherung mit vielen moralischen Risiken behaftet – die durchschnittliche unterstützungsberechtigte Familie bezieht heute beträchtlich mehr Einkommen als der Durchschnitt *aller* Familien. Arbeitnehmer, die ihren Arbeitsplatz verlieren, bekommen etwa 70 Prozent ihres Nettoverdienstes. Das bedeutet ein viel höheres Realeinkommen, besonders für Doppelverdiener, weil sie mehr Zeit für Schwarzarbeit haben. Die meisten Amerikaner lernten die Arbeitslosigkeit nicht als den Verlust einer wertvollen Arbeitsstelle kennen, sondern in der Gestalt eines wöchentlich eingehenden, hübschen kleinen Schecks vom Staat. Einige Gewerkschaften tun älteren Arbeitnehmern sogar den Gefallen, sie zur bevorzugten Entlassung freizugeben. Der vergoldete Rausschmiß ist zur Sozialleistung oder zum Dienstalter-Bonus geworden.

Nach einem halben oder einem Jahr – je nach Kassenlage – werden die Unterstützungszahlungen eingestellt. Das macht besonders die ausgabefreudigen Arbeitslosen sofort zu Fürsorgefällen. Hinzu kommen die Leute, die so kurze Zeit gearbeitet haben, daß sie noch keine Ansprüche auf Unterstützung besitzen. Dank des CETA (Beschäftigungs- und Ausbildungsgesetz) ist die Regierung ermächtigt, allen diesen Leuten, die nicht ausreichend abgesichert sind, auch unter großen Kosten Arbeit zu geben. So wird die amerikanische Bundesregierung zum gutmütigen Arbeitgeber für Notfälle, bei dem jeder, der nur darum bittet, einen Arbeitsplatz erhält.

Reiche Leute wissen es längst, was der reichste Staat der Welt noch lernen muß: Freigebigkeit hat ihre Tücken. Denn die Arbeitsplätze, die der Staat zur Verfügung stellen kann, sind erstklassige Zufluchtsorte für alle, die dem Streß produktiver Arbeit entgehen wollen. Arbeit zu garantieren, ist noch schwieriger und kostspieliger, als ein Mindesteinkommen zu garantieren. Am Ende wird es sich als unmöglich erweisen, denn ein garantierter Arbeitsplatz lenkt ab von der Tatsache, daß jeder Arbeitsplatz zu einem guten Teil von seinem Inhaber selbst geschaffen wird, indem er seine Arbeitskraft zur Verfügung stellt, sich anstrengt und eine Leistung erbringt.

Die Testfragen für echte Arbeit lauten: Ist die Arbeit schwierig und unangenehm genug, um die Bezahlung zu rechtfertigen? Ist das hergestellte Produkt, die erbrachte Leistung, wertvoll genug, um einen achtbaren Preis zu erzielen, der sich darin ausdrückt, daß andere Leute arbeiten, um ihn bezahlen zu können? Diese Kriterien scheiden Arbeit von Spielerei und Arbeitsbeschaffung. Echte Arbeit ist zuerst immer unangenehm, weshalb sie auch meistens unter materiellem oder psychischem Zwang geleistet wird. Eine ausgesprochen harte Arbeit ist es, andere zu sinnvoller Arbeit anzuleiten. Manager, die unter dem Druck des Wettbewerbs stehen, bringen das fertig, die Ausbilder des Marinecorps, der amerikanischen Elitetruppe, können es ebenfalls. Die staatlichen Beauftragten für das Beschäftigungs- und Ausbildungsprogramm, denen es natürlich egal ist, ob jemand sinnvoll arbeitet oder nicht, können dagegen nicht so hartherzig sein.

An den meisten der unter dem CETA-Programm bereitgestellten Arbeitsplätzen wird keine echte Arbeit verlangt, wenn sie auch manchmal unangenehm ist. Das gilt auch für das sogenannte Jugendbeschäftigungsprogramm, das 300000 Heranwachsende aus den Armenvierteln in den Sommermonaten von der Straße bringen soll. Aber die Jugendlichen sehen selbst ein, wie sinnlos das ist. Viele nennen ihre Tätigkeit im Neighborhood Youth Corps (Nachbarschafts-Jugendcorps) »eine Farce«, und der Interviewer der Vocational Foundation, einer privaten Berufsförderungsstiftung, konnte nur berichten: »Meistens gehen die Jugendlichen an den Strand und in den Park und geben das Geld sinnlos aus.«[37]

Wenn die Stadtverwaltungen so eine Aktion ankündigen, setzen sie so kurze Anmeldefristen fest, daß sich telegene Schlangen vor ihren Büros bilden. Schon stellen sich die Reporter ein, und die »bedauernswerten« Jugendlichen werden als ungeheuer arbeitswillig geschildert. Dabei tauchen sie nur auf, weil sie hier ohne viel Mühe zu Geld kommen. Die mit diesen Sommerjobs verbundene Arbeit empfinden sie als lästig, und weder sie noch die Beamten machen sich eine Illusion, worum es sich hier handelt: notdürftig kaschierte Wohlfahrt. Zynische Jugendarbeiter übertragen hier ihre Verachtung für alles, was nach Arbeit riecht, auf ihre Schutzbefohlenen, und die Gewerkschaften des Öffentlichen Dienstes reißen sofort alle sinnvollen und gutbezahlten Tätigkeiten des Programms an sich – mit Gehältern, die manchmal ebensoviel Unterstützung einschließen wie die mit dem CETA-Programm vergebenen Verlegenheitsjobs.

Jedenfalls bekamen Ende der siebziger Jahre nicht die Jugendlichen aus den Armenvierteln die meisten vom Beschäftigungsgesetz geschaffenen Jobs, sondern die absichtlich verarmten Angehörigen der Mittelschicht. Sie wollten ebenfalls – im Namen der Selbstverwirklichung – ehrliche Arbeit umgehen, und man konnte ihnen nicht die mildernden Umstände einer Wohlfahrtskultur mit allen ihren Folgen zubilligen. Schließlich wurde das Programm immer mehr auf die Bedürfnisse dieser absichtlich Verarmten zugeschnitten. Mit den bewilligten Mitteln wurden radikale Filmemacher in Chicago, Künstlerkommunen in Cambridge/Massachusetts und ein Modern-Dance-Ensemble in den Berkshires finanziert.

Die Manna regnete auf alle herab – Kommunenorganisatoren, militante Homosexuelle, Antikernkraftdemonstranten, lokale Theaterensembles, Stadtschreiber, Naturschützer in Nationalparks, Rehabilitationshelferinnen für vergewaltigte Frauen und wirrköpfige Assistenten in Drogenentzugsheimen für Jugendliche. Alle diese jungen Menschen in ihren überflüssigen Berufen kann man nicht für solche Zustände haftbar machen. Oft arbeiten sie hart, und sie geben viel auf – mehr als sie ahnen –, um die Druckposten zu bekommen. Verantwortlich sind die Erwachsenen für diese selbstzerstörerische und sozialschädliche Arbeitsbeschaffungsszene, die Jugendliche immer abhängiger macht und verweichlicht. Diese ganze sich sozial gebende Schaumschlägerei ist alles andere als menschenfreundlich: Sie verstellt den Jugendlichen die Sicht auf die Anforderungen des Lebens und hindert sie daran, erwachsen zu werden, sich sinnvolle Aufgaben zu stellen und diese zu erfüllen. Was hier als »sinnvolle Tätigkeit« – im Gegensatz zur angeblich »sinnentleerten« Arbeit in der kapitalistischen Wirtschaft – bezeichnet wird, das wird durch eine merkwürdige Sinnverdrehung zur faktisch sinnlosen Zeitvergeudung, zur Verschwendung wertvoller materieller Ressourcen und menschlichen Kapitals.

Im Grunde ist die Arbeitsbeschaffung nur eine hervorragende Gelegenheit, die sozialpolitische Unfähigkeit des Staates zu bemänteln. Aber wenn die Öffentlichkeit die Wohlfahrts- und Fürsorgepolitik leid ist, kann die Regierung sie immer noch als »Schaffung von Arbeitsplätzen« fortsetzen. In dieser Form erscheint sie sowohl dem Bürger als auch dem Unterstützungsempfänger annehmbarer, denn es wird ja scheinbar eine Gegenleistung erbracht. So kann der Wohlfahrtsstaat durch ansprechendere Verpackung der Produkte seinen Umsatz steigern und weiter wachsen. Hinter der Fassade trifft man weiterhin nur auf die bekannte Abhängigkeit und Demoralisierung der Wohlfahrtsszene.

Natürlich sind viele der echten, nicht durch Arbeitsbeschaffung kreierten Jobs im Öffentlichen Dienst enorm produktiv, obwohl die erbrachte Leistung objektiv kaum zu messen ist. Die in unserem Jahrhundert erzielte Produktivitätssteigerung ist ebenfalls – zu drei Vierteln – zahlenmäßig nicht aufschlüsselbar. Sie ergibt sich nicht aus direkten Investitionen in Grund und Boden, Arbeitskraft oder Kapital, sondern aus der kaum faßbaren Steigerung des geistigen Kapitals und dem tolstoischen »Faktor x«, dem unsichtbaren Ertrag des Systems. Diese Steigerung ist in erster Linie den miteinander konkurrierenden Privatfirmen zu verdanken. Sicher hat auch der Staat viel dazu beigetragen, und nicht nur in den augenfälligsten Bereichen Erziehung, Forschung und Wissenschaft. Es ist schwer abzuschätzen, wieviel die Lehrer, Straßenmeister, Parkgärtner, Sozialarbeiter, Jugendpfleger, Müllwerker, Gefängnisaufseher oder Zoowärter der Nation einbringen, und genau deshalb ist das Regieren – trotz aller Verwaltungswissenschaft und Arbeitsplatzbewertung – immer noch eine Kunst, die viel Intuition verlangt.

Der Privatunternehmer weiß genau, wie schwer es ist, neue Arbeitsplätze zu schaffen, Mißerfolge werden sofort in der Abrechnung sichtbar, erzwingen Rationalisierungen an anderer Stelle oder sogar den Gang zum Konkursrichter. Die Regierungen bilden sich jedoch aufgrund der Steuermacht manchmal ein, der Öffentliche Sektor sei eben fähiger auf diesem Gebiet. Sie glauben Arbeitsplätze zu »erschaffen«, Güter und Dienstleistungen zu erzeugen, während sie meistens nur Volkseinkommen verbrauchen oder verschwenden. Unterm Strich ergeben sich dann weniger Arbeitsplätze in der Gesamtwirtschaft.

Obwohl der Unterschied zwischen nutzbringender und verschwenderischer Tätigkeit der Öffentlichen Hand nur schwer feststellbar ist, wirkt er sich genauso fatal aus wie der Unterschied zwischen ertragbringenden und verlustbehafteten Arbeitsplätzen in der Privatwirtschaft. Die Regierung bemerkt den angerichteten Schaden erst im Laufe der Jahre, und die Auswirkungen sind dann um so schlimmer – ein langsames Absinken der Produktivität in der Gesamtwirtschaft, ein beharrliches Absinken der Beschäftigtenzahl, zunehmende Enttäuschung der Wähler, eine Abnahme der Steuerehrlichkeit, wachsende Staatsverdrossenheit und ein sinkender Lebensstandard.

Neue Arbeitsplätze zu schaffen, ist im Öffentlichen Dienst genauso schwierig wie auf dem Privatsektor – jedenfalls, wenn es Arbeitsplätze sein sollen, die dem Gemeinwesen echten Gewinn bringen. Wenn aber solche Arbeitsstellen einmal leicht zu schaffen sind, ist meistens Verschwendung das Ergebnis. Die Verschwendung reicht über den unmittelbar entstehenden Verlust hinaus, denn staatliche Arbeitsbeschaffung verhindert die Einrichtung echter, produktiver Arbeitsplätze. Ein Mensch, der gezwungen wird, grundlegende wirtschaftliche Erfahrungen am eigenen Leib zu machen, gewinnt dadurch durch nichts zu ersetzende Kenntnisse und Fähigkeiten, die auch der Gesamtwirtschaft zugute kommen. Dagegen bringen die künstlichen Arbeitsbeschaffungsjobs das moralische Risiko der mangelnden Erfahrung mit sich – die Arbeitnehmer haben es nicht mehr nötig, ihre besten Fähigkeiten zu entdecken und zu kultivieren.

Die übrige Wirtschaft muß jedenfalls entsprechend mehr arbeiten. Schätzungsweise vernichtet jeder Arbeitsbeschaffungsjob mehr als einen Arbeitsplatz auf dem privaten Sektor. Nach einem Bericht des Rechnungshofes kostet ein vom CETA (Beschäftigungs- und Ausbildungsprogramm) geschaffener Arbeitsplatz durchschnittlich 20000 Dollar. Das sind zwar etwas weniger Kosten als für einen Arbeitsplatz in einem Großbetrieb entstehen, aber fast doppelt soviel wie für einen Arbeitsplatz in einem arbeitsintensiven Kleinbetrieb nötig sind. Wir müssen also davon ausgehen, daß so ein Arbeitsbeschaffungsjob der Gesamtwirtschaft kaum einen Nutzen bringt und die 20000 Dollar, die für ihn aufgebracht werden, abgeschrieben werden müssen. Woher kommt nun dieses Geld? Es kommt aus dem Ertrag der übrigen produktiven Wirtschaft, entweder durch überhöhte Steuern, zusätzliche Staatsverschuldung oder inflationäre Ausweitung der Geldmenge. Alle drei Finanzquellen verringern die Mittel der Privatwirtschaft für die Anschaffung von Kapitalgütern, die Arbeitsplätze erhalten, für den Kauf von Gütern und Leistungen, die von produktiven Arbeitnehmern hergestellt wurden, und für Ersparnisse, die im arbeitsplätze-schaffenden Wohnungsbau angelegt werden könnten.

Ganz gleich, ob die Regierung ihre Arbeitsbeschaffungsprogramme mit Steuern, Verschuldung oder Inflation finanziert, die Opfer sind immer die kleinen und mittleren Unternehmen, die den Armen mit weniger Aufwand bessere und produktivere Arbeitsplätze bieten können.

Im Rahmen des CETA wurden Ende der siebziger Jahre 10 Milliarden Dollar jährlich ausgegeben. Damit konnte eine »fortschrittliche« Staatsgewalt sich wahrlich den Anstrich unternehmerischer Freizügigkeit ohne fiskalische Einengungen geben. Die mit Einfallsreichtum, Überredungskunst, Sinn für Unsinn, juristischer Haarspalterei, Demagogie und Lobbyismus geschaffenen Arbeitsstellen waren keine echten Arbeitsplätze, sondern Plätze an der Futterkrippe, auf denen die bedauernswerten Arbeitnehmer ihr ganzes menschliches Kapital vergeudeten, während beflissene Staatsdiener ihnen einredeten, sie nähmen teil am Fortschritt und sozialen Wandel. Statt dessen hätte die Regierung lieber Tausende von Kleinbetrieben fördern sollen.

Alfred Marshall, der Vorgänger von John Maynard Keynes in Cambridge, schrieb allen Regierungen ins Stammbuch: »Der Staat ist die wertvollste menschliche Errungenschaft, und es darf keine Mühe zu groß sein, ihn in den Stand zu versetzen, seine Aufgaben in der bestmöglichen Weise zu erfüllen. Eine der wichtigsten Voraussetzungen hierfür ist, daß der Staat keine Aufgaben übernehmen sollte, für die er nicht in jeder Weise gerüstet ist...«[38]

Die Substanz der »wertvollsten menschlichen Errungenschaft« wurde in den siebziger Jahren in schmerzlicher Weise verplempert. Die amerikanische Bundesregierung versprühte ihre Subventionen, unbekümmert um Haushalts- oder Organisationspläne, auf Tausende von Beratergremien, Kommissionen, Vertragsfirmen und Satellitenbürokratien, die auf den leisesten Hauch einer gesetzgeberischen Regelung oder regierungsamtlichen Meinung hin tätig wurden. Hier zeigt sich der blinde Drang zur »Schaffung von Arbeitsplätzen«, zur grenzenlosen Initiative (die in der Privatwirtschaft so fruchtbar ist) ohne Rücksicht auf wirtschaftliche Vernunft und Haushaltslage. Dies mag das kapitalistische Anfangsgeschenk sein in der sicheren Erwartung eines Ertrages, der ja durch die wehrlosen

Steuerzahler garantiert ist. Der Vorgang ist jedenfalls der gleiche: Nachdem die Gelegenheit, sich nützlich zu erweisen, erkannt ist, wird Kapital bereitgestellt, um Unterstützung geworben, die Arbeit eingeteilt, eine Marketingstrategie für das Produkt entworfen. Und doch ist da ein kleiner, aber entscheidender Unterschied: Niemand scheint sich um Sinn und Grenzen oder Nützlichkeit solchen Tuns zu scheren.

Ironischerweise ist das Ergebnis dann die *Vernichtung* von Arbeitsplätzen und die Vergeudung von Kapital. Die im Namen der Vollbeschäftigung angeheizte Bürokratenkonjunktur führt zur Verknappung echter Arbeitsplätze mit akzeptablem Verdienst. So sicher der pensionsberechtigte Staatsdiener sich fühlen mag – auch seine Zukunft liegt in den Händen derer, die den Wohlstand schaffen und das Risiko übernehmen. Denn nur die Produktion schafft die Nachfrage, und wenn das Angebot marktfähiger Produkte zurückgeht, sind auch die scheinbar so vorteilhaften Anstellungsverträge und Pensionen im Öffentlichen Dienst kaum noch etwas wert.

Die von den kecken Planern freigebig verteilten Steuergelder verstärken nur den Appetit auf »sinnerfüllte Arbeit« und »sozialen Wandel«, ohne Rücksicht auf die Kosten für die Gesamtwirtschaft. Dieser Entwicklung stemmte sich Ende der siebziger Jahre in Amerika die Steuerrevolte entgegen. Der darin wirksame unternehmerische Geist wird der amerikanischen Wirtschaft wieder auf die Beine helfen. Sie braucht – wie der einzelne – den Kampf, die Überwindung des Mangels, um aufzusteigen. Wirtschaftlicher Aufstieg durch Kampf, davon handelt die gesamte amerikanische Geschichte, und es gibt keine Alternative dafür. In unserem gerade begonnenen Jahrzehnt werden – wie früher – die Gruppen den größten wirtschaftlichen Erfolg haben, die im Schweiße ihres Angesichts arbeiten und sparen und sich selbst ihre Arbeit suchen.

Eine Arbeitsplatzgarantie ist nur eine leere Versprechung. Mit ihr wird vorgetäuscht, daß niemand sich mehr anzustrengen braucht, daß jeder nur noch murrend seinen Lohn in Empfang nehmen muß und daß die gesamte Wirtschaft dabei nicht verkommt. Wenn alle Arbeitnehmer, wie die unkündbaren, gut versorgten Staatsbediensteten, nur das Allernotwendigste leisteten, würde der

Lebensstandard der freien Welt rapide fallen. Ein echter, wirtschaftlich sinnvoller Arbeitsplatz ist dadurch gekennzeichnet, daß der Arbeitnehmer den Hinauswurf riskiert, wenn er nichts leistet. Ein garantierter Arbeitsplatz stellt, genau wie ein vom CETA-Programm gestellter, dem Inhaber frei, ob er sich anstrengen will oder nicht.

Die produktive Arbeit in der kapitalistischen Wirtschaft ist zuallererst altruistisch. Dazu schrieb Richard Posner: »Da der einzelne in der Marktwirtschaft nicht erfolgreich sein kann, ohne auf die Bedürfnisse und Wünsche der anderen einzugehen und... der Altruismus das Funktionieren der Märkte fördert, erzeugt die Marktwirtschaft auch Verständnis und guten Willen, ohne dabei die individuelle Freiheit zu beeinträchtigen.«[39]

Obwohl die Arbeitsbeschaffung sich gern altruistisch gibt, stehen egoistische Motive hinter ihr. Meistens wird sie inszeniert, nicht um dem Arbeitnehmer, sondern um dem, der die Jobs vergibt, einen Gefallen zu tun. Wer auf diese Weise einen Druckposten bekommt, wird mit ihm nicht glücklich werden. Doch wer harte, produktive Arbeit leistet, kann immer mit sich zufrieden sein. Durch die epidemische Ausbreitung der Arbeitsplatzsubvention unterminiert der Staat die Arbeitsmoral aller Beschäftigten und erstickt den Geist des Altruismus, der jede wahrhaft kreative Tätigkeit erfüllt.

Die Methode, Arbeitsplätze durch die Subventionierung maroder Großbetriebe zu retten, ist ebenso schlecht wie die Schaffung oder direkte Subventionierung von Arbeitsplätzen nach dem CETA-Programm. Es wurde behauptet, die Rettung des Chrysler-Konzerns sei ein Sieg über kleinkarierte Prinzipien gewesen. Das stimmt nicht, denn in diesem Fall wurde nur ein neues kleinkariertes Prinzip geschaffen. Es besagt, daß große Konzerne niemals scheitern dürfen – auch dann nicht, wenn ihr Weiterbestehen im nationalen Interesse keineswegs erforderlich ist und sie ihre gesamtwirtschaftliche Aufgabe nicht mehr erfüllen können. Dieses neue falsche Prinzip führt zu einem schnellen Rückgang der industriellen Produktivität und zum Verlust der Spitzenstellung der USA in der Weltwirtschaft. Die Möglichkeit des Scheiterns ist ebenso wichtig für das Funktionieren des Kapitalismus wie die Erfolgschance. Am Beispiel der großen Eisenbahngesellschaften, der Post und der schwer verschuldeten New

Yorker Stadtverwaltung hat sich schon gezeigt, daß es keinen Verhandlungsspielraum im Gespräch mit der Arbeitnehmerschaft mehr gibt, wenn die Gewerkschaften wissen, daß die Staatskasse dem kranken Unternehmen offensteht. Die danach abgeschlossenen Tarifverträge sehen mehr Lohn- als Produktivitätssteigerungen vor und müssen das Unternehmen endgültig in den Abgrund stoßen. Ein Spezialfonds für die Stützung finanzschwacher Konzerne wäre gar nur eine Einladung zum Pleitemachen.

Einschlägige Daten aus Europa belegen, daß eine Firma, die zum staatlichen Pflegefall geworden ist, kaum eine Chance hat, jemals wieder mit echtem Ertrag zu arbeiten. Von den vierzehn größten verstaatlichten Industrieunternehmen Westeuropas, die vom Staat noch zusätzlich begünstigt werden, wartet nur eines mit ständigem, aber bescheidenem Ertrag auf. Es ist der niederländische Chemiekonzern DSM. Sogar Renault, das am meisten gelobte Beispiel für einen erfolgreichen Staatskonzern, hat kaum mehr Gewinn erwirtschaftet als Chrysler. Aber Peugeot-Citroen, der private Konkurrent, hat fast ebensoviel Steuern an den Staat gezahlt (1,8 Milliarden Francs in fünf Jahren) wie Renault an Subventionen kassieren konnte. In Wahrheit hat also Peugeot den Renaultkonzern über Wasser gehalten. In Italien und Großbritannien haben verstaatlichte Firmen zusammen mit den unersättlichen Gewerkschaften die Staatsfinanzen durcheinandergebracht.

Die Rettung des Chrysler-Konzerns durch die US-Regierung wird sich spätestens dann als ein nationales Unglück herausstellen, wenn man sie als Präzedenzfall für weitere staatliche Einmischung vorschieben will. Eine Politik der Pleitenfinanzierung wird eine Wirtschaft hervorbringen, in der kapitalverschlingende, überalterte Konzerne vorherrschen, sklerotische Industriefossilien, die selbst keine neuen Arbeitsplätze mehr schaffen, aber deren Entstehung verhindern können.

Laffer und die »fortschrittliche« Wirtschaftspolitik

Robert L. Heilbroner, einer unserer angesehensten und einflußreichsten Nationalökonomen, fand Ende 1978 eine Lösung für die Probleme der amerikanischen Wirtschaft. Um größtmögliche Wirkung besorgt, breitete er am 22. Dezember seine Erkenntnisse auf der »Op-Ed page« (eine Art öffentliches Forum) der New York Times aus.

Drei Wochen später, also Anfang 1979, ließ der noch berühmtere und beredtere John Kenneth Galbraith eine fast gleichlautende Offenbarung an derselben Stelle drucken. Beide Koryphäen waren sich darin einig, daß die Leiden der amerikanischen Wirtschaft von unzureichenden Steuern und Kontrollen herrühren.

Galbraith ließ, wie gewohnt, an Deutlichkeit nichts zu wünschen übrig. Nachdem er wieder einmal die diktatorische Preispolitik der Großkonzerne angeprangert hatte, erklärte er, daß Preiskontrollen durchaus nützlich und wirksam sein würden: »Schon im Zweiten Weltkrieg konnte man feststellen, daß es nicht schwer ist, bereits diktierte Preise offiziell durchzusetzen.«

Doch Kontrollen genügten Galbraith nicht – höhere Steuern mußten her. Er befürwortete »eine sehr geringfügige Erhöhung in der Steuerklasse über 30000 Dollar Jahreseinkommen«. Sie würde weniger als 5 Millionen Steuerzahler betreffen und eine gewisse Einschränkung für ein Fünftel bis ein Viertel aller steuerpflichtigen Einkommen bedeuten. Das Ergebnis wäre Zurückhaltung bei Ausgaben für Prestigeautomobile, Luxusimmobilien, kostspielige Kleidung, Möbel, gesellschaftliche Repräsentation und andere Dinge, die nicht lebensnotwendig sind.

Und Galbraith versicherte uns: »Der Einfluß stärkerer Besteuerung der höheren Einkommen ist durchaus nicht wirtschaftsschädlich. Früher, als die Steuern auf hohe Einkommen bedeutend höher waren, hatten wir bedeutend mehr Wachstum. Eine geringfügige Beschränkung des Luxuskonsums und die damit verbundenen Proteste der Reichen würden es erleichtern, die Arbeiterschaft zur Einschränkung ihrer Lohnforderungen zu bewegen.«[40]

Heilbroners Aussage klang bedrohlicher, doch im großen und ganzen verschrieb er das gleiche Rezept: Eine doppelte Roßkur, bestehend aus »drastischen Steuererhöhungen« und Lohn- und Preiskontrollen. Diese Maßnahmen, so schrieb er, würden dem kapitalistischen System eine neue – wenn auch begrenzte – Lebensspanne sichern, doch es werde anfällig bleiben, und schon eine verhältnismäßig leichte Krise – so unkte er in einem Aufsatz – werde »die Gespenster des Zusammenbruchs, die Revolution, das Ende der Welt heraufbeschwören«.[41]

Die Vereinigten Staaten waren offensichtlich an einem Ende angelangt, doch dies war nicht das Ende des Kapitalismus, sondern der modischen Wirtschaftslehre der Linken. Beide Artikel signalisierten mit schöner Offenheit nichts anderes als das Eingeständnis von der Inkompetenz der beiden führenden »fortschrittlichen« Wirtschaftswissenschaftler Amerikas.

Zwar könnte die Kombination von Lohn- und Preiskontrollen mit höheren und progressiveren Steuern wieder irgendeine, sicher überflüssige »Lösung« für die amerikanischen Wirtschaftsprobleme bringen, doch »für solche Ratschläge«, meinte Irving Kristol, »brauchen wir keine Wirtschaftsprofessoren.« Nach jahrzehntelangem Wirken an der Spitze ihres Faches, nach vielen erfolgreichen Büchern und Artikeln, nach den Millionen, die sie durch Lehre und Beratung verdient haben, bieten diese beiden Leuchten der Wissenschaft keinen anderen Ausweg aus der Inflation als die Patentlösungen, die Interviewern bei jeder Meinungsumfrage entgegenschallen.

Solche Ungereimtheiten nötigen dem Betrachter der immer noch freien amerikanischen Wirtschaft nur ein müdes Lächeln ab – obwohl diese Einfälle der elitären Sozialisten recht schwer verdauliche Brocken darstellen. Es bleibt einem die Luft weg, wenn höhere Steuern als Heilmittel gegen die Inflation verordnet werden – wo die Steuern schon seit zehn Jahren um 80 Prozent schneller als die Preise steigen. Zwar wollten die beiden eminent einflußreichen Ökonomen die Steuererhöhung auf die höchsten Einkommensklassen abwälzen, doch die wenigen Amerikaner, die das oberste Prozent der Verdienstpyramide bilden, zahlen bereits 20 Prozent der Bundes-Einkommenssteuer, von den oberen 25 Prozent kommen bereits 72 Prozent. Weder Galbraith noch Heilbroner zeigen die geringste Einsicht, daß weitere Steigerungen der Steuerhöchstsätze zu Einnahmeausfällen führen werden – insbesondere durch Großverdiener, die ihre Einkünfte in unproduktive und steuerneutrale Kanäle umleiten können.

Die traurige Vorliebe der beiden Nationalökonomen für Lohn- und Preiskontrollen wird noch unverständlicher angesichts der – laut Robert Schuettinger – »vierzig Jahrhunderte« voller schlechter Erfahrung mit solchen Maßnahmen.[42]

Galbraith und Heilbroner führten den »Erfolg« der Kontrollen in Kriegszeiten ins Feld, obwohl diese den Preisanstieg nicht eindämmten, aber nach ihrer Aufhebung einen explosiven Inflationsschub auslösten. Galbraith freut sich heute noch über die Kontrollen zu Zeiten des Koreakrieges, obwohl Preisobergrenzen damals ohnehin sinnlos waren, weil die Preise durch die Belastungen der Steuer-und Geldpolitik gerade sanken.

Keiner der beiden Starökonomen kümmerte sich um die verheerenden Auswirkungen solcher Preisvorschriften auf Investitionen und Produktivität oder um den Einfluß von Lohnkontrollen auf die Schlüsselbranche der Spitzentechnologiefirmen, die den inzwischen dünn gesäten hochqualifizierten Ingenieuren großzügige Gehälter zahlen müssen. Lohn- und Preiskontrollen können die Inflation doch nur beschleunigen, anstatt sie zu dämpfen, denn durch derartige Maßnahmen geht die Produktivität (und nicht die Geldmenge) zurück.

Doch nicht nur diese einfältigen Programme signalisierten das Ende einer Ära. Galbraith und Heilbroner entgingen dem Gesichtsverlust nur, weil sie erklärten, daß sie als Sozialisten zwar drastischere Maßnahmen vorziehen würden, aber die gegenwärtigen politischen Verhältnisse ließen leider nur so ein Flickwerk zu. Disqualifizierend bleibt jedoch die Tatsache, daß ihr Bild von der westlichen Gesellschaft komplett veraltet ist, sie begreifen weder die Beziehungen der Klassen untereinander noch die neuen wirtschaftspolitischen Denkweisen.

Galbraith läßt das abgelebte Weltbild der »Fortschrittlichen« erkennen in seiner demagogischen Aufführung des Luxuskonsums der Reichen, den er durch »moderate« Steueranhebungen eindämmen möchte. Er glaubt allen Ernstes, daß steiler ansteigende Steuersätze die Ausgaben für Luxusgüter beschränken könnten. Er will die Gesetzeslücken für Steuerflüchtige schließen und die Vergünstigungen für einige Kapitalertragssparten streichen, um die Wohlhabenden zu Einschränkungen zu zwingen. Im Endeffekt, so meint er, könne man dann die Stützungsprogramme für die Bedürftigen anreichern.

Hier stoßen wir wieder auf das alte Trugbild des partiellen Gleichgewichts. Wenn Galbraith es zum Beispiel über sich brächte, auf seinen gewohnten, ausgedehnten Winterurlaub in Gstaad zu verzichten und bedürftige Kollegen in Cambridge zu unterstützen, dann würden sein Einkommen und sein Lebensstandard sinken, während es den ärmeren Kollegen besser ginge – zumindest für eine Weile. Gemäß seiner Theorie würde er sich selbst auf diese Weise höher besteuern und den Ertrag den Bedürftigen zukommen lassen. Doch – und dies hat schon Keynes gelehrt – was für einzelne gilt, läßt sich nicht unbedingt auf alle anwenden, weil es so etwas wie das Paradoxon der Umverteilung gibt.

Jenseits eines Punktes der Steuerbelastung, den die meisten modernen Demokratien schon längst überschritten haben, führt eine Steuererhöhung zu Lasten der hohen Einkommen nicht zu weniger, sondern zu mehr Luxuskonsum bei den Reichen – und umgekehrt zu weniger, nicht zu mehr Geldmitteln und Arbeitsplätzen für die Armen. Diese sich langsam durchsetzende simple Erkenntnis ist zwar erst der berühmte Silberstreif am verhangenen Horizont der westlichen Wohlfahrtsstaaten, aber sie beginnt bereits das Tableau der Wirtschaftspolitik umzugestalten, obwohl auch etliche Konservative sich noch nicht mit ihr angefreundet haben; dabei ist diese Erkenntnis unentbehrlich für das Verständnis dessen, was heute in der Welt geschieht.

Der Schlüssel zur Lösung der Probleme einer freien Wirtschaft sind Qualität und Quantität der Investitionen durch die reiche Oberschicht. Eine Steuererhöhung würde ihre persönlichen Ausgaben, die ohnehin einen geringen und zumeist konstanten Teil ihres Einkommens ausmachen, nur wenig beschränken. Beeinflußt würde jedoch die Entscheidung der Großverdiener, wieviel sie zurücklegen und wie sie das Geld anlegen. In Großbritannien konnte in den siebziger Jahren die Einkommenssteuer den stolzen Satz von 90 Prozent erreichen, die Kapitalertragssteuer sogar die unglaubliche Marke von 98 Prozent. Wer damals London besuchte, wunderte sich über den zur Schau gestellten Wohlstand und Luxus. Mercedes-Limousinen und Aston Lagondas überall, Rolls-Royces mit Chauffeur warteten vor den üppig dekorierten Juwelier- und Antiquitätengeschäften in der Bond Street. Bei schlechtem Londoner Wetter wurde regelmäßig ein Fünftel der britischen Manager und Selbständigen – von den hohen Steuern schön umverteilt – in den französischen Restaurants von New York, an den Stränden Ibizas und der Algarve, im Winter auf den Hängen von Gstaad gesichtet. Galbraith hätte vielleicht versucht, die verstreuten Plutokraten nach London zurückzutreiben, indem er die restlichen 2 Prozent ihres »nicht erarbeiteten« Kapitalertrags auch noch wegsteuerte oder die Gehälter beschlagnahmte. Doch dann hätten die reichen Engländer Gstaad gleich ganz besetzt.

Eine steil progressive Besteuerung ist nämlich eine Verbilligung von Luxus und Freizeitbeschäftigung im Vergleich zu Investition und Arbeit. Paul Craig Roberts hat das mit dem folgenden Beispiel klargemacht: »Nehmen wir einen Bürger mit einem Steuersatz von 70 Prozent auf Kapitalerträge. Er kann 50000 Dollar zu 10 Prozent anlegen. Das würde ihm brutto zusätzlich 5000 Dollar jährlich einbringen. Er kann andererseits die 50000 Dollar für einen Rolls-Royce ausgeben. Da die im ersten Fall zusätzlich verdienten 5000 Dollar netto nur noch 1500 Dollar ausmachen, kann er sich eines exquisiten Automobils erfreuen, indem er auf diese relativ bescheidene Summe verzichtet. Der britische Steuersatz von 98 Prozent auf ›nicht erarbeitetes Einkommen‹ senkt die Kosten für den Rolls-Royce sogar auf 100 Dollar jährlich. Die Riesenzahl der in England anzutreffenden Rolls-Royces ist daher nur scheinbar ein Zeichen von Wohlstand.«[43] Und Scott Burns ergänzt das mit dem Blick auf die Vereinigten Staaten: »Bis zu dem Tag, an dem die Wirtschaft ganz zusammenbricht, werden wir immer mehr Cadillacs und Mercedes-Limousinen auf den Straßen und immer mehr Yachten an den Küsten sehen.«[44]

Überhöhte Steuern, gekoppelt mit der Inflation, führen genauso zum Zusammenbruch der Wirtschaft wie die hohen Zinssätze, die seinerzeit Keynes so große Sorgen machten – ja, sie wirken noch verderblicher, weil sie die wirtschaftliche Initiative ersticken. Hohe Zinssätze hingegen haben den selbstkorrigierenden Effekt einer Anregung zu verstärkter Spartätigkeit. Doch beides, hohe Zinssätze und hohe Steuern, ist so verhängnisvoll, weil es die potentiellen Investoren dazu verleitet – oder zwingt –, auf Investitionen zu verzichten, beides macht die Wirtschaft arm, da die Großverdiener abgestoßen und regelrecht auf ihre Yachten gescheucht werden.

Nehmen wir einmal an, Professor Galbraith hat plötzlich das Leben unter den Nabobs in Europa satt. Er kehrt nach New York zurück und als energischer Mann beschließt er, etwas gegen den Ankauf des Verlagswesens durch die großen Mischkonzerne zu tun. Er wird von jetzt an seine Bücher selbst verlegen. Da trifft es sich gut, daß er noch in Gstaad am Beispiel seines Skikameraden William F. Buckley jr. lernen konnte, wie übel das Schicksal einem Jungunternehmer mitspielen kann. Buckley hatte versucht, mehrere Firmen zu managen; gleichzeitig schrieb er zwei Romane und zweihundert Zeitungskolumnen, gab ein vierzehntägig erscheinendes Magazin mit Informationsdienst heraus, moderierte eine Interviewserie im Fernsehen, spielte Bach auf dem Cembalo, überquerte den Atlantik in einer kleinen Sloop und hielt sich in China sowie in Gstaad auf. In einer freien Minute unterschrieb er Protokolle, die unglücklicherweise einen Konkurs zur Folge hatten, ihn illegaler Wertpapiergeschäfte beschuldigten und ihn am eigenen Leib die Gefahren des Reichtums und des Papierkriegs in einer bürokratisierten Wirtschaft spüren ließen.

Nehmen wir an, Galbraith entscheidet sich trotzdem, seinen Verlag selbst zu managen – höchstpersönlich, ohne auch nur zeitweise fachkundige Anwälte einzusetzen. Er investiert eine Million Dollar aus seinem Vermögen, besorgt sich die restliche Finanzierung, mietet repräsentative Räume, stellt Lektoren, Graphiker und Sekretärinnen ein, schließt Verträge mit Setzereien, Druckereien und Buchbindereien und setzt sich den Widrigkeiten des Geschäftsalltags in New York aus. Nach einem Jahr heroischer Anstrengungen ist der Verlag über den Berg. Schon im zweiten Jahr bringt er einen Bestseller von Galbraith heraus, der ihm 10 Prozent Gewinn auf sein Kapital einbringt, das heißt, nachdem seine Angestellten ihre Einkommenssteuern an Bund, Einzelstaat und Gemeinde entrichtet haben und die Firma ebenfalls ihre diversen Steuern, Lizenzgebühren und alle weiteren Abgaben abgeführt hat.

Was dann passiert, beschreibt das Wall Street Journal an einem ähnlichen Beispiel: »Von den 100 000 Dollar Gewinn holt die Stadt New York sich 5700 Dollar, bleiben noch 94 300; der Staat New York bekommt davon etwa 10 Prozent, bleiben noch 84 870 Dollar; dann bekommt der Bundessteuereinnehmer 38 000 Dollar, bleiben noch 46 870 Dollar; dann erst zahlt unser guter reicher Mann sich selbst eine Dividende.

Eben weil er reich ist, bewegt unser Unternehmer sich natürlich in den höchsten Steuerklassen, und nachdem er 4,3 Prozent, das macht 2015 Dollar, an die Stadt gezahlt hat, verbleiben ihm 44 855 Dollar. Der Staat knöpft ihm davon 15 Prozent – macht 6728 Dollar – ab, und er hat noch 38 127 Dollar. Zum Schluß kommt Uncle Sam und schröpft ihn nochmals um 70 Prozent – macht 26 689 Dollar, und ihm verbleiben 11 348 Dollar. Also hat dieser erfolgreiche Geschäftsmann, der 100 000 Dollar Gewinn erwirtschaften konnte, nach einer Investition von einer Million Dollar und zwei Jahren harter Arbeit in einer risikoreichen Branche ganze 11 348 Dollar für sich!«[45]

Ein Wirtschaftsprofessor, der seine Kolleggelder wert ist, würde solchen Unsinn natürlich niemals machen. Doch stellen wir uns einen Mann vor, der Geld in Aktien investiert und sie 1973 (in dem Jahr, für das genaue Zahlen vorliegen) wieder verkauft hat. In jenem Jahr konnten die Anleger einen Kapitalzuwachs von insgesamt 4,63 Milliarden Dollar verbuchen. Viele der Aktien waren jedoch Jahre zuvor mit Dollars gekauft worden, die noch nicht von der Inflation angenagt waren. So verwandelten sich die 4,63 Milliarden Gewinn unter Berücksichtigung der Inflation in einen Nettoverlust von 910 Millionen Dollar. Trotzdem mußten die Besitzer 1,13 Milliarden Dollar Steuern zahlen, denn ihre Aktien hatten ja einen nominalen Kapitalzuwachs gebracht. Der Gesamtverlust auf die Wertpapiere belief sich also auf über 2 Milliarden Dollar, er konnte aber gegen kein anderes Einkommen aufgerechnet werden. Und das Jahr 1973 war kein Einzelfall. Von 1968 bis 1977 blieben in Amerika die meisten Aktien- und Rentenindizes um 20 Prozent hinter der Inflation zurück – und mit den Spargeldern wurde noch übler verfahren.

Auch die große Steuerreform von 1978, die den Steuersatz für Kapitalzuwachs von 49 auf 28 Prozent senkte, hat die Situation kaum verbessert. Selbst wenn Unternehmensgewinne und Aktienkurse mit der Inflation Schritt halten und normales Wachstum aufweisen – so schätzt Martin Feldman vom National Bureau of Economic Research (Nationales Büro für Wirtschaftsforschung) –, würde ein Steuersatz von 20 Prozent auf den nominalen Kapitalzuwachs ebensoviel ausmachen wie ein Steuersatz von 80 Prozent auf den realen Kapitalzuwachs, wenn die Inflationsrate bei 7 Prozent liegt. 8 Prozent Inflation würden den effektiven Steuersatz auf über 100 Prozent anheben, und dort stand er schon in den siebziger Jahren, vor der Steuerreform. Zusammen mit der Inflation hat die Kapitalzuwachssteuer einen konfiskatorischen Effekt.

Die Inflation hat gleichfalls die Steuern auf Investitionen, also Zinsen und Dividenden, genährt. Galbraith jedoch schreibt: »Früher, als die Steuern auf hohe Einkommen bedeutend höher waren, hatten wir bedeutend mehr Wirtschaftswachstum.«[46] Damit meint er wohl die frühen sechziger Jahre, als der höchste Steuersatz 91 Prozent betrug und er Präsident Kennedy ermahnte, durch verstärkte Staatsausgaben »Amerika wieder in Schwung zu bringen«. Kennedy schlug dagegen vor, den höchsten Steuersatz auf 70 Prozent zu beschränken und hinterher die höchste Steuer auf »erarbeitetes« Einkommen auf 50 Prozent zu senken. Erst Präsident Johnson konnte das entsprechende Gesetz unterzeichnen – und dann ging es aufwärts mit der Wirtschaft.

In den siebziger Jahren war der reale Steuersatz auf Kapitalerträge – entgegen Galbraiths Behauptung und unter Weglassung der einzelstaatlichen Steuern und der Gemeindesteuern – viel höher (nicht niedriger!) als zu Kennedys Zeit. Die reale Steuer betrug nicht 70 Prozent, sondern 70 Prozent von einem Nominalertrag, der größtenteils (zusammen mit einem Teil des eingesetzten Kapitals) der Inflation zum Opfer fiel. Zum Beispiel hätte ein zehnprozentiger

Sparbrief über 10000 Dollar brutto 1000 Dollar gebracht. Die Steuer dafür hätte sich – ohne Staats- und Gemeindeabgaben – auf 700 Dollar belaufen, der Kapitalverlust durch Inflation ebenfalls auf 700 Dollar. Die *reale* Steuer auf 1000 Dollar Ertrag betrug also 1400 Dollar – das sind 140 Prozent!

Anfang der achtziger Jahre summierten sich die Steuer und der Währungsverfall auf nahezu 200 Prozent für »nicht erarbeitetes« Einkommen, denn die Inflation verschlang fast das Doppelte dessen, was die normalen Zinsen einbrachten, und die wurden mit dem höchsten Steuersatz von Bund und Staat belegt.

Warren Brookes errechnete zwischen 1973 und 1978 eine »Taxflation Rate« (Taxflation: gebildet aus tax plus inflation = Steuer plus Inflation) von 132 Prozent. Das ist ein Drittel mehr als in den sechziger Jahren, als der nominale Steuersatz noch bei 91 Prozent lag. Trotzdem hatten »fortschrittliche« Nationalökonomen wie Galbraith und Heilbroner sowie die Berater des Präsidenten Carter und Senator Kennedy den Mut, noch höhere Steuern zu fordern. Dafür gibt es nur zwei plausible Erklärungen: Entweder haben diese Leute den Kontakt mit der Welt der Wirtschaft verloren oder sie wollen die Vermögen der Amerikaner ohne Rücksicht auf Verluste verstaatlichen.

Das traurige Ergebnis dieser Entwicklung war jedenfalls, daß sechs Millionen Kapitalanleger der Börse den Rücken kehrten, die Zahl der Neuemissionen vielversprechender junger Firmen von jährlich einigen Hundert auf ein oder zwei Dutzend zurückging und die Aktienkurse der großen Unternehmen bis unter den Buchwert ihrer Vermögenswerte sanken. Da die Kapitalanleger die Aktien nicht kaufen konnten, fielen sie fusionssüchtigen anderen Gesellschaften in die Hände. Die sahen keinen Grund, sich dem Risiko der Errichtung neuer Werksanlagen auszusetzen, da sie doch vorhandene zu einem Spottpreis erwerben konnten. Während sich also demagogische Politiker auf die Großkonzerne einschossen und immer neue Entflechtungsvorlagen einbrachten, führten die Maßnahmen der Regierung zu 2100 Übernahmen und Firmenzusammenschlüssen allein im Jahr 1978.

Mit Taten, die lauter sprachen als die langweiligen, unaufrichtigen Erklärungen, demonstrierte die US-Regierung Bürgern und Unternehmern unmißverständlich, daß sie nicht mehr in das produktive Kapital der Nation investieren sollten. Allerdings hieß das nicht, daß die Wohlhabenden mit ihrem Geld nichts anderes anfangen konnten, als sich Yachten, Rolls-Royces und teure Vergnügungen zu leisten. Denn immer, wenn es unmöglich ist, vernünftige Renditen mit seriösen Kapitalanlagen zu erzielen, winken manchmal weit größere, aber mit großem Risiko erkaufte Gewinne aus der Spekulation. Als zwischen 1968 und 1977 alle Indizes für produktive Kapitalanlagen durch Steuern und Inflation realiter negativ ausfielen, tummelten sich Tausende von Spekulanten in der Brandung des Warenterminmarktes oder sie surften über die Brecher der Spielcasino-Aktien von Atlantic City.

Tausende anderer cleverer oder vom Glück begünstigter Anleger machten ein Vermögen mit Schweizer Franken, Diamanten, Alten Meistern, Antiquitäten und vor allem mit Gold. Doch gemessen am gesamten Volksvermögen blieb die Spekulation gering. Die meisten Amerikaner, auch die wohlhabenden, verzichteten darauf, sich auf das Glatteis des Kunstmarktes oder der Spielbankaktien zu begeben.

Statt dessen spekulierten die Durchschnittsbürger mit ihrem Eigenheim. Während 24 Millionen Kleinaktionäre von Finanzamt und Inflation gebeutelt wurden, nahmen 46 Millionen Eigenheimbesitzer neue Hypotheken auf, setzten die Zinsen von der Steuer ab und erzielten eine höhere reale Rendite auf ihr Eigengeld als die Spekulanten in Gold oder Devisen. Mit den Erträgen nahmen sie zweite Hypotheken auf, schafften dafür langlebige Haushaltsgüter wie Waschmaschinen, Farbfernseher und Autos an und schlugen der Inflation ein Schnippchen. Der Wert ihrer Häuser stieg nicht nur um 20 Prozent schneller als der allgemeine Preisindex, mit ihrem niedrigen Eigenkapitaleinsatz konnten sie auch höhere Renditen erzielen als die Aktienbesitzer. Amerikas Mittelstand war auf dem Immobilienmarkt sogar erfolgreicher als die cleversten Anleger auf den Aktien- und Rentenmärkten der ganzen Welt. 1979 hatten die Eigenheime schon einen Gesamtwert von 1,3 Billionen Dollar erreicht – das ist dreimal soviel wie der Gesamtwert der Aktien in Streubesitz.

Die Bürger hatten eine Möglichkeit der Investition gefunden, die Kapitalisten nicht. Sie hatten einen Inflationsbunker entdeckt, in dem sie auch noch wohnen konnten. Sie besaßen eine Kapitalanlage mit niedrigen und sogar fallenden Steuern (in den meisten Staaten und Gemeinden sanken in den siebziger Jahren die Grundsteuern), die obendrein noch abzugsfähig waren.

Hinter der Immobilienhausse wie hinter der Kapitalbaisse stand die geballte Macht des Staates. Die National Mortgage Association und die Federal Home Loan Bank leiteten gegen Ende der Dekade 30 Milliarden Dollar in den Markt. Sie verkauften Hypothekenpfandbriefe an private Anleger und finanzierten mit dem Erlös neue Hypotheken, um neue Pfandbriefe herauszugeben. Diese ganze Spirale wurde lediglich von der Garantie des US-Schatzamtes aufrechterhalten.

Neue amerikanische Kreditgesetze, nach denen nicht nur dreißig Jahreseinkommen des Mannes, sondern auch die der Ehefrau berücksichtigt werden (obwohl nicht sichergestellt ist, daß diese ständig berufstätig sein wird), heizten die Eigenheimhausse weiter an, zudem verstärkte sich in den siebziger Jahren die staatliche Unterstützung noch. Vorher hatten die Vereinigten Staaten achtmal mehr als die westeuropäischen Staaten und dreimal mehr als Japan für Eigenheimförderung und Wohnungsbau ausgegeben. Junge, kapitalbedürftige Unternehmen, die keine staatlichen Garantien vorzuweisen hatten, mußten vor dieser kapitalfressenden Hypothekenmaschinerie zurückschrecken.

Die meisten Immobilien, das war sicher, würden sich bis in die achtziger Jahre als Kapitalfluchtburgen bewähren, und der Wertzuwachs machte die Besitzer inzwischen verwegen genug, sich Konsum auf Pump in ungeahnten Dimensionen zu leisten. Für den Hausbau wurde weniger gespart als an Krediten dafür aufgenommen wurde. Die Verbraucherschulden nahmen schließlich um 50 Prozent schneller zu als die Einkommen der Käufer.

Immerhin brachte diese Immobilienspekulation die Wirtschaft in der Zeit des Wertpapierverfalls durch Überbesteuerung über die Runden. Immobilien sind letztlich auch Wirtschaftsgüter, und die meiste Wertschöpfung erfolgt nun mal durch die Bereitstellung von Gütern und Leistungen. Doch Tilgung und zweistellige Zinssätze, Haus- und Grundsteuern müssen bezahlt, Dachreparaturen, Anstriche und andere Instandsetzungsarbeiten durchgeführt, steigende Heizöl- und Stromrechnungen beglichen werden. Wenn also der Gesamtwert dieser Immobilien nicht plötzlich, mit unabsehbaren Folgen für alle, ins Bodenlose fallen soll, muß die amerikanische Wirtschaft ihr Kapital erneuern. Der Wert von Immobilien hängt letztlich von Arbeitsplätzen und Konjunktur ab, und wir können das Wirtschaftsleben nicht mehr lange mit Investitionen in Eigenheime in Gang halten.

Anfang der siebziger Jahre hatte Großbritannien eine ähnliche, vom Staat geförderte, Immobilienhausse erlebt. Zunächst blieb der Markt konstant – während die Aktien 1968 und 1969 gefallen waren –, und dann stiegen die Hauspreise unaufhörlich, bis sie einen realen Wertzuwachs von 20 Prozent erreicht hatten. Zwischen 1973 und 1975 jedoch sank der Immobilienwert um ein Drittel auf ein Niveau, das 10 Prozent unter dem Stand von 1956 lag, und sie stiegen erst wieder, als neues Investitionskapital verfügbar war. Natürlich gibt es große Unterschiede zwischen beiden Ländern, doch in beiden handelte man so, als ob der Immobilienmarkt niemals zusammenbrechen könnte – er kann es sehr wohl!

In diesem Jahrzehnt muß die amerikanische Wirtschaft sich in einem stürmischen Wettbewerb gegen Konkurrenten behaupten, die viel mehr investiert haben. Die USA haben die Mittel für ihre Zukunft genauso sinnlos verpraßt, wie dies die größten Verschwender unter den europäischen Staaten getan haben. Im Wachstum von Investition und Produktivität sind sie hinter allen westlichen Konkurrenten zurückgeblieben. Während der siebziger Jahre lagen sie mit ihrer Investitionsrate – gemessen am Bruttosozialprodukt – 50 Prozent hinter den Japanern und noch 2 Prozent hinter den Engländern, die damals gerade ihre Wirtschaft mit Kapitalspritzen zwangsernährten, der durchschnittliche Produktionszuwachs pro Mann und Stunde lag ein Drittel unter dem von Großbritannien. Im Zuwachs des Bruttosozialprodukts übertrafen sie zwar Großbritannien – aber sonst kein anderes Land. Die geringen Investitionen, die es in den USA noch gab, wurden eigentlich nur getätigt, um staatlichen

Vorschriften zu genügen – oder um diese zu umgehen. Im Endeffekt wurden die Rechts- und Rechnungsabteilungen, nicht die Werksanlagen, ausgebaut. David Ranson von Wainwright & Co. hat ausgerechnet, daß 1976 nicht mehr als fünf Cents von jedem in Einrichtungen und Maschinen investierten Dollar als Nettozuwachs im Anlagevermögen wieder auftauchten. 90 Prozent verschlang der Ausgleich voraufgegangener Abschreibungen und mindestens fünf Cents die vorgeschriebene Schadstoffbeseitigung und Sicherheit am Arbeitsplatz. Andere Untersuchungen kamen zu dem gleichen Ergebnis: Der Staat legt die Privatwirtschaft in Fesseln und macht ihr Konkurrenz bei der Kapitalbeschaffung. Das Resultat dieses Verhaltens: Echtes Wachstum nur beim Staat und bei dem von ihm gehätschelten Hausbesitz.

Gleich hinter diesem ungesunden Wachstum, das nur wenig einbrachte, tut sich ein Abgrund der Verschuldung auf, entstanden in der Erwartung von noch mehr Inflation. Sie wird sich erfüllen, wenn die Schulden bei stagnierendem Wirtschaftswachstum zurückgezahlt werden müssen. Aber soviel ist klar: Diese erwartete Inflation wird die Kapitalbasis unserer Wirtschaft aufzehren, wenn man nicht rechtzeitig die Steuern auf große Vermögen und Einkommen drastisch senkt.

In dieser Zwickmühle fiel den »fortschrittlichen« Wirtschaftlern bisher nichts Besseres ein, als ihre alten Verse herunterzuleiern. Sie bemühten das Denisonsche Gesetz, um nachzuweisen, daß die Sparraten, ohne Rücksicht auf den Zinssatz, über die Jahrhunderte immer gleich waren; sie vertraten diese Einschätzung, obwohl der Nobelpreisträger Simon Kuznets sich sehr dagegen aussprach. Die Annahme, daß der Zinssatz die Sparrate nicht beeinflußt, ist selbstredend falsch. Wie schon seit Jahrhunderten phantasieren die »fortschrittlichen« Nationalökonomen weiter ungerührt darüber, daß es mit der vitalen Kraft des Kapitalismus zu Ende sei und der Staat die Führung übernehmen müsse. Sie parlieren bei ihren Arbeitsessen über die Steuerflucht und den Hunger in Amerika. Sie erregten sich über Arbeitslosigkeit und Monopolprofite und die ungerechte Verteilung von Wohlstand und Einkommen. Doch wenn es um konkrete Maßnahmen geht, haben sei immer noch nicht mehr zu bieten als höhere Steuern und noch mehr Kontrollen.

Man könnte einwenden, ihre Gegner hätten auch nichts weiter als das Gegenteil, nämlich weniger Steuern und weniger Kontrollen, vorgeschlagen. Das wäre aber falsch. Diese durchaus nicht neuen Empfehlungen der Rechten reflektierten einen breiten Konsens der Auffassungen, die sich sachlicher mit der internationalen Lage und mit dem Problem der Inflation und dem Mangel an Innovation und Wachstum auseinandersetzen. Am Anfang dieser Überlegungen stand die – trotz einiger Schwächen – in ihrer politischen Wirkung gar nicht zu überschätzende Lafferkurve.

Was besagt die Lafferkurve? Sie geht von verschiedenen Steuersätzen aus, die jeweils ein bestimmtes Steueraufkommen erzielen. Der Steuersatz Null bringt zum Beispiel gar nichts ein, ebensowenig einer von 100 Prozent, denn er würde jede zu versteuernde Tätigkeit unmöglich machen. Arthur Laffers Leistung besteht nun nicht in der Schaffung einer neuen mathematischen Formel, sondern, wie sein Prophet Jude Wanniski in »The Way the World Works« klargemacht hat, in einer Idee, wie der Gordische Knoten aus staatlichem Wachstum und privater Stagnation zu lösen sei. Laffer wies nach, daß niedrige Steuern die Wirtschaftstätigkeit so ankurbeln und soviel Einkommen aus Kapitalfluchtburgen in zu versteuernde Anlageformen locken können, daß die gesenkten Steuersätze sogar mehr Steueraufkommen einbringen. So kann der private Sektor entlastet werden, ohne daß die Leistungen der Öffentlichen Hand verringert werden müssen. Diese Idee war nicht zu widerlegen und so simpel, daß die »fortschrittlichen« Wirtschaftsexperten nur darüber lachten und die konservativen zunächst skeptisch blieben.

Die Kritiker der Lafferkurve benutzen zu deren Widerlegung eine Argumentationsweise, wie sie in den Sozialwissenschaften immer mehr um sich greift. Sie besteht hauptsächlich darin, originelles Denken zu vermeiden, die Computer zu programmieren und ihre Ausdrucke zu interpretieren. Die Gefahr dieser Methode liegt in der Notwendigkeit, verschiedene – und notwendigerweise immer unvollkommene – Daten so zusammenzufassen, daß die entscheidenden Kriterien Qualität und Dynamik eliminiert werden. Bei vielen Variablen können die Resultate sich gegenseitig aufheben, wählt man dagegen nur wenige wichtige aus, ist zu starke Vereinfachung die Folge. In jedem Fall bleiben Originalität, Kreativität und Überraschung, die flüchtigen Variablen unseres Daseins, auf der Strecke.

So entwickelt sich der Computer in den Händen der Wirtschaftswissenschaftler zu einer Mehrzweckwaffe gegen alle Theorien, die den Experten nicht in den Kram passen oder auf die sie nicht selbst gekommen sind. Sie geben so lange Gleichungen mit immer mehr Variablen und unsicheren Zahlen ein, bis das Ganze überhaupt keinen Sinn mehr ergibt. Dann verkünden sie, es fände sich »kein Anhaltspunkt«, »überhaupt kein Anhaltspunkt«, »nicht der Schatten eines Anhaltspunktes« oder – gnädigerweise – es lägen »sehr schwache Andeutungen, aber keinerlei Beweise« vor, daß die Wirtschaft den oberen Abschnitt der Lafferkurve erreicht habe und daß die Steuersätze eine Höhe erreicht haben, die es ratsam erscheinen lassen, die Steuern zu senken, weil das dem Staat mehr Einnahmen bescheren wird. Die realen, inflationsverstärkten Steuersätze von über 100 Prozent waren doch schon ein Beweis, daß dies funktionieren müßte, aber die meisten Fachleute sahen immer noch den Wald vor lauter Bäumen nicht.

Aus unerklärlichen Gründen waren unsere intelligentesten und qualifiziertesten Ökonomen nicht in der Lage, ein wirtschaftliches Faktum zu begreifen: daß die Steuer auf Einkommen und Investitionen überhöht war. Begriffen hatten es jedoch der Kongreßabgeordnete Jack Kemp, ehemals Footballstar und Sportlehrer, Jude Wanniski, Leitartikler vom Wall Street Journal mit geringer wirtschaftlicher Vorbildung, und eben Arthur Laffer, der Wirtschaftsprofessor, der von all seinen berühmten Kollegen als »unseriös« abgetan wurde.

Zum Teil beruhten die Mißverständnisse auf der Verwechslung von Steuersatz und Steueraufkommen. Alle Wirtschaftler, ob »fortschrittlich« oder konservativ, haben gelernt, was das Wichtigste im Positiven wie im Negativen ist: Nicht, wie der Staat zu dem Geld kommt, sondern wieviel er ausgibt. Das ist aber erst die Hälfte der Wahrheit. Von zwei etwa gleichhohen Steuersätzen interessiert uns hier nur der Grenzsteuersatz, der auf jeden zusätzlich verdienten oder eingenommenen Dollar erhoben wird. Dieser Grenzsteuersatz bestimmt die Auswirkung einer Steuer auf Motive und Erwartungen, Ehrgeiz und Fleiß und auf die Bereitschaft, mehr zu arbeiten oder zu investieren, um mehr zu verdienen.

Entscheidend ist dabei, wieviel der Staat von dem Mehrverdienst kassiert und wieviel Belohnung für die herausspringt, die ihr Geld riskieren oder arbeiten, also auf Konsum oder Freizeit verzichten. Der Einfluß dieser Steuer auf das Verhalten von Menschen, deren Unterhalt gesichert ist, also von Wohlfahrtsempfängern und reichen Leuten, ist schon enorm, doch am empfindlichsten wirkt sie sich wohl auf die übrigen und deren Bereitschaft aus, risikoreiche oder auf Dauer angelegte Unternehmungen zu starten.

Auch in einer Wirtschaft, die mit allen Hilfsmitteln und Technologien ausgestattet ist, bestimmen vor allem psychische Kräfte die Leistung. Ehrgeiz und Entschlossenheit stärken Wachstum, Unternehmungsgeist und Fortschritt. Überhöhte Steuern oder exzessive Zölle können die Erwartungen eines Unternehmers so nachhaltig enttäuschen, daß seine Initiative erlahmt – und dann bringt eine solche Steuer gar keine Einnahmen mehr. Sie würgt die Wirtschaftstätigkeit ab, ohne Spuren zu hinterlassen.

Steuersätze und Steueraufkommen verhalten sich im oberen Abschnitt der Lafferkurve umgekehrt proportional zueinander. Je höher der Satz, desto niedriger die Einnahmen, und deshalb ist es unsinnig zu behaupten, daß die Steuerlast in den Vereinigten Staaten niedrig ist, weil das Steueraufkommen nur einen relativ geringen Teil des Bruttosozialprodukts ausmache.

Den Unterschied zwischen Steuersatz und Steueraufkommen konnten auch die beamteten Kritiker der Steuerreformvorlage von 1978 nicht begreifen, denn deren Vertreter im Finanzministerium argumentierten, die höchste Steuerklasse von 49 Prozent könne bleiben, weil sie aufgrund des geringen Aufkommens bedeutungslos sei. Dabei bewiesen gerade die geringen Einnahmen den verheerenden Einfluß dieser Steuer auf die Motivation der Wohlhabenden, die dieser Steuerklasse zugeordnet sind, Ertrag durch Investitionen zu erzielen.

Die Wirtschaftsexperten ignorieren die unterschiedliche Bedeutung von Steuersätzen und -aufkommen auch, wenn sie die steuerlichen Belastungen in verschiedenen Ländern miteinander vergleichen. Und im Vergleich der staatlichen Maßnahmen vernachlässigen sie die wirtschaftlichen Auswirkungen von Wohlfahrtsunterstützungen, die die Nachfrage im privaten Sektor verändern, ebenso wie direkte staatliche Ausgaben für Güter und Dienstleistungen im sozialen Bereich.

Im Anteil der Steuern und Soziallasten am Bruttosozialprodukt lagen die Vereinigten Staaten in den siebziger Jahren weit hinter den Westeuropäern, insbesondere aber hinter den wirtschaftlich starken Ländern Westdeutschland und Frankreich. Die Experten schließen daraus wie gewohnt, daß die Steuerbelastung in den USA viel niedriger sei. Dabei ergibt sich der Unterschied nicht nur aus den europäischen Sozialleistungen – Krankenversicherung, Kindergeld und Renten –, die mit ziemlich proportionalen, aber gegenüber Amerika prozentual höheren Beiträgen und Steuern finanziert werden, sondern auch daraus, daß Beiträge und Auszahlungen im Gesundheitswesen in Deutschland und Großbritannien als staatliche Einnahmen und Ausgaben bilanziert werden. In den Vereinigten Staaten dagegen werden solche Beiträge und Auszahlungen durch quasiprivate Organisationen wie Blue Cross und Blue Shield verwaltet. Das ganze System wird von der Regierung scharf überwacht und von den Medicare- und Medicaid-Programmen unterstützt. In ihrer Auswirkung auf die Gesamtwirtschaft unterscheiden sich die beiden Systeme der medizinischen Versorgung zwar kaum, doch die amerikanische Mischung aus staatlicher und privater Vorsorge beansprucht einen weit höheren Anteil des Bruttosozialprodukts.

Sieht man von den Leistungen privater Versicherungen und Pensionskassen in den Vereinigten Staaten ab, weisen nur zwei westeuropäische Länder – nämlich Schweden und Dänemark – höhere staatliche Leistungen auf. Aus den OECD-Statistiken für die siebziger Jahre geht hervor, daß die staatlichen Zuschüsse – bezogen auf das Bruttosozialprodukt – in den USA etwas höher lagen als in Großbritannien, 6,8 Prozent höher waren als in der Bundesrepublik und doppelt so hoch wie in Japan. In der Nutzung von Hilfsmitteln, Gütern und Dienstleistungen des privaten Sektors für öffentliche Aufgaben – von der Erschließung neuer Energiequellen bis zur Jugendförderung – standen die USA zumindest damals mit an der Spitze der kapitalistischen Nationen.

Was die Einkommenssteuer angeht, so sind in Europa Gesetzeslücken, Befreiungen und laxe Überwachung eher die Regel als die Ausnahme, was jeden Vergleich mit amerikanischen Verhältnissen fragwürdig macht, da man schon bei der Bewertung dieser Zustände auf Schwierigkeiten stößt. Folglich können viele Beobachter gar nicht begreifen, daß in den Vereinigten Staaten die enormen Ausgaben für Güter und Dienstleistungen im sozialen Bereich das wohl progressivste, komplizierteste und wirtschaftsschädlichste Steuersystem der Welt erzwungen haben. Es belastet die Großverdiener viel stärker und die Leute mit geringen und mittleren Einkommen viel weniger als dies in Japan, Westdeutschland, Frankreich, Schweden, Großbritannien und Italien der Fall ist.

Die meisten europäischen Länder erzielen etwa zwei Drittel ihrer Einnahmen durch Sozialabgaben, durch Umsatz-, Verbrauchs- und Mehrwertsteuern. Die Vereinigten Staaten dagegen nur 40 Prozent. 11 Prozent (das ist weit mehr als in den meisten westlichen Ländern) bringen in den USA die Firmengewinn- und die Kapitalertragssteuer, die natürlich vornehmlich die Reichen zahlen, weil sie die meisten Wertpapiere halten. Diese Steuern erzielen in den USA einen doppelt so hohen Anteil an den Gesamteinnahmen im Vergleich zu den entsprechenden Steuern in Schweden oder Westdeutschland. Kapitalerträge und Vermögen werden in Amerika achtmal so hoch wie in Schweden und viermal so hoch wie in Westdeutschland oder Japan besteuert. Außerdem gibt es in Deutschland, Schweden, Frankreich und anderen europäischen Ländern viele Lücken in der Steuergesetzgebung (wodurch großen Firmen praktisch die Gewinnsteuer erlassen wird) und obendrein hohe Abschreibungsraten für neue Technologien.

Mit Ausnahme von Großbritannien sind die Vereinigten Staaten praktisch das einzige Land, das erhebliche Einkünfte aus den Immobiliensteuern erzielt, die hauptsächlich von der Wirtschaft entrichtet werden. Obwohl die Verteilung der Grundsteuer wie der Gewinnsteuer auf die Einkommensklassen schwer festzustellen ist, gibt es Berechnungen, nach denen beide Steuern die Wohlhabenden am meisten belasten. (In den vergangenen Jahren konnten zum Beispiel die Hausbesitzer diese Steuer nicht auf Mieter mit niedrigem Einkommen abwälzen.) Die kombinierten Vermögens-, Einkommens- und Gewinnsteuern erreichten 1977 in den Vereinigten Staaten 17,6 Prozent vom Bruttosozialprodukt, das sind anteilmäßig 16 Prozent mehr als in der Bundesrepublik, 57 Prozent mehr als in Italien, 70 Prozent mehr als in Japan und 90 Prozent mehr als in Frankreich.

Also zahlen die Klein- und Mittelverdiener in den Vereinigten Staaten weniger Steuern als ihre Kollegen in Europa, die Großverdiener dagegen mehr. Personen mit weniger als der Hälfte des Durchschnittseinkommens zahlen in den Vereinigten Staaten 14 Prozent der Steuern, in Großbritannien 18 Prozent, in der Bundesrepublik 19 Prozent und in Schweden 31 Prozent. Nur in Frankreich bestreiten Kleinverdiener einen geringeren Anteil des Steueraufkommens als in Amerika. Die mittlere Einkommensgruppe zahlt in den USA ebenfalls weniger als diejenigen in den anderen Ländern: gegenüber 31 Prozent in den Vereinigten Staaten sind es 36 Prozent in Frankreich, 45 Prozent in der Bundesrepublik und rund 60 Prozent in Schweden. Die obere Einkommensgruppe zahlt in den Vereinigten Staaten einen weit größeren Teil des Steuervolumens als die Großverdiener in Europa oder Japan. Die 30 Prozent der amerikanischen Steuerzahler, die den obersten Steuerklassen angehören, bringen 74 Prozent, das eine Prozent der höchsten Steuerklasse sogar 20 Prozent der gesamten Einkommenssteuer auf.

Die höchsten Steuersätze auf erarbeitete Einkommen sind in den Vereinigten Staaten zwar nicht höher als in den meisten westlichen Industrienationen, doch sie werden schon bei viel niedrigeren Einkommen wirksam. In der Bundesrepublik beträgt – wie in den USA – der höchste Steuersatz 56 Prozent, doch dort wird er erst bei umgerechnet 140000 Dollar Jahreseinkommen entrichtet – das ist mehr als zweimal soviel wie in der höchsten amerikanischen Steuerklasse, die bei 60000 Dollar beginnt. In Frankreich beträgt der Höchstsatz 60 Prozent, gilt aber erst ab 92000 Dollar. Japan und Italien haben Höchstsätze von über 70 Prozent, doch sie werden erst bei einem sechsmal höheren Einkommen als in den USA wirksam. Die Schweiz hat einen Höchstsatz von 41 Prozent, und auch die florierenden asiatischen Wirtschaftszentren Hongkong, Singapur, Korea und Taiwan haben viel niedrigere Sätze auf hohe, mittelhohe und durchschnittliche Einkommen. (In Hongkong beträgt der Höchstsatz 15 Prozent!)

Die asiatischen Politiker haben – im Gegensatz zu ihren westlichen Kollegen – verstanden, wie sehr Steuersenkungen die Wirtschaft beleben. In Taiwan lösten mehrere eigens aus diesem Grunde vorgenommene Steuerschnitte Mitte der fünfziger Jahre den Aufschwung aus. 1980 senkte Singapur seine ohnehin niedrigen Steuern um weitere 16 Prozent, wozu der Handelsminister Goh Chok Tong vor dem Parlament erklärte: »Viele hochentwickelte Industriestaaten wie Großbritannien haben sich von dem Slogan ›Rupft die Reichen‹ hypnotisieren lassen, aber sie mußten die Erfahrung machen, daß die überhöhten Einkommenssteuern jede Motivation für Leistung und Erfolg ersticken.«[47]

Diese Zahlen belegen eindeutig, daß die Vereinigten Staaten, obwohl deren Steuerlast im Vergleich kleiner erscheint, in Wirklichkeit eine Steuerstruktur haben, die Wohlhabende hier härter und umfassender besteuert als in jedem anderen Land. Lediglich Großbritannien und Schweden befinden sich noch weiter oben auf der Lafferkurve als die USA, weil dort die aus hohen Einkommen erzielten Steuereinnahmen (trotz hoher Steuersätze) ziemlich gering sind. Aber beide Länder haben höhere Sätze für mittlere Einkommen und für die Gesamtwirtschaft geringere als die Vereinigten Staaten. Deshalb war dort die Progression für die höchsten Einkommen nie so steil wie in Amerika – auch nicht vor den umfassenden britischen Steuerreformen von 1979 und 1980.

Ganz gleich, nach welchen Kriterien man urteilt, die Steuersätze steigen in den Vereinigten Staaten stärker als bei ihren Hauptkonkurrenten Bundesrepublik, Frankreich, Japan und den florierenden asiatischen Wirtschaftszentren. Steil progressive Steuern mögen zwar auch einen Hauch von Gerechtigkeit verbreiten, doch sie töten bestimmt jeden Anreiz zu Arbeit, Risiko und wirtschaftlichem Erfolg. Sie begünstigen das Streben nach unproduktiven Druckposten, die viel Freizeit lassen und wenig Streß verursachen. Wenn in der Wirtschaft keine hohe Belohnung für unternehmerisches Handeln mehr winkt, streben die ehrgeizigen Männer nach Sicherheit und suchen den Erfolg in der bürokratischen Hierarchie.

Kurz, überhöhte Einkommenssteuerraten unterminieren Fleiß, Entschlußfreude und Ausdauer – die Eigenschaften, die nötig sind, um die Menschheit voranzubringen.

Da in den Vereinigten Staaten das Steuersystem mit den härtesten Strafen für Reichtum beheimatet ist und das Land im Vergleich mit seinen Hauptkonkurrenten die niedrigsten Spar- und Investitionsraten aufweist, besteht kein Zweifel, daß hier die Kapital- und Einkommenssteuern in den obersten Klassen endlich gesenkt werden müssen. Dieser Steuerschnitt würde nicht nur – über mehr Investitionen – die Ausrüstung der Industrie verbessern, sondern sogar – laut Laffer – das Steueraufkommen erhöhen.

Aber auch Frankreich und Italien könnten sich auf der Lafferkurve abwärts bewegen, wenn sie ihre exorbitanten Sozialabgaben verringerten. Diese Lasten, die in Frankreich zu drei Vierteln, in Italien zu neun Zehnteln vom Arbeitgeber getragen werden, haben in beiden Ländern einen großen Teil der Arbeitnehmer auf den schwarzen Arbeitsmarkt getrieben. In Italien hat ein Drittel aller Arbeiter irgendeinen »Lavoro Nero«.

Großbritannien und Schweden könnten sich ebenfalls durch Einkommenssteuersenkungen auf der Lafferkurve nach unten bewegen. In beiden Ländern wurden Ende der siebziger Jahre erhebliche Steuerhinterziehungen sowie schlechte Arbeitsmoral festgestellt. In Schweden wurde im Durchschnitt an 16 Tagen im Jahr »blaugemacht« (in den USA an 3,5 Tagen); um dieses Problem in den Griff zu bekommen, erwog die Regierung schon die Besteuerung von Hobbies und Freizeitbeschäftigungen. Sogar der berühmte schwedische Wirtschaftswissenschaftler Gunnar Myrdal, zeitlebens ein Sozialist, verurteilte die Einkommenssteuer. Myrdal schrieb: »Ich bin zu dem Schluß gekommen, daß die Einkommenssteuer eine schädliche Steuer ist. Eine hohe, progressive Steuerrate muß sich auf die Mehrheit des Volkes nur so auswirken, daß die Arbeitsfreude mehr als nötig beeinträchtigt wird. Von allen Schwächen unseres Steuersystems ist meines Erachtens dies die schlimmste, daß die Gesetze uns eindeutig zu Steuerhinterziehung und Steuerbetrug auffordern. Ich war immer stolz auf die Ehrlichkeit der Schweden. Jetzt habe ich das Gefühl, daß wir durch die schlechten Steuergesetze zu einer Nation von Anschaffern werden.«[48]

Arthur Laffer läßt grüßen, Gunnar Myrdal!

Ende der siebziger Jahre hatte der Gouverneur des US-Territoriums Puerto Rico, Carlos Romero Barcelo, das Glück, Professor Laffer kennenzulernen. Auf Laffers Rat senkte Romero Barcelo 1978 die portorikanischen Einkommenssteuern und zwei fünfprozentige Sondersteuern. Im darauffolgenden Jahr schon erhöhten sich – gemäß der offiziellen Statistik – die Steuereinnahmen um 15 Millionen Dollar, und die Arbeitslosenquote sank um 1,2 Prozent. Auch die Inflation ging zurück. 1979 wurden weitere Steuerschnitte vorgenommen – das Steueraufkommen stieg um 13,5 Prozent und es tauchten 100000 neue Steuerzahler in den Listen auf. Gouverneur Romero Barcelo hatte sich außerdem an der nach Präsident Kennedy benannten Steuerreform orientiert, die jedoch erst 1964, nach dessen Tod, unter Johnson in Kraft treten konnte.

Eine ähnliche Maßnahme hätte auch den USA in den siebziger Jahren wieder gut angestanden. Die Kennedy-Reform senkte den höchsten Steuersatz von 91 auf 70 Prozent und die anderen Steuern proportional. Fast sofort belebte die Wirtschaft sich wieder – wie nach einer rechtzeitigen Blinddarmoperation. Unmittelbar auf die Verkündung der Reform folgte eine enorme Zunahme privater Investitionen, und diese verlagerten sich vom Immobilienmarkt in die produktiven Bereiche der Wirtschaft. In den vier Jahren vor der großen Reform flossen 27,4 Prozent der Investitionen hierhin und 38,5 Prozent in Immobilien. In den vier Jahren danach waren es 58,6 Prozent für die produktive Wirtschaft und nur 11,2 Prozent für Immobilien. Doch innerhalb weiterer zehn Jahre wurden die Steuern wieder erhöht und neue hinzugefügt. Den Rest besorgte die Inflation: Der Effekt der Kennedy-Reform war vertan, die Wirtschaft erschlaffte wieder.

Auch den »Fortschrittlichen«, die sich – eingedenk der Vorbehalte von Keynes gegen Genügsamkeit und Sparsamkeit – um die Einkommensverteilung sorgen, verkündet die Lafferkurve eine frohe Botschaft: Regressive Steuern nützen den Armen! Es ist mittlerweile ein Gemeinplatz geworden, daß wir eine weniger progressive Steuerstruktur brauchen, um die Belastung der mittleren und niedrigen Einkommensschichten zu mildern. Wenn die Sätze im obersten Bereich gesenkt werden, geben die Reichen weniger für sich aus und investieren mehr; folglich müssen die Klein- und Mittelverdiener weniger zahlen, um das gleiche Maß staatlicher Leistungen zu erhalten.

Die ständige Verringerung produktiver Investitionen der Oberschicht westlicher Nationen aufgrund von progressiven Steuern und Inflation hat eine ständige Vergrößerung der Steuerlast auf mittlere Einkommen erzwungen. Im günstigsten Fall wird das mit einer Steuerrevolte der Mittelklasse enden.

Entstanden ist diese Situation durch die Höchstsätze für die Oberschicht, und dieser Zustand wird nur noch verschlimmert, wenn man eventuell nur die Steuern für mittlere Einkommen senkt. Dadurch wird die Abstufung der Steuern nur noch progressiver, und die Reichen investieren noch weniger.

Für alle Gleichmacher eine unangenehme Einsicht, die ihnen aber nicht erspart werden kann: Um etwas für die Armen und die Mittelschicht zu tun, muß man die Steuersätze der Reichen drastisch senken.

Der inflationäre Staat

Wirtschaftswissenschaft und Politik hatten ein schlagendes Argument gegen die Kemp-Roth-Steuersenkungsvorlage von 1976. Solide Bürger, von Professor Galbraith bis Präsident Carter, waren sich einig darin, daß der geforderte Steuerschnitt von 30 Prozent einen enormen Inflationsschub auslösen müßte. Und die Inflation, so wußten sie aus den Reden der Konservativen während der letzten dreißig Jahre, ist gewiß »die grausamste aller Steuern«.

Die »fortschrittlichen« Wirtschaftsexperten waren nicht zimperlich in ihrer Ausdrucksweise und bereiteten den Konservativen einige Pein, weil deren eigene Republikanische Partei sich anschickte, die Prinzipien gesunder Finanzpolitik zu ignorieren. Die Befürworter der Steuersenkung ließen sich ihrerseits ebenfalls nicht lumpen, und schließlich tobte eine mörderische Debatte um die heiligsten Grundsätze der Wirtschaftspolitik. So mancher wackere Kämpe blickte in dem wogenden Getümmel nur auf, um sich zu vergewissern, daß die Fahne seiner Glaubensrichtung im Winde der eigenen Rhetorik noch flatterte.

Wer die gesamte Debatte mit Aufmerksamkeit verfolgte, konnte etliche neue Einsichten gewinnen. Zum Beispiel wurde klar, daß die üblichen Keynesschen Heilmittel gegen die Inflation – Steuererhöhung zur Aufnahme der überschüssigen Nachfrage, Einschränkung des Kreditvolumens und Verringerung der Staatsausgaben – entweder zu schwierig anzuwenden oder zu unwirksam waren. Beide Seiten reagierten mit Verlegenheit auf diese Einsichten. Da dämmerte die neue Erkenntnis! Was als eine vage Hypothese begonnen hatte, wuchs sich aus zu einer bald überall verkündeten Ketzerei, die nicht an der Keynesschen Theorie herumkrittelte, sondern sie schlicht auf den Kopf stellte: Steuern erzeugen Inflation!

Jeder, der noch Zweifel hatte, ob das eine revolutionäre Idee sei, brauchte sich nur zu erinnern, wie beiläufig sie geäußert wurde. Wahrhaft revolutionäre Ideen haben es nicht nötig, ihre Feinde zu überrennen. Sie sichern sich den Sieg mit einem einleitenden »Selbstverständlich«: »Selbstverständlich erzeugen *einige* Steuern Inflation.«

Zunächst erwähnten die »Fortschrittlichen« in diesem Zusammenhang die Umsatzsteuer, um gegen Mehrwertsteuerpläne zu Felde zu ziehen, dann griffen sie, im Streit um die Erhöhung der Sozialversicherungsbeiträge von 1978, die Lohnsteuer an – schließlich gehörte die inflationäre Wirkung der Preisgarantien, die ja eine Art Steuer in der Höhe von 100 Milliarden darstellen, zum Repertoire jeder Präsidentenansprache.

Der Stimmungsumschwung war vielen noch nicht bewußt, und die führenden Wirtschaftsexperten, darunter Galbraith und Heilbroner, ignorierten ihn einfach. Wenn in einem Jahrzehnt die Steuern um 80 Prozent schneller als die Inflation stiegen und diese immer noch nicht gestoppt hatten, konnte das Rezept doch nur »noch mehr Steuern« heißen. Andere widersprachen ihnen, und bald gab es ebenso viele Ansichten zu dem Thema wie Wissenschaftler, die sich mit ihm befaßten.

Wie üblich äußerte Milton Friedman sich am einleuchtendsten. Er unterstützte die Steuersenkungsvorlage nur, weil sie Kürzungen in den Staatsausgaben erzwingen würde. »Die Gesamtsteuerlast«, sagte Friedman, »ergibt sich aus den Ausgaben der Regierung, nicht aus den ›Steuern‹ genannten Einnahmen. Jedes Defizit trifft das Volk in der Form versteckter Steuern.«[49] Das heißt, hauptsächlich durch den Wertverfall der Spardollars und durch die Zinsen auf die Staatsschulden erhöht sich diese Last, und ohne eine gleichzeitige Kürzung der Staatsausgaben können nominelle Steuersenkungen diese nur verschleiern, nicht mindern.

Das war schon der halbe Weg zur Einsicht, aber noch hatte keiner bedacht, welchen Auftrieb die Wirtschaft durch die Veränderungen im Gefüge des Steuersystems bekommen würde. Friedman hat zwar schon deutlich zum Ausdruck gebracht, wie wichtig neue Anreize für Unternehmer und Arbeitnehmer sind, doch in seinen Kommentaren zur Steuersenkungsvorlage von Kemp und Roth kam er immer wieder auf sterile Kalkulationen und so zweifelhafte Begriffspaare wie »Ausgaben und Nachfrage« zurück, anstatt so dynamische Faktoren wie wirtschaftliche Kreativität und Investition zu betonen. Seltsamerweise war er eher aufgeschlossen für die politische Dynamik – zum Beispiel auch für die Tatsache, daß gesenkte

Steuern die Politiker zur Ausgabenkürzung anhalten würden. Doch dieser Effekt war nur zu erwarten, wenn die Anhänger Laffers sich irrten.

Paul Craig Roberts, einer der Verfasser der Kemp-Roth-Vorlage und wohl ihr sachkundigster Verfechter, ging das Problem der Inflation ganz direkt an. Er wies darauf hin, daß hohe Steuern die Produktion bremsen und diese steuerliche Bremse die Inflation verursacht, weil sie das Warenangebot verringert, ohne die Geldmenge zu reduzieren. Das Resultat ist die klassische inflationäre Situation, in der »zu viel Geld Jagd auf zu wenig Waren macht«.[50] Allerdings wurde jetzt das Ungleichgewicht durch zu wenig Waren anstatt durch zu viel Geld hervorgerufen. Roberts schloß sich damit Dennis Robertson, einem der ersten modernen Angebots-Ökonomen, an. Robertson hatte Keynes 1927 wegen seiner Behauptung angegriffen, daß eine Einkommenssteuererhöhung keine Inflation verursache. Robertson schrieb schon damals, eine höhere Steuer würde sich auf die Angebotsseite auswirken, indem sie die Warenmenge einschränke und einen Preisschub auslöse.

Das Argument, daß hohe Steuern die Wirtschaft bremsen, war natürlich schwer zu widerlegen. Doch die Monetaristen, unter ihnen Milton Friedman und Herbert Stein, wandten ein, selbst wenn sich durch die massive Steuersenkung gemäß der Vorlage ein Laffer-Effekt einstellen sollte, werden zunächst einmal neue inflationsfördernde Staatsschulden produziert, denn der Anreiz zur Erhöhung der Produktion brauche einige Zeit, um sich auszuwirken.

Roberts antwortete ebenso monetaristisch, daß Staatsschulden nur inflationsfördernd seien, wenn sie durch die Gelddruckerei finanziert würden. Nach der Steuersenkung würden jedoch genügend Spargelder in Regierungsanleihen investiert, so daß das Staatsdefizit finanziert werden könne. Daran hatte wohl kaum jemand gedacht, dabei war es doch kaum zu bestreiten. Nachdem Ende der siebziger Jahre unter Mitwirkung der Inflation der reale Steuersatz auf Kapitalerträge schon die 100-Prozent-Marke überschritten hatte und die Sparrate unter 4 Prozent vom Bruttosozialprodukt gefallen war, mußte eine Senkung der Einkommens- und Kapitalertragssteuern neues Sparkapital freisetzen. Einkommenssteuern behindern die Spartätigkeit ja gleich zweimal, weil sie zuerst den Verdienst, von dem das zurückgelegte Geld abgezweigt wird, und dann noch die Sparzinsen selbst beschneiden. Daher muß eine Senkung der höchsten Steuersätze einen höheren Anstieg des Sparkapitals als des Konsums zur Folge haben.

Das Plädoyer der Angebotsseite untermauerte Michael Evans von Chase Econometric Associates, indem er das Argument der steuerlichen Bremse makroökonomisch formulierte. Aus der Geschichte wissen wir, so schrieb er, daß die Inflation meistens dann ansteigt, wenn die Produktion an die physischen Grenzen des Systems stößt, also wenn der Abstand zwischen tatsächlichem und potentiellem Bruttosozialprodukt gegen Null geht. Eine Lösung dieses Problems läge in einer Verringerung der Produktion durch Steuererhöhungen. Noch besser ist es, die Produktionskapazität durch Steuersenkungen zu erhöhen. Steuerschnitte müssen die Inflation verringern, wenn sie das Anlagevermögen, also Einrichtungen und Maschinen, prozentual stärker vermehren als das Bruttosozialprodukt. Damit Steuersenkungen sich tatsächlich in einer Verringerung der Inflation auswirken, sollte die Regierung die Steuern auf Investitionen und Kapitalerträge mehr beschneiden als die Einkommenssteuern. Dagegen liegt die inflationsförderndste Kombination in der Senkung der Einkommenssteuern und gleichzeitigen Anhebung der Steuern auf Investitionen, wie es Ende der sechziger und Anfang der siebziger Jahre geschah. Damals wurde der höchste Einkommenssteuersatz von 70 auf 50 Prozent ermäßigt, während die nominelle Steuer auf Kapitalerträge auf fast 60 Prozent kletterte und die reale, inflationsbereinigte Rate auf »nicht erarbeitetes« Einkommen auf mehr als 100 Prozent emporschnellen ließ.

Inzwischen haben die einzelstaatlichen Steuern und die Gemeindesteuern gegenüber den Bundessteuern das doppelte Wachstum erreicht. Alle diese Änderungen haben jedoch die Investitionstätigkeit nicht verstärkt und sogar ihre Qualität durch Dämpfung der privaten Initiative beeinträchtigt. Wenn jedoch die Einkommenssteuer beträchtlich höher als die Kapitalertragssteuer ist, lassen energische junge Manager sich leichter von ihren Direktionssesseln in den großen Konzernen in die aufregende Unternehmertätigkeit locken.

Das sagt auch David T. Morgenthaler von der National Venture Capital Association: »Die ›Macher‹, die ein junges, erfolgreiches Unternehmen aufbauen, sind genau der gleiche Menschenschlag, den man auch unter den Managern der großen Konzerne antrifft, nur haben letztere ein besseres Einkommen und mehr Vergünstigungen, als vielleicht noch nicht rentable kleinere Firmen bieten können. Unsere Steuerpolitik der letzten Jahre verführt solche ›Macher‹ nicht dazu, eine gesicherte Position in einem Konzern gegen das anfänglich niedrige Einkommen und den zunächst nur erhofften Kapitalzuwachs einer eigenen Firma einzutauschen.«[51] Dabei bringen junge Unternehmen der Wirtschaft einen weit höheren Produktivitätszuwachs als die alteingesessenen Großfirmen.

Die These, daß man die Inflation durch Lockern der Steuerbremse, also durch Steuersenkungen, eindämmen kann, war überzeugend belegt, obwohl man sich noch nicht über die kurzfristigen Auswirkungen auf Spartätigkeit und Investitionen klargeworden war. Jedenfalls reichten die Argumente von Roberts und Evans – wenigstens auf absehbare Zeit – aus, eine entsprechende Politik zu formulieren. Doch beide erwähnten nicht, daß Steuern noch auf viel direkterem Wege Inflation erzeugen. Schon bevor die Steuern die Produktion bremsen, erhöhen sie inflationsfördernd die unmittelbaren Kosten. Einen Großteil der gegenwärtigen Inflation in den kapitalistischen Ländern sollte man deshalb nicht Nachfragesog- oder Kostendruckinflation nennen. Die beste Bezeichnung ist Steuerdruck, weil darin der unmittelbare inflationäre Druck der Löhne und Preise zum Ausdruck kommt.

Diesen Begriff gibt es schon lange in den Grenzbereichen der Wirtschaftslehre. William Krehm, ein streitbarer ehemaliger »Time«-Korrespondent, hat ihn in mehreren, von ihm selbst in Toronto verlegten Büchern eingeführt. John Hotson von der kanadischen Waterloo-Universität hat den damit verbundenen Gedanken weiterentwickelt. Walter Eltis von der Universität Oxford hat sich ebenfalls, in dem gemeinsam mit Robert Bacon verfaßten Buch »Britain's Economic Problem: Too Few Producers« (Großbritanniens Wirtschaftsproblem: zu wenig Produzenten), ausführlich damit auseinandergesetzt.

In den Vereinigten Staaten tauchte der Begriff wohl zuerst 1975 bei einer Konferenz über Inflation und Einkommenssteuer in der Brookings Institution in Washington auf. Arnold Lovell vom britischen Schatzamt, Vito Tanzi vom Internationalen Währungsfonds und Robert Gordon von der Northwestern University erklärten, daß steigende Einkommenssteuern die Inflation anheizen müssen, weil die Arbeitnehmer Einbußen in ihrem Einkommen nach Abzug der Steuern mit immer höheren Lohnforderungen zu vermeiden suchen. Gordon erwähnte Studien in den Vereinigten Staaten, nach denen die Löhne um jeweils ein Fünftel einer Einkommenssteuererhöhung stiegen. Lovell führte englische Erfahrungen an, denen zufolge die Lohnsteigerungen um so höher ausfallen, je höher die Inflationsrate und das Inflationsbewußtsein der Arbeitnehmer sind.

Die orthodoxe Wirtschaftslehre begründet die Tatsache, daß Steuern Inflation erzeugen können, hauptsächlich mit der Kostentheorie. Steuern sind Kosten, und wenn die Kosten steigen, fallen die Gewinne. Dann müssen die eben noch existenzfähigen Produzenten aufgeben, die Gesamtproduktion fällt, die Nachfrage bleibt bestehen, und die Preise für die noch vorhandene Produktion steigen. Dieser Kreislauf vollzieht sich innerhalb der konventionellen Ökonomie. Dagegen ist das Steuerdruck-Konzept einfacher und zugleich weitreichender. Aus ihm ist eine neue Theorie der Inflation entwickelt worden.

Wie die Lafferkurve findet diese neue Theorie den meisten Anklang außerhalb der akademischen Wirtschaftslehre. Ebenso wie die Lafferkurve verweist sie auf die geschichtliche Entwicklung wie auf jüngste Erfahrungen. David Warsh und Lawrence Minard stellten sie als erste in einem großen Artikel des »Forbes«-Magazins vor. Sie erhielten dafür die Loeb Award für die beste Finanzveröffentlichung des Jahres 1976. Warsh entwickelte 1976 seine Thesen auf siebzig »Forbes«-Seiten weiter und erreichte damit, daß kaum ein Leser nach der Lektüre noch so über die Inflation dachte wie vorher. Was Warsh schrieb, wird den nicht überzeugen, der in der Wirtschaftslehre nach den gleichen sicheren Gesetzmäßigkeiten sucht, wie sie in den Naturwissenschaften üblich sind oder wie die Monetaristen sie anbieten. Warshs historische Beispiele beschränken sich auf England, weil es als einziges Land den Goldstandard für ein Jahrtausend beibehielt. Dagegen würde eine Darstellung der Verhältnisse in Frankreich oder Deutschland Preiskurven bis zum Horizont aufweisen, weil deren Währungen während der Französischen Revolution und der Weimarer Zeit völlig verfielen.

Die Geldmengentheorie läßt sich mit historischen und strukturellen Argumenten nicht widerlegen. Niemand wird bestreiten, daß eine Vergrößerung der Geldmenge ohne Erhöhung der Warenproduktion den Wert des Geldes vermindert. Das ist ein mathematisches Gesetz – nicht mehr. Solange Geld und Gut und eine Reihe weiterer Größen zufriedenstellend definiert werden können, lassen sich die Beziehungen zwischen ihnen zuverlässig kalkulieren.

Die Monetaristen sehen enge Grenzen für die Wirtschaftspolitik. Ihre historischen Tabellen zeigen, daß jede Vergrößerung der Geldmenge über das Wachstum der Produktion hinaus Preiserhöhungen und ein Sinken des Geldwertes zur Folge hat, daß ein erheblicher Zustrom neuen Geldes eine Hyperinflation verursacht und die Struktur des Wirtschaftssystems zerstört. Natürlich sind solche Warnungen und Einsichten ein wertvoller Beitrag zur Wirtschaftslehre und zur Staatskunst. Doch die Monetaristen können die Frage nicht schlüssig beantworten, ob monetäre Disziplin immer durchsetzbar oder gar wünschenswert ist. Ebenso vage bleibt ihre Position gegenüber dem Problem, ob das Preisniveau mit konventionellen Mitteln zuverlässig feststellbar ist und die Geldmenge in Zeiten wirtschaftlichen Wandels rasch genug ermittelt und verändert werden kann. Die fundierteste Theorie verliert ihre Gültigkeit, wenn die Wirtschaft die Signale nicht gibt und die Instrumente nicht bereithält, die zur Anwendung der Theorie unerläßlich sind – oder wenn die beeinflußbaren Faktoren nicht die ausschlaggebenden sind.

Die Anhänger der Geldmengentheorie mögen getrost die Ursachen jeder Inflation aufklären und den verderblichen Einfluß dieser oder jener Wirtschaftspolitik anprangern. Sie gehen damit jedoch an der Tatsache vorbei, daß das historische Auf und Ab der Preise nicht von den Männern an den Schalthebeln der Zentralbanken bestimmt wird, sondern von Fleiß und Geschicklichkeit, kühlem Urteil und Hysterie, Technokraten und Technophoben,

Kartoffel- und Computerchips, Scheichs und Mullahs, Antibiotika und Bomben. Und jeder dieser Einflüsse kann von Zeit zu Zeit den Zentralbanker und seine Geldmengen sitzenlassen oder überfahren.

Heutzutage vermehren die Geldmengen M_1 und M_2 sich wie die Kanonen, die Reihe reicht schon über M_3 und M_{14} bis zur unendlich fernen Menge M_x«. Sie stecken in Gold und Öl, kommen hoch mit blasgeformten Kunststoffbehältern, verschwinden kurz als Fluchtgeld im Untergrund, werden investiert und verwettet, von Bankkassierern umgetauft und als Eurodollars auf den Markt geworfen, über Silikonchips in Megabytes per Satellit auf eine steuerfreie Karibikinsel halbgeleitet, bevor sie als Geldmarktpapiere in London wieder auftauchen. Zum Schluß sammeln sie sich vielleicht auf einem Konto in New York und warten darauf, daß der amerikanische Zentralbanker Paul Volcker sie auf einen neuen Einsatz vorbereitet.

Wie die Gesamtnachfrage ist die Geldmenge ein rein mathematischer Begriff, der weniger bedeutet, als er vorgibt, und wie die übertriebene Spartätigkeit ist die Inflation nicht unbedingt ein Vorbote von Niedergang und Verfall. Unter gewissen sozialen, wirtschaftlichen oder technologischen Konstellationen kann sie sich durchaus als positive Entwicklung erweisen oder auch als negative, die am besten mit nichtmonetären Mitteln bekämpft wird – oder als ein neutrales Phänomen, das kaum Beachtung verdient. Wie viele andere Dinge ist die Inflation eine Katastrophe erst in ihrer extremen Form. Sie ist natürlich auch im Anfangsstadium ein Grund zur Wachsamkeit, doch nicht immer gleich ein pathologischer Befund. Wenn man die Wirtschaft als einen Organismus betrachtet, der sich über lange Zeiträume entwickelt, dann ist die Inflation nur eine Art gesundes Fieber der Umstellung auf neue Lebensbedingungen und keine unheilbare Krankheit. Dieser Auffassung hat David Warsh zum Durchbruch verholfen.

Den Anstoß zu seinen Thesen gaben die historischen Studien zweier Professoren an der London School of Economics. Es sind Sir Henry Phelps-Brown, Präsident der Royal Economic Society, und Sheila V. Hopkins. Beide Forscher hatten ihrerseits wohl Anregungen aus den Arbeiten über Löhne und Preise einer französischen

Schule der wirtschaftsgeschichtlichen Forschung bezogen, der auch François Simiand und Ferndinand Braudel angehören. Die beiden britischen Professoren entwickelten einen neuen Wertmaßstab, mit dem man Preisveränderungen über lange Zeiträume verfolgen kann. Anstelle eines »allgemeinen Preisniveaus« schufen sie einen genau definierten »Warenkorb« mit Nahrungsmitteln, Kleidung und Brennstoffen als Maßstab für die Lebenshaltungskosten einer beliebigen Periode. So brauchte man in den Preisvergleichen nicht mehr Äpfel mit Zinssätzen, Bestecke mit Teppichen oder Stiefel mit Eisenbahnbillets zu vergleichen, wie das lange Zeit in den Verbraucherpreisindizes geschah.

Phelps-Brown erklärte, daß die Veränderungen des Warenkorbinhalts sich stärker auswirken müssen als die Änderungen des Preises bezogen auf die Zeit. Das heißt, daß man Preise nicht als das Verhältnis zwischen Geldmenge und Warenmenge auffassen darf, weil die Waren oder Güter in einer Wirtschaft sich ständig und in vielfältiger Weise in Qualität und Zusammensetzung ändern und sich somit einer eindeutigen Bewertung entziehen. Im Laufe der Zeit können sich sogar ein und dieselben Güter im Wert ändern. Ein Auto wird zum Beispiel nicht nur durch seine eigenen Qualitäten, wie Motorleistung, Benzinverbrauch und Dauerhaftigkeit in seinem Wert bestimmt, sondern ebenso durch den Zustand der Straßen, die Auswahl der Fahrziele, die Treibstoffversorgung, die Verfügbarkeit anderer Verkehrsmittel, das reale Einkommensniveau und die Finanzierungsmöglichkeiten.

Diese und zahllose andere Kriterien beeinflussen Preis und Wertvorstellungen und widersetzen sich einer absoluten Quantifizierung und dem Vergleich mit Preisen früherer Zeiten, ob sie nun für Autos oder für Pferdekutschen gelten. In einer Fußnote zu seinem berühmten Aufsatz über die Inflation bemerkt Robert Solow trocken, daß alle, die solche Einwände für übertrieben halten, »sich zu einem Seminar über Indextheorie anmelden können. Doch sie werden es sehr langweilig finden.«[52]

Langweilig oder nicht, dies sind die Faktoren, die es so schwermachen, die Inflation zu definieren, zu quantifizieren und zu bekämpfen. Und genau diese Faktoren machen die gebräuchlichen Indizes aus wissenschaftlicher Sicht langfristig fast nutzlos und auch kurzfristig nur begrenzt brauchbar. Da wir alle diese problematischen Warenkorbzahlen als »die Inflation« zu sehen meinen, hat die Londoner Studie einmal die statistischen Grundlagen der Preisniveau-Theorie unter die Lupe genommen und die hartnäckigsten Vorstellungen über die Inflation in früherer Zeit zerpflückt. Diese bilden jedoch weiterhin den Hintergrund, vor dem unsere Ökonomen die heutigen Verhältnisse interpretieren.

Die am meisten verbreitete Vorstellung entspringt einem Schaubild, das in so vielen Lehrbüchern und Zeitschriftenartikeln erschienen ist, daß es in das Gehirn jedes Wirtschaftswissenschaftlers eingegraben sein muß. In der amerikanischen Version gleicht die Kurve, die das Preisniveau darstellt, der Silhouette einer alpinen Berg- und Tallandschaft mit nahezu gleich hohen Gipfel in den Kriegsjahren, etwa 1866, 1918 und 1945. Maßgebend für die heutige Sicht der Dinge ist jedoch die Tatsache, daß auf jeden Gipfel ein tiefer Einschnitt folgt – allerdings mit einer Ausnahme: Nach dem Zweiten Weltkrieg bleibt dieser Effekt aus, das Preisniveau fällt nicht ab!

Dazu schrieben Heilbroner und Thurow in ihrem Buch »The Economic Problem« (Das Problem der Wirtschaft): »In einem wichtigen Punkt weichen unsere heutigen Erfahrungen von denen der Vergangenheit ab... die Inflation scheint zu einem chronischen Symptom der Wirtschaftslage geworden zu sein.«[53] In dem von der Harvard University Press 1978 herausgegebenen Sammelwerk »The Political Economy of Inflation« (Die politische Ökonomie der Inflation) erklärte C. Panic dieses Preisniveau, das sich weigerte, in die Tiefe zu gehen, zur »schlimmsten Inflation der Geschichte in Friedenszeiten«[54].

In den Untersuchungen der zurückliegenden Inflationen mußte der wechselnde Inhalt des Warenkorbes einen beständigen historischen Zyklus aus Preisanstieg und Preisverfall hervorrufen. Phelps-Brown und Hopkins hingegen verfolgten die Wertentwicklung eines einzigen Warenkorbes über nicht weniger als sieben Jahrhunderte englischer Geschichte und verglichen sie mit der sich ändernden Kaufkraft eines Zimmermanns und eines Hilfsarbeiters in dem gleichen Zeitraum. Sie veröffentlichten die Ergebnisse in zwei Artikeln der britischen Fachzeitschrift »Economica«. Darin räumten sie auf mit der üblichen Vorstellung, die Inflation sei eine Spirale, die sich von einem festen Ausgangspunkt, etwa in Kriegszeiten oder nach der Entdeckung von Gold- oder Silbervorkommen oder anderen Reichtumsquellen, aufwärtswindet. Die beiden Wissenschaftler widerlegten gründlich die Auffassung, daß wir in einer Ausnahmesituation leben und die Schwierigkeiten in der Beurteilung der Inflation »unlösbar mit der relativen Stabilität des Kapitalismus unseres Jahrhunderts zusammenhängen«, wie der Historiker Maier in dem schon genannten Sammelwerk »The Political Economy of Inflation« schrieb. Plötzlich waren viele liebgewordene Klischeevorstellungen über die Inflation zunichte geworden.

David Warsh griff die Studie auf und bezog drei weitere Jahrhunderte in die Untersuchung ein, so daß sie nun bis ins Jahr 950 zurückreichte. Das Ergebnis war eine über tausend Jahre kontinuierlich verlaufende Kurve der Preisentwicklung für lebensnotwendige Güter in England. Statt der aus den Hundert-Jahres-Graphiken bekannten alpinen Zickzacksilhouette bietet sich jetzt dem Auge ein Jahrtausend der Hochebenen dar, die Jahrhunderte andauern und jeweils in einem inflationären Anstieg zum nächsthöheren Niveau enden. Die verblüffendste Entdeckung war, daß lange oder tiefe Einschnitte völlig fehlten. Die Wirtschaftsexperten wundern sich immer noch darüber, daß nach dem Zweiten Weltkrieg das Preisniveau nicht auf seinen früheren Stand zurückgefallen ist, dabei zeigt die Londoner Studie eindeutig, daß sich in dem untersuchten Zeitraum die Inflation niemals umgekehrt hat, im Gegenteil, sie ist immer weiter und immer massiver angestiegen.

Phelps-Brown und Hopkins bemerkten dazu: »Hundert Jahre oder länger gehorchen die Preise einem allmächtigen Gesetz. Es ändert sich, und sofort gilt ein neues Gesetz. Ein Krieg läßt die Kurve in einem Fall emporschnellen; in einem anderen hat er überhaupt keinen Einfluß. Wissen wir denn, welche Faktoren ein Zeitalter prägen? Und wie ist zu erklären, daß sie, nachdem sie alle Umstürze überstanden hatten, so abrupt und vollkommen anderen Faktoren Platz gemacht haben?«[55]

David Warsh wollte genau diese Fragen beantworten. Einen Hinweis gab schon die über sieben Jahrhunderte verfolgte durchschnittliche Kaufkraft eines englischen Zimmermanns, denn diese eine Kurve wies noch die Gipfel und Einschnitte, die Bergketten und Täler auf, die sich auch in den graphischen Darstellungen der Inflation finden. Jeder der langen Inflationsanstiege in der Preiskurve wird in der Kurve des Zimmermanns von katastrophalen Einbrüchen seiner Kaufkraft durchbrochen. Diese Einbrüche waren nicht etwa auf niedrigere Löhne zurückzuführen – rein zahlenmäßig fielen die Löhne nur selten in den sieben Jahrhunderten –, sondern auf den Wertverfall des Geldes gegenüber dem Korb mit den lebensnotwendigen Waren.

Was sind das für Zeitläufe, die bis zu einem Jahrhundert andauern, in denen die Teuerung den arbeitenden Menschen in die Knie zwingt, weil das Notwendigste unvermutet vier- oder fünfmal soviel kostet wie bisher? Es sind, laut Warsh, die glorreichsten Zeiten der Wirtschaftsgeschichte, jene langen Phasen, die unsere Historiker je nach Gusto als Entwicklungs-, Übergangs- oder Umbruchsphasen bezeichnen. Das sind die Zeiten, in denen neue Gesellschaftsklassen entstehen, die sich neu organisieren und neue Techniken anwenden. Zeiten, in denen menschliche Energie und Erfindungsgabe die Gesellschaft überschwemmen, in denen sie neue Berufe und Hierarchien, Ideologien und Verhaltensweisen schaffen. Neue Zeitalter brechen an, in denen eine ganz andere, viel kompliziertere Form der Arbeitsteilung die überkommene verdrängt. In den letzten tausend Jahren hat es – einschließlich der gegenwärtigen – vier dieser inflationären Umwälzungen gegeben.

Die erste Teuerung nach dem lange gleichbleibenden Preisniveau im Mittelalter läutete im dreizehnten Jahrhundert das feudale und kommerzielle Zeitalter ein. In dem von kriegerischen Stammesfürsten beherrschten England entstand ein kompliziertes Feudalsystem mit neuen Lebensformen und neuen Hierarchien der Lords, Ritter und Vasallen. Es wurden neue Berufe, neue Formen des Landbesitzes, der Güterherstellung und Verteilung geschaffen. Warsh schrieb dazu: »Den Ausgangspunkt dieser Entwicklung bildeten Städte und Kirchen und kriegerische Anführer. Am Ende standen Großstädte und Kathedralen und mächtige Könige mit einer Vorliebe für Kreuzzüge in den Orient.«[56]

Nach dieser großen Umwandlung der Wirtschaftsstruktur entstand für rund zweihundert Jahre, um das Jahr 1325, ein neues Niveau relativ stabiler Preise. Dann erlebte England seinen zweiten Umbruch unter der Tudor-Dynastie. Wieder wandelte sich die Gesellschaft, verfeinerte sich die Arbeitsteilung weiter. Die Preise stiegen ein Jahrhundert lang an, und in dieser Zeit beanspruchte der Staat ein Drittel des Volkseinkommens für sich.

Diese zweite große Umwälzung brachte der Merkantilismus hervor. Aus den feudalen Lehnsstaaten entstanden der Nationalstaat und der weltumspannende Kapitalismus. Englands Kriegs- und Handelsschiffe waren nun auf allen Weltmeeren anzutreffen, und nach dem Untergang der spanischen Armada im Jahre 1588 wurde die Tonnage der britischen Handelsmarine innerhalb von sieben Jahren verdoppelt. Die Kolonien lieferten reichlich Zucker und Tabak, die East India Company wurde gegründet, aus den Reihen der ärmlichen Krämer, Geldverleiher und Handwerker im kleinstaatlichen Europa erwuchs langsam die Weltwirtschaft mit ihren Bankiers, Reedern und Großkaufleuten, die sich ganze Kontinente mit friedlichen Mitteln untertan machten.

Lassen wir David Warsh noch einmal zu Wort kommen: »Fragen Sie einen Wirtschaftswissenschaftler nach dem Grund für die Teuerung im England des sechzehnten Jahrhunderts. Er wird Ihnen antworten, daß sie auf die Überschwemmung mit Edelmetallen aus der Neuen Welt zurückzuführen sei. Sogar Galbraith nennt diesen Grund in seinem Buch ›Money‹ (Das Geld). War es wirklich so einfach? Hat die Vergrößerung der Goldmenge wirklich die ›Inflation‹ ›verursacht‹? Oder hat vielmehr die zunehmende Kompliziertheit der Wirtschaftsbeziehungen und der so entstandene Mehrbedarf an Geld aufgrund gestiegener Preise die Entdeckung der Goldvorkommen ›verursacht‹?«[57]

Wie dem auch sei, die Inflation traf das am anderen Ende Europas liegende Schweden fast genauso hart wie Spanien, den Empfänger des Goldes, und England, das dieses Gold am besten verwenden konnte. Und obwohl immer mehr Edelmetall aus Südamerika eintraf, stabilisierten sich die Preise ab 1620 auf einem hohen Niveau, das sich bis zur Industriellen Revolution hielt.

Mitte des achtzehnten Jahrhunderts löste die Industrielle Revolution eine neue, sechs Jahrzehnte anhaltende Phase schneller wirtschaftlicher Veränderungen und eine stürmische Inflation aus. Nach dem Ende dieser Phase folgte Anfang des neunzehnten Jahrhunderts das gleichbleibend stabile Preisniveau des Industriezeitalters, dem sich die Inflation unserer modernen Wirtschaft anschloß. Diese dauert inzwischen schon fünfunddreißig Jahre und wird noch etliche Jahrzehnte anhalten.

Einfach ausgedrückt besagt die These von Warsh, daß inflationäre Phasen kennzeichnend sind für die kapitalintensive Entstehung neuer und komplexer werdender Wirtschafts- und Sozialformen. Wenn diese sich erst einmal stabilisiert haben, bremst der erhöhte Nutzen der großen Serie und der stärkeren Spezialisierung den Anstieg von Kosten und Preisen, die Verbraucher stellen ihre Nachfrage auf die neue Angebotsstruktur ein, und neue Ersparnisse bilden das Gegengewicht zu den Investitionen. Doch während die neuen Infrastrukturen noch aufgebaut, neue Lebensweisen eingeführt und bitter bekämpft werden, während neue Arbeitsteilungen, neue Berufe und Gewerbe, Geschäftszweige und Bürokratien unter großen Kosten und ohne Aussicht auf schnelle Rendite entstehen, existiert ein langes, sich ständig veränderndes Ungleichgewicht.

Jede der großen Umwälzungen brachte ein neues Regierungssystem und einen charakteristischen neuen Geschäftszweig hervor. In der Feudalzeit entstand der Typus des kleinen Händlers. Der Merkantilismus brachte starke Nationalregierungen und große nationale und internationale Handelsgesellschaften hervor. Die Industrielle Revolution schuf den rational begründeten, demokratischen Staat und die großen Industrieunternehmen. Unsere moderne Zeit endlich hat uns den bürokratischen Wohlfahrts- und Bevormundungsstaat beschert und außerdem einen schnell wachsenden, aber immer noch weitgehend ineffizienten und unproduktiven Sektor von Diensten und Projekten, seien sie nun staatlich oder korporativ, privat, gemeinnützig oder international.

Die anstrengenden Zeiten des gesellschaftlichen Umbruchs,

in denen neue Arbeitsteilungen entstehen, ähneln den Phasen, in denen neue Unternehmen gegründet und erweitert werden. Das sind die Phasen, in denen große Investitionen für Einrichtungen und Maschinen geleistet, ein Heer von Mitarbeitern eingestellt und ausgebildet, Schuldenberge abgetragen, Rationalisierungsprogramme durchgesetzt und astronomische Geldsummen bewegt werden und in denen es noch keine marktfähigen Produkte gibt.

In jüngster Zeit sind viele solcher Investitionen außerhalb der finanziellen Verantwortlichkeit der Firmen vorgenommen worden. Sie umfassen staatliche Ausgaben für wenig greifbare Dinge wie Erziehung, Weiterbildung, Versorgung und öffentliche Hygiene. Wenn man diese und die von der Wirtschaft selbst aufgebrachten Investitionen addiert, ergibt sich eine stattliche Anhebung des Investitionsniveaus für die letzten Jahrzehnte. Solche Kapitalverschiebungen sind charakteristisch für die inflationäre Anfangsphase des historischen Wirtschaftszyklus. Die Leistung von David Warsh besteht darin, daß er, gestützt auf die Pionierarbeit von Phelps-Brown und Hopkins, diese richtig erkannten einzelnen Phasen des historischen Wirtschaftszyklus auf das umfassende Panorama des sozialen und institutionellen Wandels projizierte.

Welche Erkenntnisse können wir daraus für unsere moderne Weltwirtschaft gewinnen? Wird das Drittel des Volkseinkommens, das der Staat investiert, sinnvoll genutzt? Werden wir eine neue Industrielle Revolution gesamtwirtschaftlicher Aktivitäten und Dienstleistungen erleben? Die vergangenen Teuerungen hielten ein ganzes Jahrhundert vor. Müssen wir uns mit unserer immer enger verflochtenen Weltwirtschaft auf eine ähnlich lange Durststrecke gefaßt machen, zumal sie uns alle vier großen Inflationsphasen gleichzeitig beschert? Einige Länder der Dritten Welt erwachen soeben erst aus ihrem dunklen Mittelalter, während andere sich schon in merkantilistische Nationalstaaten verwandeln, wieder andere sich überstürzt industrialisieren, während die westliche Welt gerade in die nachindustrielle Phase eintritt und gleichzeitig ihre industrielle und finanzielle Vorherrschaft festigt. Bei allem, was uns erwartet, ist eines klar: Wir müssen uns auf weiter steigende Preise einstellen.

Mit steigenden Preisen werden wir schon seit dem Zweiten

Weltkrieg bedient, und zwar auf der ganzen Welt. Man könnte die Theorie von Warsh ausbauen und auf die entwickelten Länder anwenden. Dort werden frühere Phasen der kapitalistischen Wirtschaftsentwicklung durchlebt, in denen staatliche und genossenschaftliche Wirtschaftstätigkeit sich in einem engeren Rahmen hielten.

Einige der höchstindustrialisierten Länder sind in den Verteidigungsanstrengungen – und in der Verurteilung des Reichtums – weit hinter den USA zurückgeblieben, so daß dort noch nicht das amerikanische Niveau der Staatsausgaben im Vergleich zum Bruttosozialprodukt erreicht ist. Trotzdem hat überall der große Wandel begonnen, und überall wird er von steigenden Preisen begleitet. Schon die finanzielle Verflechtung der Weltmärkte, die alles durchdringende Ausbreitung des internationalen Bankensystems, die Schaffung des gigantischen Eurodollarmarkts, die Entstehung der multinationalen Konzerne und die Macht der OPEC haben die Liquiditätsversorgung der Welt internationalisiert und ausgeweitet.

In Japan ging das Nachkriegs-Wirtschaftswunder mit einer ständig steigenden Inflation einher, die es den kapitalhungrigen Unternehmen faktisch erlaubte, die fleißig sparenden Bürger zu »besteuern«. Japans Geldmengen M_1 (Bargeld und Sichteinlagen) und M_2 (Bargeld, Sicht- und Spareinlagen) sind schneller gewachsen als sein Bruttosozialprodukt. Während der japanischen Hochkonjunktur von 1960 bis 1965 hat sich die japanische Geldmenge M_1 mehr als verdoppelt, die Menge M_2 stieg auf das Zweieinhalbfache, der Verbraucherpreisindex legte vierzig Punkte zu, das reale Bruttosozialprodukt wuchs um zwei Drittel, und die japanische Industrie stieß in die internationale Spitzengruppe vor. 1966 hatte das Verhältnis M_2 zu Bruttosozialprodukt 99 Prozent erreicht. Die USA brachten es damals wie heute nur auf gut 70 Prozent. Nach 1966 stieg Japans M_2 im gleichen Tempo wie das nominale Bruttosozialprodukt, jedoch mit wenig Einfluß auf das reale Wachstum oder die Inflation – bis zum Ölpreisschock der OPEC von 1973. Kurz gesagt, Japan führt die Industrieländer an, sowohl in der Inflation als auch im Wachstum. Einer der Gründe ist die hohe Exportleistung. Meistens haben die Länder mit Zahlungsbilanzdefiziten jedoch mehr unter der Inflation zu leiden. Japans Inflation resultiert hauptsächlich aus der ungeheuren Ausweitung der Produktionsanlagen mit wenig Eigenkapital, die dafür sorgen soll, daß auch in Zukunft jede Exportchance wahrgenommen werden kann.

Taiwan, Korea und die anderen blühenden Wirtschaftszentren Asiens, die mithelfen, das Überleben der freien Weltwirtschaft zu sichern, haben ebenfalls lange Inflationsschübe überstanden, als sie ihre Wirtschaft im Rekordtempo aufbauten und den Maoismus als asiatische Lebensform verdrängten. Von allen großen Industrieländern, die in den letzten Jahrzehnten die USA in der Produktivität überflügelten, hat nur die Bundesrepublik eine niedrigere Inflationsrate als die USA; Frankreich, Schweden und Italien dagegen, vor allem aber die Asiaten, steigerten ihre Produktivität – aber auch ihre Teuerungsrate – stärker.

Wenn man die Währungslage der verschiedenen Staaten miteinander vergleicht, so stellt man rückblickend fest, daß sich Verhältnisse eingestellt haben, die in groben Zügen durchaus der monetaristischen Theorie entsprechen. Wenn die Geldmenge M_1 schneller wächst als die Produktivität, stellt sich für gewöhnlich – wie erwartet – die Inflationsrate ein, doch man kann eine Reihe verschiedenartigster Währungssysteme finden, die alle erfolgreich sind.

In einigen Ländern, wie zum Beispiel Japan, hält sich die Geldmenge M_1 (Bargeld und Sichteinlagen) bei einem Drittel, die Geldmenge M_2 bei etwa 100 Prozent des Bruttosozialprodukts. Im Gegensatz dazu liegt in der Bundesrepublik M_1 bei einem Sechstel und M_2, je nach Bewertungsmaßstab, bei 50 bis 65 Prozent des Bruttosozialprodukts. In den Vereinigten Staaten betrug M_2 durchweg 70 Prozent des Bruttosozialprodukts während der Konjunktur der sechziger Jahre, aber während der Stagflation der siebziger Jahre schrumpfte diese Geldmenge zeitweise. Indessen weisen die weniger entwickelten Länder mit galoppierender Inflation winzige Geldmengen im Vergleich zu ihrem Bruttosozialprodukt auf – zum einen, weil sie Zinsbegrenzungen verfügt haben, zum anderen, weil sie ein unterentwickeltes Bankensystem besitzen.

Diese historische Übersicht der Zusammenhänge zwischen Geldmenge, Inflation und Wachstum spricht gegen die Thesen, daß die Inflation das schwerwiegendste Problem eines Wirtschaftssystems sei oder nur eine Geldmenge in bestimmter Höhe eine gesunde Wirtschaft garantiere. Die beste Methode, die Inflation einzudämmen und ihre Auswirkungen zu mildern, ist die Förderung des Wachstums auf dem Privatsektor. Geldmengenmanipulationen hemmen vor allem das Wachstum der Privatwirtschaft und fördern die Expansion der staatlichen Wirtschaftstätigkeit und Intervention, die sich am häufigsten als Ursache für Wirtschaftsprobleme herausgestellt haben.

Die amerikanische Wirtschaftspolitik kann aus den Beispielen Deutschlands, Japans und einiger Staaten in Asien nur lernen, daß man Investitionen und Produktivität durch eine Senkung der immer noch konfiskatorischen Steuersätze auf hohe Einkommen aus Kapitalanlagen steigern muß. Die nachfrageorientierte Wirtschaftspolitik, ob nun von Keynes oder monetaristisch inspiriert, kann uns nichts mehr bieten.

Wir sollten nicht mehr versuchen, alle möglichen gesamtwirtschaftlichen Faktoren zu korrigieren, sondern eine Politik ins Auge fassen, die Anreize für Arbeit und Investition bietet, die das Geld in Bewegung bringt, die Kredit schöpft und damit die Erstellung von Gütern und Dienstleistungen ankurbelt. Das ist die Botschaft der neuen Wirtschaftslehre, von den Anhängern Laffers und denen der Diffusionstheorie.

Ebenso wichtig ist es, sich mit der strukturellen Dimension der schlimmsten und verwirrendsten Inflation zu befassen: der Inflation in den USA. Vor dem Wechselspiel von Angebot und Nachfrage ist der Grundpreis jedes marktreifen Produkts die Spitze einer Pyramide der Produktion. Sie setzt sich zusammen aus den Faktoren, die zum Wert des Produkts beitragen und aus denen sich Ansprüche an diesen herleiten lassen. Die Pyramidenspitze ist die an den Preis weitergegebene Summe aus den eigenen Zwischenkosten zuzüglich eines Teils fremder Kosten. Wenn die Pyramide dadurch wächst, daß der Produktionsprozeß sich auffächert und weiter spezialisiert, neue Teams von Mitarbeitern und Managern sich in die Produktionsstruktur einfügen, der Staat seine Leistungen erhöht und mehr Steuern kassiert, fremde Staaten mehr Geld für ihr Öl verlangen und endlich das ganze Wirtschaftssystem sich ausdehnt und vereinheitlicht, dann erhöht der Preis an der Spitze sich zwangsläufig mit den wachsenden Ansprüchen an den geschaffenen Wert.

Wenn das ganze System geschrumpft ist und rationell arbeitet, wird sich der Preis an der Pyramidenspitze nicht mehr erhöhen; er kann sogar fallen. In einer Zeit, da viele neue Preispyramiden geschaffen werden und alte weiterwachsen – und auch die Spanne von Zwischenkosten zu Endpreisen größer wird, muß das Preisniveau steigen.

Ich schreibe diese Zeilen Anfang April 1980, inmitten tropischer Gewächse, blankpolierter Spiegel und getäfelter Wände, in einem Restaurant von Seattle, Oregon. Das Restaurant schmiegt sich an einen steilen Hügel im Geschäftszentrum der Stadt. Mein Blick schweift durch die Panoramascheiben über die Elliott Bay und weiter zu den Olympischen Bergen am Horizont. Ich bezahle 3,25 Dollar für einen »französischen« Käsetoast und 1,25 Dollar für einen Cappucino. Woanders in Seattle könnte ich den gleichen Cappucino und einen viel größeren Toast für weniger als die Hälfte bekommen. Ich bezahle mit meinen 5 Dollar jedoch gleichzeitig die Architekten und Zimmerleute, die Lieferanten tropischer Pflanzen, die Anzeigen in der »Seattle Times«, den Druck der Speisekarte, die schwarzen Schleifen und die Aufmerksamkeit der Kellner, die Köche und Abwaschfrauen, Landwirte und Lastwagenfahrer, Maurer und Glaser, Buchhalter und Anwälte. Doch vor allem ist in dieser Preispyramide, wie David Warsh erklärt, die Pyramide der staatlichen Leistungen enthalten, die an jedem Punkt des Produktionssystems mit Steuern und mit Inflation bezahlt werden müssen.

Dieser neueste Typ der Inflation ergibt sich laut Warsh aus der »Diffusion« der staatlichen Belastungen in die Preisstruktur hinein. Diese Belastungen reichen von den Preisaufschlägen der OPEC bis zu den Sozialleistungen der Regierung. Die Regierung hat die Inflation der siebziger Jahre verursacht. Mit seinen immer umfangreicheren Diensten und unguten Versorgungen, mit seinem Leerlauf und übermäßigen Einfluß hat der amerikanische Staat seine Kosten seit 1965 um 68 Prozent schneller als das Bruttosozialprodukt, um 80 Prozent schneller als das Preisniveau und um 70 Prozent schneller als die Privateinkommen gesteigert. Steuererhöhungen brachten die Spirale in Gang, und der anhaltende Steuerdruck sorgte dafür, daß sie nicht stillstand. Alle Sektoren reagierten defensiv. So betrug die Steigerung der Preise für Nahrungsmittel von 1940 bis Juni 1979 nur ein Viertel, die des Ölpreises sogar nur ein Sechstel des Anstiegs der Kosten für die staatlichen Leistungen.

Eines geht ganz klar daraus hervor: Keiner Gruppe der Gesellschaft, nicht einmal der gewerkschaftlich organisierten Arbeiterschaft, geht es während der Inflation so gut wie dem Staat auf allen Ebenen, also Bund, Einzelstaaten und insbesondere Gemeinden. Die Spirale nahm ihren Anfang mit den Ausgaben für die Kinder aus dem Baby-Boom, die in Schulen und Colleges unterzubringen waren. Doch dann hielten profilierungssüchtige Politiker und soziale Notwendigkeiten die Spirale in Gang. Die folgenschwerste wirtschaftliche Entwicklung der Jahre 1970 bis 1975 war wohl die Vervierfachung der Ausgaben von Staats- und Gemeindeverwaltungen.

Der Staat hat sich laut Warsh – sei es nun im guten oder im bösen Sinne – zu einem Produktionsfaktor wie Land, Arbeitskraft und Kapital entwickelt. Er wird nicht mit Löhnen, Mieten, Zinsen oder Gewinnen bezahlt, sondern mit Steuern – den ständigen Zahlungen für die Bürokratie. Viele staatliche Aktivitäten sind nutzlos oder sogar schädlich, so wie es die privaten Multimilliarden-Branchen Rauschgift und Pornographie – von den Zigaretten ganz zu schweigen – auch sind. Doch leider brüsten sich sogar konservative Kongreßabgeordnete mit den Staatsausgaben, die ihrem Wahlbezirk zugute kommen und helfen immer mehr nutzlosen Projekten über die parlamentarischen Hürden. Wir werden auch in Zukunft mit dem aufgeblähten, geldverschlingenden Staatsapparat leben müssen.

Bei dieser Sachlage wirkt es selbstmörderisch, wenn die Konservativen behaupten, den inflationären Schub, den die Steuern in die Kosten einbringen, könne man mit monetären Mitteln beseitigen. Irgendwann werden die »Fortschrittlichen« in Amerika – wie einst die Sozialisten in England – feststellen, wie leicht es ist, mit monetären Restriktionen die Privatwirtschaft abzuwürgen, den staatlichen Sektor jedoch zu verschonen und dadurch Vorwände für Verstaatlichungen in die Hand zu bekommen.

Nachdem der Staat zu einem nicht mehr zu beseitigenden Produktionsfaktor geworden ist, gibt es nur ein Mittel, seinen verderblichen Einfluß auf die Preise zu beseitigen: ihn wirtschaftlicher zu machen. Das kann man durch Einschränkungen seiner Kapazitäten oder durch Steigerung seiner Produktivität erreichten – so wie man einen Betrieb der Privatwirtschaft durch verringerten Einsatz von Arbeitskraft oder Kapital wirtschaftlicher machen kann. Die Belastungen durch den Staat können von der Privatwirtschaft nur teilweise aufgefangen oder umgelegt werden. Meistens werden sie abgewälzt. So verteilen sie sich auf alle Löhne, Gehälter, Gebühren und Honorare. Sie werden in jedem Tarifvertrag und auf alle Preise aufgeschlagen, weil die Bürger versuchen, ihren *realen* Besitzstand zu sichern. Am Ende stehen die Währung, das Finanzministerium und die Zentralbank für die sich ameisenartig vermehrenden Staatsausgaben gerade.

Viele Konservative meinen, daß die Zentralbank diese Ausgabenausweitung nicht zulassen sollte, daß sie Geld und Kredit verknappen und versuchen sollte, die Kostenspirale anzuhalten. Dafür ist es längst zu spät! Ist man erst einmal die finanziellen Verpflichtungen eingegangen, ist die neue Arbeitsteilung effektiv, die Pyramide aufgestockt, dann hat die Zentralbank überhaupt keine Wahl mehr. Die Preise werden weiter steigen, bis das neue Gleichgewicht gefunden ist und die Verbraucher ihre Nachfrage auf das neue Angebot eingestellt haben.

Wer fordert, daß die Zentralbank die Ausgabenpolitik nicht mitmacht, der verlangt, daß die Wirtschaft die Zeche zahlt. Die Opfer wären ja nicht die Mittelständler mit ihren Häusern und anderen Werten, auch nicht die Staatsbediensteten mit ihren Pensionen und Vergünstigungen oder die organisierten Arbeitnehmer mit ihren Tarifgehältern. Diese Gruppierungen besitzen zuviel politische Macht, um Einschränkungen hinnehmen zu müssen. Nein, unsere Zukunft würde geopfert werden, die lebensnotwendigen Investitionen der Privatwirtschaft, das kreative Wachstum, die Produktionsmittel für marktreife neue Produkte ausbleiben. Letztlich müßten all die Kräfte der freien Wirtschaft verkümmern, die auch den Staat am Leben erhalten, die seine Position auf dem Weltmarkt und im militärischen Gleichgewicht verteidigen.

Natürlich sollte die Zentralbank das Kreditvolumen nur vorsichtig, nach Maßgabe des Wachstums der Wirtschaft und der staatlichen Leistungen, regulieren. Aber jeder Versuch, die Inflation in schwierigen Zeiten nur durch monetäre Restriktionen zu bekämpfen, muß mit zusätzlicher, intensiverer und andauernder Inflation enden.

Eines unserer Hauptprobleme ist das Ungleichgewicht zwischen dem staatlichen und privaten Sektor, zu sehen an der Zahl der Staatsbediensteten, die von jedem Preis ihr Teil abzwacken. Dieses Problem wird aber durch Einschränkung privater Kredite nur verschlimmert. Selbst wenn etwaige Restriktionen sich nur in einer schamhaften Verringerung des staatlichen Aufwands äußern – die übrigens nur bis zur nächsten Rezession anhält –, werden die fehlenden Regierungsaufträge das ursprüngliche Ungleichgewicht zwischen Staat und Privatwirtschaft wiederherstellen. In der gegenwärtigen Lage ist kein praktikables Programm zur Eindämmung der Inflation denkbar – außer eben der Lafferschen Wirtschaftspolitik und einer Stärkung der Angebotsseite. Es gibt keine Alternative zu einer Erhöhung der Produktivität auf dem öffentlichen wie auf dem privaten Sektor.

Die Inflation wird nicht vorwiegend von den Staatsschulden verursacht. Wenn man das Defizit durch höhere Steuern bei gleicher Geldmenge auszugleichen versucht, werden die Preise in gewohnter Weise nach dem Kostengesetz steigen. Es würde weniger Investitionen, eine geringere Produktion und weniger neue Produkte geben, aber die Preise für das schrumpfende Sortiment alter Produkte müßten steigen, um die zusätzliche Last direkter Staatsausgaben zu tragen. Nur eine expandierende Geldmenge sichert das Überleben der Privatwirtschaft gegen alle staatlichen Mächte, von der OPEC bis zur Gemeindeverwaltung. Der einzige Weg, der Menschheit diese Last zu erleichtern, ist eine Produktivitätssteigerung – insbesondere bei den staatlichen Leistungen und Diensten, der Wachstumsbranche unserer Phase des Kapitalismus.

Die Produktivität von Dienstleistungen

Die neuen inflationären Bereiche der modernen Wirtschaft sind der Bereich des Staates und der Dienstleistungsbereich, die auch die nichtproduzierenden, steuerverschlingenden, manchmal gemeinnützigen Sektoren der Gesellschaft darstellen. In diesen Bereichen arbeiten die vielen Anwälte und Sozialarbeiter, Lehrer und Reiseveranstalter, Krankenschwestern und Computerprogrammierer und auch die Rocksänger und Managementberater. Hier, in den miteinander verschmelzenden Welten der Dienstleistungen und staatlichen Leistungen sind viele neue Berufe entstanden. Hunderttausende von Menschen bringen ihre Energie, ihren Unternehmungsgeist, ja ihre Hoffnungen in diese Dienste unseres »nachindustriellen« Zeitalters ein. Es wird nicht leicht sein, sie in das Industriezeitalter zurückzuholen. Das nostalgische Gerede von einer Rückkehr in die ländliche Kleinwirtschaft, zum Kleingewerbe und zur Heimarbeit verstärkt natürlich noch die Anziehungskraft des Dienstleistungssektors. Seine Funktionen, seine Leistungsfähigkeit werden – nach dem Modell von David Warsh – bestimmen, wann und wie – ob zu unserem Besten oder zu unserem Verderben – die gegenwärtige Inflation enden wird.

Dienstleistungen umfassen ein weites Spektrum von mehr oder minder qualifizierten Tätigkeiten, mit denen nichts hergestellt oder erbaut wird. Manche von ihnen sind sehr alt und uns sehr vertraut – sie reichen vom ältesten Gewerbe der Welt bis zum Laden an der Ecke. Jede Definition muß willkürlich sein. In gewisser Weise sind alle Güter Dienstleistungen. Wenn jemand einen Wagen oder einen Fernseher kauft, kann man auch sagen, er erwirbt Transportleistungen oder Unterhaltung. Das Entgelt dafür ist im Kaufpreis kapitalisiert. Wenn dieser Begriff in den Sozialwissenschaften verwendet wird, zum Beispiel um die sinkende Wirtschaftskraft einer Nation zu erklären oder um die »nachindustrielle Gesellschaft« zu beschreiben, sind mit Ausdrücken wie »Revolution der Dienstleistungen« oder »Heraufkunft der Dienstleistungs-Wirtschaft« zwei Gruppen von Tätigkeiten gemeint, durch die Bedürfnisse der Menschen erfüllt werden, ohne konkrete Dinge herzustellen.

Die kleinere dieser beiden Gruppen umfaßt Schulen, Krankenhäuser, Museen, Einzelhandelsgeschäfte, Zeitarbeitsvermittlungen, die freien Berufe und vieles mehr. Die größere hingegen schließt – mit Ausnahme von Bergbau, industrieller Fertigung, Baugewerbe und Landwirtschaft – die gesamte Wirtschaft ein. Sie umfaßt also Finanzierung, Versicherung, Immobilien, Verkehr, Nachrichtenübermittlung, Strom- und Gasversorgung sowie alle verteilenden und fürsorgenden Tätigkeiten der kleineren Gruppe.

Die größere Gruppe erregte Anfang der sechziger Jahre einiges Aufsehen, weil sie – die staatlichen Leistungen nicht gerechnet – die amerikanische Industrie in der Beschäftigtenzahl erstmals übertraf. Das war der Anlaß zu grandiosen Theorien, nach denen die USA sich in eine »Dienstleistungsgesellschaft« verwandelt hätten und nun in die »nachindustrielle Phase« einträten. Zwar war Großbritannien nach solchen Kriterien bereits 1850 eine Dienstleistungswirtschaft, doch man muß zugeben, daß sich etwas Unerhörtes ereignet hat und daß der Begriff der nachindustriellen Phase durchaus sinnvoll sein kann.

Ebenfalls zu Anfang der sechziger Jahre wurde eine Reihe von Berufen mit Spezialwissen als »die neue Klasse« gefeiert – dazu zählten Programmierer, Labortechniker, Medienexperten, Anwälte und sonstige Rechtsexperten, Ärzte und Paramediziner, Architekten und Spezialarchivare, Sozialarbeiter, Professoren und alle möglichen Berater. Die Soziologen der Avantgarde holten ihre Kristallkugel aus der Mottenkiste und erblickten in ihr eine Gesellschaft, in der die güterproduzierende Industrie nur noch ein Drittel der gesamten Arbeitnehmerschaft beschäftigt und sich der Arbeitnehmerzahl der »neuen Klasse« der Dienstleistungsberufe unterordnet.

Alle diese Spekulationen enthalten einige richtige Beobachtungen der Veränderungen, die in unserer Gesellschaft vor sich gehen und noch lange nicht abgeschlossen sind. Doch gleichzeitig wagen ihre Urheber Voraussagen, die zumindest bezweifelbar sind. Danach soll die produzierende Industrie noch weiter schrumpfen, weil die Mitarbeiter durch Automatisierung und andere technische Fortschritte weitgehend überflüssig werden. Indessen soll der so arbeitsintensive und ziemlich unproduktive Dienstleistungssektor immer mehr Arbeitskräfte aufnehmen, immer mehr politisches und wirtschaftliches Gewicht bekommen und sich ein immer größeres Kuchenstück aus dem Bruttosozialprodukt herausschneiden. Einigen Experten zufolge muß diese Entwicklung die strukturelle Inflation und den Produktivitätsabfall manifestieren.

Als Ergebnis dieser Verschiebung des Schwergewichts von der Güterproduktion zu den Dienstleistungen wurde eine Umkehrung der starken Produktivitätserhöhung vorausgesagt, die sich aus der früheren Verschiebung von der Landwirtschaft zur Industrieproduktion ergeben hatte. Den mehr lyrisch veranlagten Wirtschaftspropheten gelang es, sich ein allumfassendes Hirtenidyll auszumalen, in dem die despektierliche Güterherstellung ganz den automatisierten Fabriken obliegt und die vornehmlich soziologisch geschulten Menschen der fast chemisch reinen Dienstleistungsgesellschaft einander Gutes tun.

Ähnliche Zukunftsvisionen stammen, natürlich in akademisch verfeinerter Form, von Daniel Bell, Peter Drucker, Scott Burns und anderen. Wenn sie wirklich fundiert wären, würden sie uns wahrlich nichts Gutes verheißen. Nachdem Dienstleistungen an sich unproduktiv sind, kann die Inflation in der Dienstleistungsgesellschaft angeblich nur mit monetären Mitteln bekämpft werden. Einschließlich der staatlichen Dienste, die praktisch immun gegen Produktivitätssteigerungen erscheinen, würden dann zwei Drittel aller Beschäftigten kostensteigernde Tätigkeiten ausüben, die sich jeglicher technischen Verbesserung entziehen.

Wenn das alles stimmte, würde die Inflation, die wir jetzt erleben, aus dem Rahmen des Modells von Warsh fallen. Was sich ankündigt, ist demnach keine neue Arbeitsteilung, von der zu erwarten ist, daß sie wie die vorangegangenen ihre Schwächen überwinden, Steigerungen in Umsatz und Spezialisierung, niedrigere Kosten und eine Verlangsamung des Preisanstiegs mit sich bringen wird. Die hochentwickelten Nationen bereiten sich nach diesen Annahmen vielmehr auf eine stagnierende Wirtschaft vor, die von einer riesigen Regierungsbürokratie reglementiert wird. Kapitalkosten und Staatsschulden könnten dann nicht mehr von zukünftigen Erträgen gedeckt werden. Statt dessen würden die Nationen immer neue Inflation schaffen, nur um ihre laufenden Verpflichtungen zu erfüllen.

Die Geschichte kennt weit mehr Beispiele schwerfälliger Bürokratien, die Kreativität und Wachstum ersticken oder privaten Wohlstand durch langandauernde Inflation zerstören, als Fälle, in denen die Staatsverschuldung nach dem von Warsh beschriebenen Rezept behoben wurde. Daß Dienstleistungen und staatliche Leistungen als Wachstumssektoren die Gesellschaft in eine glückliche nachindustrielle Phase überführen könnten, ist in der Tat kaum vorstellbar. Doch es bleibt verführerisch, sich resigniert mit der Fortsetzung bestehender Trends, auch wenn sie in die Katastrophe führen, abzufinden, als sich mutig auf kreative Neuerungen und Überraschungen einzustellen, die eine neue Ära des Friedens ohne Inflation und des Fortschritts bringen können.

Es gibt genug Anlaß zur Schwarzmalerei. Der staatliche Sektor und der Dienstleistungssektor errangen ihre gegenwärtige Vormachtstellung nur zum Teil durch wirklich notwendige Leistungen. Beide haben enorm von der Inflation profitiert. Im Jahre 1978 zum Beispiel nahm der Staat 50 Milliarden Dollar an zusätzlichen Steuern ein. Die fielen an durch das inflationsbedingte Aufrücken der Bürger in höhere Steuerklassen, beanstandete Steuererklärungen sowie die ebenfalls inflationsbedingte Erhöhung der Sozialversicherungsbeiträge. Zugleich konnte der Staat seine Schulden um 58 Milliarden inflationärer Dollar niedriger ansetzen. Das macht einen gesamten Inflationsgewinn von 108 Milliarden Dollar, der aus den Löhnen, Gehältern und Ersparnissen des privaten Sektors aufgebracht werden mußte. Es wird gern darauf hingewiesen, daß Schuldner von einer sinkenden Währung profitieren, doch sollte man dabei vor allem an den Staat denken, den größten aller Schuldner mit einer Billionen-Dollar-Gesamtverschuldung.

Daß die Betriebe des Dienstleistungssektors zu den großen Inflationsgewinnlern gehören, ist weniger bekannt. In mehreren Studien der Brookings Institution wird nachgewiesen, daß die Dienstleistungsbranche die einzige Branche war, die vom Einfluß der steigenden Preise auf Abschreibungen und andere Steuermodalitäten profitierte. Im Dienstleistungssektor werden die Gewinne naturgemäß nämlich weniger von den Preiserhöhungen für Anlagegüter und unzureichenden Abschreibungsmöglichkeiten geschmälert. Das Kapital sind hier ja vorwiegend Menschen, und die »Entwicklungskosten« sind meistens schon mit den Steuern bezahlt, die in die Schulen und Universitäten fließen. Zudem profitieren Dienstleistungsbranche wie Gesundheitswesen und Erziehung von den Regierungsprogrammen für Wohlfahrt, Gesundheitsvorsorge, Krankenfürsorge und natürlich von den vielen amtlichen Vorschriften, die alle Bereiche regeln, vom Umweltschutz bis zur Unfallverhütung, die ein Heer von Gutachtern und Experten in Lohn und Brot setzen. All das bürdet den produzierenden Industrien neue Lasten auf.

Nachdem also klar ist, daß der Dienstleistungssektor auch durch versteckte Subventionen so groß geworden ist und der Staat an der von ihm geschaffenen Inflation verdient, sind die Aussichten der Volkswirtschaft, ungeschoren oder gar gestärkt aus diesem Jahrzehnt der Schuldenmacherei herauszukommen, mehr als gering. Dagegen hat die andere der historisch begründeten Zukunftsvisionen, die den nationalen Verfall und eine immer mächtiger werdende Bürokratie weissagt, dem Anschein nach bessere Chancen, Wirklichkeit zu werden.

Doch allen Horrorgemälden zum Trotz können Staat und Dienstleistungssektor sich sehr wohl in das Modell von Warsh einfügen. Bei genauer Betrachtung läßt sich feststellen, daß die meisten Dienstleistungsbranchen Verbesserungen der Leistungsfähigkeit aufweisen, die sich neben denen der übrigen Wirtschaft durchaus sehen lassen können. Hier ist auch mit weiteren großen Fortschritten durch neue Techniken und Managementmethoden zu rechnen. Sogar der Staat ist trotz der vielen Aufgaben, die er übernommen hat und für die er eigentlich gar nicht zuständig ist, trotz seiner zweifelhaften Hilfsprogramme und seiner Verschwendung, durchaus zu Produktivitätssteigerungen fähig, die im Laufe der Zeit zu Minderungen der Belastung für die Wirtschaft führen können, wenn man auch nicht gleich mit drastischen Ausgabenkürzungen rechnen darf.

Obgleich andererseits außer Zweifel steht, daß man die staatlichen Aufgaben und Leistungen rigoros beschneiden könnte, gibt es nicht einmal in der Republikanischen Partei Anzeichen dafür, daß jemand mit der Kürzung der laufenden Programme Ernst machen will. Ein Anhaltspunkt dafür ist die starke Erhöhung der Rüstungsausgaben, denn die Rüstung ist wohl die inflationsförderndste aller staatlichen Aktivitäten, weil sie Geld in die Wirtschaft pumpt, einen harten Wettbewerb um die knappe technische Intelligenz und die Rohstoffe führt, aber keine im Inland zu verbrauchenden Güter erzeugt. Wir stehen vor der schwierigen Aufgabe, die Privatwirtschaft auszubauen und gleichzeitig die Leistungsfähigkeit der nicht mehr abzubauenden staatlichen und privatwirtschaftlichen Dienstleistungseinrichtungen zu erhöhen. Glücklicherweise ist das nicht unmöglich.

Der Hauptkampfplatz dieser Branche ist das Büro, so wie die Fabrikhalle der Hauptkampfplatz der Industrie ist. Bürotechnik – vom Locher bis zum lesenden Computer – ist das Anlagekapital der meisten Dienstleistungsbetriebe. In den siebziger Jahren stieg die Produktivität der Industrie um 90 Prozent, die der Dienstleistungen nur um 4 Prozent, also um weniger als ein halbes Prozent pro Jahr. Merkwürdigerweise expandierten oftmals gerade die Industrien am meisten, deren Geräte die Leistungsfähigkeit der Büros steigern. Von IBM bis 3M, Control Data bis Wang Laboratories, Texas Instruments bis Hewlett Packard, Olivetti bis Motorola, konnten die Hersteller von Zentralcomputern, Datensichtgeräten, Fernkopierern, Datenübertragungs- und Textverarbeitungsanlagen auf stolze Wachstumsraten von jährlich rund 20 Prozent verweisen.

Anfang 1979, im Jahr der iranischen Ölkrise, stuften die Finanzanalytiker die Bürotechnik als die führende Wachstumsbranche hinter den Energiewerten ein. Büros und Verwaltungen aller Art legten sich immer mehr derartige Anlagen zu, die zuerst zwar nicht leicht zu beherrschen sind, auf lange Sicht jedoch große Rationalisierungsgewinne abwerfen.

Die neue Bürotechnik wurde zunehmend im Verbund mit Managementsystemen geliefert. Die Computer- und Terminalhersteller verkauften nicht mehr Maschinen schlechthin, sondern »Informationssysteme«, »dezentralisierte Datenverarbeitungskapazitäten«, »Planungs-, Analyse- und Steuerungspartnerschaften«, »integrierte Funktions- und Leistungssysteme« oder einfach »Problemlösungen«. Dieses Fachchinesisch zeigt, wie notwendig es ist, die Bürotätigkeiten mit technischen Mitteln zu reorganisieren und zu rationalisieren. Mit jeder neuen technischen Lösung für ein Verwaltungsproblem ergibt sich für die Büroarbeit ein Rationalisierungsgewinn um ganze Größenklassen, wie Adam Smith schon in seiner berühmten Untersuchung über die Vorteile der großen Serie und der Spezialisierung in der Nadelfabrikation nachgewiesen hat.

Die neue Bürotechnik gibt vielen Dienstleistungsbetrieben in der Tat schon den ersehnten Auftrieb. Auf der Liste der 1979 bevorzugten Aktien standen – gleich nach den Energiewerten und den Bürotechnik–Herstellern – drei Dienstleistungsbranchen: Banken, Gesundheitsdienst und Luftfahrtgesellschaften, die alle mit den neuen Computer-, Datenübertragungs- und Textverarbeitungsanlagen rationalisieren. Andere Zweige, die davon profitieren, sind Supermärkte, Schnellrestaurants, Kommunikations- und Werbeunternehmen, Versicherungen, Immobilienfirmen sowie die Einrichtungen für gedruckte und elektronische Medien. Gemäß den Erkenntnissen von Warsh haben alle diese Branchen zunächst in kostspielige Einrichtungen investiert, die am Anfang die Kosten erhöhen, aber später Produktivität und Gewinn steigern. Der unvermeidliche Dienstleistungssektor wird immer vielseitiger, und gerade dadurch kann er der Gesamtwirtschaft entscheidende Impulse geben.

Man kann sogar sagen, daß die Dienstleistungsbranche jetzt in ihre industrielle Phase eintritt. So hat Theodore Levitt von der Harvard Business School (Harvard-Wirtschaftsschule) festgestellt: »Erst vor kurzem hat man in einigen der angestammten Dienstleistungsbranchen und Dienstleistungsberufen damit begonnen, im industriellen Maßstab zu denken. Seit kurzem erst sieht man Dienstleistungen mit den Augen des Industriellen anstatt aus dem Blickwinkel des Menschenfreundes. Genauso haben die Menschen im siebzehnten Jahrhundert die Arbeit allmählich mit den Augen des Fabrikanten und nicht mehr mit denen des Handwerkers betrachtet. Die sogenannte nachindustrielle Gesellschaft ist nicht nachindustriell, denn die Industrialisierung ist ebenso anwendbar auf die Dienstleistungen wie auf die Güterherstellung, in den Dienstleistungs- wie in den Handwerksberufen.«[58]

Für die im Dienstleistungssektor allerdings noch vorherrschende Inflationsmentalität ist das Krankenhaus das beste Beispiel. 1950 betrug der durchschnittliche Tagessatz je Bett 16 Dollar, 1979 hatte er 200 Dollar überschritten. Hier haben wir wieder die bekannten Schwierigkeiten mit dem wechselnden Inhalt des Index-Warenkorbs. Dazu sagte Martin Feldstein vor dem amerikanischen Senatsunterausschuß für Gesundheit aus: »Es muß doch auffallen, daß die Krankenhauspflege heute ganz anders aussieht als vor fünfundzwanzig oder selbst vor zehn Jahren. Heute ist sie vielseitiger, gründlicher und wirksamer. Die Kosten für die Gesundheit steigen deshalb soviel schneller als die übrigen Preise, weil die Ärzte und die Patienten sich nicht mehr mit den bewährten alten Medikamenten und Einrichtungen begnügen, sondern neue, viel teurere Dinge verlangen. Der Anstieg der Krankenhauskosten ist also keine Preisinflation, sondern Repräsentant all der Verbesserungen, die in den Tagessatz einfließen.«[59]

Der natürlich in der Steigerung der Kosten für die Gesundheit auch enthaltene Anteil der Preisinflation ist eher auf die zunehmende staatliche und private Überversicherung der Patienten zurückzuführen. Feldstein belegte zum Beispiel, daß ein privatversicherter Patient von den realen Mehrkosten für ein 250-Dollar-Zimmer ganze 8 Dollar zu tragen hat. Auch hier könnte man mit den neuen technischen Hilfsmitteln rationalisieren, wenn die Ansätze dazu nicht von immer neuen Versuchen, Preiskontrollen einzuführen, vereitelt würden. Die Medizin ist ein gutes Beispiel für die zu beseitigenden Unzulänglichkeiten, aber auch für die Chancen, die sich mit dem Umbruch im Dienstleistungssektor ergeben.

Die staatlichen Aufsichts- und Kontrollvorschriften verwikkeln die Mediziner in immer neue Formularkriege. Die Automatisierung würde den Ärzten und Schwestern mehr Zeit für ihre Patienten lassen. Ein Assistenzarzt ist heute schätzungsweise zu 90 Prozent mit Verwaltungsarbeit ausgelastet! Die wachsende, aber leider oft auch notwendige Bürokratie verursacht viele unbefriedigende, streßgeladene Arbeiten. Die Automatisierung würde auch dem Chef die Kontrolle erleichtern, und viele Verwaltungsangestellte in Routinejobs würden für sinnvollere Tätigkeiten frei werden.

Schon ohne volle Automatisierung lassen sich beachtliche Erfolge erzielen. Ein Beispiel für kleine Verbesserungen, die große Rationalisierungseffekte zeitigen, ist der »heiße Draht« für Diabetiker, den Dr. Reese Alsop und Dr. Peter Bourne eingeführt haben. Diabetiker im Koma verursachen in den amerikanischen Krankenhäusern jährlich Kosten in Milliardenhöhe. Fällt ein Diabetiker in Koma, muß er lange Zeit im Krankenhaus liegen und mit großem Aufwand gepflegt werden. Oft muß er vorsorglich eingeliefert werden, wenn ein Anfall zu befürchten ist. Im Jahr 1970 richtete ein Krankenhaus in Los Angeles versuchsweise eine rund um die Uhr bestehende telefonische Verbindung für kritische Diabetesfälle ein. Dadurch brauchten nur zwei Drittel der kritischen Fälle eingeliefert zu werden, oft war die Telefonverbindung sogar lebensrettend und das Hospital sparte 2,5 Millionen Dollar an Kosten. Bei der Anwendung im nationalen Maßstab würde dieses Verfahren viele Milliarden einsparen helfen.

Eine Industrialisierung ist nur erfolgreich, wenn neben den technischen Verfahren auch die Managementmethoden verbessert werden. Von einer derartigen Verbesserung würde gerade der Gesundheitsdienst enorm profitieren. Zu den Neuerungen auf diesem Gebiet zählen die ambulanten Chirurgiezentren, in denen nicht bettlägerige Patienten sich für ein Viertel der Hospitalkosten operieren und nachbehandeln lassen können. Weiter gibt es schon Diagnosekliniken mit angeschlossenen Labors, in denen die Patienten alle Untersuchungen, die sonst in weit auseinanderliegenden Instituten und Praxen vorgenommen werden, auf einmal absolvieren können. Diese immer zahlreicher werdenden medizinischen Zentren können nur durch den Einsatz modernster Verwaltungstechnik wirtschaftlich erfolgreich sein.

Aber auch durch die neueste medizinische Technik können die Kliniken große Einsparungen erzielen. Ein Beispiel sind die chirurgischen »Heftmaschinen«, die blutende Gefäße in Minutenschnelle beschneiden und verschließen. Früher dauerte das Abbinden und Vernähen von Arterien rund eine Stunde. Selbstverständlich sind heute schon Elektrokardiographen, die das gute alte Stethoskop verdrängt haben, Tomographen, die Gehirntumore lokalisieren, und hochwirksame antibiotische und antivirale Medikamente.

Krankenhäuser werden immer vielseitiger, immer teurer und kapitalintensiver. Ende der siebziger Jahre war ihr gestiegener Nutzen noch nicht so aus den enormen Kosten zu ersehen, doch künftig werden die kostenintensiven siebziger Jahre sich als die Phase erweisen, in der der Grundstein für ein humaneres und wirtschaftlicheres Krankenpflegesystem gelegt wurde – eine Entwicklung, die nur noch von Preiskontrollen gestoppt werden kann.

Die Industrialisierung hat jetzt alle Zweige der Dienstleistungswirtschaft erfaßt. Plastikkärtchen erweitern den Bankservice um ein Vielfaches, Fernsehnetze steigern die Produktivität der Unterhaltungskünstler ins Millionenfache, Textverarbeitungsanlagen nehmen den Sekretärinnen alle Routinearbeiten ab, Funkrufanlagen machen Feuerwehrleute und Ärzte jederzeit erreichbar. All das erfordert große Anfangsinvestitionen, die sich später jedoch mehr als auszahlen.

Auch die Tätigkeiten des Dienstleistungsbetriebes Staat können enorm rationalisiert werden. So sind schon viele Dienste durch Einschaltung der Privatwirtschaft dem Rentabilitätsprinzip unterworfen worden, in Ohio zum Beispiel die Steuerfestsetzung, in Arizona Feuerwehr und Krankentransport und in vielen Großstädten die Müllabfuhr. Überall sind durchweg erhebliche Kostensenkungen und Leistungssteigerungen die Folge. Manche staatlichen Dienste haben auch Techniken und Managementmethoden der Privatwirtschaft direkt übernommen. So hat das Handelsministerium zum Beispiel sechzehn Angestellte ausgewählt, sie für die Bewertung von Arbeitsleistungen ausgebildet und sämtliche Tätigkeiten des Statistischen Amtes einstufen lassen. Das Ergebnis war eine Leistungssteigerung um 52 Prozent und eine Einsparung von 117 000 Arbeitsstunden, für die der Steuerzahler aufgekommen wäre.

Der Versuch ergab, daß Regierungsangestellte – wie die Mitarbeiter jedes anderen Wirtschaftszweiges auch – nur 60 Prozent einer zumutbaren Arbeitsleistung erbringen, wenn keine Bewertungsmaßstäbe vorhanden sind. Als das Bewertungsprogramm auf vollen Touren lief, stieg die Leistung des Statistischen Amts sogar um 91 Prozent. Wenn man die Bewertung noch mit finanziellen Anreizen koppelt, läßt sich die Leistung sogar um 125 bis 135 Prozent steigern.

Wie bei allen Dienstleistungsbetrieben ist die Produktivität der staatlichen Stellen vor allem ein Managementproblem. Mit seinen vielfältigen Aufgaben und Tätigkeiten hat der Staat durchaus etwas von einem riesigen Mischkonzern. In der Privatwirtschaft bringen solche Konglomerate den Rationalisierungseffekt der großen Zahl, insbesondere bei Finanzierung, Werbung, Materialeinkauf und der Personalpolitik. Das Ganze funktioniert, weil jeder Teil des Konzerns nur solange überlebt, wie die Kosten die Erträge nicht übersteigen. Die Privatwirtschaft ist in erster Linie ein leistungsorientiertes System.

Der Staat hingegen stellt ein Herrschafts- und Einverständnis-System dar. Je mehr Steuermittel die Bürger einer staatlichen Stelle bewilligen, desto mehr sind sie mit ihr einverstanden. Eine Möglichkeit, sich das Einverständnis der Bürger zu sichern, ist, ihnen Geld und Arbeitsplätze zu verschaffen. Damit kann der Staat seine Bürger manipulieren. Doch auch in der umgekehrten Richtung kann es zu Manipulationen kommen. So stehen die Wahlbeamten, besonders diejenigen in den Einzelstaaten und Gemeinden, oft unter der Fuchtel der staatlichen Angestellten und Arbeiter, die nicht nur einen mächtigen Wählerblock darstellen, sondern auch die staatlichen Leistungen, für welche die Wahlbeamten verantwortlich sind, mit Streiks sabotieren können. Während also der Staat das Einverständnis der Bürger manipulieren kann, können die Beamten die Macht des Staates manipulieren. Das ist ein unwirtschaftliches System, denn wenn es nur seine eigenen Interessen im Auge hat, verschlingt es immer mehr Geld und beschäftigt immer mehr Leute. Seine Leistungsfähigkeit kann zuletzt so weit absinken, daß es die ganze Wirtschaft mit in den Abgrund reißt. Um die Produktivität auf diesem Sektor hat man sich früher kaum Sorgen gemacht. Produktivität war nur für die Privatwirtschaft von Bedeutung. Diese Zeit ist ein für allemal vorbei. Heute werden Politiker nicht nur gewählt, um politische Entscheidungen zu fällen, sondern auch, um sie in die Tat umzusetzen. Sie müssen sich als Manager wie als Politiker bewähren. Da der öffentliche Sektor – Bund, Einzelstaaten und Gemeinden – einen steigenden Anteil unseres Volksvermögens verbraucht, üben diese Manager im Staatsdienst eine eminent wirtschaftliche Tätigkeit aus, die entscheidend werden kann im Kampf gegen die Inflation.

Deshalb ist auch die Steuerrevolte, die 1978 mit der Steuersenkungsvorlage Nr. 13 im Staat Kalifornien begann – trotz der teilweise drastischen Mittel – der bedeutendste Beitrag zu dem Bemühen, die Inflation unter Kontrolle zu bringen. Doch alle Anstrengungen werden scheitern, wenn sich nicht jeder klar darüber ist, daß die Steuersenkung von einer Leistungssteigerung aufgefangen werden muß. Oft ist die erste Maßnahme einer zum Sparen gezwungenen Bürokratie eine Einschränkung der öffentlichen Leistungen und erst die letzte die Entlassung überflüssiger Mitarbeiter. Wenn eine Behörde nur in dieser Weise auf Steuersenkungen reagiert, wird sie die Wirtschaft noch mehr belasten als vorher, weil für die Bürger auch die niedrigere Steuer noch ein Opfer ist, für das sie kaum eine Gegenleistung bekommen. Wie weit eine Steuer von produktiver Tätigkeit in der Privatwirtschaft abschreckt, hängt nicht allein von ihrer Höhe ab, sondern auch davon, für wie sinnvoll die Bürger sie halten. Wenn die Menschen das Gefühl haben, daß sie etwas für ihre Steuergroschen bekommen, werden sie auch arbeiten, wenn der Steuersatz 100 Prozent erreicht oder sogar übersteigt. Wanniski führt hierzu als Beispiel das belagerte Stalingrad an, wo die Menschen freiwillig auf Nahrungsmittel verzichteten, um den Feind nicht hereinzulassen. Doch wenn der Staat nützliche Leistungen nicht mehr erbringt, wenn er also offenkundig unproduktiv ist, werden die Bürger ihm das übelnehmen und als Ausgleich für die hinausgeworfenen Steuern Lohnerhöhungen verlangen.

Das sicherste Zeichen für überhöhte Steuern ist die zunehmende Neigung in allen Einkommensklassen, nur noch von »realem« Verdienst zu sprechen oder von dem, was man »in der Lohntüte nach Hause trägt«. Das sagt mehr aus als die üblichen Maßzahlen für die Inflation, denn damit wird ganz deutlich, wie verbreitet das Gefühl ist, daß man für seine Abzüge, mit denen die Regierung die Wirtschaft auf allen Stufen anzapft, praktisch keine Gegenleistung erhält. Die Regierungsvertreter verweisen dann gerne auf die immer teurer werdenden Einrichtungen, am liebsten auf den Gesundheitsdienst, und obwohl die Bürger die Ausgaben dafür nicht als sinnlos betrachten, ärgert sie doch jede neue Steuererhöhung.

Die »fortschrittlichen« Politiker und ihre wirtschaftlichen Berater müssen sich mit der Erkenntnis von Warsh anfreunden, daß man Steuern nicht als einen Anspruch ansehen darf, der von außen an die Privatwirtschaft herangetragen wird, sondern vielmehr als einen Teil der Kosten für die Ermöglichung wirtschaftlicher Tätigkeit. Sie sollten den Staat nicht als notwendiges Übel auffassen, sondern als einen Produktionsfaktor. Wenn die Regierung es schafft, besser als die Privatwirtschaft zu haushalten, werden die Bürger gern ihre gesamten Einkünfte dem Staat überlassen. Gegenwärtig jedoch ist der Staat erschreckend unproduktiv – sogar in seinen ureigensten Bereichen Öffentliche Sicherheit, Verteidigung und Erziehung. Der Staat muß also mit allen Mitteln leistungsfähiger gemacht werden, und er hat dabei durchaus die Möglichkeit, die Privatwirtschaft zu überflügeln, denn selbst der scheinbar so durchorganisierte Dienstleistungsbereich Einzelhandel steht erst am Anfang einer Rationalisierung durch den Einsatz von Computern und nachgeordneten technischen Einrichtungen, die auch das Einkaufen wieder attraktiver machen.

Die erste Rationalisierungswelle brachte den Supermarkt. Er wurde verdrängt durch die Einkaufszentren – rechteckige Betonkästen inmitten riesiger Asphaltflächen. Als die Käufer sie allmählich abstoßend fanden, entstanden die riesigen Einkaufsviertel, ganze Kommerzkathedralen mit Hunderten von Kapellen, die Spezialgeschäfte und Kettenläden beherbergen, und glitzernden Arkaden, die zu Spezialitätenrestaurants aller Preisklassen führen. Das alles hat ebenfalls gewaltige Vorleistungen in der Form von Investitionen der Privatwirtschaft und auch des Staates erfordert. Sie werden sich erst nach langen Jahren amortisieren, und der Ertrag wird alle Preise günstig beeinflussen.

Der Lyriker Randall Jarrell überschrieb eines seiner Protestgedichte gegen unsere Zeit »A Sad Heart in the Supermarket« (Trauriges Herz im Supermarkt). Danach verließ er sein Haus, ging auf die Autobahn und wurde von einem Lastwagen überfahren.

Die poetische Sensibilität hat sich inzwischen zwar einigermaßen mit den Fabriken abgefunden, doch jetzt erfaßt eine neue Industrialisierungswelle die staatlichen und privaten Dienstleistungen. Das Leben inmitten der Supermärkte und Superautobahnen, der sichtbarsten Symbole rationalisierter Dienstleistungen, erscheint bedrückend und abstoßend. Doch wenn wir über die Anfänge dieser Entwicklung hinaus zurückblicken, wird uns bewußt, daß Besseres uns erwartet. Auch künftig gibt es kaum ein wirksames Mittel gegen die tiefe menschliche Verzweiflung, die den Dichter Jarrell letztlich umbrachte. Andererseits erwartet uns eine Welt, in der wir uns mit den langweiligsten und entwürdigendsten Tätigkeiten immer weniger plagen müssen.

Was wir mit der freigewordenen Energie und der gewonnenen Zeit anfangen, hängt von unserer Phantasie und geistigen Einstellung, nicht von den wirtschaftlichen Gegebenheiten, ab. Doch wenn wir den nützlichen – wenn auch nur technischen und organisatorischen Fortschritt – zugunsten »höherer« Werte abwürgen, messen wir unserer kurzen Gastrolle auf dieser Welt wohl doch zuviel Bedeutung bei. Was schlimmer ist, wir werden damit Wirtschaftskatastrophen heraufbeschwören, die den Lebensnerv der freien Welt treffen.

Der Zwang zum Wachstum

Der große Streit zwischen den Monetaristen und den Keynesianern ist längst vorüber. Sogar die Anhänger von Keynes erkennen jetzt die Bedeutung der Währungspolitik an, deren Einfluß unübersehbar ist. Fehleinschätzungen der Währungssituation können die Wirtschaft empfindlich treffen. Die enorme Vergrößerung der Geldmenge Ende der siebziger Jahre, aber auch die abrupte Geldverknappung während der Großen Depression machten die Weltwirtschaft krank.

Die Anerkenntnis dieser Zusammenhänge war ein großer Triumph für die Monetaristen. Im Gefolge der klassischen Wirtschaftstheorie hatten viele Keynesianer das Geld als eine Art Schleier aufgefaßt, als ein durchsichtiges Medium, durch das hindurch man ungestört die wichtigeren Phänomene im Hintergrund beobachten konnte.

Doch leider stellte sich heraus, daß dieses Medium nur im unbeweglichen Zustand durchsichtig war. Heftige Währungsbewegungen machten den Schleier zu einem flatternden, irritierenden Vorhang oder gar zu einem roten Tuch, das Unternehmer wie Wirtschaftswissenschaftler immer wieder vergeblich auf die Hörner zu nehmen versuchten, wenn sie die Zeichen für neue Unternehmungen, Gewinn oder Verlust wahrzunehmen glaubten.

Monetaristen und Keynesianer konnten nicht verhindern, daß sie in ihrem verbissenen Kampf um Inflation und Deflation Hand in Hand arbeiteten. Sie scharten sich um die beiden Produkte der Quantitätsgleichung $G \times U = H \times P$ (Geldmenge mal Umlaufgeschwindigkeit gleich Handelsvolumen mal Preisniveau) und bildeten sich ein, sie seien an einem heroischen Kampf in der Hauptarena der Wirtschaftstheorie beteiligt. Die Monetaristen zerrten an der Geldmengenseite $G \times U$, während die Keynesianer sich an die Gesamtnachfrage $H \times P$ klammerten. Beide Schulen stützten sich jedoch auf die gleichen Theorien, dieselben Formeln. In ihrem Kampfeseifer übersahen sie, daß die Qualitätsgleichung sie unlösbar miteinander verbindet und – noch entscheidender – daß sie für die echten Probleme der Wirtschaft kaum Bedeutung hat.

Die Protagonisten der Angebotsseite indessen stellen die Gleichung auf den Kopf, indem sie das Schwergewicht auf Produktion und Innovation legen. Sie wollen nicht die Gesamtnachfrage nach Gütern und Dienstleistungen forcieren, sondern eine dynamische Neuproduktion. Anstatt an der Geldmenge herumzumanipulieren, wollen sie durch die Güterproduktion die Nachfrage nach Geld, nach einem Wertspeicher und Tauschmittel, wecken. Anstatt die Geld*menge* in den Vordergrund zu stellen, halten sie die *Qualität* des Geldes für wichtig, nämlich seinen voraussichtlichen Wert in Gütern, Dienstleistungen oder Gold.

Die Nachfrage nach Geld hängt von der Spartätigkeit und von den Investitionen ab, die neue Güter für künftige Einkäufe bereitstellen helfen. Keine denkbare Währungspolitik kann verhindern, daß die Käufer die Preise für ein dahinschmelzendes Warenangebot in die Höhe treiben, wenn die Wirtschaft lahmt oder der Glaube an die Zukunft verlorengeht.

Die effektive Gegenposition zu dem Nachdruck, den die Keynesianer auf die Gesamtnachfrage legen, lautet also nicht »Regulierung der Geldmenge«, denn das wäre wieder – in einem anderen Gewande – die Position der Gesamtnachfrage. Sie lautet vielmehr: Unablässige Pflege des Angebots an neuen Produkten, denn diese sind die Quelle für Kreativität und Hoffnung, die wiederum die Nachfrage nach Geld schaffen. Die einzige wichtige Gleichung der Wirtschaftspolitik verbindet Innovation und Wachstum auf lange Sicht mit langfristiger Währungsqualität.

Das Grundproblem der freien Wirtschaft ist nicht die Inflation. Es ist der Verfall der Produktivität durch nachlassende Innovationsfreudigkeit und Forschung, durch eine Verwendung der Ressourcen für Gold, Immobilien und andere Sachwerte, durch die ständige Vergrößerung der staatlichen Belastung für jeden produktiven Mitarbeiter, durch stagnierende und falsch orientierte Investitionen, durch verschlissene und überalterte Produktionseinrichtungen und durch einen Rückgang des Kapitalzuwachses pro Arbeitseinheit um 40 Prozent seit 1973. Alle diese Schwierigkeiten sind durch eine unverständige, wirtschaftsfeindliche Steuerpolitik geschaffen oder verschlimmert worden.

Die Inflation ist in ihrem gegenwärtigen Ausmaß insofern von Bedeutung, als sie die Belastung der produktiven Wirtschaft durch den Staat noch verstärkt. Nur wenn die Produktivität nicht steigt, wenn kein neuer Wohlstand geschaffen wird, müssen immer neue Steuern her, die das Einkommen der Arbeitnehmer immer mehr aufzehren, und nur dann führt das normale Streben der Bürger nach einer Verbesserung ihres Lebensstandards, zu einer inflationären Spirale von Ansprüchen, die an ein stagnierendes Angebot von Gütern und Dienstleistungen gestellt werden. Es kann nicht oft genug gesagt werden: Nur die Angebotsseite ist wichtig, die Vergrößerung und Verbesserung der Produktion durch Wahrnehmung neuer Chancen. Statt dessen werden aber hinfällige Autokonzerne künstlich am Leben erhalten und der Markt mit Hypotheken auf nicht beliebig vermehrbare Immobilien überschwemmt.

Es wird den Konservativen nicht leichtfallen anzuerkennen, daß monetäre und fiskalische Verschwendung – Finanzierung der Ausgaben durch Staatsverschuldung und Geldschöpfung – nicht die unmittelbare Ursache unserer Inflation sind und daß diese bei ständig steigenden Steuern nicht ganz und gar unwillkommen ist. Doch diese Erkenntnis ist unerläßlich für die Konzipierung der richtigen Wirtschaftspolitik.

Die meisten monetaristischen Theoretiker wissen zwar genau, worin Inflation besteht, aber sie erkennen nur sehr unvollkommen, wie sie sich auswirkt: Sie drängt das Kapital aus dem privaten in den staatlichen Sektor. Die Inflation ist eine Art Steuer. In dieser Eigenschaft drückt sie die Staatsschulden unter das offiziell zugegebene Niveau. Diese Steuer zahlen – über den Wertverlust – vorwiegend die Besitzer von Bargeld und festverzinslichen Wertpapieren.

Wenn also die Inflation vor allem eine weitere Form der Besteuerung ist, muß man überlegen, ob sie in Verbindung mit den offiziellen Steuern mehr – oder weniger – Schaden in der Wirtschaft anrichtet als mögliche andere Formen für die Finanzierung des Staates. Wer die Inflation als »die grausamste aller Steuern« bezeichnet, sollte sich über die Auswirkungen im klaren sein, die die anderen Steuern bei nachlassender Konjunktur auf die Lebensverhältnisse der Bürger – insbesondere der Witwen, der Waisen und der

Armen – haben. Mit anderen Worten: Es bleibt zu entscheiden, ob der Wertverfall von Bargeld und Regierungsanleihen zusammen mit den anderen Verlusten durch die Inflation sich schädlicher oder harmloser auf Wohlstand und Produktivität auswirkt als neue direkte Steuern auf wirtschaftliche Tätigkeit und Einkommen.

Eine vielleicht zu simple Antwort wäre, daß die Inhaber von Regierungsanleihen (also bequeme und risikoscheue Anleger) und Bargeldhamsterer (vornehmlich illegale Geldverdiener) selbst Schuld haben, wenn sie die ersten Opfer jeder von neuen Staatsausgaben erzwungenen Steuererhöhung sind. Man kann die Inflation auch als einen kalten Wind sehen, der vornehmlich denen ins Gesicht bläst, die ihm ausweichen wollen. Diejenigen, die in die Wirtschaft investieren und für die Produktion marktfähiger Güter sorgen, werden immer gut fahren.

Wenn also die Inflation nur eine Methode wäre, um Finanzlücken dadurch zu schließen, daß man übervorsichtige Finanziers – Ausländer, Treuhänder, Versicherungen und Pensionsfonds – anzapft oder die Brieftaschen der Zuhälter, Drogenschmuggler und Wettbetrüger erleichtert, dann würde niemand die Nationalökonomie eine »trostlose Wissenschaft« nennen. Wenn die Inflation lediglich dazu dienen könnte, den alerten, risikofreudigen Investor, den aktiven Manager, die feine Spürnase für neue Chancen auf Kosten des phantasielosen Kuponschneiders und Inhabers »todsicherer« Anleihen zu belohnen, dann gäbe es weniger Armut um uns herum.

Unglücklicherweise liegen die Dinge nicht so einfach und sind die Ursachen für die gegenwärtige Situation nur zum Teil abzustellen. Dadurch, daß die Inflation die Steuern auf das Realeinkommen bis in konfiskatorische Höhen treibt, fördert sie das Wachstum aller steuerfreien oder in Steueroasen verlegten Teile der Wirtschaft – auf Kosten der steuerpflichtigen Sektoren. Die Bezieher versteuerter Einkommen müssen eine immer größere Masse niedrig besteuerter, unproduktiver Ausgaben finanzieren. Es gibt vier Klassen von Nutznießern dieser Verhältnisse: die legal begründete Wirtschaft, die Untergrund-Geschäftswelt, die Grund- und Bodenwirtschaft und die ohne Gewinngrundlage arbeitenden Einrichtungen.

In der normalen Wirtschaft zweigen die Manager wertvolle

Anteile des »cash flow« aus der Produktion ab und verwenden sie auf eindrucksvolle Verwaltungsgebäude, überflüssige Bewirtungen, Honorare für Public-Relations-Agenten, Kunstgegenstände für die Direktionsbüros, Werbung und Wohltätigkeit nur zu Prestigezwekken, Jahreskarten für Oper und Ballett und aufwendige (angebliche) Studienreisen. Die Belegschaft bekommt Pensionen und Deputate, großzügige Krankengelder und Beteiligung am Kapital.

Schon mit weniger Prestige verbunden, aber immer noch nicht im Untergrund angesiedelt ist die wohlige Treibhausatmosphäre der Steuerspar- und -verhütungsbranche und der überall aufschießenden Spezialfonds, die unsere besten Finanzexperten mit unwürdigen und überflüssigen Manipulationen verschleißt. Die gewieften Anwälte, Steuerberater und Währungsakrobaten mögen für ihre Klientel sehr nützlich sein, aber sie tragen wenig zu einer gesunden Weiterentwicklung der Wirtschaft bei. Wie Krebsgeschwüre breiten sich ihre Sonderabteilungen in den Konzernverwaltungen aus, im Gleichtakt mit den Steuererhöhungen und den Wellen neuer bürokratischer Vorschriften aus den Regierungszentralen.

Im Wettbewerb der Unternehmen miteinander begünstigt die Taxflation immer die mit der geringsten Steuerbelastung gegenüber den produktivsten. Zu den beliebtesten Steueroasen gehören Häuser und der Grund und Boden, auf dem sie stehen. Die Immobilienbranche profitiert direkt von der steuerlichen Abzugsfähigkeit überhöhter Zinsen und von immer großzügigeren Abschreibungsmöglichkeiten für die Wertminderung von Baulichkeiten, die überhaupt nicht an Wert verlieren können.

Die Hausbesitzer haben einen steuerlichen Vorteil aus der »vermutlich erzielbaren Miete« und dem absetzbaren Hypothekenzins. Zwar kann man diese Vorteile als einen Ausgleich der Verluste ansehen, die der Staat den Hausbesitzern bei ihren Ersparnissen zugefügt hat, doch hat der Kongreß diese Verluste für die kleinen Sparer schon gemildert, während die Hypothekenzinsen in den USA für alle Zeiten abzugsfähig bleiben.

Die meisten Einfamilienhaus-Besitzer wären empört, wenn man ihnen vorhielte, daß sie bevorzugte Nutznießer staatlicher Großzügigkeit sind, weil sie im eigenen Haus wohnen und ihre Finanzierung so großzügig erleichtert wird. In einer absolut freien Wirtschaft wäre ihre Empörung auch berechtigt. Doch in unserer überbesteuerten und inflationären Wirtschaft ist jeder unversteuerte Vermögensvorteil schon eine unleugbare Bevorzugung. Alle diese Vorteile wirken sich wie Einkommen aus dem Hausbesitz aus.

Ein Mieter muß alle diese Vorteile und einen Teil der Kapitalkosten des Hauswirts aus seinem zu versteuernden Einkommen bezahlen. Der Hausbesitzer muß meistens nicht einmal Vermögenszuwachssteuer für seine Immobilien bezahlen, und die Absetzbarkeit der Hpyothekenzinsen befreit ihn nicht nur von den Steuern auf die realen Zinsen für seine Schulden, sondern auch von dem Tribut, den die Inflation fordert. Damit wird ihm auch noch die Tilgung erleichtert.

Der Hauseigentümer kann außerdem auf seinen im Wert gestiegenen Besitz Geld aufnehmen und dafür Land, Gold oder langlebige Haushaltsgüter kaufen, wiederum ohne Steuern auf seinen realen Zins oder die Belastung durch die Inflation. Da ist es kein Wunder, daß die Hälfte der 1978 in einer Untersuchung der Zeitschrift »Fortune« aufgeführten neuen Multimillionäre auf dem Immobiliensektor tätig waren.

Aber auch diese enormen staatlichen Subventionen konnten den Immobilienmarkt in der Zeit der Geldknappheit nicht vor Zusammenbrüchen bewahren. Diese Anfälligkeit des Immobiliensektors in konjunkturschwachen Zeiten hat sich als ein stabilisierender Faktor erwiesen, der weniger zyklische und anpassungsfähige Branchen von den Auswirkungen der Währungspolitik abschirmt. In der Baubranche ist alles flexibel und projektorientiert, hier kann die Arbeitslosenunterstützung als Kapitalpolster bei der Personalpolitik eingesetzt werden. Die anderen Branchen sind nicht so beweglich. Sie müssen Kredit aufnehmen oder Konkurs anmelden. Deshalb ist es industrielles Harakiri für die amerikanische Nation, ein Anti-Inflationsprogramm in die Wege zu leiten und gleichzeitig den Eigenheimsektor anzukurbeln. Und doch weitete Stuart McKinney, der Chef des Federal Home Loan Board, 1978, auf dem Höhepunkt der Dollarkrise, das Hypothekenvolumen durch Herabsetzung der Mindestreserven für die Bausparkassen aus. Präsident Carter tat ein übriges und versprach den Bauarbeitern, daß ihre Jobs nicht der Inflationsbekämpfung zum Opfer fallen würden. Sofort schnellten die Hauspreise in die Höhe; die Hälfte dieses Segens ging auf das Konto des unvermehrbaren Gutes Grund und Boden. So ist die Haus- und Grund- und Boden-Branche einer der großen Nutznießer der Inflation und folgerichtig einer der Garanten für ihr Weiterbestehen.

Zu den Sektoren, die der Taxflation, der Kombination aus überhöhten Steuern und Inflation, viel verdanken, gehört natürlich auch die Untergrund-Wirtschaft. Dazu gehören Taxis ohne Konzession, Hausangestellte ohne Papiere, Rauschgifthändler und Callgirls, Buchfälscher und Hehler, illegale Arbeitsvermittler und vor allem die Schwarzarbeiter. Viele kleine Firmen sind zur Steuerhinterziehung genötigt, wenn sie dem Bankrott entgehen wollen, denn sie zahlen hohe »Schutzgebühren« und nicht abzugsfähige Schmiergelder an Kontrollbeamte oder Polizisten. In allen Schichten versucht man, mit den überhöhten Steuern, Abgaben und Beiträgen fertigzuwerden, aber meistens in einer Weise, die der Gesamtwirtschaft abträglich ist.

Das vielleicht größte Kontingent an Schwarzarbeitern stellen die angeblichen Frühinvaliden mit Rente. Auf sie entfallen in den USA schätzungsweise 10 Prozent aller Arbeitsstunden, in Schweden sogar 20 Prozent. Sie werden von den Statistiken der Finanzämter und von den Volkszählungen nicht erfaßt und verfälschen die meisten Statistiken über Armut, Beschäftigungslage und Einkommen.

Die Untergrund-Wirtschaft wird mit jeder Steuererhöhung attraktiver. Sie umfaßt jetzt schon 20 bis 25 Prozent des Bruttosozialprodukts. Ein Anzeichen für ihr starkes Wachstum ist der enorm gestiegene Bargeldumlauf. Obwohl die immer beliebteren Kreditkarten das Mitführen von Bargeld eigentlich überflüssig machen sollten, läßt der Geldumlauf die Beträge auf Giro- und ähnlichen Konten weit hinter sich. 1973 wuchsen die Konten und der Bargeldumlauf noch parallel, aber bis zum Ende des Jahrzehnts gab es über 100 Milliarden Dollar mehr Geld außerhalb der Banken als auf den –kontrollierbaren – Konten. Das macht fast 500 Dollar pro Kopf! Man kann über die Verwendung dieser Bargeldflut nur Vermutungen anstellen, ausgelöst wurde sie jedenfalls durch die von der Inflation noch verschlimmerten Steuererhöhungen.

Ebenso wie der Immobilienboom und andere Auswirkungen der Inflation ist die Untergrund-Wirtschaft zugleich eine ihrer Ursachen und ein Hindernis für ihre Eindämmung. Wenn Bargeld den größten Anteil einer Geldmenge ausmacht, ist die Inflation kaum noch durch Restriktionen – etwa der Sichteinlagen – zu beeinflussen. Um überhaupt eine Wirkung zu erzielen, muß die Zentralbank das Kreditvolumen für die legale Wirtschaft stärker einschränken, als unter normalen Verhältnissen nötig wäre. Damit werden jedoch kleinere Firmen in die Arme der Kredithaie oder in die Untergrund-Wirtschaft getrieben.

Der letzte und sicher harmloseste der Inflationsgewinnler ist die »überirdische« Wirtschaft der Kirchen, wohltätigen Einrichtungen und Stiftungen, die durch ihre Steuerbefreiungen zunehmend begünstigt werden, weil steigende Steuern diese Befreiungen immer effektiver machen und produktive Investitionen immer mehr benachteiligen. Doch für diese Einrichtungen gehen die »goldenen Zeiten« allmählich zu Ende, denn so liquide sie jetzt auch sein mögen, ihre Zukunft hängt davon ab, daß die produzierende Wirtschaft weiterhin Wohlstand erzeugen und für höhere Zwecke abzweigen kann.

Die Lage der steuerzahlenden und produktiven Zweige der Wirtschaft verschlechtert sich jedoch zusehends. Dem Immobiliensektor werden, wie erwähnt, hohe Abschreibungsmöglichkeiten als Ausgleich für den angeblichen Wertverfall von Häusern gewährt, deren Wert in Wirklichkeit steigt. Aber manche Spitzentechnologiefirmen, deren Maschinen über Nacht veralten, erhalten nicht einmal Abschreibungsmöglichkeiten für den echten Wertverfall. Außerdem erlaubt der Staat nur Abschreibungen auf die vor Jahren bezahlte Kaufsumme einer Anlage, ohne zu berücksichtigen, daß der Wiederbeschaffungswert viel höher liegt. Viele Unternehmen werden so für Gewinne besteuert, die in Wahrheit aufgezehrtes Kapital sind: veraltete oder verschlissene Anlagen, für die nicht genug Geld für Reparatur oder Ersatz zurückgelegt wird.

Die Finanzbehörden besteuerten bisher auch scheinbaren Vermögenszuwachs der Lagerbestände aus Preiserhöhungen, die durch die steigenden Kosten für Neubeschaffungen erforderlich geworden waren. Dabei müßte jede Firma, die ihre Preise auf der Basis der Anschaffungskosten anstelle der Wiederbeschaffungskosten kalkuliert, sehr schnell Konkurs anmelden. Meistens beruhen auch die »Windfall Profits« der Ölgesellschaften auf den ewig steigenden Kosten für den Ölnachschub in einer feindlichen Umwelt, die mit Verstaatlichung und Krieg und dem notwendigen Rückgriff auf geringwertige Rohölsorten und Ölschiefer droht.

Wenn jedoch neue Anlagen auf Kredit gekauft wurden, war der Anteil für den Inflationsausgleich in den Zinsen steuerlich abzugsfähig, und die Restschulden verringerten sich ständig. Dieser Vorteil war in den letzten Jahren so erheblich, daß einige Firmen mit sehr guten Kreditlinien sich zu unnötigen Investitionen verleiten ließen. In England sind diese Zustände noch viel schlimmer. Dort erlaubt der Staat eine Abschreibungsquote von 100 Prozent für ein Jahr auf neue Anlagen und gewährt den Großfirmen viele Vorteile und Subventionen. In den USA ist es zwar noch nicht so weit, doch hier läuft man ebenso Gefahr, daß sich die Qualität des Kapitals verschlechtert, wenn die Steuerpolitik weiter die Verschuldung gegenüber der Kapitalbildung und die stillen Reserven der Unternehmen gegenüber den Investitionen der privaten Anleger bevorzugt.

Das Ertragspotential der Konzerne hat sich in den letzten Jahren wohl kaum verschlechtert. Allerdings ist der Wert ihres Aktienkapitals zum einen stark geschrumpft, weil die Kapitalgeber die überhöhten Steuern aufbringen mußten, zum anderen durch die Unsicherheit, mit der die Inflation jede langfristige Planung erschwert, und endlich durch die in den Auswirkungen auf 100 Milliarden Dollar geschätzte Belastung mit immer neuen staatlichen Vorschriften.

Die kleineren Firmen mit weniger gutem Zugang zu Krediten oder zur Börse und geringerem Einfluß auf ihre eigenen Preise stehen viel schlechter da. Allerdings ist nicht sicher, ob ihre Schwierigkeiten in erster Linie auf die Inflation oder auf die Verzerrung des Steuergefüges zurückzuführen sind. Sicher ist dagegen, daß eine rigorose antiinflationäre Währungspolitik kleine, aufstrebende Firmen benachteiligt, weil diese am Ende derWarteschlange für Kredite stehen. Es trifft junge Firmen immer am empfindlichsten, wenn die Kredite knapp werden.

Den größten Schaden richtete die Inflation der siebziger Jahre dadurch an, daß sie die Wirtschaft verleitete, das auf produktiven Tätigkeiten ruhende Schwergewicht auf Kapital- und Steuerflucht zu verlagern. Zum Teil entstehen die Probleme auch dadurch, daß Verträge unter Bedingungen geschlossen werden, die sich bei der Erfüllung radikal geändert haben. Hohe Steuern führen dazu, daß ausgezeichnete Gewinnaussichten verlangt werden, bevor überhaupt eine Investition getätigt wird. Zudem werden Kapitalanlagen mit langfristig berechnetem Ertrag weniger geschätzt als sofort rentierliche. Forschung und Entwicklung und andere zukunftsweisende Vorhaben werden vernachlässigt, obwohl bekannt ist, daß sie neuen Wohlstand schaffen und die Leistungsfähigkeit der Gesamtwirtschaft verbessern.

Viele schädliche Auswirkungen der Taxflation können durch Steuersenkungen behoben oder wenigstens gemildert werden. Zum Beispiel werden viele illegale Begleiterscheinungen normaler Wirtschaftstätigkeit – wie Lieferungen ohne Rechnung, Gewinnverschleierung oder absichtlich herbeigeführte Verluste – verschwinden, sobald Steuern, Lohngarantien und Papierkrieg auf ein erträgliches Maß zurückgeführt und die Vorschriften zur Beschäftigung von Jugendlichen, Ausländern und Senioren reformiert werden. Dagegen wird ein währungspolitischer Feldzug gegen die Inflation, der die gegenwärtigen Steuersätze beläßt, die Untergrund-Wirtschaft kaum eindämmen, aber die legale Geschäftstätigkeit um so mehr schädigen.

Eine Steuersenkung würde auch verhindern, daß Forschung und Entwicklung in Amerika zurückgehen, was sich auch auf andere Bereiche auswirkt. Von Forschung und Entwicklung profitiert ja nicht nur die eigene Firma, sondern auch die Konkurrenz und letztendlich die gesamte Wirtschaft, weil die meisten Erfindungen irgendwie nachgeahmt werden können und zu neuen Entdeckungen und Anwendungsmöglichkeiten führen. Laut Roger Brinner von Data Resources beträgt die private und gesamtwirtschaftliche Rendite von Investitionen in Forschung und Entwicklung – je nach Voraussetzung – zwischen 17 und 25 Prozent. In den meisten Produktivitätsstudien wird mindestens die Hälfte des Produktivitätszuwachses der Industrie dem technologischen Fortschritt zugeschrieben. Zwischen 1950 und 1974 wiesen Spitzentechnologiefirmen ein doppelt so hohes Wachstum wie die Gesamtwirtschaft auf, während ihre Preissteigerungsrate nur um ein Sechstel höher war. Die Korrelation zwischen hohem Ertragswachstum und geringer Preissteigerung ist hier so deutlich, daß man ihr den Rang eines grundlegenden Gesetzes der Wirtschaft einräumen möchte.

Das Gespann Forschung und unternehmerische Tätigkeit ist eine der Ursachen für Produktivität und Wohlstand. Ohne diesen Katalysator müssen selbst stabile Preise zu Armut und Verfall führen, durch seine Wirkung dagegen werden steigende Preise beherrschbar. Eine der wichtigsten Maßnahmen zur Eindämmung der Inflation wäre deshalb, die jetzt sinkenden privaten Investitionen in diesem buchstäblich grundlegenden Bereich aufzustocken.

Die Abschaffung der Vermögenszuwachssteuer auf Aktienbesitz würde also die kreative Wirtschaftstätigkeit begünstigen und die gegenwärtige einseitige Bevorzugung des Immobiliensektors, der weitgehend von dieser und ähnlichen Steuern befreit ist, abbauen. Viele Maßnahmen zur Förderung der Kapitalbildung, wie zum Beispiel die erhöhte Abschreibung, bringen einer kleinen Firma mit einem neuen Produkt und geringem Gewinn nur wenig ein. Die Abzugsfähigkeit der – aufgrund der Inflation überhöhten – Zinsen nützt nur hochverschuldeten Unternehmen, und für wagemutige Projekte gibt es ohnehin kaum Kredite, weil die Banken weniger risikofreudige Darlehensnehmer bevorzugen. Steuererleichterungen für Kapitalgewinne, die nicht mit Immobilien erzielt wurden, und Vergünstigungen für Forschung und Entwicklung müssen aber auf lange Sicht die Inflation eindämmen.

Die Beeinträchtigung der Produktivität durch die Inflation läßt sich mildern, wenn man die Inflation als eine Art Steuer behandelt und ihre schlimmsten Auswirkungen durch eine Steuersenkung ausgleicht. Wenn die Produktivität dann wieder ansteigt und neue Produkte auf den Markt kommen, kann sich die Inflation nicht mehr so stark auswirken und ihr Einfluß auf die Produktivität sogar ganz verschwinden.

Wenn man dieses Problem aber durch Eindämmen des Deficit

Spending und Währungsrestriktionen angeht, werden Produktivität und Wohlstand gefährdet und die Grundübel unserer Wirtschaft noch verstärkt.

In den meisten westlichen Ländern wird nach einer Erhöhung der Staatsausgaben gerufen. Die Vereinigten Staaten haben eine starke Erhöhung ihres Verteidigungshaushalts vorgesehen. Gleichzeitig müssen sie mehr Geld für Gesundheitsdienst und Renten ausgeben, weil der Anteil der älteren Menschen an der Gesamtbevölkerung steigt, und benötigen mehr für die Erneuerung der Kapitalgüter des Staates, weil auch diese altern. Vermutlich muß viel Geld für Reparaturen an der verfallenen Infrastruktur der Großstädte, für Kanalisation und öffentliche Verkehrsmittel, verwahrloste Schulen, überlastete Straßen, rissig gewordene Brücken und vor allem für den Umweltschutz aufgewendet werden. Die Politiker sind wohl weiterhin bereit, Subventionen für die Gruppen herauszuschlagen, die alle anderen in Schach halten können, etwa die Landwirtschaft oder die Seemannsgewerkschaft. Das Energieministerium wird wohl auch in Zukunft seine Mittel mit der Gießkanne über das ganze Land verteilen und sich ungeniert mit jedem von Privatfirmen erzielten Erfolg brüsten. So können die öffentlichen Ausgaben durchaus ansteigen, auch wenn die gigantische Verschwendung der Linken und Halblinken eingeschränkt wird.

Bei solchen Aussichten sollte jedes überflüssige neue Regierungsprogramm abgeblockt werden. Doch auch wenn die Ausgabenfreude des amerikanischen Parlaments nicht zu stoppen ist, darf nicht nachgelassen werden im Kreuzzug für Steuersenkungen. Das Ziel dieser Kürzungen ist es – man kann es nicht oft genug wiederholen – das Steueraufkommen zu *erhöhen,* also die Reichen zu zwingen, direkt oder indirekt mehr Steuern zu zahlen, indem sie weniger für sich verbrauchen und mehr investieren und erarbeiten. Wenn aber dadurch zunächst die Staatsverschuldung ansteigt, sollte man nicht in Panik verfallen. In einer Wirtschaft mit einem übermächtigen öffentlichen Sektor ist selbst ein starkes Deficit Spending Steuererhöhungen vorzuziehen.

Sicher gibt es viele gute Gründe, die gegen eine hohe Staatsverschuldung sprechen. Da die Regierungsausgaben aus der laufenden Produktion gedeckt werden müssen, so lautet ein Argument, sind die vom Staat beanspruchten Güter und Dienstleistungen die wirkliche Besteuerung. Warum, so fragt man sich, sollte man diese Steuer erhöhen, indem man das Preisgefüge durcheinanderbringt und den kommenden Generationen die Zinszahlung aufbürdet? Sich vorzustellen, daß es besser sei, eine Anleihe zu begeben als eine Steuer zu erheben, heißt doch, sich einer »Anleihe-Illusion« hinzugeben – also zu erwarten, daß man für gar nichts etwas bekommt, wenn man nur lange genug mit Finanztiteln herummanipuliert. Man sagt uns, daß es so etwas wie »freie Mahlzeiten« nicht gibt, da alle Mahlzeiten aus dem echten Ertrag der Wirtschaft bezahlt werden müssen.

Das alles ist nur zu wahr, aber es ist nicht die ganze Wahrheit, weil immer vorausgesetzt wird, daß solche Dinge wie »die Wirtschaft«, »die Geldmenge«, »die Industrieproduktion«, »das Arbeitskräftepotential« oder »die Rohstoffreserven« eindeutig meßbare Größen sind, die mathematischen Gesetzen unterliegen. Wenn die Regierung eine weitere Milliarde ausgibt, um sich ein weiteres Atom-U-Boot zu leisten, so heißt es, dann muß der private Sektor auf den Gegenwert von einer Milliarde Dollar, bestehend aus geistiger und manueller Arbeitskraft, Rohstoffen und Industrieproduktion, verzichten. Privater Verbrauch und Privatinvestitionen müssen um diesen Betrag fallen – ganz gleich, ob die Regierung zur Finanzierung dieses Betrages die Steuern erhöht oder ihren Bürgern und der Zentralbank Schuldverschreibungen verkauft und damit die Geldmenge erhöht (was wiederum Inflation erzeugt). Leider ist diese überzeugend klingende Argumentation nicht haltbar. Es gibt eben doch so etwas wie eine »freie Mahlzeit«. Aber es gibt keine meßbare Wirtschaft und keine absoluten Mengen von Geld, Arbeitskraft oder Rohstoffen und Hilfsmitteln.

Arbeitskraft und Rohstoffe sind zum Beispiel enorm elastische Größen. Der durchschnittliche Mitarbeiter investiert nur etwa die Hälfte seiner Arbeitskraft, und der durchschnittliche Manager ist bei weitem nicht so produktiv wie seine besten Kollegen. Die moderne Volkswirtschaft ist verkrustet und verfettet, voll von ungenutzter oder auch unsinnig ausgebeuteter Arbeitskraft und Produktivität. In einem überbesteuerten Wirtschaftssystem sind die offiziellen Statistiken über wirtschaftliche Grenzen und Kapazitäten meistens nichts als Makulatur.

Jeder der Produktionsfaktoren hängt weitgehend von Ideen und Technologien ab, die sich bekanntlich rasch verändern. Gerade in den letzten Jahren haben sich angeblich ausgebeutete Ölfelder und unbrauchbares Schweröl, die Abraumhalden der Bergwerke und der Quarz im Küstensand in hochwertige Industriegüter verwandelt. Die oft zitierte Geldmenge ist ein ebenso unfaßbarer Begriff. In den USA entstehen immer neue Finanzierungsinstrumente und Kreditsparten, und der 850 Milliarden schwere Eurodollarmarkt, der sich von der Wissenschaft kaum beachtet und ohne Regierungsaufsicht entwickelte, hat eine Schlüsselstellung im internationalen Geld- und Güteraustausch errungen.

Wenn die Regierung sich entschließt, eine zusätzliche Milliarde auszugeben, kommt es nicht darauf an, wieviel Rohstoffe oder Produktionskapazität damit der Wirtschaft entzogen werden, sondern darauf, wie diese Entscheidung Initiative und Arbeitsmoral der Firmen und ihrer Mitarbeiter beeinflußt.

Die Auffassung, daß Regierungsanleihen und Inflation die Wirtschaft weniger belasten als Steuern an sich, zeugt nicht von einer »Anleihen-Illusion«, sondern von der Einsicht in die Realität der wirtschaftlichen Noosphäre, in der Ideen, Gefühle und Visionen regieren, die Wirtschaftskraft und Geldmittel einer Nation weit mehr erhöhen oder schrumpfen lassen können als jede staatliche Planung. Unsere gegenwärtigen Steuergesetze engen die Horizonte dieser Noosphäre ein und lassen den wahren Ertrag von Investitionen in der kreativen Frontlinie der Wirtschaft geringfügig erscheinen.

Das Deficit Spending, die Finanzierung der Staatsausgaben durch Verschuldung, kann sich als ein Schutz der Privatwirtschaft (und ihrer katalytischen Investitionen) vor einer neuen direkten Steuer erweisen. Manche Firma mag die neue Inflation und die künftigen Steuern, die mehr Staatsverschuldung nach sich ziehen, verurteilen. Doch ein wachsendes Unternehmen kann die Inflation durch Preiserhöhungen auffangen – schließlich haben auch die Konkurrenten mit der Inflation zu kämpfen – und vielleicht noch Gewinn aus wertvoller gewordenen Lagerbeständen ziehen. Steuern und Abgaben sind dagegen eine unmittelbare direkte Belastung mit Auswirkungen, die durch den notwendigerweise hohen Ertrag, der auf das eingesetzte Kapital schnell wachsender Firmen erzielt werden muß, noch verstärkt werden. Neu gegründete, noch nicht rentable Unternehmen und arbeitsintensive Spitzentechnologiefirmen müssen zunächst einmal hohe Sozialabgaben tragen und zusätzlich einen Teil jeder Einkommenssteuererhöhung übernehmen, weil ihre Mitarbeiter automatisch mehr Geld fordern. Hohe Spitzensätze auf Kapitalgewinne benachteiligen kleine und rasch wachsende Firmen noch zusätzlich, weil sie ihnen die Möglichkeit der Selbstfinanzierung nehmen.

Es ist immer am besten, die Staatsausgaben dort zu beschneiden, wo sie weniger einbringen oder bewirken als die Privatinitiative. Doch wenn sich diese optimale Politik nicht ausführen läßt, sollten die Regierungen nicht gleich, wie es heute leider schon üblich ist, die absolut schlechtesten Maßnahmen ergreifen, das heißt die Höchststeuersätze erhöhen oder zumindest ihre Senkung hintertreiben, um einen »ausgeglichenen Haushalt« vorweisen oder die Inflation bekämpfen zu können. Das funktioniert ohnehin nicht. Unter vernünftigen Bedingungen, wie sie zum Beispiel in Japan anzutreffen sind, können riesige Staatsdefizite durch öffentliche Sparsamkeit ausgeglichen werden, während die Steuern Jahr für Jahr gesenkt werden und Privatkapital gebildet wird.

Was wird aber bei so einer Politik aus der fiskalischen Redlichkeit, die von den meisten verantwortungsbewußten Wirtschaftsexperten gepredigt wird? Ganz einfach: Sie entwickelt sich von einem bloßen Zahlenspiel zu der wahren Kunst, den echten, fruchtbaren Reichtum der Nation zu wahren und zu mehren. Das heißt nicht nur, Einnahmen und Ausgaben in Einklang zu bringen, sondern auch den voraussichtlichen Nutzen von staatlicher und privater Initiative gegeneinander abzuwägen und in beiden Bereichen durch eine angemessene Anleihepolitik langfristig gewinnbringende Projekte zu finanzieren. Unter den gegenwärtigen Umständen wird eine Rückkehr zu der klassischen fiskalischen Redlichkeit ausgeglichener

Haushalte nur zu einer unverantwortlichen Sabotage von Steuersenkungsplänen führen.

Solange die Wirtschaftskraft als eine feststehende Größe und die Wirtschaft als eine Summe meßbarer Einheiten aufgefaßt wird, ziehen zusätzliche Staatsausgaben unweigerlich Steuererhöhungen nach sich und würgen das Wachstum ab. Konservative Wirtschaftstheoretiker werden immer schlüssig beweisen können, daß staatliche Defizite den durch Staatsausgaben entstehenden Druck noch verstärken, indem sie die Preise weiter nach oben treiben und eine Zinslast für die Zukunft schaffen. Deshalb müßten die Steuern erhöht und das Wachstum des staatlichen Sektors auf Kosten der Wirtschaft finanziert werden.

Das ist sicher keine eingebildete Gefahr. Auf der ganzen Welt wurden schon viele konservative Politiker aufgrund versprochener Steuersenkungen ins Amt gewählt, darunter Herbert Hoover, Dwight D. Eisenhower und Richard Nixon in den USA, Joe Clark in Kanada, Malcolm Fraser in Australien, und in England Edward Heath und sogar Margaret Thatcher, die zunächst die Mehrwertsteuer stärker als die Einkommenssteuer erhöhte. Aber sie alle haben, als sie sich dem scheinbar unabänderlichen Imperativ ordentlicher Haushaltsrechnung gegenübersahen, aus »fiskalischer Verantwortung« am Ende doch die Steuerlast erhöht.

Diese Rechnung nach dem Prinzip »erst das Geld und dann die Ware« läßt aber keinen Raum für Kreativität und Inspiration, für die unberechenbaren und unbeweisbaren Reaktionen der Wirtschaft auf die Anregungen der Angebotsseite, die doch der lebendige Kern des kapitalistischen Wachstumswunders sind. Wie recht hat Warren Brookes, wenn er betont, daß nur der materielle Teil unseres Wohlstands begrenzt, seine metaphysische Quelle – Phantasie und Schöpferkraft – dagegen unerschöpflich ist.

Es gibt sehr wohl »freie Mahlzeiten«, jedenfalls im Kapitalismus, weil es dort freie Menschen mit freiem Geist gibt, das metaphysische Kapital unbegrenzten Ertrag bringt, derjenige vielfältig belohnt wird, der etwas hingibt, und die Goldene Regel des Kapitalismus unabänderlich gültig bleibt. Aber alle diese positiven Einflüsse lassen sich in den Berechnungen der mathematisch orientierten Wirtschaftswissenschaft nicht erfassen.

Wenn unsere Konservativen eine vernünftige Einstellung zur Frage der Staatsverschuldung fänden, könnten sie unsterblichen Ruhm erringen. In seiner »Geschichte von England« schrieb Thomas Macaulay Mitte des neunzehnten Jahrhunderts die Saga der großen Verschuldung Englands in einer Sprache, die so elegant ist und so selten für die Erklärung wirtschaftlicher Dinge verwandt wird, daß man schon aus diesem Grunde sein Buch aufmerksam lesen sollte.

»Als das große Ringen mit Ludwig XIV. endlich mit dem Frieden von Utrecht beigelegt war, war die Nation mit rund 50 Millionen Pfund verschuldet, und nicht nur die ungebildete Menge, die fuchsjagdbegeisterten Landedelleute und Kaffeehausredner, sondern auch die klügsten und erfahrensten Denker betrachteten diese Verschuldung als eine Behinderung, die den Staat auf ewig zum Krüppel machen würde...

Ein neuer Krieg brach aus, unter der kraftvollen, aber verschwenderischen Staatsführung des älteren William Pitt schwollen die Schulden rasch auf 140 Millionen Pfund an. Als der erste Siegesrausch vorüber war, verkündeten Männer der Wissenschaft und der Wirtschaft fast einstimmig, das sei nun das Ende. David Hume, zweifellos einer der bedeutendsten wirtschaftspolitischen Denker seiner Zeit, erklärte, wir hätten mit unserer Unvernunft sogar die unvernünftigen Kreuzfahrer übertroffen. Denn ihnen konnte man nicht beweisen, daß der Weg ins Paradies nicht durch das Heilige Land führt, aber es sei leicht mit Zahlen nachzuweisen, daß der Weg zur nationalen Katastrophe durch die Staatsverschuldung führt.

Adam Smith sah ein bißchen weiter und räumte ein, daß die Nation dem ungeheuren Druck der Schuldenlast standhalte und sogar aufblühe. Gleichzeitig warnte er jedoch vor der geringsten weiteren Verschuldung – sie werde tödlich sein.

Der Versuch, einen Teil der Schuldenlast auf die amerikanischen Kolonien abzuwälzen, führte zu einem weiteren Krieg, der uns weitere 100 Millionen Pfund an Schulden einbrachte und uns die Kolonien nahm. Wieder wurde England von allen aufgegeben und wieder überraschte dieser merkwürdige Patient seine pessimistischen Ärzte mit robuster Gesundheit und neuer Kraft.

Bald darauf spannten die Kriege im Gefolge der Französischen Revolution die Finanzkraft des Staates aufs Äußerste an. Als der Friede einzog, stand England mit 800 Millionen in der Kreide. Es war eine gigantische, eine sagenhafte Verschuldung, und England beklagte sich so lange über seine Armut, bis die Anzeichen des neu aufkommenden Reichtums die Klagen lächerlich erscheinen ließen.

Die bettelarme, bankrotte Nation konnte allen ihren Verpflichtungen nachkommen, und man konnte den Reichtum schon fast wachsen sehen. Während kurzsichtige Politiker behaupteten, daß die Kraft des Volkes nicht ausreiche, um die Lasten des Staates zu tragen, gab dieses angeblich ruinierte Volk in wenigen Jahren für Eisenbahnen, Tunnels, Viadukte und Straßen mehr als den Betrag aus, den die Schulden am Ende der amerikanischen Kriege ausmachten. Die Besteuerung wurde immer geringer, und dennoch war der Staatssäckel randvoll.

Die lange Reihe unheilverkündender Voraussagen ging von der irrigen Auffassung aus, daß man eine Einzelperson, die einer anderen etwas schuldet, mit einer Gesellschaft gleichsetzen müsse, die zum Teil sich selbst gegenüber verschuldet ist. Sie berücksichtigten nicht den Nutzen aus dem unaufhörlichen Fortschritt der Naturwissenschaften und ebensowenig das Bestreben jedes Menschen, in seinem Leben voranzukommen. Sie sahen nur, daß der Schuldenberg wuchs, aber sie übersahen, daß andere Dinge mit ihm wuchsen.«[60]

Meistens waren die interessantesten Phasen der Wirtschaftsgeschichte – von der kommerziellen bis zur Industriellen Revolution – zugleich Zeiten steigender Preise und steigender Staatsschulden. Der größte Erfolg, den der Kapitalismus in den letzten Jahrzehnten in Asien erzielte, war begleitet von Verschuldung und Inflation. Noch 1979 hatte Japan ein Defizit von 70 Milliarden Dollar zu tragen. Obwohl die japanische Wirtschaft nur halb so umfangreich ist wie die der USA, war ihre offizielle Verschuldung mehr als doppelt so hoch, dennoch wurde sie ohne eine Explosion der Geldmenge oder der Inflationsrate finanziert. Dazu bedurfte es lediglich einer Steuerpolitik, die Spartätigkeit und Investitionen stark förderte.

Zwischen 1963 und 1978 stieg die Sparquote der Japaner von

16 auf 23 Prozent, und die Steuerlast sank in der gleichen Größenordnung. In den USA dagegen fiel die Sparquote im gleichen Zeitraum, und die Steuern gingen in die Höhe. Die Produktivität erhöhte sich in Japan, während sie sich in den Vereinigten Staaten minderte. Bei allen Unterschieden zwischen den beiden Ländern – in den sozialen Verhältnissen, der Orientierung auf den Export und den Verteidigungsanstrengungen – können die Amerikaner einiges von den Japanern lernen. Sie haben sich mit Verschuldung und Inflation abgefunden, aber sie haben auch das Wachstum des letzten Vierteljahrhunderts alle ein bis zwei Jahre durch Steuersenkungen unterstützt. 1980 lag der durchschnittliche Einkommenssteuersatz für Privatpersonen unter 20 Prozent.

Natürlich muß eine Verschuldung, die ungehindert auf die Währung durchschlagen kann und mit politischem Chaos einhergeht – wie es während der Französischen Revolution der Fall war – oder die rücksichtslos vervielfältigt wird, damit andere Schulden entwertet werden – so wie im Deutschland der Weimarer Jahre – zur Katastrophe führen. Aber eine Verschuldung wie die in Amerika, die vorwiegend dazu dient, Menschen dafür zu bezahlen, daß sie nicht arbeiten, ruiniert langsam die Wirtschaft. Eine Verschuldung, die eingegangen wird, um den Bürgern Arbeit zu geben und die Produktivität zu erhöhen oder ruinöse Steuern für aufstrebende Firmen zu vermeiden, eine solche Verschuldung kann zum Stützpfeiler für Wohlstand und Wachstum werden. Hingegen wird die schlimmste Wirtschaftskatastrophe geradezu heraufbeschworen, wenn man die Zukunft durch Unterdrückung der auslösenden Initiative in der Frontlinie der Wirtschaft verbaut.

In einer wachsenden Wirtschaft ist das hier und jetzt für Investitionen zur Verfügung stehende Geld unendlich viel wertvoller als das Geld, das sich später in Form von Zinsen und Rückzahlungen in höheren Preisen niederschlägt. Dem unternehmenden Kapitalisten erscheint die Zukunft immer reicher als die Gegenwart. Nur in einer stagnierenden, unschöpferischen Wirtschaft lohnt es sich, auf sofortiger Zahlung zu bestehen. Nur innerhalb der engen Grenzen des beschränkten Horizonts des Nullsummen-Haushalts, in dem der Gewinn für den einen den Verlust für den anderen bedeutet, nur in einer unbewegten, unveränderlichen Epoche, in der das gegenwärtige Geld nicht wertvoller als das zukünftige ist, nur in einer abstrakten, mathematischen Welt kann eine staatliche Schuldenlast als erdrückend angesehen werden.

In einer wachsenden kapitalistischen Wirtschaft gibt es keinen Nullsummen-Haushalt, und keine stillstehende Zeit. Geld, das nach einer langen Zeit zurückgezahlt werden muß, schmilzt fast ganz zusammen. Selbst in der Buchführung hat dann eine ewigwährende jährliche Zahlung von 100 Dollar fast den gleichen Wert wie die gleiche Jahresrate, die nur zwanzig Jahre lang geleistet wird. Zeit ist Kapital in einer wachsenden Wirtschaft und reduziert alle Schulden.

Die Staatsverschuldung Amerikas sinkt schon seit langer Zeit. Die USA gingen aus dem Zweiten Weltkrieg mit einer Schuldenlast hervor, die das Bruttosozialprodukt überstieg, Großbritanniens Defizit war sogar zweieinhalbmal so groß. Nach drei Jahrzehnten war das amerikanische Defizit auf weniger als ein Viertel des Bruttosozialprodukts zurückgegangen, das britische auf weniger als die Hälfte. Selbst wenn man die private Verschuldung einbezieht, wird sich kaum eine höhere Schuldenlast als vor zehn oder zwanzig Jahren ergeben.

Das Problem in den USA wie in Großbritannien ist nicht Verschuldung, sondern Verschwendung, nicht Deficit Spending, sondern ein Umverteilungskrieg gegen den Wohlstand, der alle ärmer macht und ironischerweise die Ungleichheit noch verstärkt.

Beide Länder sehen sich Herausforderungen gegenüber, die eine Mobilisierung aller Ressourcen und ihrer gesamten kreativen Energien verlangen. Sie erleben eine Stagnationsperiode, die hauptsächlich durch überhöhte Steuern und verschwenderische und wirtschaftsfeindliche staatliche Einmischung verursacht wurde. In der Weltwirtschaftskrise der dreißiger Jahre reagierten die beiden Regierungen auf die in jedem Land anders geartete Krise mit den gleichen Mitteln, mit Protektion und Kontrolle, mit Subventionen für den privaten Sektor und Ausgleich des Staatshaushalts. Das alles nützte gar nichts.

Jetzt, in den achtziger Jahren, müssen die Vereinigten Staaten den privaten Sektor von der Steuerlast sowie den lähmenden Schutzbestimmungen und Subventionen befreien und seine Energien freisetzen – auch wenn deren berühmteste konservative Nationalökonomen mathematisch belegen, daß der eingeschlagene Kurs zum »nationalen Ruin« führt. Die wichtigste Tatsache ist, daß Steuersatzsenkungen die einzig annehmbare Möglichkeit sind, den Haushalt auszugleichen oder neue Verteidigungsausgaben zu finanzieren.

Überaus wichtig ist natürlich, wozu der Inflationsgewinn des Staates verwendet wird. So schrieb der Nobelpreisträger Arthur Lewis: »Einige naive Forscher meinen nachgewiesen zu haben, daß Inflation die Kapitalbildung nicht begünstigt. Sie führen einige – insbesondere lateinamerikanische – Länder mit hoher Inflation an, in denen tatsächlich nicht mehr Kapital gebildet wurde. Das darf man aber nicht verallgemeinern. In vielen anderen Ländern, besonders wenn sie sich in der Aufwärtsphase des Wirtschaftszyklus befinden, wirkt sich Inflation, die aus der Erweiterung der Geldmenge zur Kapitalbildung herrührt, durchaus auch in erhöhter Kapitalbildung aus.[61]

Wenn die westlichen Industriestaaten den Gewinn aus der Inflation in das schöpferische Herz der kapitalistischen Wirtschaft injizieren – in Forschung, Entwicklung und Zukunftsindustrien –, werden Inflation und Wachstum uns keine Sorgen mehr machen. Wenn wir aber weiter die absterbenden Teile der Wirtschaft und das tödliche Wachstum der Bürokratie subventionieren, müssen Inflation und Erstarrung sich weiter ausbreiten – ganz gleich, was wir gegen Verschuldung und Währungsverfall unternehmen. Dann werden wir weiter ängstlich auf die vermeintlichen Grenzen des Wachstums starren und verlegen die irreführenden Statistiken über Wirtschaftskraft und Geldmittel, Input und Output und unsere selbstgewählte Haushaltseinengung zu interpretieren versuchen. Jede Maßnahme, die diesen Interpretationsversuchen entspringt, wird die Energie und Initiative freier Menschen und Wirtschaftsunternehmen nur noch mehr beschneiden.

Die freie Welt muß endlich die eine materialistische Selbsttäuschung überwinden, daß Ressourcen und Kapital vor allem materielle Dinge seien, die einmal zu Ende gehen, und nicht die – in der

Freiheit – unerschöpflichen Produkte menschlicher Willenskraft und Phantasie. Es handelt sich hier um einen der hartnäckigsten wirtschaftlichen Irrglauben. Er hält sich seit der Feudalzeit, in der die Menschen Landbesitz für Reichtum hielten, über die Zeit des Merkantilismus, als man im Gold den Reichtum sah, bis in die Gegenwart, in der das Öl als Quelle des Wohlstands gilt und die Bürger sich sowohl an Gold als auch an Land klammern.

Doch die Wirtschaftsexperten verhalten sich auch nicht viel klüger, wenn sie das Kapital rein zahlenmäßig beurteilen und glauben, der Reichtum stecke vor allem in Maschinen und Fabriken. Soweit die Geschichte zurückreicht, von Venedig bis Hongkong, hatten nicht die mit materiellen Dingen gut versorgten Länder das größte Wirtschaftswachstum, sondern die, in denen Freiheit und das Recht auf Privateigentum herrschten. Zwei der heutigen Wirtschaftsgroßmächte – Japan und Westdeutschland – haben im Zweiten Weltkrieg fast ihr gesamtes materielles Kapital verloren, und doch konnten sie mit der Hilfe wagemutiger Unternehmer wieder zur Spitze aufsteigen. Im Gegensatz dazu muß die rein materialistische Betrachtungsweise zu einer neuen Midas-Tragödie führen.

Die kinetische Wirtschaft

Jede Wirtschaft wird von einem alles überschattenden Konflikt beherrscht. Das ist nicht der Kampf zwischen Kapitalisten und Arbeitern, Technokraten und Humanisten, Staat und freier Wirtschaft, Linken und Konservativen oder Arm und Reich. Alle diese Gegensätze sind nur Teile eines zugleich umfassenderen und tiefergreifenden Konflikts, den Jane Jacobs in ihrem Buch »The Economy of Cities« (Die Wirtschaft in der Großstadt) so beschreibt: »Der grundsätzlichste wirtschaftliche Konflikt besteht nach meiner Meinung zwischen den Menschen, deren Interessen von einer bereits gut funktionierenden wirtschaftlichen Tätigkeit bestimmt werden, und denen, deren Interessen in einer neu aufzubauenden wirtschaftlichen Existenz liegen.«[62]

Der Kampf tobt also zwischen Vergangenheit und Zukunft, zwischen den Industrien, die heute florieren und denen, die diese morgen verdrängen werden. Er wird geführt von den alteingesessenen Produzenten mit bewährten Technologien und Kapitalstrukturen und den Unternehmungen, die all das vielleicht morgen wertlos machen werden, die heute vielleicht noch nicht existieren oder sich höchstens als Schatten von Ideen, Ambitionen, Forschungsprojekten oder in Form von vorsorglich gegründeten Firmen manifestieren, die aber aufsteigen müssen, wenn die Wirtschaft wachsen und aufblühen soll.

Abgesehen von ganz kurzfristigen Trends besteht das Wirtschaftswachstum nicht in steilen Nachfrage- und Produktionsanstiegen, nicht im plötzlichen Mehrabsatz von Seife oder Autos, die der Präsident mit dem Wirtschaftskabinett diskutiert, wenn wieder einmal zur Debatte steht, wie man die Wirtschaft ankurbeln könnte.

Wachstum ergibt sich meistens auch nicht aus dem, was das wirtschaftliche Establishment Investitionen nennt: Instandsetzung, Modernisierung und Ausweitung bestehender Anlagen und Maschinen. Vorhandene Anlagen verursachen im Laufe der Zeit erhöhte Kosten und bringen weniger ein. Ihre Erhaltung ist oft nur eine Belastung für das Wachstum, ein Hindernis für Investitionen in neue

Technologien. Langfristiges Wachstum darf man getrost als die Verdrängung bewährter Anlagen, Verfahren und Produkte durch neue und bessere definieren.

Sir Henry Bessemer, der Schöpfer des nach ihm benannten Verfahrens für die Massenfabrikation von Stahl, schilderte, wie seine Erfindung im neunzehnten Jahrhundert solch einen Verdrängungsprozeß vorausahnen ließ. 1854 schrieb er unter dem Eindruck der ersten erfolgreichen Versuche: »Gleichsam auf einen Blick sah ich vor meinem geistigen Auge, wie die großen Eisenwerke in aller Welt unter der Wucht der neuen Entdeckung einstürzten. Dieses Versuchsergebnis war das vernichtende Urteil, und weder die technischen Erfahrungen der letzten 150 Jahre noch die vielen in die bestehenden Werksanlagen investierten Millionen konnten dieses Urteil aufheben.«[63]

Bessemer sollte recht behalten. Obwohl die praktische Verwertung und kommerzielle Einführung seines Verfahrens länger brauchte, als er vorausgesehen hatte, verwandelte seine Erfindung überall, von den britischen Midlands bis Pennsylvania, blühende Ansiedlungen in Geisterstädte und geschäftige Fabriken in wertlose Schrotthaufen. Ende des vorigen Jahrhunderts wurden 85 Prozent des amerikanischen Stahls nach Bessemers Verfahren erschmolzen, und das ermöglichte schließlich die Ausbreitung des Eisenbahnnetzes über den Kontinent.

Doch auch das Bessemer-Verfahren mußte einer neuen Technik weichen. Schon 1910 hatte das Siemens-Martin- oder Open-Hearth-Verfahren sich soweit durchgesetzt, daß es – trotz gewaltiger Umrüstungskosten – zwei Drittel der amerikanischen Stahlerzeugung beherrschte.

Bereits Schumpeter hatte erkannt: »Kreative Zerstörung ist der hervorstechendste Wesenszug des Kapitalismus. Der Kapitalismus kann niemals stillstehen. Die größten Impulse bezieht die kapitalistische Maschinerie aus den neuen Konsumgütern, den neuen Produktionsverfahren, den neuen Märkten und den neuen Formen industrieller Organisation, welche die kapitalistische Wirtschaft selbst hervorbringt.«[64]

In den Kämpfen, die mit »kreativer Zerstörung« enden, haben

weder die großen noch die kleinen Firmen einen entscheidenden Vorteil. Große Unternehmen verstehen sich besser darauf, unauffällige, in der Summierung jedoch gewaltige Verbesserungen in ihrer Produktion einzuführen und sie auf den Weltmärkten durchzusetzen, wo politische und finanzielle Rückendeckung oft wichtiger sind als neue Produkte. Kleine Unternehmen sind insgesamt weniger produktiv, aber sie schaffen es öfter als die großen, völlig neue Artikel auf den Markt zu bringen. Die großen Firmen wiederum haben zuweilen Erfolg mit der Gründung oder dem Ankauf von Tochterfirmen, die dann sehr geschickt die Erfindungen der Konkurrenz imitieren oder weiterentwickeln. Beispiele dafür sind die Exxon-Ableger Zilog und Vydec. Großen Firmen fehlt jedoch die Effizienz der großen Menge und die Flexibilität der kleineren Einheit. Eine einzelne kleine Firma mag weniger kreativ als ein Großunternehmen sein, Millionen solcher Zwerge sorgen jedoch für die notwendige »kreative Zerstörung«. Sie sind die Garanten des wirtschaftlichen Fortschritts.

Die Stärke der großen Gesellschaften – ihre Größe und der damit verbundene Vorteil der großen Serie – ist zugleich ihre Achillesferse. Ihre übervorsichtige Managementpraxis wird ebenso wie ihre Schwerfälligkeit von den Riesenkapitalien, die auf dem Spiel stehen, diktiert. Man kann ohne Übertreibung und ohne die Leistungen dieser Firmen herabzusetzen sagen, daß der Kampf zwischen der Zukunft und der Vergangenheit vor allem der Kampf zwischen David und Goliath ist. Auch wenn Schumpeter die manchmal grausamen Konsequenzen des unerläßlichen Erneuerungsprozesses unterschätzt haben mag – die »kreative Zerstörung« ist und bleibt das Herzstück des Wirtschaftswachstums. Unverständlich bleibt nur, wieso einige zeitgenössische Wirtschaftstheoretiker glauben, daß wir jetzt in ein Zeitalter mit gleichbleibendem Technisierungsgrad eintreten.

Damit erhebt sich die entscheidende Frage einer jeden Wirtschaftspolitik, eines jeden Parteiprogramms, jeder Politik schlechthin: Werden die Kräfte, die unsere Zukunft formen, sich durchsetzen können? Werden die Verheißungen des Unbekannten, das vor uns liegt, Vorrang haben vor den Bequemlichkeiten der eines Tages doch überwundenen Vergangenheit? Alle anderen Fragen sind zweitrangig.

Wie immer in der wechselvollen Geschichte der Menschheit reicht auch jetzt das technische und produktive Potential nicht aus, um die immer schneller wachsende und vor allem immer anspruchsvollere Bevölkerung zufriedenzustellen. Wie immer versuchen auch heute kleingläubige und kurzsichtige Politiker, die Weiterentwicklung des Wissens und der technischen Möglichkeiten zu bremsen. Sie haben Träume und Alpträume von »stabilen Zuständen«, »sozialer Symmetrie«, »alternativem Lebensstil«, »schwindendem Nutzen der Technik«, »ökologischem Gleichgewicht«, der »Bedrohung durch den wissenschaftlich-technischen Fortschritt« und predigen »zurück zur Natur«. Diese immer wieder vorgebrachten und wieder ad absurdum geführten Phantastereien sind die Sargnägel unserer Zivilisation.

Überall auf der Welt wird dieser Kampf verbissen geführt. Jede Regierung steht zwischen den Ansprüchen veralteter Wirtschaftszweige und der Angst vor verpaßten Gelegenheiten, zwischen Unternehmen mit Altersbeschwerden und solchen mit Wachstumsschmerzen, zwischen Konzernen, die den Wettbewerb verboten und ihre Fehlleistungen subventioniert haben möchten, und jungen Firmen, die qualifizierte Mitarbeiter und frisches Kapital brauchen, um neue Produkte herauszubringen und neue Märkte zu erschließen.

Sozialistische und totalitäre Regime sind dazu verurteilt, die Kräfte der Vergangenheit zu bevorzugen, denn Kreativität ist nicht vorherbestimmbar und somit unkontrollierbar. Wenn die Politiker auf zentrale Planung und Befehlsgewalt Wert legen, können sie nicht gleichzeitig Initiative und Verantwortungsfreude erwarten. Die Planwirtschaft ist von Natur aus unfruchtbar, sie kann nur durch Ankauf oder Diebstahl von Ideen aus anderen Ländern überleben.

Nach einer Reise durch die Sowjetunion beschrieb Luigi Barzini, was eine »fortschrittliche« Regierungsform aus diesem so reich gesegneten Land gemacht hat. Es sind dort noch immer viele Fabriken in Betrieb, die laut Barzini nichts weiter darstellen, als hervorragend gepflegte Museen der Technik des neunzehnten Jahrhunderts. Die Maschinen werden so liebevoll geölt, instandgesetzt und poliert wie ein alter »Horch« für die Oldtimer-Rallye. Abgesehen vom Verteidigungsbereich, in dem die Sowjetfabriken mit den amerikanischen Unternehmen konkurrieren müssen, ist das kommunistische Wirtschaftssystem nichts weiter als ein reaktionäres System, eine Art Traum, der zu einer Versammlung von Industrie-Archäologen paßte. Diese kreative Sterilität könnte zwar theoretisch durch »eingeplante« Freiheit und Veränderung, also durch teilweise Einführung kapitalistischer Praktiken, gemildert werden. Aber für die Praxis gilt nach wie vor, daß wir auf den Kapitalismus vertrauen müssen, um die Kräfte der »kreativen Zerstörung« freizusetzen, die allein die übervölkerte Welt vor unsäglicher Not bewahren kann.

Auch in den Ländern der freien Welt gilt: Je mehr der Staat sich um wirtschaftliche Dinge kümmert, um so bereitwilliger stellen sich aufstrebende Politiker und sogar die Wirtschaft selbst auf die Seite der bewährten Institutionen; es herrscht Stagnation und nicht kreatives Wachstum. Ein demokratisch gewählter Abgeordneter wird die mächtigsten Firmen und aktivsten Gemeinschaften in seinem Wahlkreis unterstützen. Die Gewerkschaften, die in der Innenpolitik aller nichtkommunistischen Staaten ein gewichtiges Wörtchen mitzureden haben, vertreten natürlich die Interessen der Konzerne, deren Arbeitnehmerschaft sie organisiert haben. Die Aufsichtsbehörden sind oft eng mit den von ihnen beaufsichtigten Industrien verbündet, besonders dann, wenn die Vorschriften, zusammen mit den überhöhten Steuern, die jeweilige Branche so schwächen, daß sie schließlich ohne nennenswerten Widerstand verstaatlicht oder unter staatliche Kuratel gestellt werden kann. So ist es jedenfalls den amerikanischen Eisenbahnen und Versorgungsunternehmen ergangen.

Detaillierte Kontrollvorschriften und Gesetze begünstigen selbstredend die Produkte und die Firmen, die alle möglichen Spielregeln beachten und leicht mit dem beschränkten Sachverstand der Kontrollbeamten zu beurteilen sind. Neue Produkte und Verfahren sind immer unübersehbar, haben immer unberechenbare, manchmal sogar gefährliche Auswirkungen. Es hätte niemals Flugzeuge, Raketen oder gar eine Industrielle Revolution gegeben, wenn es gelungen wäre, all die perfektionistischen Vorschriften über Umweltschutz, Sicherheit am Arbeitsplatz oder Verbraucherschutz hundertprozentig in die Tat umzusetzen. Die Kontrolleure können eben nur nach ihren eigenen Kenntnissen, dem wissenschaftlichen status quo und den Gutachten, die dessen Propagandisten ausfertigen, beurteilen.

Die U.S. National Laboratories, die Food and Drug Administration (FDA – Nahrungs- und Arzneimittelbehörde) und die Environmental Protection Agency (EPA – Umweltbehörde), über die der Staat die Ergebnisse der zivilen Forschung beurteilt, sind besetzt mit Männern, die ihre beste Zeit schon hinter sich haben, die gefühlsmäßig und intellektuell auf dem Stand von gestern verharren und sich jedem Fortschritt widersetzen. Wenn man sie nach den Aussichten der neuen Entdeckungen auf dem Gebiet der Kernfusion oder der Mikrobiologie befragt, bekommt man Antworten, als hätte man Eisenbahningenieure des neunzehnten Jahrhunderts um eine Expertise über die Flugzeugentwürfe der Gebrüder Wright gebeten. Damit soll natürlich nicht gesagt werden, alle staatlichen Aufsichtsbehörden seien überflüssig. Doch ihre Schwächen sind unübersehbar, die von ihnen direkt und insbesondere indirekt verursachten Kosten kaum vertretbar. Je umfassender ein Kontrollsystem ist, desto mehr wird es von den Mittelmäßigen beherrscht, und je mehr diese Herrschaft sich ausbreitet, desto mittelmäßiger wird die Weiterentwicklung der Wirtschaft ausfallen.

Übertriebene Kontrollen zu unserem Schutz können uns nicht vor dem größten Risiko schützen – dem einer stagnierenden Gesellschaft in einer sich wandelnden Welt. Wir haben eben nicht die Wahl zwischen einem bequemen Gleichgewichtszustand und rücksichtslosem Fortschritt, sondern zwischen langsamer, schleichender Zersetzung und »kreativer Zerstörung« durch menschliches Genie. Unser Kontrollbehörden-Apparat droht zu einer Gefahr für eben diese »kreative Zerstörung« zu werden. So hat die EPA nahezu ein Jahrzehnt lang den Einsatz der neuen biologischen Insektizide, der Pheromonex, der baktieriellen Insektizide und anderer biologischer Schädlingsbekämpfungsmittel verhindert, obwohl diese von Rachel Carson als Ersatz für DDT angepriesen wurden. Diese ablehnende Haltung hat nur zum verstärkten Einsatz von Parathion geführt, was nachweislich viel giftiger und umweltschädlicher ist als das DDT. Die meisten der neuen biologischen Substanzen sind dagegen umweltneutral. Hinter dieser Ablehnung steht nicht, wie William Tucker in einem preisgekrönten Beitrag für »Harper's« dargelegt hat, irgendeine Verschwörung gegen die neuen Mittel, sondern die typische Hilflosigkeit vor Neuerungen.

Nach Aussage der Hersteller bestand das schwierigste technische Problem darin, diese Mittel lange genug im Einsatzgebiet wirksam zu erhalten, damit die Insekten auch vernichtet werden. Von einer Gefährdung der Menschen kann nicht die Rede sein. Darüber hinaus ist das schwierigste kommerzielle Problem die geringe Wirkungsbreite der Substanzen, die gewöhnlich nur gegen eine Schädlingsart eingesetzt werden können. Damit ist der Markt für diese Produkte ohnehin begrenzt. Aber die Umweltbehörde schreibt für mikrobielle Mittel, die nur die Paarung oder andere Lebensfunktionen ganz bestimmter Insekten stören, die gleichen umständlichen Prüfverfahren vor wie für die toxischen Chemikalien, die eine große Zahl von Insektenarten auslöschen, in großen Mengen angewendet werden und sich noch lange im Erdboden halten. Die Umweltbehörde war nicht auf die Entwicklung der organischen Schädlingsbekämpfer gefaßt und schon deshalb nicht in der Lage, sie gutzuheißen.

Die Folge war, daß neue Firmen, die auf diesem Spezialgebiet tätig wurden, nach kurzer Zeit wieder aufgeben mußten. Wissenschaftler waren nach bahnbrechenden Entdeckungen enttäuscht und wandten sich anderen Gebieten zu. Die Umweltbehörde überlegte unverdrossen weiter, was mit den neuen Entdeckungen zu geschehen habe, schrieb neue Prüfverfahren vor, die Kosten in Höhe von 100 Millionen Dollar verursachten, und änderte die Zuständigkeiten so oft, daß die Firmen nicht mehr wußten, an wen sie sich eigentlich halten mußten, um vielleicht doch noch eine Genehmigung zu bekommen. Damit wurde der Fortschritt schon im Entstehen gebremst und der verstärkte Einsatz von Schädlingsvernichtungsmitteln gefördert, die weit gefährlicher waren als jenes DDT, das einst die ganze Vorschriftenwelle ausgelöst hatte.

In ähnlicher Weise wird die Arbeit der FDA von Ärzten bestimmt, die neue Entwicklungen der Pharmazie kaum noch verstehen und einen Abwehrkomplex entwickelt haben, der sie zwingt, sich gegen jede Neuerung zu sperren, weil es sich dabei um ein neues Thalidomid handeln könnte. Ein Kontrollsystem, das Tests von Mitteln mit so gefährlichen Nebenwirkungen, wie die Thalidomide sie hatten, unterbindet, muß unweigerlich fast jeden Fortschritt im Arzneimittelwesen unterbinden und wird im Endeffekt mehr Menschenleben vernichten als erhalten. Heute ist die FDA das größte Hindernis für den Fortschritt im amerikanischen Gesundheitswesen. Sie blockiert mutwillig jede Neuerung auf dem pharmazeutischen Sektor. Dazu gehören auch die antiviralen Mittel, deren Wirksamkeit und Ungefährlichkeit ohne die jahrzehntelange Erprobung am Menschen nicht nachgewiesen werden kann, und gerade das wird von der Behörde verboten.

Im Jahre 1974 drohte der U.S.-Kongreß mit dem »Gesetz über giftige Substanzen« unserer gesamten chemisch-pharmazeutischen Industrie eine Zwangsjacke dieser Güte anzulegen. Sie wurde verordnet für Tausende von Chemikalien in Millionen von Kombinationen, die nur zum Teil und in bestimmter Anwendung giftig sind. So ein umfassendes Vorschriftenwerk ist unhaltbar, weil es im Endeffekt der gesamten Industrie Fesseln anlegt. Im schlimmsten Fall liefert es der Regierung beliebig viele Vorwände, mißliebige Firmen zu schikanieren. So wird natürlich schnell der Eindruck hervorgerufen, daß man keine neuen Produkte herausbringen darf, wenn man Ärger mit der Behörde vermeiden will.

Es ist oft nachgewiesen worden, wie schädlich solche mehr oder weniger mutwilligen Eingriffe in das Marktgeschehen sein können. Trotzdem sind sich alle darin einig, daß Kontrollen sein müssen – jedenfalls, wenn ihr Nutzen die Kosten übersteigt, was aber schwierig zu kalkulieren ist. Viele der so entstehenden Kosten lassen sich jedoch nicht feststellen, weil sie den kaum faßbaren Verlust an Ertrag durch verhinderte schnelle Anwendung neuer Technologie in einer offeneren, dem Wettbewerb mehr ausgesetzten Wirtschaft darstellen. Die schlimmste Auswirkung übersteigerter Kontrolltätigkeit ist die Zurückdrängung von Neuerungen und unternehmerischer Initiative und die vom Staat sanktionierte Verewigung veralteter Produkte und Verfahren. Bei all seiner Unentbehrlichkeit ist der

Staat fast immer das größte Hindernis für einen fälligen Wandel. Merkwürdigerweise leben überall auf der Erde die Menschen in den industrialisiertesten, dynamischsten und luftverseuchtesten Ländern am längsten, und ihre Lebenserwartung steigt beständig. Daher sollte die Last der Beweisführung jenen aufgebürdet werden, die den Fortschritt im Namen der Volksgesundheit aufhalten wollen.

Ein Grund für den staatlichen Widerstand gegen Veränderungen jeder Art ist die Angst, daß die »kreative Zerstörung« sich nicht nur gegen einen Industriezweig richtet, sondern auch gegen den Behördenapparat, der ihn kontrolliert, und es ist immer schwerer, eine überflüssig gewordene Regierungsstelle als eine insolvente Firma zum Aufgeben zu bringen. Die Aufsichtsbehörde ist ein Parasit, der größer werden kann als sein Wirtsorganismus – die zu beaufsichtigende Industrie. Die Behörde kann aber auch selbst zum Wirtsorganismus werden, wenn sie eine Industrie erst auslaugt und sie dann mit Subventionen und Wettbewerbsbeschränkungen als Parasiten am Leben erhält. Solche parasitischen Industrien gibt es überall in Europa. Sie leben heute von einer Gesellschaft, die sie selbst einst zur Blüte gebracht haben. Keiner der verstaatlichten europäischen Industriekonzerne arbeitet dauernd in der Gewinnzone. Sie alle sind eine Belastung für die Wirtschaft, die sie scheinbar beherrschen, in Wirklichkeit aber unterminieren.

Großbritanniens Nordseeöl wird manchmal als »Danaergeschenk« bezeichnet, weil es dem Land in den siebziger Jahren erlaubte, seine parasitischen, verstaatlichten Konzerne weiter zu finanzieren und sich neue zuzulegen. Dazu gehören Inmos, ein hoffnungsloser Versager der Computerbranche, und DeLorean Autos. Letztere Firma hat Großbritannien im Wettbewerb gegen Puerto Rico ins Land geholt, um ein paar neue Jobs zu schaffen und viele andere zu vernichten. Vermutlich wird dieser Sprößling nie die Gelder erwirtschaften, welche die Regierung in ihn hineingesteckt hat.

Auch wenn der Staat die Privatwirtschaft nur in bescheidenem Maß unterstützt, begünstigt er meistens die alteingesessenen Firmen gegen neue Konkurrenten. Zölle, Importquoten, Abschreibungsbestimmungen und Steuern werden so ausgelegt, daß diejenigen Firmen den größten Vorteil davon haben, die lange Produktlinien schützen und umfangreiche Werksanlagen auslasten müssen. Diese Politik, die angeblich einen so großen sozialen Nutzen bringt, sorgt nur dafür, daß die bestehenden Anlagen erhalten und ausgeweitet werden können, also all die Werke, in denen immer mehr der bereits eingeführten Autos, Farbfernseher, Geschirrspüler, Haartrockner, immer mehr Kunstdünger und Wachsmittel hergestellt werden. Das sind alles sehr nützliche Produkte, doch sie helfen unserer Wirtschaft nicht aus ihrer schwierigen Lage heraus. Was wir brauchen, sind völlig neue Werksanlagen, die völlig neue Produkte für eine neue Zeit herstellen, auch wenn damit die kurzsichtigen Eigentümer bestehender Anlagen und die von ihnen beschäftigten Mitarbeiter zunächst Einkommenseinbußen hinnehmen müssen.

Die von der Regierung inszenierte Miesmacherei nach der Einführung neuer Produkte wird von den Medien auch noch verbreitet und verstärkt. Jede Nachricht von einem fehlerhaften Gerät, einer vielleicht krebsfördernden Chemikalie, einer umweltbelastenden Anlage erzeugt Schlagzeilen in der Presse und pessimistische Kommentare im Fernsehen. Doch kein Mensch erwähnt die vielen wertvollen Produkte und Dienstleistungen, die niemals zur Marktreife kommen, weil sie schon vorher von den Kontrollinstanzen verboten werden.

Wenn ein Riesenkonzern durch hohe Importe, Unfähigkeit oder sogar staatlichen Einfluß eine Absatzschlappe hinnehmen oder Arbeitskräfte entlassen muß, werden Kameras und Mikrophone vorgeschoben, um jede Ausrede, jeden Seufzer der Manager einzufangen. Daß jedes Jahr Hunderttausende von kleinen Firmen eingehen und Millionen von Jobs verlorengehen, wird nicht zur Kenntnis genommen. So wird das Volk in seinem Vorurteil bestärkt, daß die Wirtschaft nur eine unheilige Allianz zwischen den Riesenkonzernen und der staatlichen Bürokratie sei. Daß die kleineren Firmen das langfristige Wachstum sichern, wird schamhaft verschwiegen. Importe werden als eine Gefahr, technischer Fortschritt als eine Bedrohung hingestellt. Die gesunde Wirtschaft wird ausgesaugt, um mit den Steuern und Abgaben Schlamperei und Unfähigkeit zu finanzieren, und dies wird auch noch als die Rettung von Arbeitsplätzen angepriesen; dabei kostet es am Ende viel mehr Jobs, wenn der Wettbewerbsgeist ganz verkümmert.

Gewerkschaftler und Politiker unterstützen die Heuchelei der Presse, wonach die Konkurse der Penn Central-Eisenbahn oder diejenigen von Crysler und Lockheed nicht eine Gelegenheit seien, diese Gesellschaften durch Reorganisation rentabel zu machen, sondern vielmehr schwere Verluste für die Gesamtwirtschaft. So ist denn auch das größte Problem der Eisenbahngesellschaften die Vorstellung, daß ihr gesamtes Streckennetz unentbehrlich sei und eben vom Staat erhalten werden müsse, wenn die Privatwirtschaft versagt. Dieser Unsinn wird zu einer sich selbst erfüllenden Voraussage, weil keine Gesellschaft und keine Stadt erfolgreich mit den Gewerkschaften über Stillegungen verhandeln können, wenn die Belegschaft weiß, daß die Firma letzten Endes doch Geld vom Staat bekommen wird.

In den Diskussionen um die Energieversorgung wimmelt es ebenso von sich selbst erfüllenden Voraussagen, weil die Medien jede Nachricht über Unfälle bei der Erzeugung oder beim Transport von Brennstoffen zu technikfeindlicher Propaganda nutzen. Die Errichtung von Kraftwerken, Raffinerien und anderen Energieprojekten wird wegen angeblicher Gefährdung von Menschenleben und der Umwelt gestoppt. Doch Stromnetzausfälle, Energieknappheit und -verteuerung und die industrielle Stagnation werden in den kommenden Jahrzehnten viel mehr Menschenleben fordern und weit mehr Umweltbelastungen bringen. Dann muß die Gesellschaft zu drastischeren Mitteln greifen, um der Lage noch Herr zu werden: Verstaatlichung der Versorgungsunternehmen und Rückkehr zum Energieerzeuger Kohle, was noch mehr wütende Umweltschützer auf den Plan rufen wird. Mit der Verteufelung der Technik tragen die Medien kräftig dazu bei, daß in der Zukunft gefährliche Krisen entstehen werden.

Die Auswirkungen der staatlichen Unterstützung für schlechtes Management, Schlamperei und Rückständigkeit reichen weit über die Wirtschaft hinaus. Die Anpassungsunfähigen werden sich immer an die Politiker wenden, damit diese sie vor dem rauhen Wind des Wandels beschützen. So wie lahmende Firmen den Staat um

Hilfe angehen, werden alle Bevölkerungsgruppen, die die Mühen und die Verantwortung produktiver Arbeit und geordneten bürgerlichen Lebens scheuen, sich zu Krisenfällen im nationalen Interesse ernennen, und dann werden sie auch dazu. Je mehr Bundesmittel den Arbeitslosen, Geschiedenen, den Unangepaßten und Verschwendern hinterhergeworfen werden, desto mehr werden ihre Probleme sich ausbreiten, und desto bedrohlicher nehmen sich hinterher die Statistiken des Verfalls aus. Eine Regierung, die immer nur auf Krisenzeichen starrt, wird eines Tages feststellen, daß sie Schwierigkeiten künstlich züchtet, ungesunde Formen wirtschaftlicher und gesellschaftlicher Betätigung fördert, Anreize für Arbeitslosigkeit, Inflation, Familienzerrüttung und Defizite im Öffentlichen Haushalt schafft. Der Staat wird erkennen, daß er die Probleme verschlimmert, indem er sie rentierlich macht. Der Anstieg des staatlichen Einflusses erreicht irgendwann einen Wendepunkt, von diesem Punkt an werden die Lösungen teurer als die Probleme, die sie beseitigen sollten.

In der amerikanischen Bundeshauptstadt sammelten sich in den siebziger Jahren hinter der Fassade der Erneuerung und des Fortschritts die Kräfte der Zerstörung: Ein Energieministerium, das wirtschaftsfeindliche Steuern und Preiskontrollen einführte, ein Wohnungsministerium, das sich für Mietkontrollen stark machte, und die Interessengruppe, die mit der geringsten Produktivität pro Mann und Stunde aufwarten kann – die Gewerkschaft der Bundes-, Staats- und Gemeindebediensteten. Trotz aller guten Vorsätze wird der vorausplanende Staatsdiener immer in der Vergangenheit leben, denn nur sie ist sicher und berechenbar. Wird von den Gütern der Nation, die er zu verwalten hat, eines knapp, dann schreibt er als angeblich fortschrittliche Lösung einen dürftig verschleierten Anachronismus vor, etwa die Förderung des Fahrradfahrens, eine Renaissance der Konsumgenossenschaften, ein neues Preiskontrollsystem, die massive Umstellung auf Kohlefeuerung oder die nostalgische Rückkehr zur Kleinbauernwirtschaft mit Windmühlen zur Energiegewinnung.

Die ganze Palette der gegenwärtigen Regierungsprogramme ist nichts weiter als ein sorgfältig angelegtes Verteidigungsbollwerk für den status quo gegen alle neuen Wettbewerber. Die Wirtschaftspolitik verläßt sich lieber auf die vorhandene Gesamtnachfrage für bereits markterprobte Produkte, als das Angebot an Neuheiten zu fördern. Investitionsförderungen und erhöhte Abschreibungssätze sind zwar besser als überhaupt keine Steuererleichterungen, aber sie begünstigen die Ausweitung bestehender und nicht die Schaffung neuer Anlagen und Produktionsmethoden. Antitrustverfahren richten sich vornehmlich gegen die Erfolgreichen im Wettbewerb (wie IBM) und lassen außer acht, daß die staatliche Wirtschaftspolitik die Bildung der meisten Monopole erst ermöglicht hat. Anstatt größere Wettbewerbsfähigkeit durch verbesserte Produktivität und neue Erzeugnisse zu erzwingen, versucht der Staat, mit dem Währungsfloating Exportrückgänge durch die Abwertung des Dollars auszugleichen. Das amerikanische Steuer- und Subventionssystem und vor allem das Sicherheitspolster gegen Fehlschläge (von Bürgern, Firmen oder Gemeindeverwaltungen) belohnen hauptsächlich die Findigkeit und Kreativität von Rechtsanwälten und Buchhaltern, indem sie im Hinterhalt hungrig auf jeden unerwarteten und ungeschützten wirtschaftlichen Erfolg lauern.

Unsere Sozial- und Beschäftigungspolitik ist ebenso falsch orientiert. Im Öffentlichen Dienst werden Einstellungen und Beförderungen nur nach nichtssagenden Kriterien wie Zeugnissen, Diplomen, Rasse und Geschlecht entschieden, anstatt nach der Leistung am Arbeitsplatz. Nicht neue Chancen und Aufgaben bestimmen die Verhältnisse auf dem Arbeitsmarkt, sondern neue Formen der Geltendmachung alter Anrechte und Verdienste.

Viele der staatlichen Maßnahmen sollen angeblich die Armen und wirtschaftlich Schwachen vor den Härten des wirtschaftlichen Wandels schützen, doch mit aller gleichmacherischen Kosmetik erreicht man nur, daß den Unterschichten der Zugang zum wirtschaftlichen Erfolg verwehrt wird. Risiko und Wettbewerb, Veränderung und Tod sind nun mal der Hauptbestandteil des menschlichen Daseins. Versuche, die Inflation durch Indexbindung der Einkommen von bevorzugten Gruppen zu umgehen und die Arbeitslosigkeit durch die Subvention veralteter Berufe zu mildern, verschlimmern die Probleme nur und lassen die unorganisierte Mehrheit, die kleinen Firmen, die nicht gewerkschaftlich erfaßten Arbeiter und letztendlich das ganze Volk unter den Folgen einer stagnierenden Wirtschaft leiden.

Auch freiwillige Preis- und Lohnbeschränkungen benachteiligen nur die rasch wachsenden Betriebe in den vom Wettbewerb beherrschten Industrien. Diese müssen nämlich ihre Mitarbeiter gut bezahlen, damit sie nicht zur Konkurrenz abwandern, und in der kurzen Zeit, in der sie eine monopolartige Stellung innehaben, hohe Preise für ihre neuartigen Produkte und Dienstleistungen verlangen. Außerdem verschieben solche Kontrollen nur die Belastung auf die unkontrollierbaren Sektoren. In dem Maße, wie die Regierung die Preise von Autos und Fernsehern niedrig halten kann, erhöht sie den Preisdruck auf Nahrungsmittel, Brennstoffe und Unterkunft. Da der Staat die Preise von Luxusgütern leichter als die von lebensnotwendigen Gütern beeinflussen kann, werden bei konstanter Geldmenge Kontrollen immer eine Verteuerung der Dinge bewirken, die von den Armen dringend benötigt werden. Dieser Effekt zeigte sich denn auch bei den Bemühungen der Präsidenten Nixon und Carter, die Preise niedrig zu halten.

Im großen und ganzen führen alle Versuche des Staates, sich und seine Bürger von Unsicherheit und Risiko abzuschirmen, zu dem Ergebnis, daß das ganze System in Gefahr gerät. Es wird gleichzeitig zu starr und zu empfindlich, um rasch und energisch genug auf alle Bedrohungen und Herausforderungen einer feindlichen Welt zu reagieren.

Der Staat ist mit der nur scheinbar einfachen Aufgabe der Sicherung unserer Zukunft schon gut ausgelastet. Er kann wahre Wunder an Leistung und Kreativität hervorbringen, indem er gleiche Gesetze für alle auferlegt, Patent- und Eigentumsrechte schützt, für ein erstklassiges Erziehungssystem – besonders in Naturwissenschaften und Technologie – sorgt, die öffentliche Macht, Monopole zu schaffen und zu halten, einschränkt, Handelsbeschränkungen aufhebt, die Bürokratie auflockert sowie Sicherheit und Stabilität im nationalen wie im internationalen Rahmen fördert. Diese Aufgaben bürden der Bürokratie in der Bundeshauptstadt genug schwere Verantwortung auf. Zu ihrer Lösung wird sie alle Kräfte aufbieten müssen.

Doch die weit darüber hinaus reichenden Ambitionen der »Fortschrittlichen« sorgen dafür, daß der Staat nichts gründlich macht – außer sich selbst zu einem Hindernis für Wachstum und Fortschritt auszuweiten. Der Staat sichert unsere Zukunft am besten, wenn er möglichst weitgehend darauf verzichtet, sie für uns zu gestalten. Denn was die Regierung tun kann, ergibt sich aus dem jeweiligen politischen Kräfteverhältnis, das sich wiederum nach dem Verhältnis von Kapital und Arbeitskraft richtet.

Das vielleicht deutlichste Zeichen für den Streit zwischen Vergangenheit und Zukunft ist der anhaltende Kampf um die Steuerpolitik, und insbesondere die Steuer auf den Kapitalzuwachs. Es ist nicht schwer zu verstehen, worum es dabei geht. Sicher werden große Unternehmen in absoluten Beträgen den meisten Nutzen aus einer Senkung der Kapitalzuwachssteuer ziehen, doch zugleich erhalten die jungen, schnell wachsenden Firmen mit neuen Produkten durch diese Maßnahme einen entscheidenden Impuls. Der Kapitalzuwachs ist die Hauptursache echten Wohlstands in einer kapitalistischen Wirtschaft. Nur durch ihn wird das Volk reich. Bei einer Inflationsrate von über 8 Prozent erreicht eine zwanzigprozentige Kapitalzuwachssteuer den realen Satz von über 100 Prozent auf Kapitalien, die länger als ein paar Jahre gehalten werden. Man kann, wenn man abgebrüht ist, immer noch Geld verdienen, indem man mit Wertpapieren, Rohstoffen, Kunstgegenständen oder Währungen spekuliert. Dagegen werden rechtzeitig gekaufte Aktien eines Unternehmens der Avantgarde, die man hält, bis dessen neues Produkt marktreif ist, meistens in konfiskatorischer Weise besteuert, wenn man sie wieder verkaufen möchte.

Die Kapitalzuwachssteuer ist also ein großartiges Instrument zur Wettbewerbsbeschränkung. Sie verteidigt Großfirmen gegen kleinere, den alten Wohlstand gegen den neuen, die Vergangenheit gegen die Zukunft. Und vor allem die »fortschrittlichen« Politiker kämpfen für ihre Erhaltung. Obwohl inzwischen alle liberalen Politiker einsehen, daß man die Investitionstätigkeit fördern muß, bevorzugen sie, wie zum Beispiel Senator Edward Kennedy, »gezielte Maßnahmen«, die in Gutschriften und Subventionen für die von ihnen bevorzugten Investitionsformen bestehen. So etwas Naheliegendes wie eine allgemeine Steuersenkung, die neuen Wohlstand schafft und die Zahl der erfolgreichen Unternehmer vermehrt, lehnen sie schlichtweg ab.

Unsere Liberalen möchten am liebsten den allgemeinen Wohlstand ohne die Reichen haben. Doch echter Wohlstand entsteht auf unerklärliche, unkontrollierbare Weise in den Köpfen unabhängiger Menschen. Voraussetzung einer gesunden, erfolgreichen Wirtschaft ist die Ausbreitung des Reichtums, die Schaffung einer Armee wagemutiger Menschen, die bereit sind, auf ein bequemes Leben zu verzichten, wirtschaftliches Neuland zu erschließen, Riesengewinne zu erwirtschaften und diese neu zu investieren. Es wird immer wieder behauptet, diese Gewinne seien nicht erarbeitet, seien unverdient eingestrichen worden. Dabei geben die meisten erfolgreichen Unternehmer der Gesellschaft mehr, als sie jemals von ihr zurückbekommen, und viele bringen es nie zu einem nennenswerten Vermögen. Sie sind die eigentlichen Helden unserer Zeit. Wer ihnen den Reichtum neidet, hat nicht begriffen, welche Dienste sie der Gesellschaft leisten und welche Chancen sie ihr eröffnen.

Die Einstellung unserer Politiker zum Reichtum ist so unverständlich nicht. In gewisser Weise sind sie amerikanische Aristokraten. Sie sind aus einem ebenso harten Wettbewerb hervorgegangen, haben ebensoviel gewagt und ebenso große Mühen auf sich genommen wie irgendein Unternehmer. Politiker, die sich durchsetzen, sind der Stolz ihres Berufsstandes, aber sie verdienen weniger als ein freischaffender Arzt oder Rechtsanwalt, der ein Leben lang sein gesichertes Einkommen und ein hohes Ansehen genießen kann. Sie verdienen noch viel weniger als ein vergleichbar erfolgreicher, wagemutiger Unternehmer. Es ist also verständlich, daß den Politikern die Einkommensverteilung in der freien Gesellschaft nicht gefällt. Senatoren, Gouverneure, Bürgermeister und Abgeordnete sollten daher mindestens das Vier- bis Fünffache ihrer jetzigen Gehälter oder Diäten beziehen. Daß sie so wenig bekommen, haben sie aber ihrer auf Stimmenfang ausgerichteten Anbiederung bei den Armen – also sich selbst – zuzuschreiben. Viele amerikanische Politiker leben auch von ererbtem Reichtum, der sie von den wirtschaftlichen Zwängen befreit, den sie aber gleichwohl hassen. So verständlich diese Feindschaft gegen die Schöpfer des Wohlstands in der freien Gesellschaft auch sein mag, sie macht die meisten Politiker – unabhängig von ihrem Bekenntnis zu Fortschritt und Gerechtigkeit – zu reaktionären Parteigängern der alten Plutokratie gegen die Kräfte der Erneuerung und des Fortschritts. Politiker, die sich im harten Konkurrenzkampf gegen ihre Rivalen durchgesetzt haben, werden automatisch zu Verbündeten der Bürokratie und Meritokratie und aller Feinde einer wachsenden, blühenden Wirtschaft.

Und doch sind die Politiker, die sich in einer wechselvollen Karriere bewähren müssen, Geistesverwandte der Unternehmer. Wenn sie ihren Erfolg im Leben und ihren angesammelten Fundus an Erfahrung und Ansehen bedenken, müssen sie eigentlich auch die Kraft des Kapitalismus schätzen lernen und vor allem verstehen, daß wagemutiger Einsatz große Gewinne rechtfertigt.

Die Zukunft der freien Wirtschaft hängt davon ab, ob die Politik sich von der reaktionären Verteidigung des Vergangenen abwenden und vorbehaltlos für die Zukunft wirken kann. In der Treibhausatmosphäre der amerikanischen Innenpolitik führt dieser Wandel fast ausschließlich über die Eindämmung der »fortschrittlichen« Einflüsse.

Der dickköpfige Bierbrauer

Wer nicht einsehen kann, daß in der Geschichte der Menschheit immer menschliches Genie, Mut und Fortüne die entscheidenden Faktoren waren, muß natürlich an der Zukunft verzweifeln. Die westliche Welt scheint ihm zu Verfall und Unfreiheit verdammt. Der Bevölkerungszuwachs erreicht die Grenze des Erträglichen. Wissenschaft und Technik bringen immer weniger Nutzen. Eine Soziologie der Verzweiflung, die auf falschem Wissen beruht, schiebt sich in den Vordergrund, verschließt sich der Erkenntnis, daß menschliches Leben zu allen Zeiten mühsam war, und verkennt den wahren Ursprung menschlicher Größe. Während die Physiker subatomaren Partikeln schon eine gewisse Freiheit zuerkennen, wollen die Sozialwissenschaftler sie den menschlichen Wesen immer noch verweigern. In der Atomstruktur ist Platz für Zufall und Unkalkulierbarkeit, aber das Sozialgefüge steht angeblich unter so eindeutig berechenbaren Einflüssen wie Entropie und Erschöpfung, und der »Kreis der Entwicklung« schließt sich mit dem ökologischen Untergang.

Diese Auffassungen haben systembedingte Verzerrungen in Theorie und Praxis zur Folge. Ein pervertierter Geist, der nur an eine von Zwang und Mangel beherrschte Zukunft zu glauben vermag, wird versuchen, die Gegenwart von Unsicherheit und Risiko zu befreien. Er möchte sie so haben, wie die Vergangenheit ihm in der alles verklärenden Erinnerung erscheint. Nachdem also angeblich eine erkennbare Logik in der Vergangenheit gewaltet hat und für die Zukunft zu erwarten ist, will der politische Denker auch die Gegenwart seiner platten Rationalität unterwerfen. Er fordert, daß der Staat eine geordnete, berechenbare Wirtschaft schafft, in der die bekannten Energiereserven sich immer mit dem Bedarf decken, Arbeitsplätze immer entsprechend den demographischen Gegebenheiten vorhanden sind und die Nachfrage immer so groß ist, daß sie die vorausberechnete Güterproduktion aufnimmt. Das ist eine Wirtschaft, aus der uneinsichtige ausländische Lieferanten verbannt werden, in der die Fabriken von den Arbeitern kontrolliert und vor raschen

Veränderungen und Umschwüngen bewahrt werden und Erfindungen und neue Verfahren nur im Rahmen behördlich reglementierter Forschung und Entwicklung eingeführt werden dürfen. In dieser Wirtschaft gibt es Inflationsklauseln in jedem Lieferkontrakt, Arbeitsplatzgarantie in jedem Arbeitsvertrag und Bankrottabsicherung für jedes Unternehmen. In dieser Wirtschaft werden alle unerwarteten Gewinne sofort weggesteuert und die häßliche Armut durch Einkommensgarantien beseitigt.

Solch eine Einstellung richtet sich gegen alle Voraussetzungen für wirtschaftliches Wachstum und menschliche Erfüllung. Die Suche nach kalkulierbarer Rationalität im menschlichen Handeln unterdrückt die unkalkulierbare Einmaligkeit jedes Menschen und verbannt den notwendigen Rest an Unbestimmtheit und Gefahr aus seinem Leben. In der Wirtschaftspolitik wird dieses Problem immer wieder bei folgenschweren Planungsfehlern deutlich, ganz besonders aber in den begrenzten und unterentwickelten Wirtschaften der Dritten Welt. Hier werden moderne wirtschaftspolitische Konzeptionen mit einer Rücksichtslosigkeit durchgesetzt, die in den pluralistischen Gesellschaften der nördlichen Hemisphäre undenkbar wäre. In den Entwicklungsländern existiert zwar ein unleugbarer Bedarf an staatlichen Investitionen und Leistungen, doch mit ihrer verbohrten Hingabe an die Ideale der Wohlfahrt und zentralen Kontrolle stellen diese ständig ein warnendes Beispiel für die Überschätzung staatlicher Fähigkeiten zu wirtschaftlichem Handeln dar.

Vor etwa fünfzehn Jahren begann Albert O. Hirschman, Wirtschaftsprofessor an den Universitäten Harvard und Princeton und Spezialist für unterentwickelte Wirtschaftssysteme, eine Untersuchung über Entwicklungsprogramme und ihre Ergebnisse in rund fünfzig Ländern der Dritten Welt. Er machte, wie zu erwarten war, entmutigende Feststellungen. Er stieß auf »umfassende Planungen«, die mit unerfüllbaren Hoffnungen, abstraktem Fachjargon und geheiligten Vorurteilen angefüllt waren und eine »mehrgleisige Entwicklungskampagne« erfolgreich steuern sollten. Er fand fast nur gedankenlos übertragene Nachahmungen von Pionierleistungen vor. So sollte irgendein verlassenes Flußtal zu einem neuen Tennessee-Valley-Projekt werden. Er sah riesige Stahlwerke und Autofabriken, die sich mit einem winzigen einheimischen Markt ohne Exportchancen begnügen mußten. Oft gab es sogar überzeugende Planungen mit sorgfältig ausgearbeiteten Gutachten, aber das Resultat war enttäuschend.

Kurz, Hirschman stieß auf all die Fehleinschätzungen und Selbsttäuschungen, mit denen die Wirtschaftsförderung in der Dritten Welt seit jeher behaftet ist. Er hätte natürlich den üblichen Bericht abfassen können, in dem die ehrgeizigen Pläne und Hoffnungen gelobt und die fehlerhafte Ausführung getadelt wird. Er hätte den Facharbeitermangel, das Fehlen einer ausreichenden Kapitalbasis, die ungünstigen Einflüsse einer primitiven Kultur und die mangelnde Hilfsbereitschaft der Industrieländer beklagen und mit all dem begründen können, warum die Wachstumsrezepte der westlichen Länder nicht anschlagen. Statt dessen entdeckte Hirschman bei der Untersuchung der vielen Mißerfolge und gelegentlichen Erfolge dieser Länder ein grundlegendes Prinzip des wirtschaftlichen Fortschritts.

Seine wichtigste Erkenntnis war, daß nicht nur die mißlungenen Projekte anders als erwartet ausfielen, auch die meisten erfolgreichen Vorhaben wichen stark von den ursprünglichen Absichten und Plänen ab. Zum Beispiel wurde eine Fabrik mitten im Bambuswald errichtet, um Zellstoff aus dem reichlich vorhandenen Rohstoff herzustellen. Plötzlich wächst der Bambus nicht mehr, doch die Fabrik läuft erfolgreich weiter, indem sie Holzspäne verarbeitet, die auf dem Wasserweg herangeschafft werden. In einem anderen Fall wurde ein Wasserkraftwerk in landwirtschaftlicher Umgebung gebaut, um die Gegend zu industrialisieren. Es siedeln sich aber keine stromverbrauchenden Industrien an, und das Kraftwerk droht eine Investitionsruine zu werden – bis Hochspannungsleitungen gebaut werden, die den Strom in eine andere Gegend liefern. Der Strom ist bald so gefragt, daß das Kraftwerk zweimal vergrößert werden muß.

Mit diesen und vielen weiteren Beispielen untermauert Hirschman seine Theorie, daß hinter all dem ein Prinzip der »verborgenen Hand« steckt. Wirtschaftliche Vorstellungen und Pläne können nur selten in der beabsichtigten Weise verwirklicht werden, aber die Politiker der Dritten Welt brauchen sie trotzdem. Sie und ihre

Anhänger können die nötige Zuversicht und Willensstärke zur Ausführung eines großen Vorhabens nur aufbringen, wenn die damit verbundenen Risiken und Schwierigkeiten verschleiert werden. So zeigt sich die »verborgene Hand« zum Beispiel in einem Gutachten, das den Nutzen stark übertreibt und die Schwierigkeiten verharmlost; die mit Autorität vorgetragene Planung redet den vorsichtigen Politikern ein, alle möglichen Probleme seien längst erkannt und die Lösungen schon parat.

Solch eine »verborgene Hand« muß auch in die Industrialisierung der USA in der ersten Hälfte des neunzehnten Jahrhunderts eingegriffen haben. So weist der Wirtschaftstheoretiker John Sawyer darauf hin, daß »Fehlkalkulationen oder gänzliche Unwissenheit«[65] über die Kosten und zu erwartenden Schwierigkeiten bei der Entstehung einer Reihe großer und erfolgreicher Unternehmungen – von Kanälen und Eisenbahnen bis zu Bergwerken und Fabriken – Pate gestanden haben müssen.

Siegt die Unvernunft immer? Bedeutet das alles, daß der wirtschaftliche Erfolg nur vom Zufall abhängt, daß er das mit Hilfe der Statistik ermittelbare Resultat einer langen Reihe von Versuchen und Fehlschlägen ist, eine Aneinanderreihung von Glücksfällen, die sich nach dem Muster der Darwinschen Auslese aus zufälligen Mutationen gegenseitig verstärken? Es gibt bessere Erklärungen, und Hirschman liefert uns eine: »Der Erfolg eines schwierigen Vorhabens ist immer das Resultat menschlicher Kreativität.« Aber: »Kreativität bleibt immer eine Überraschung für uns. Wir können nie mit ihr rechnen und wir glauben nicht an sie, bevor sie sich nicht eingestellt hat. Da wir notwendigerweise unsere Kreativität unterschätzen, ist es wünschenswert, daß wir die zu erwartenden Schwierigkeiten in etwa dem gleichen Maß unterschätzen. Nur so übernehmen wir Aufgaben, die wir lösen können, an die wir uns normalerweise aber nicht heranwagen. Die ›verborgene Hand‹ ist ein Mechanismus, der bewirkt, daß ein risikoscheuer Mensch Wagnisse eingeht und dadurch seine Scheu abbaut.«[66] Natürlich werden die Unternehmer das anders sehen, denn sie werden nicht zugeben wollen, daß sie in ihre größten Erfolge sozusagen hineingestolpert sind.

Hirschman jedenfalls ist über einige sehr bedeutsame, die

menschliche Gesellschaft betreffende Erkenntnisse gestolpert. Leider wagt er es nicht recht, sie außerhalb der Dritten Welt anzuwenden und ihre tiefere Bedeutung zu erklären. In einer modernen, voll entwickelten Wirtschaft, so meint er wohl, lägen die Dinge anders. Obwohl er es besser wissen müßte, setzt er voraus, daß in modernen Systemen die Planung erfolgreich ist: Die Kosten werden demnach immer akkurat vorausberechnet und der Nutzen richtig eingeschätzt. Wenn er sich jedoch eingehend mit der hochindustrialisierten Wirtschaft befaßt hätte, wäre er darauf gestoßen, daß die Verhältnisse in der Dritten Welt denjenigen im Amerika des neunzehnten Jahrhunderts gleichen: Wirtschaftliches Wachstum ist nicht das Ergebnis detaillierter Planung und vorhersehbarer Abläufe, sondern individueller Initiative und Kreativität. Ganz ohne Planung geht es nie, manchmal ist sie sogar sehr nützlich, aber sie ist niemals wirklich exakt. Die Unberechenbarkeit, die Hirschman als eine der Krankheiten der unterentwickelten Wirtschaft ansah, ist in Wahrheit die unabdingbare Voraussetzung für jeden wirtschaftlichen Fortschritt. Erfolg und Kreativität können nur für kurze Zeit erzwungen oder verordnet werden und verursachen dann Kosten, die weder ein Land der Dritten Welt noch ein dem Wettbewerb ausgesetztes Unternehmen tragen kann. Es gibt kein langfristiges Entkommen aus Freiheit und Risiko.

Dieser Einsicht verschließen sich natürlich alle, die sich eine risikofreie Entwicklung und garantiertes Wachstum wünschen, seien es nun linke, ungebildete Generale, die sich zu Herrschern kleiner Nationen aufschwingen, oder glattzüngige, bequeme Konzernchefs in den Ländern der freien Welt. Das Gesetz des Risikos gilt ebenso für die staatliche Planung wie für die Privatwirtschaft, für die Spitzentechnologiefirmen der Laser- oder Mikroprozessorbranche ebenso wie – beispielsweise – für die Filmindustrie.

John Gregory Dunne breitet in seinem Buch »The Studio« (Das Studio) die Schwierigkeiten der Planung aus, die der Filmkonzern »Twentieth-Century Fox« während eines Jahres unter einer neuen Geschäftsleitung erlebte, die reichlich mit Vorschußlorbeeren bedacht worden war. Es wurden etliche »bombensichere Hits« produziert, darunter »Doktor Doolittle« mit Rex Harrison, »Star«

mit Julie Andrews und »Hello Dolly« mit Barbra Streisand. Mit den leider nicht einschlagenden »bombensicheren Hits« wäre die Gesellschaft jedoch pleite gegangen, wenn sie nicht eine kaum beachtete Billigproduktion mit dem Titel »Planet der Affen« in Reserve gehabt hätte. Dieser Streifen war mehrmals aus Sparsamkeit zurückgestellt worden. Das gleiche wirtschaftliche Wunder wiederholte sich später mit »Krieg der Sterne«, einem anderen Außenseiter.

Solche Überraschungen sind nicht selten bei geschäftlichen Erfolgen; so äußerte auch Richard Salomon, Direktor in der Bekleidungsbranche, gegenüber dem »Wall Street Journal«: »Alle begeistern sich für sorgfältig ausgetüftelte Strategien und Planungen. Dabei sind die größten Erfolge oft nur unmittelbare Reaktionen auf überraschende Situationen, und das Unternehmen tut Dinge, die sich niemand hätte träumen lassen.«[67]

In diesem Punkt nähern sich Mikroökonomie und Makroökonomie einander, also die wirtschaftliche Tätigkeit einer Firma und die Volkswirtschaft. Die Unvorhersehbarkeit macht ein offenes System zur Grundvoraussetzung des Wachstums und die Flexibilität zum Schlüssel für erfolgreiche Planung. Geschlossene, durchgeplante Wirtschaftssysteme sind zuweilen in der Lage, Märkte und sogar Regierungen zu manipulieren, bescheidene Produktivitätsfortschritte zu erzielen oder fremde Pionierleistungen zu übernehmen, doch nur selten bringen sie wirtschaftliche Initiative oder nennenswertes Wachstum zustande.

In seiner bekannten Studie über nationale Wirtschaftspläne auf der ganzen Welt konnte Aaron Wildavsky nirgends deren überzeugenden Erfolg feststellen. Überall, von Frankreich bis zu den Philippinen, werden großartige Pläne vorgelegt, willkommen geheißen und dann kaum noch beachtet, geschweige denn eingehalten. Dagegen haben Länder wie Taiwan und Elfenbeinküste, die der unkontrollierten Privatinitiative freien Lauf lassen, ein weit größeres Wirtschaftswachstum als ihre zentral gelenkten Nachbarstaaten.

Ende der siebziger Jahre verharrten viele der planwirtschaftlichen Länder Europas in der Stagnation, aber in Italien, in einem Land mit chaotischer Regierungspraxis und abenteuerlicher Steuerpolitik, blühte eine private schwarze Wirtschaft, die Textilien,

Schuhe und sogar Autoteile in verlassenen Kellern und Dachböden herstellte und ein Drittel des Bruttosozialprodukts aufbrachte. Nur aufgrund dieses »Lavoro Nero« übertraf Italien im Wirtschaftswachstum Großbritannien und Schweden, zwei Länder mit starken Gewerkschaften, ausgefeilter Sozialgesetzgebung und einem Heer von loyalen Beamten. Das Zentrum des italienischen Untergrund-Wirtschaftswunders war paradoxerweise die kommunistisch regierte Provinz Emilia Romagna. Das »Forbes«-Magazin schrieb damals: »Unter einer dünnen kollektivistischen Decke tummeln sich freie Unternehmer, die wohl ebenso produktiv und solide sind wie ihre ›Kollegen‹ in den von den Rechten regierten Wirtschaftszentren Hongkong und Singapur. Sogar kommunistische Politiker sehen diese ›schwarze Wirtschaft‹ als einen Beitrag zur Gesundung Italiens an.«[68]

Eine offene Gesellschaft und niedrige Steuern reichen jedoch nicht aus, um eine Wirtschaft anzukurbeln. Es gab genügend Zeiten, in denen die Wirtschaft trotz niedriger Steuern und eines geringen Einflusses der Regierung nicht in Gang kam. Unternehmungsgeist stellt sich ungern dort ein, wo er am dringendsten benötigt wird – in einer lahmenden oder unterentwickelten Wirtschaft mit geringer »Nachfrage« und geringen geschäftlichen Chancen. Wie Unternehmungen trotzdem unter solchen Voraussetzungen aufblühen können, ist eine der wichtigsten Fragen der Wirtschaftslehre. David McCord Wright versuchte diese Frage zu beantworten. In einem Artikel der Zeitschrift »Science« spekulierte er: »Warum mag sich beispielsweise ein Bierbrauer vornehmen, eine neue Brauerei zu bauen, obwohl der Bierabsatz oder der Preis – oder auch beide – zurückgehen? Es gibt drei Gründe: Besseres Bier, billigeres Bier ... und den Dickkopf von einem Bierbrauer, der glaubt, daß er mit dem Markt schon fertig werden wird. Sein neues Angebot kann nach dem Sayschen Gesetz neue Nachfrage schaffen. Es läßt sich nicht bestreiten, sein Mut und der Bau seiner neuen Braustätte können die Wirtschaft wieder in Schwung bringen.«[69]

So ein dickköpfiger Bierbrauer könnte auch hinter der »unternehmerischen Triebkraft« stecken, die Hirschman und Sawyer im amerikanischen Wirtschaftsaufschwung des neunzehnten Jahrhunderts ausgemacht haben. Denn damals, so schrieb Sawyer, hat eine »allgemeine Überschätzung der zu erwartenden Gewinne den Wachstumsprozeß in Gang gebracht, was dazu führte, daß viele der gesteckten Ziele dann doch erreicht wurden.«[70] Damit war die anfängliche Fehleinschätzung im Nachhinein gerechtfertigt. Nun, auf diesem Phänomen beruht ein Gutteil allen Wirtschaftswachstums.

David McClelland untermauert diese Feststellung noch mit Untersuchungen über den Bau der Eisenbahn, die quer über den amerikanischen Kontinent verläuft: »Als die Eisenbahnen gebaut wurden, waren sie wirtschaftlich kaum zu verantworten, wie das Beispiel der vielen Eisenbahn-Aktionäre zeigt, die sich ruinierten. Sie hätten auch weiterhin keine wirtschaftliche Grundlage gehabt, wenn es im Land nicht von Tausenden kleiner Unternehmer gewimmelt hätte, die wiederholt ihre Erfolgschancen überschätzten. Sie alle nahmen gemeinsam den Westen in Besitz und zivilisierten ihn, auch wenn viele von ihnen dabei wirtschaftlich zugrunde gingen.«[71]

In unseren Tagen erhalten die Vereinigten Staaten einen ähnlichen wirtschaftlichen Impuls durch die ständige Herausforderung des Schicksals. Nach den Schätzungen der Finanzbehörden werden Woche für Woche 4700 Betriebe aus der Taufe gehoben, während 4500 andere wieder aufgeben müssen. Mehr als zwei Drittel aller Neugründungen überleben ihr fünftes Jahr nicht, und der durchschnittliche Kleinunternehmer verdient weniger als ein Müllarbeiter in New York. Von Tausenden sinnvoller Erfindungen erreichen nur einige Dutzend das Fabrikationsstadium, und nur eine Handvoll davon werfen etwas ab. Nach einigen Schätzungen bringen 90 Prozent der gebundenen Bücher dem Verleger nur Verluste. Ein noch höherer Prozentsatz der Buchveröffentlichungen stellt das Verlustgeschäft für den Autor dar, und ein wiederum höherer Anteil aller in jahrelanger Arbeit verfaßten Bücher wird nie veröffentlicht. Aber diese Unberechenbarkeit und diese Verschwendung sind das Geheimnis des Wirtschaftswachstums. Weil niemand weiß, welches Produkt erfolgreich sein wird, welche Losnummer den Hauptgewinn bringt, wird eine Gesellschaft, in der Risiko und Freiheit statt kühlem Kalkül herrschen, die offen für die Zukunft ist, anstatt sie zu verplanen, reich gesegnet sein mit Gütern und Geist.

Wirtschaftswachstum braucht also außer der Freiheit auch noch eine gewisse »Dickköpfigkeit«, etwas vom Keynesschen »Instinkt« – eben eine gehörige Portion Optimismus und Risikobereitschaft. Wenn eine Höhe genommen werden soll, muß einer der erste sein, der den feindlichen Bunker angreift. Das leuchtende Vorbild, der Sprung in die unbekannte Zukunft in der Hoffnung, daß andere folgen werden, das ist unerläßlich für jede große menschliche Leistung. Menschen von dieser Art waren offensichtlich vor allem in den Zeiten des Fortschritts vertreten, und zwar unter fast allen Regierungsformen und gesellschaftlichen Systemen. Der Kapitalismus wäre ohne sie zum Tode verurteilt.

Der Versuch des Wohlfahrtsstaates, die Unsicherheit und die Gefahren für das menschliche Dasein zu leugnen, zu unterdrücken und wegzuplanen – die spannende Frage, wie es wohl weitergeht, auszusparen –, richtet sich nicht nur gegen den Geist des Kapitalismus, sondern vor allem gegen die Natur des Menschen. Sogar die primitivsten menschlichen Gesellschaften haben Formen des Glücksspiels erfunden, in denen häufig die Würfel die Stelle des Roulett-Tellers übernehmen. Ein Staat, der die Unsicherheit unterdrückt, muß konsequenterweise auch den menschlichen Wagemut unterdrücken, der sich dann von positiven, kreativen auf negative, destruktive Ziele richtet. In unserem von den »Fortschrittlichen« verwalteten Staat wird der Trieb zu Glücksspiel und Risiko zu oft aus der Wirtschaft, aus dem anständigen Leben in das Reich der Frivolität verdrängt. Illegales Glücksspiel, Wettleidenschaft und hochspekulative Gerichtsverfahren gegen die produktive Wirtschaft sind die Folgen.

Zu den besten Chancen, schnell reich zu werden, zählt der vom Staat mit Wohlwollen betrachtete Schadensersatzprozeß gegen angebliche ärztliche Kunstfehler, schädliche Produkte, rassische Diskriminierung, Monopolbildung, Umweltverschmutzung und vieles mehr. Der Staat hat damit eine neue Milliardenlotterie eröffnet, an der jeder teilnehmen kann, der das Spiel um hohe Einsätze liebt und gute Anwälte hat. Eine weitere Möglichkeit, schnell zu Geld zu kommen, ist das Gesetz für Sicherheit am Arbeitsplatz. Danach kann ein Arbeiter den Hersteller einer unsicheren Maschine verklagen, ganz gleich wie alt sie ist, wie oft sie umgebaut wurde oder den Besitzer gewechselt hat. Besonders Kleinbetriebe sind davon bedroht. Sie müssen mehr als hundertfach erhöhte Prämien zahlen, um gegen dieses Risiko versichert zu sein, und manche mußten deshalb schon Konkurs anmelden. Meistens sind die Opfer solcher Schadensersatzprozesse tüchtige Kleinunternehmer, die ihr eigenes Geld eingesetzt haben, um ihren Mitbürgern ein neues Produkt oder eine neue Leistung anbieten zu können. »Caveat productor« lautet jetzt die Maxime.

Für diejenigen seiner Bürger, die keine Lust oder nicht das Geld haben, sich an dem Glücksspiel im Gerichtssaal zu beteiligen, hat der Wohlfahrtsstaat andere Lotterien geschaffen. Überall werden die Armen aufgefordert, es doch mal mit Wohngeld, Fürsorgeunterstützung oder Kindergeld zu versuchen, überall wird empfohlen, lieber auf die Bürokratie als auf die kapitalhungrige Wirtschaft zu setzen. Darunter leidet vor allem der Wille, sich wirtschaftlich zu engagieren und zu arbeiten, was die einzige echte Hoffnung für die Armen wäre.

Der Staat erhebt den – zumindest bezweifelbaren – Anspruch, er könne besser mit Geld umgehen als ein freier Unternehmer. Die daraus folgende Steuerpolitik verschiebt die Gewichte zuungunsten wirtschaftlicher Tätigkeit so weit, daß jeder Investor abgeschreckt wird. Während also der arme Mann beständig zwischen den Lotterien des Wohlfahrtsstaates schwankt, ist der Reiche damit beschäftigt, sich zwischen dem Glücksspiel der Spekulation und den Regierungsanleihen zu entscheiden. Auf diese Weise wird das fruchtbare Kernland der Wirtschaft – die Produktion – durch unüberlegte Steuerpolitik und Bürokratie künstlich verödet.

Die meisten Umverteilungskonzepte beruhen auf schwerwiegenden Mißverständnissen über Wesen und Triebfeder von Wohlstand und Erneuerung. Aus den offensichtlich enormen Gewinnen, die bei jeder geglückten wirtschaftlichen Unternehmung ausgeschüttet werden, schließen viele Beamte und Intellektuelle, daß die meisten größeren Kapitalgewinne nicht erarbeitet sind und nicht auf persönliche Motivation und sachkundigen Einsatz der Mittel zurückzuführen sind.

Zwei der prominentesten Theoretiker der Linken, Lester C. Thurow und Christopher Jencks, schlossen ihre tiefschürfenden Studien über die Ungleichheit der Menschen mit der Feststellung, daß die meisten großen und kleinen Vermögen vor allem durch Glück und Zufall entstanden seien. Der Vermögende war danach, wie der Hauptgewinner einer Tombola, zufällig zur richtigen Zeit am richtigen Ort, um das richtige Los zu ziehen. Deshalb dürfe man es ihm nicht erlauben, seinen Gewinn in echte wirtschaftliche Macht umzuwandeln, da sonst die Verpflichtungen, die dem Heer der Verlierer aufgrund seiner Verluste auferlegt werden, nicht mehr begrenzt wären.

Diese Auffassung ist in mehrfacher Hinsicht irrig. Zunächst einmal benutzen diese Theoretiker das Glück als eine Sammelkategorie für alle Faktoren, die sie nicht begreifen, und da es in der Wirtschaft viele Dinge gibt, die sie nicht begreifen, müssen sie die Rolle des Glücks in diesem Zusammenhang enorm übertreiben. Ein noch ernsthafterer Irrtum ist jedoch ihr Verständnis vom Wesen des Faktors Glück überhaupt. Die Kritiker des Kapitalismus meinen oft, sie hätten einen der grundlegenden Widersprüche des Systems aufgedeckt, wenn sie darauf stoßen, welcher Stellenwert der Fortüne zukommt. Es stört sie, daß Gewinn und Reichtum – eben ähnlich wie in einer Lotterie – nach unvorhersehbaren, irrationalen Gesetzen anfallen. Glück und Zufall sind für manche Wirtschaftstheoretiker schlecht, willkürlich, verwerflich – ein Schritt zurück zu Ziellosigkeit und Chaos, ein Übelstand, dem der Staat dringend abhelfen muß. Im günstigsten Fall wird in diesem Zusammenhang eine darwinistische Argumentation benutzt, nach der den bei erfolgreicher wirtschaftlicher Tätigkeit gehäuft auftretenden Glückszufällen die Rolle von »Mutationen« zukommt, die ebenfalls zufallsbedingt auftreten und als geeignet selektiert werden, wenn sie den Bedingungen besonders gut entsprechen. Diese Theorie ist eine genauso dürftige Erklärung für die komplexen, dynamischen Strukturen des Kapitalismus wie für die unendliche Vielfältigkeit der organischen Welt.

Glück und Zufall oder Chance sind jedoch nicht das Reich von Anarchie und Chaos, sondern der Nährboden für die Freiheit und die Vorbedingung für Kreativität. Wir haben damit Zugang zu dem einsichtigen Grundmuster des Universums. Die Chance reicht allerdings noch über unser Denken hinaus – sie ist ein Teil jenes Mysteriums, das Einstein einmal »die Wiege der wahren Kunst und der wahren Wissenschaft«[72] nannte. Wenn Hirschman schreibt, daß die Kreativität »immer eine Überraschung« für uns ist, erkennt er diesen Tatbestand ebenfalls an. Jeder Versuch, die Welt auf das Maß unseres eigenen Verständninsses einzuengen, läßt uns auf Erneuerung und Fortschritt verzichten.

Der Kapitalismus ist erfolgreich, weil er der Chance ihren angestammten Platz beläßt und dadurch die Realität der Situation des Menschen in einem undurchschaubaren und doch von einer Vorsehung gelenkten Universum anerkennt. Wirtschaftler, die versuchen, Glück und Zufall durch rationales Management auszuschließen, verbannen damit auch die einzige Möglichkeit des Menschen aus seinem Leben, sich selbst zu verwirklichen. Es ist kein Zufall, daß die pessimistischsten Wirtschafts- und Sozialwissenschaftler zugleich die glühendsten Befürworter der Planung für alle Lebenslagen sind.

John Kenneth Galbraith gab 1979 die Hoffnung auf eine wirtschaftliche Entwicklung der Dritten Welt auf. Laut Galbraith ist das Haupthindernis für den Fortschritt die »Anpassung« der Armen an ihre Not. Er findet diese Entwicklung nicht verwerflich. Für ihn ist sie »die vernunftgemäße Weigerung, gegen das Unmögliche anzukämpfen. Die Menschen finden sich mit ihrer Armut ab, was aber kein Zeichen charakterlicher Schwäche ist, sondern eine zutiefst rationale Verhaltensweise.«[73] Wir müssen Galbraith recht geben. Solange Menschen sich »rational« verhalten, muß wirtschaftlicher Erfolg »unmöglich« erscheinen und kann deshalb auch nicht eintreten. Statt dessen wird sich, wie Galbraith nachweist, ein »Gleichgewicht der Armut« einstellen, und dem entkommt man am besten, indem man in eines der Industrieländer auswandert, die glücklicherweise noch nicht ganz der rationalen Resignation verfallen sind.

Manche Ökonomen und Soziologen verlangen von den Ländern der freien Welt ebenfalls eine »Anpassung«. Sie sind entweder Neomalthusianer oder Weltuntergangsprediger, die in feierlich getragenem Stil die sattsam bekannte Litanei der rationalen Verzweiflung vortragen. So kann der Wirtschaftsprofessor Robert Heilbroner kaum etwas anderes als Krieg und Despotie für uns voraussehen. Marvin Harris macht seine Anthropologie zur »trostlosen Wissenschaft«, indem er ein Ende mit Kannibalismus und Kindermord für unausweichlich erklärt. Barry Commoner hat in zwei Büchern seine Theorie des biologischen Untergangs als einen »geschlossenen Kreis« dargestellt, der die Grenzen des ökologischen Wachstums verkörpert. Danach ist die sozialistische Planung unabdingbar für das Überleben, auch für das der westlichen Länder. Alles in allem mag das schon klassisch zu nennende Buch »The Limits of Growth« (Grenzen des Wachstums) von seinen Autoren, die aus dem wohlhabenden akademischen Milieu des Club of Rome stammen, zwar überprüft und berichtigt worden sein. Trotzdem bleibt es eines der bezeichnendsten Dokumente unserer Zeit: Seine Tabellen und Berechnungen sind inzwischen zwar widerlegt, doch die von dieser Veröffentlichung ausgelöste Alarmstimmung hat sich über unseren gesamten Kulturkreis ausgebreitet.

Alle diese pessimistischen Vorhersagen mögen viel Eindruck in der freien Welt gemacht haben, doch fundiert sind sie nicht. Grundlegende wirtschaftliche und technologische Fortschritte erschienen dem rein rationalen Denken schon immer unmöglich. Jeder, der einigermaßen mit der Geschichte der Wissenschaft, der Technik und des Kapitalismus vertraut ist, weiß nur zu gut, daß die führenden Köpfe immer und immer wieder das Versagen der kapitalistischen Dynamik und das Ende des technischen Fortschritts vorausgesagt haben.

Im fünfzehnten Jahrhundert galt der Langbogen als das non plus ultra der Waffentechnik. Immerhin hatte er die enorme Reichweite von fast zweihundert Metern und die unerhörte Schußfolge von zwölf Pfeilen pro Minute. Auch im sechzehnten Jahrhundert glaubten die führenden Köpfe, daß nun wirklich alle technisch möglichen Erfindungen bekannt seien. Im achtzehnten Jahrhundert meinte sogar Adam Smith, daß der Kapitalismus zu einem stationären System degenerieren werde. 1815 hielt Sismondi das Ende der Wirtschaftsentwicklung für gekommen, und 1830 verkündete John Stuart Mill, daß es jetzt nicht mehr weitergehen könne. 1843 äußerte der Leiter des amerikanischen Patentamtes, die hereinbrechende

Flut der Erfindungen habe die geistigen Reserven erschöpft und lasse das Ende der Weiterentwicklung vorausahnen. Sogar Thomas Edison glaubte, daß alle großen Erfindungen zu seiner Zeit gemacht worden seien.

Von Jahrzehnt zu Jahrzehnt haben die Experten die Erschöpfung der Vorräte an Brennholz, dann an Kohle und jetzt an Öl und Gas vorausgesagt. Heute, da mehr Energieformen vorhanden sind oder in Aussicht stehen als je zuvor, da die Untersuchung der Erde nach fossilem Brennstoff noch nicht einmal ein Zehntel des Grades erreicht hat, mit dem die USA bisher schon durchforscht worden sind, wird uns eingeredet, wir hätten bald keine Energie mehr und müßten schon auf vorindustrielle Energien wie Sonnenstrahlung und Wind zurückgreifen. Zu einer Zeit, da sich radikal neue Technologien fast über Nacht einstellen, meinen die Experten, wir befänden uns jetzt in den »technologischen Wechseljahren«, einer Zeit immer geringeren Nutzens aus wissenschaftlicher Forschung. Solche Auffassungen sind reif für die Analyse, aber nicht für eine, die an den Universitäten erstellt wird, sondern für eine aus dem Ordinationszimmer des Psychiaters.

Die meisten dieser Ansichten sind wohl vom menschlichen Lebenszyklus bestimmt. Da der Mensch dem Verfall und der Erschöpfung unterliegt, meint er, der Gesellschaft müsse es ebenso ergehen. Es handelt sich hier um einen rührenden Irrtum, um die Projektion einzelmenschlicher Lebensumstände auf große Gruppen. Viele Intellektuelle neigen außerdem dazu anzunehmen, daß die Entwicklung der Menschheit mit ihrem eigenen Lebenswerk den Höhepunkt erreicht habe, dem nichts mehr folgen könne. Mit zunehmendem Alter verlieren sie den Anschluß an die neuen Verhältnisse und lehnen sie lieber ab, als sich mit ihren Konsequenzen abzuplagen.

Das größte Problem ist jedoch die profunde Unbegreifbarkeit der Situation des Menschen. Unser Leben ist, von jedem rationalen und wissenschaftlichen Standpunkt aus betrachtet, unbegreiflich, ja eigentlich unmöglich. Das menschliche Dasein ist dem Zufall und immer neuen Schwierigkeiten ausgeliefert. Wir sind jeden Tag von klimatischen Umwälzungen, Erdbeben, Meteoreinschlägen, Genmutationen und Atomexplosionen bedroht. Alle diese möglichen Katastrophen entziehen sich unserer Einwirkung oder Abhilfe.

Es wird gern vom »empfindlichen Gleichgewicht der Natur« geredet – als ob unsere Umwelt irgendein eingefrorener Zustand sei und nicht ein beständiger Kampf um das Überleben. Die Naturgeschichte ist kein heiter-gelassenes Nirwana, sondern eine Abfolge brutaler Veränderungen, die das Antlitz der Erdteile verändern, Berge hochschießen lassen, Täler und Ebenen überfluten, denen ganze Tier- und Pflanzenarten zum Opfer fallen. Es gibt überhaupt kein Gleichgewicht – weder in der Umwelt noch in der Wirtschaft. Jeder starre Zustand führt zur Katastrophe. Unsere angeblich unüberwindlichen Energie– und Nahrungsmittelkrisen sind kleine Verstimmungen gegenüber der gewaltigen Dauerkrise des menschlichen Lebens.

Zu jeder Zeit in der Geschichte der Menschheit mußte eine rationale Bestandsaufnahme unserer Lebensmöglichkeiten mit Untergangsvisionen enden, doch die menschliche Gesellschaft blüht und gedeiht. Sie gedeiht jedoch nur unter einer Voraussetzung: mit einem Bündel aus Zuversicht und Freiheit, Wagemut und Arbeit. Wir beschwören die Katastrophe aber selbst herauf, wenn wir versuchen, unser eigenes Schicksal nur noch zu kalkulieren und vorauszuplanen und es der Kontrolle durch die allgegenwärtigen Kobolde des Staatseinflusses ausliefern.

Marvin Harris hat dieses unbarmherzige Naturgesetz in seinem Buch »Cannibals and Kings« verdeutlicht. Er beschreibt einen immer wiederkehrenden Kreislauf des Aufstiegs und Verfalls der Kulturen, der mit dem Kreislauf des Bevölkerungswachstums und der Erschöpfung aller verfügbaren Ressourcen synchron verläuft. Der Aufstieg beginnt immer mit einer Steigerung der Produktion. Ihr folgt ein noch schnellerer Anstieg der Bevölkerungszahl und eine Intensivierung der Jagd, der Landwirtschaft und der industriellen Fertigung, bis der Ertrag wieder fällt. Der Mangel an Protein und anderen Nahrungsmitteln wird allmählich so groß, daß soziale Umwälzungen und Kampf bis zum Kindermord und Kannibalismus unausweichlich sind.

Die inhumansten Kulturen waren die »wassergebundenen

Diktaturen«, die in engen Flußtälern und anderen umgrenzten Gegenden entstanden, zum Beispiel am Nil in Ägypten. Ein riesiges Beamtenheer wurde geschaffen und das Volk organisiert, um gewaltige Bewässerungs- und Vorratsanlagen zu bauen und zu unterhalten. Obwohl Harris nicht ausdrücklich darauf verweist, steht am Ende dieser Entwicklung die Unterjochung der ganzen Gesellschaft durch den starren Regierungs- und Verwaltungsapparat, der auf jede neue Schwierigkeit mit Steuererhöhungen und neuen Kontrollen reagiert. Jeder dieser Verzweiflungsakte der Verantwortlichen türmt neue Hindernisse vor Erneuerung und Fortschritt auf und macht die Katastrophe nur noch unvermeidbarer.

Erstaunlicherweise beschließt Harris sein Buch mit der Forderung nach mehr Reglementierung und Kontrollen auch in der freien Welt, um der neuen Verknappung der Ressourcen zu begegnen. Er findet nicht, daß freie Menschen diese Aufgabe lösen können. Er bedenkt nicht, daß zu allen Zeiten schon die vorhandenen Ressourcen kalkuliert, die möglichen Lösungen diskutiert und verworfen wurden. Zu allen Zeiten der Menschheitsgeschichte erschien die Zukunft so düster, schien sie keine Überlebenschancen für freie Menschen zu bieten. Alle Planungen, die von der kalkulierbaren Gegenwart, von den empirischen Daten, ausgehen, müssen notwendigerweise eine Begrenzung der Optionen, eine Einengung der Möglichkeiten, eine Erschöpfung der Ressourcen, einen sinkenden Ertrag – Entropie und Verfall – annehmen.

Um diese Schwierigkeiten zu beheben, werden die Planer immer mehr Reglementierung bis in die privatesten Bereiche in Heim und Familie vorsehen. Und am Ende, wenn die Reserven wirklich zur Neige gehen, wird der Planer zum Tyrannen und Mörder, zum Moloch des »vollendeten Kreislaufs«.

Wie schon die Azteken-Königreiche mit ihren Menschenopfern und die von Harris beschriebenen »wasserabhängigen Diktaturen« wird die Regierung, die mit Enteignung und Zwang den Versorgungskrisen und der Überbevölkerung begegnen will, am Ende ihr eigenes Volk verschlingen. Die Steuersätze steigen und die Kapitaldecke wird kleiner, bis die einzige verfügbare Substanz außerhalb der Klauen des Regimes das Protein im menschlichen

Fleisch und Blut ist. Aber auch das wird noch mit Steuern erwürgt, gebunden, geknebelt und in den kolossalen Tempel Staat geschleppt – ein letztes blutiges Opferritual, von dem die verkommene Elite sich nährt. So endet jede Gesellschaft, wenn sie nicht gerettet wird vom unvorhergesehenen Gewinn, von der genialischen Kavallerie der Vorsehung, die nur auf den Fanfarenruf der Freiheit und des Glaubens wartet.

Leszek Kolakowski, der emigrierte polnische Philosoph, erläutert in einem anderen Zusammenhang unsere Lage an einem farbigen Beispiel: Wir durchqueren in einer Karawane die große Wüste. Wir sind so gut ausgerüstet, daß wir die Oase erreichen können – wenn alles gutgeht. Aber wir lesen unsere Karte falsch und verirren uns. Ein Sandsturm überrascht uns. Die Kamele werden störrisch. Das Wasser wird knapp. Doch wir hoffen, wir glauben an die Vorsehung, wir halten uns an einem »Mythos« fest. Unser Glaube beschert uns »eine Fata Morgana, die anmutige Landschaften vor die Augen der Reisenden zaubert und ihre Schritte beflügelt, so daß sie trotz aller Anstrengungen doch noch ein kleines Wasserloch erreichen. Wäre diese Fata Morgana nicht gewesen, dann hätten die erschöpften Reisenden keine Hoffnung mehr gehabt, und sie wären im Sandsturm umgekommen.«[74]

Das ist in der Tat ein schöner Vergleich, und doch meine ich, daß er nicht ganz stimmt. Wir brauchen keine »Mythen«, sondern den religiösen Glauben, der bei aller »Irrationalität« die größten und tiefsten Einsichten für uns bereithält. Er sagt uns, daß freie Menschen mit dem Glauben und der Hingabe an die Zukunft nicht untergehen können.

Die Unverzichtbarkeit eines Glaubensbekenntnisses

Eines der größten Probleme unserer Gesellschaft ist der Widerspruch zwischen den Anforderungen des materiellen Fortschritts und den Idealen der »fortschrittlichen« Politik und Kultur. Gleichheit, bürokratische Rationalität, Vorherbestimmbarkeit, sexuelle Freizügigkeit, eine volksnahe Politik, das Streben nach Erfüllung – all diese Inhalte einer Kultur in ihrem Spätstadium sind unvereinbar mit den Zwängen des wirtschaftlichen und technischen Fortschritts. Die Folge ist, daß heutzutage alle Regierungen vorgeben, das Wirtschaftswachstum zu fördern, es in Wirklichkeit jedoch nach Kräften behindern.

Der materielle Fortschritt ist elitär – er macht die Reichen noch reicher und vergrößert ihre Zahl. Er hebt die wenigen außergewöhnlichen Menschen, die fähig sind, Wohlstand zu schaffen, über die Volksmenge hinaus, die ihn verbraucht. Der materielle Fortschritt lebt von der Vervielfältigung wirtschaftlicher Chancen. Er ist schwer zu schaffen und fordert von seinen Vorkämpfern viele Jahre voller Fleiß und Opferbereitschaft, Hingabe und Wagemut. Diese Eigenschaften können nur mit der Aussicht auf hohen Gewinn kultiviert werden, die Aussicht auf »normalen Kapitalertrag« reicht darum nicht aus. Der materielle Fortschritt, obgleich auch von der demokratischen Basis gefordert, entsteht auf zutiefst undemokratische Weise – er erfordert das Gutheißen von Verfahrensweisen, die das Volk – und manchmal sogar seine Regierung – nicht überblicken können. Der materielle Fortschritt ist absolut unvorhersehbar (eine Erfindung vorherzusehen, heißt schon, sie zu machen), denn die meisten neuen Entwicklungen entstehen in einem unkontrollierbaren Bereich mit fließenden Grenzen. Schließlich entzieht der materielle Fortschritt sich jeder wirtschaftstheoretischen Festlegung – er kann mit mathematischen oder mechanistischen Mitteln nicht erklärt oder vorausberechnet werden.

Wer eine rationale, vorhersehbare, wissenschaftlich gelenkte und kontrollierte Welt schaffen will, erreicht sein Ziel nur, wenn er den wirtschaftlichen und wissenschaftlich-technischen Fortschritt blockiert. Eine Welt ohne Innovation steuert zielsicher dem Verfall entgegen. Wenn dann die Ressourcen schwinden, wächst der staatliche Einfluß von selbst. Verteilung, Einteilung und Aufteilung stehen obenan, die Planung ist gerechtfertigt. Selbst solche trüben Aussichten sind den Kleingläubigen lieber als ein dauernder Kampf unter unkalkulierbaren Bedingungen, durch den allein die Herrschaft des Menschen über die Natur und der Fundus an materiellen Gütern erweitert werden können. Nicht kapitalistisches Wachstum, sondern wirtschaftliche Verantwortungslosigkeit bereitet den Boden für eine Kultur der Genußsucht und der Sinnlichkeit. In einer Welt voller Widersprüche, in der es noch viel Not gibt, verpflichtet die Möglichkeit zum Fortschritt zu dem Bemühen, ihn zu erreichen. Nur in einer Welt, der die Sozialisten die »Grenzen des Wachstums« verordnet haben, in der Leistung, Unternehmungsgeist und Kreativität sich nicht mehr gegen Not und Unterdrückung behaupten können, kann der gleichmacherische Traum von grenzenloser Freizeit, Umverteilung und sinnlichem Genuß den Geruch von Dekadenz und Widersinn verlieren.

Der Traum vom Stillstand ist für den Politiker wie für den Genußmenschen der Inbegriff des sinnvollen Lebens, denn nur in einer stagnierenden Wirtschaft braucht der Politiker nicht hinter den Naturwissenschaftlern, Ingenieuren und Wirtschaftlern, den wahren Helden unserer Zeit, zurückzutreten. Bei Dauerstagnation zählen nur die politische Macht und die Verwaltung des Mangels und der Massenseele. Auch die Wirtschaftstheoretiker kommen hier zu ihrem vermeintlichen Recht, denn ohne die überraschende Kreativität werden ihre Modelle zum echten Abbild der Zukunft.

In einer Welt ohne materiellen Fortschritt muß die Armut sich überall verschlimmern. Doch die Experten werden immer neue Begründungen finden, warum sie – außer leere Versprechungen zu machen – nichts für die Armen dieser Welt tun können. So wie die angeblich ewig gültigen Gesetze der klassischen Wirtschaftslehre die Arbeitnehmer zu Löhnen am Rande des Existenzminimums verdammten, werden sie von der gegenwärtig aktuellen Ökologie zu einer stagnierenden Wirtschaft verurteilt.

Die neue trostlose Theorie von der andauernden Armut wird vor allem in eleganten Salons und den Büros der wissenschaftlichen Stiftungen herumgereicht. Sie geht von der Vorstellung der sich immer mehr verschlechternden Lebensbedingungen aus, die dem Gesetz der Entropie unterliegen. Die Entropielehre hängt sich gern ein fortschrittliches Mäntelchen um, weil sie angeblich die klassische mechanistische Theorie des vollkommenen Wettbewerbs widerlegt. Diese wiederum gilt immer noch als einer der Hauptpfeiler des Kapitalismus und lehnt sich an das abstrakte, zeitlose Universum des ersten Hauptsatzes der Thermodynamik an, nach dem nichts verlorengeht und nichts sich radikal verändert oder verschlechtert.

Die Anhänger des Entropie-Konzepts behaupten dagegen, die reale Welt sei ein Universum mit irreversibler Zeit gemäß dem zweiten Hauptsatz der Thermodynamik, dem Entropie-Gesetz, nach dem alle verbrauchte Energie als Wärme in den Weltraum abstrahlt. Da Wärme nur in einer Richtung, zu kälteren Körpern hin, transportiert wird und nach dem Abstrahlen nicht zurückgewonnen werden kann, ist das Universum zum Entropie-Tod verurteilt. Mit anderen Worten: Es wird alles schlechter, es geht alles zur Neige. Nutzbare Energieträger erfordern zu ihrer Bereitstellung immer mehr Wärmeeinheiten aus dem noch vorhandenen Rest und mehr Geld. So kann letztlich auch die Inflation als eine Rebellion der Biosphäre gegen ihre Ausbeutung, als ein ökologisches Problem angesehen werden. Folglich vergewaltigt der Kapitalismus mit seiner gebieterischen Forderung nach Wirtschaftswachstum die Natur.

Die Schwäche dieser Theorie ist ihr viel zu weit gespannter Zeitrahmen. Wir haben noch Kohle und vielleicht auch Öl und Gas für mehrere Jahrhunderte, negentropes Sonnenlicht sogar für Jahrmilliarden. Wir sollten nicht so sehr auf die Worte achten, sondern zwischen den Zeilen lesen, und dann wird klar, daß die Entropie-Theorie trotz allem wissenschaftlichen Gehabe nur eine Metapher ist. Sie gibt der üblichen Kapitalismuskritik eine tragische Weihe, und dadurch behagt sie den ökologisch gesinnten Mitgliedern der Oberschicht so sehr, die Mühe haben, ihr Vermögen über die Inflation zu retten und zugleich mit der marxistischen Prophetie der Weltrevolution fertigzuwerden.

Die Entropie-Theorie ist nur der letzte einer langen Reihe von Versuchen, das Wirtschaftsgeschehen naturwissenschaftlich zu erfassen. Ob es sich nun um die Quantitätstheorie des Geldes handelt, die – bei aller Nützlichkeit – laut David Warsh nur eine anfechtbare Anwendung des Boyle-Mariotteschen Gasgesetzes ist, oder um die klassische Werttheorie in Form eines Newtonschen Gleichungssystems: seit Jahrhunderten versuchen die Wirtschaftstheoretiker, ihren Erkenntnissen die Beweisbarkeit und Anschaulichkeit der Naturgesetze zu verleihen. Aus sehr einsichtigen Gründen müssen alle diese Versuche scheitern.

Da eine Wirtschaft von Ideen beherrscht wird, muß sie nicht den Gesetzen der Materie, sondern denen des Geistes gehorchen. Ein grundlegendes Gesetz alles Geistigen aber besagt, daß der Glaube vor dem Wissen rangiert. Neues Wissen entsteht erst mit dem Sprung in eine Hypothese, mit einer intuitiven Projektion. Die Logik der Kreativität lautet »springe zuerst und sieh dann, wohin«. Man kann von einem alten Blickpunkt aus nichts grundlegend Neues erkennen. Die alte Volksweisheit »sieh zuerst, wohin du springst« gilt nur für die kontinuierliche Weiterentwicklung und Verfeinerung einmal gewonnener Erkenntnisse, die ja auch den Hauptteil des gelehrten Wissens wie den Hauptteil des »industriellen Fortschritts« in großen, schwerfälligen Konzernen ausmacht.

Mit einer Anwendung der Informationstheorie auf die Wirtschaft entfällt ebenfalls der notwendige Sprung ins Ungewisse, den jede grundlegende Neuerung voraussetzt. Eine Theorie, die besagt, daß Unternehmen Wissen wie irgendeinen anderen Produktionsfaktor kaufen können, und zwar so lange, bis die Kosten dafür den Nutzen übersteigen, daß Firmen so lange systematisch Fakten ansammeln können, bis der einzuschlagende Weg deutlich vor ihnen liegt, unterscheidet nicht zwischen totem Wissen und dem, was in der Wirtschaft wesentlich ist. Der Sprung, und nicht der Blick vorher, verschafft die notwendige Information. Es ist der Sprung durch Zeit und Raum, über den Bereich beweisbarer Tatsachen hinaus, der zu den großen Entdeckungen führt.

Galilei begründete die moderne Naturwissenschaft nicht, indem er Tausende von Sternenbahnen beobachtete und aus ihnen auf ein Gravitätsgesetz schloß, sondern, wie er selbst erklärte: »Ich erschuf mir selbst im Geist einen bewegten Gegenstand, der über einer horizontalen Ebene aufstieg und von jeglicher Behinderung frei war.«[75] Das heißt, durch einen Sprung der Phantasie befreit von den Fakten, frei von der Schwerfälligkeit aller bewegten Körper, die vom Luftwiderstand behindert werden. Kreatives Denken ist kein induktives Denken, bei dem ein Wissenschaftler so lange unbeeinflußt »objektive« Tatbestände sammelt, bis sie eine Theorie sichtbar werden lassen. Im Gegenteil, zuerst kommt die Theorie, und sie bestimmt, welche Tatbestände festgestellt werden sollen.

Phantasie, Intuition und Hypothese sind nur die ersten Stufen des Wissens. Der Geist des Menschen ist unendlich fruchtbar, und so muß er von den vielen Ideen, die ihm kommen, diejenigen auswählen, an die er glauben will. Wie bei der Wahl seines Partners muß der Mensch sich auf seine Intuition verlassen und handeln, bevor er Genaues weiß. Die Idee wird sich ihm mit all ihren Möglichkeiten nicht voll zu erkennen geben, bevor er ihr vertraut und auf sie eingeht, Gefühl in sie investiert, sie gewissermaßen liebt. Kreatives Denken setzt einen Glaubensakt voraus. Der Gläubige muß sich auf seine Intuition verlassen, auf die spontanen Schöpfungen seines Geistes, und er muß über das Experiment zum Wissen kommen.

Die Liebe erscheint dem unbeteiligten Beobachter blind, doch Liebende wissen, daß sie zu einer höheren Einsicht führt und neue Bereiche des Wissens und der Kreativität erschließt. Die Hingabe kann ihre eigene Bestätigung sein. Dem, der nicht zu lieben wagt, erscheint die ganze Welt freudlos und düster, die Zukunft voller Gefahren. Erst Liebe und Glaube erfüllen Ideen mit Leben und Feuer.

Alles kreative Denken ist deshalb in irgendeiner Weise religiös, vor allem eine Sache des Vertrauens und Glaubens. Doch nicht alle Ideen sind wahr – so wie nicht alle Menschen treu sind. Leidenschaftliche Hingabe ist notwendig, aber sie genügt nicht. Der Fanatiker zum Beispiel identifiziert sich so sehr mit seiner Idee, daß er sie ohne Rücksicht auf die übrige Welt und auf Fakten seinem Willen unterwirft. Kreatives Denken muß – wie die Liebe – offen sein für Reaktionen, für Veränderungen und Überraschungen. Anders ausgedrückt (und ohne ein Poppersches Dogma zu verkünden), Ideen müssen widerlegbar sein, das heißt, so formuliert werden, daß man prüfen kann, ob sie richtig oder falsch sind. Es muß eine Möglichkeit geben, Ideen abzulehnen. Wenn es unmöglich wird, sich von unhaltbaren Ideen zu trennen, wird es in einer unsicheren Welt auch unmöglich, sich überhaupt auf Ideen einzulassen, und der Fortschritt kommt zum Stillstand.

Aber wodurch entstehen nun die Ideen, die den intellektuellen Fortschritt auslösen? Durch Zufall, muß die Antwort wohl lauten. Theorien tauchen spontan auf, durch Intuition, ohne erkennbaren Anstoß. Dieser geheimnisvolle Vorgang berüht eine der großen Streitfragen der Geistesgeschichte. Der Rationalist mißtraut allen geheimnisvollen Vorgängen und versucht, einen logischen, vernunftorientierten Weg des geistigen Fortschritts zu finden. Zu allen Zeiten, aber heute in besonderem Maße, haben die Menschen danach gestrebt, sich geschlossene Denksysteme zu schaffen, die Schritt für Schritt in hermetisch abgeriegelten logischen Einheiten aufgebaut werden, in denen erst hingesehen und dann gesprungen wird, Daten und Fakten »objektiv« ermittelt und zusammengetragen werden und anschließend eine Theorie induktiv entwickelt wird.

Die Rationalisten haben immer versucht, den Denkvorgang auf den Bereich eines einzelnen menschlichen Gehirns einzuschränken, weil es übersehbar ist, verwertbare Erfahrungen speichert, Ideen wie materielle Einheiten wiedergibt und nach ziemlich eindeutigen Gesetzen funktioniert. Demgemäß haben der logische Positivismus, die Verhaltenspsychologie, die Freudsche Psychologie, Marxismus, klassische Wirtschaftstheorie, Neo-Keynesianismus, Wahrscheinlichkeitstheorie, Informationstheorie, sozialistische Planwirtschaft, alle diese Systeme unterschiedlicher Durchschlagskraft und Anwendbarkeit, versucht, in der Theorie oder sogar im Leben den Zufall, das Neue, aus den menschlichen Verhaltensweisen auszuschließen.

Alle diese Systeme ignorieren die Tatsache, daß Kreativität auf den Zufall angewiesen ist. Sie gehen davon aus, daß zufällig entstandene Ideen unzuverlässig, ja gefährlich sind und daß außerhalb der menschlichen Vernunft nur ein geistig leeres, unbeeindruckbares Universum existiert. Für den modernen Denker – wie für den

Anhänger der Entropie-Lehre – ist das Universum tot. Er sieht den menschlichen Geist als ein isoliertes Bewußtsein, das nur die Dinge um sich herum begreifen will, das bestimmt wird von dem, was es aufnimmt und behält, sowie von seiner eigenen Substanz und Struktur. Danach ist der menschliche Geist Teil eines den Gesetzen der Physik gehorchenden Systems. Diese Auffassung beruht auf einem fundamentalen Irrtum, denn Materie, so sagt Amerikas größter Philosoph Charles Peirce, ist nichts anderes als leblos gewordener Geist, sozusagen »nach dem Fall«. Die Materie gehorcht nur deshalb durchschaubaren und berechenbaren Gesetzen, weil sie tot und ihr weiteres Schicksal vorherbestimmt ist. Doch in seinem Wesen ist das Universum kreatives Bewußtsein, das immer neue Ideen und Energien hervorbringt.

Der menschliche Geist ist nicht notwendigerweise auf sich selbst angewiesen oder an ein einzelnes Gehirn gebunden. Der Geist hat Zugang zu einem höheren Bewußtsein, das – nach Jung – das »kollektive Unbewußte« oder auch Gott genannt wird. Wenn ein menschlicher Geist sich mit dem lebendigen Bewußtsein, aus dem der Kosmos letztlich besteht, vereint, gewinnt er neue Einsichten und nimmt neue Ideen wahr, die nichts anderes sind als in die unbekannte Zukunft projizierte Geistesblitze. Nur so entsteht neues Wissen. Vor der Berührung mit den geheimnisvollen Kräften des Kosmos fürchten sich die Menschen jedoch. Es erscheint gefährlich, den engen Horizont des eigenen Denkens zu erweitern, den begrenzten Erfahrungsschatz, die bequeme Logik hinter sich zu lassen und sich in das dunkle Reich der Transzendenz zu stürzen, dem gleichwohl alles wahre Licht und alle Kreativität entstammt.

Wenn eine neue Idee originell und bedeutsam ist, wird sie im Widerstreit zu ähnlichen Ideen liegen oder zu einer paradoxen Synthese führen. Aber auch davor schreckt der menschliche Geist zu oft zurück. Schon vergleichsweise einfache kreative Vorgänge verlangen dieses Eintauchen in die dunkle Ungewißheit, das Vertrauen auf die unheimliche, unberechenbare Vorsehung. Nur zu viele Erscheinungen unserer Kultur verraten die eitlen Posen, engstirnigen Vorurteile und morbiden Ängste, die entstehen, wenn der menschliche Geist an der Schwelle zum höheren Bewußtsein in Furcht erstarrt.

So sind auch die endlosen, mit Formeln angefüllten Wälzer der mathematisch orientierten Wirtschaftslehre und Soziologie nur ein Beweis für die Weigerung anzuerkennen, daß jede schöpferische Tätigkeit einen Sprung der Phantasie und des Glaubens erfordert. Der Investor, der erst kauft, wenn die Statistik seine Vermutungen bestätigt, der Politiker oder Sportler, die sich erst aufstellen lassen, wenn die Herausforderung nicht mehr gilt, der Industrielle, der wartet, bis der Markt sich als aufnahmefähig erweist, sie alle werden sich mit ihrer trügerischen Rationalität, ihrem Mangel an Glauben nie über den Durchschnitt erheben.

Das vielleicht auffälligste Symbol dieser Schwellenangst ist der detaillierte Plan. Er ist so etwas wie die Gesetzestafel einer rein rationalistischen Welt. Der Plan schreibt die abergläubischen Riten vor, nach denen Entscheidungen getroffen oder vertagt werden: Ob der Staat ein breites Angebot auf die Beine stellt, das die Nachfrage belebt, ob der Industrielle eine Idee aufnimmt, die neue Lebensmöglichkeiten sichert, oder ob der Wissenschaftler sich ins Ungewisse vorwagt, um neues Wissen zu schaffen.

Intuition und Glaube sind nur die Wachstumsphase einer erfolgreichen Idee. Neue Ideen können altern. Mit der Zeit häufen sie immer mehr Daten und Fakten an, um schließlich zu einem Allgemeingut zu werden und sich wie Materie zu verhalten. Je weiter Ideen ausgearbeitet werden, desto starrer und komplizierter werden sie und desto mehr unnützes Wissen enthalten sie. Ein geflügeltes Wort sagt, daß eine unnötig komplizierte Lösung für ein Problem keine Lösung, sondern ein neues Problem sei. Das zeigt sich auch in den überall – ob im Energieministerium oder den wirtschaftswissenschaftlichen Instituten – angesammelten, immer komplizierteren Antworten auf die Fragen unserer Zeit. Dieser Wust an unverdaulichem, toten Wissen ist eines unserer schwerwiegendsten Probleme, weil er sich frischem, originellen Denken in den Weg stellt.

Schließlich sei noch der vielleicht wichtigste Aspekt des geistigen Hintergrundes unserer gegenwärtigen Malaise angesprochen, und das ist die verkrampfte Einstellung zu unseren Problemen. Schwierigkeiten, Probleme und Widersprüche dürfen uns nicht entmutigen und frustrieren. Sie sind vielmehr die notwendigen Antriebe zu neuem Wissen und neuer Kreativität. Der rein diesseitig orientierte Rationalist kann Schwierigkeiten, Entbehrungen und Widersprüche nur als Hindernisse auf dem Weg zu Ordnung und Vollendung sehen. Wenn er eine neue Idee hat, die einer liebgewordenen alten Einsicht widerspricht, gibt er die neue Idee sofort auf. Das ist die eingefahrene Denkweise, die nur Verfeinerungen und kleine Weiterentwicklungen alter Ideen zuläßt und verhindert, daß sich neue, alles in den Schatten stellende Erkenntnisse durchsetzen können.

Die Gesetzmäßigkeit des menschlichen Geistes überhöht Konflikte und Widerstände zu unentbehrlichen Voraussetzungen des Wissens in einer Welt, in der die Zeit nicht stillsteht. Schwierigkeiten unterdrücken den Geist nicht, sie stiften zur Kreativität an und erzwingen eine originelle Rettungsmöglichkeit. Widerstände können sogar den Glauben stärken und neue Wahrheiten enthüllen. Ein Denker, der Konflikte und Widersprüche scheut, kann kaum etwas Neues hervorbringen.

Die Vorbedingungen für kreatives Denken sind: Glaube, Liebe, Offenheit, Konflikt, Nachprüfbarkeit. Dementsprechend lauten die Gesetze für wirtschaftliche Innovation und Fortschritt: Glaube, Altruismus, Investition, Wettbewerb und Scheitern. Sie gelten auch für den Kapitalismus. Dieser Übereinstimmung seiner Gesetzmäßigkeit mit der des Geistes verdankt der Kapitalismus Überleben und Erfolg. Er ist imstande, die Bedürfnisse der Menschen zu befriedigen, weil er mit dem Schenken beginnt. Das Schenken gründet sich widerum auf das Verständnis für die Wünsche unserer Mitmenschen. Der Kapitalismus ist offen für Glaube und Experiment, weil er offen ist für Wettbewerb und Scheitern. Er zieht Gewinn nicht nur aus seinen Erfolgen, sondern auch aus seinen Fehlschlägen, die sich als neues Wissen kapitalisieren. Der Kapitalismus ist das einzig angemessene Gesellschaftssystem für eine Welt, in der jede Gewißheit sich als irreführend herausstellen muß.

Wachstum und Weiterentwicklung entstehen in der Wirtschaft also auf die gleiche Weise wie in der Natur und im geistigen Bereich: durch spontane, weitgehend unvorhersehbare Veränderungen und Erneuerungen, durch neue Produkte und Produktionsweisen. Das Wirtschaftswachstum beginnt mit einer neuen Idee, zum Beispiel einer verbesserten Mausefalle, und schafft einen aufgefächerten Geschäftszweig der Herstellung, des Vertriebs, der Wartung von Mausefallen. Starke Impulse springen über auf verwandte Branchen, wie Ratten-, Fuchs- und Maulwurfsfallen. Vielleicht schließt sich ein Haus-zu-Haus-Vertrieb mit Jahresservice an oder es folgen als absolute Knüller gar die ganz neuen Geschäftszweige »Mausefleisch auf Bestellung« für Diätbewußte und »tiefgekühlte Big Mikkeys« für Schnellrestaurants. Obgleich derartige Entwicklungen eigentlich immer nach dem gleichen Muster ablaufen, sind sie nichtsdestoweniger unberechenbar, erfüllt von einem unergründlichen Geheimnis, wie alle lebenden und wachsenden Dinge – wie eben auch Ideen und Unternehmen.

Damit das Wachstum auf das ganze Wirtschaftssystem überspringen kann, müssen möglichst viele Tätigkeiten ohne Kontrolle von oben ausgeübt werden können. Jede neue Produktion muß von Leuten aufgezogen werden, die nicht von einer größeren Wirtschaftseinheit behindert werden können. Alle müssen den Freiraum behalten, ihre eigene, unerwartete Art der Arbeitsteilung und Spezialisierung zu entdecken, neue Güter und Dienstleistungen zu entwickeln und auf den Markt zu bringen.

Diese Individuen und ihre neuen Ideen sind es, die einer Wirtschaft die Antriebe zu Wachstum und Erneuerung liefern. Sie schließen sich in kleinen Firmen zusammen, die wiederum größere Einheiten bilden und erst dann verkrusten und unbeweglich werden, wenn sie es nicht mehr für nötig halten, neue Produkte und Verfahren herauszubringen. Die Wirtschaftstheoretiker ignorieren zu oft dieses Wechselspiel von Chance, Veränderung und Wachstum, das doch so leicht zu verstehen und so unendlich wichtig für die Wirtschaft ist.

Das Wichtigste an diesem Vorgang ist wohl, daß sich das meiste davon jenseits des Horizonts der Statistiker abspielt. Es ist immer ein persönliches und psychologisches Drama, wenn jemand vor der Entscheidung steht, Kredite aufzunehmen und ein Wagnis einzugehen, um einem revolutionären Produkt zum Durchbruch zu verhelfen, obwohl alle Statistiken aussagen, daß dieses Unternehmen – wie zwei Drittel aller in den USA neugegründeten Firmen – wahrscheinlich innerhalb von fünf Jahren scheitern wird. Bei dieser Entscheidung hat auch der Staat seine Hand im Spiel. Hohe Steuern und Zinssätze sprechen gegen das Wagnis, doch wenn das Ja fällt, ist das ein Akt des Glaubens, des Vertrauens in die Zukunft und des – vielleicht unbewußten – Verständnisses für die Bedürfnisse der Mitmenschen.

Wirtschaftsexperten, die nicht auf die Zukunft des Kapitalismus vertrauen, ignorieren die Dynamik des Glaubens und des glücklichen Zufalls, die eben diese Zukunft sichern. Wirtschaftsexperten, die der Religion mißtrauen, werden niemals begreifen, wieviel ehrfurchtsvolle Hingabe der Fortschritt erfordert.

Unser Leben ist ein Lotteriespiel von dem Augenblick an, da eines unter Millionen von Spermien zur Befruchtung ausgewählt ist. Mit der Bildung unserer persönlichen DNS (Desoxyribonukleinsäure) haben wir schon das erste Große Los gezogen. Das Leben selbst, das vor unseren Augen so gleichmäßig abläuft, ist schon in seinen Anfängen vom Zufall bestimmt.

Doch das ist noch nicht alles. Charles Peirce hat dargelegt, daß der Zufall nicht nur im Zentrum der menschlichen Existenz steht, sondern auch der Ursprung der Vernunft und der Moral ist. So schrieb er in seinem posthum veröffentlichten Werk »Chance, Love, and Logic« (Zufall, Liebe und Logik): »Der erste Schritt einer Aufwärtsentwicklung besteht darin, beliebigen Gedanken soviel Raum zu geben, daß sie sich frei entfalten können ... Die Idee, daß die Ordnung aus dem Zufall entsteht, ist der Eckpfeiler der modernen Physik«[76] – und der Biologie, könnte er hinzugefügt haben. Für die Entwicklung vom Zufall zur Ordnung und zur Wahrheit reicht die Zeit eines Menschenlebens aber nicht aus. Es gibt zu viele Nieten in der Lotterie des einzelnen. Das Glück kann sich zuverlässig nur in der Gesamtheit der Menschen auswirken. Deshalb würde eine rationale Kalkulation der Gewinnchancen eines Menschen diesen zwingen, das Risiko zu scheuen und sich immer für die Sicherheit zu entscheiden.

In unserer vom Zufall regierten Welt, die sich aber dem ausschließlich diesseitigen Denken verschrieben hat, würde die von Adam Smith gelobte unsichtbare Hand des Eigeninteresses nur einen immer größer werdenden Moloch von Wohlfahrtsstaat schaffen und Stagnation und Sterilität heraufbeschwören. Das ist die Wurzel der Schwierigkeiten, mit denen die klassische Wirtschaftslehre und wir alle uns heute herumschlagen müssen.

Was also ist zu tun? Charles Peirce sagt, daß Aufwärtsentwicklung und Fortschritt, in der Wissenschaft oder in der Gesellschaft, abhängen von einer »Identifizierung der eigenen Interessen mit denen einer unbegrenzten Gemeinschaft«[77]. Peirce hat auch erkannt, daß alles Schöpferische und Forschende über eng rationale Auffassungen hinaus Transzendenz und eine Aneignung religiöser Werte erfordert. »Ich finde es interessant«, so schrieb der große Logiker, »daß alle diese Dinge offenbar das gleiche bedeuten wie die Dreieinigkeit Nächstenliebe, Glaube und Hoffnung, nach dem Apostel Paulus die höchsten geistigen Gaben.«[78] Diese drei Gaben zusammen befreien die Menschen aus der Abhängigkeit von den Mächtigen, vom lähmenden Zugriff der Vergangenheit und eröffnen ihnen den Weg zu Gott.

Es ist einer der Widersprüche der menschlichen Existenz, daß ein Leben ebenso begrenzt wie offen ist, voller Zufall und Bestimmung. Der Fachausdruck Stochastik bezeichnet in der Wahrscheinlichkeitslehre Zufallsereignisse. Er kommt aus dem Griechischen und bedeutet »geschickt im Erraten«. In allen Gesellschaften gilt der Geschickte und Glückliche als ein Mensch, der von der Vorsehung begünstigt ist.

Die schrecklichste und folgenschwerste Versündigung eines Politikers besteht darin, sein Volk von der Vorsehung, vom wunderbaren Walten des Zufalls zu trennen und es in eine Zwangsjacke menschlicher Planung zu stecken. Erfolg bleibt immer unberechenbar, er ist ein Geschöpf des Glaubens und der Freiheit. Alle schöpferischen Menschen – von den Dichtern und Komponisten bis zu den Wissenschaftlern an der mystischen Grenze zwischen Materie und Leben – üben eine gewisse Form der Hingabe an ihr Werk. Alles Wissen über lebende und wachsende Dinge – zu denen ich auch die Wirtschaft zähle – ist zumindest teilweise subjektiv und intuitiv, auf geheimnisvolle Weise abhängig von den Ideen anderer und von einer – vielleicht unbewußten – Hingabe an Gott. Er steht hinter allem lebendigen Wissen; in dem Maße, wie der menschliche Geist über sich selbst hinausgreift, ist er ein Teil des göttlichen Geistes.

In den Ländern der freien Welt sehen wir uns immer wieder den üblichen Berechnungen gegenübergestellt, die mit dem Wort »unmöglich« schließen und von den Anfängern einer allumfassenden Planung ständig wieder vorgetragen werden. Sie behaupten, wir müßten unsere wirtschaftliche Freiheit opfern, weil unsere Grenzen erreicht seien, weil unsere Biosphäre überbeansprucht sei, weil unsere Ressourcen bald erschöpft seien, weil die technische Entwicklung widersinnig geworden sei, weil die Bevölkerung zu stark wachse und weil unsere Horizonte sich immer mehr verengten. Wir gingen im Schatten des Todes durch unser Leben, so heißt es weiter. Luft, Erde und Wasser seien schon mit Giftstoffen überladen. Das bisher geduldete, explosive Wirtschaftswachstum überschütte uns von allen Seiten mit krebserregenden Stoffen. In dieser Notlage könnten wir uns den Luxus von Wettbewerb, Verschwendung und Freiheit nicht mehr leisten. Wir müßten jetzt alles wegsteuern, reglementieren und verplanen, wird behauptet.

Ganz im Gegenteil, diese Schwierigkeiten sind eine neue Herausforderung. Gerade sie sind der Auftrag zu Wettbewerb und Kreativität, und sie sind auch der Grund, warum wir uns nicht mit Planung und Stillstand trösten lassen können. Seinerzeit erschienen auch die Grenzen zum amerikanischen Westen unüberwindlich. Erst im Rückblick wurde der Westen zu Amerikas größtem Reichtum, aber nur, weil die Pioniere ihr Leben und das ihrer Familien riskierten, das Land in Besitz nahmen, nach Gold suchten (wovon es nur sehr wenig in den USA gab) und Öl fanden (das damals nur wenig wert war). Erst im Rückblick wurden die wüsten Landstriche von Texas und Oklahoma zu einem Sesam-öffne-dich der Energie, die endlosen Prärien zur Kornkammer der Welt. Die Zukunft bleibt unberechenbar, sie kann nur in Freiheit gemeistert werden.

Die Wirtschaftsexperten, die sich angesichts dieser Tatsachen für Stillstand und Planung entscheiden, verurteilen ihr eigenes Denken und sich selbst mit dieser Entscheidung. Der sich vollendende Kreislauf, die Umweltkrise, der Wärmetod, die Atomgefahr, die Bevölkerungsexplosion, die Hungerkrise und was es sonst noch gibt in dem Arsenal an neuen Ausreden für den zwanghaften, krankhaften Planer – alle diese Probleme sind schon Grund genug für die weitere Existenz des Kapitalismus. Um die Schwierigkeiten zu überwinden, brauchen wir den Glauben, das wiedergewonnene Vertrauen in unser Glück, in die Vorsehung, in die Erfindungsgabe und Tüchtigkeit freier, gottesfürchtiger Menschen.

Dieser Glaube wird uns lehren, wie wir den Armen am besten helfen können. Mit ihm erkennen wir, was Gleichheit vor Gott heißt und daß sie nur aus der Freiheit und Vielfalt auf Erden entstehen kann. Er wird uns vor allem von dem Irrglauben abbringen, daß die Menschheit jemals selbstgenügsam, nur von der Vernunft geleitet, ohne Glück und Zufall, leben und sich der Herrschaft von Managern, Umverteilern und Zukunftsplanern beugen könnte.

Unsere einmalige, unsere einzige Chance für die Zukunft ist das Wunder menschlicher Schöpferkraft, die Zugang hat zur göttlichen Schöpfung. Diese Chance sollten wir weder den Armen vorenthalten, die der Zukunft am meisten aufgeschlossen sein sollten, noch den wohlhabenden oder tüchtigen Mitmenschen, die ihre Führungseigenschaften, ihre schöpferische Phantasie und ihren Reichtum in den Dienst des wohltätigen Wandels stellen müssen.

Die Geschichte der Menschheit ist nicht der Triumphzug der Vernunft und nüchternen Zweckmäßigkeit, den sich die Väter der Aufklärung erträumten, sondern ein langer Zug durch die Wüste mit kurzen Augenblicken des Glücks, ein endloses Zwiegespräch des einzelnen mit Gott, ein Widerstreit zwischen Entfremdung und Vorsehung. Wir sehen unser Ziel, das Gelobte Land, immer dann ganz deutlich vor uns, wenn wir den Glauben und den Mut aufbringen, offen zu sein für das Schicksal und das Glück.

Das ist das Grundgesetz der Wirtschaft, der Technik, des Lebens. Es entscheidet über Reichtum und Armut.

Anmerkungen

1 Daniel Bell, The New Class: A Muddled Concept, in: Transaction/Society 16. 1979, Nr. 2, S. 17
2 Thomas Sowell, Economics and Economic Man, in: The Americans 1976: Critical Choises for Americans Bd. 2, hrsg. von Irving Kristol und Paul Weaver, Lexington, Mass., 1976, S. 191–209
3 Irving Kristol, Two Cheers for Capitalism, New York 1978, S. 262
4 Walter Lippmann, The Good Society, New York o. J., S. 193f.
5 David Hume, Essays, Moral, Political and Literary, Bd. 1, Teil II Nr. VI (Of the Jealousy of Trade)
6 Robert L. Heilbroner und Lester C. Thurow, The Economic Problem, Englewood Cliffs, N. J., 1979 (5. Aufl.), S. 21–23
7 Aus einem unveröffentlichten Interview für die Vocational Foundation, New York 1978
8 Kenniston & Carnegie Council, All Our Children, o. Ort und J., S. 36f.
9 Herbert J. Gans, More Equality, New York 1974, S. 19
10 Martin Anderson, Welfare: The Political Economy of Welfare Reform in the United States, Standfort, California, 1978, S. 15
11 Lester C. Thurow, The Zero-Sum Society: Distribution and the Possibilities for Economic Change, New York 1980, S. 47–54 und fortlaufend
12 Zitiert bei Melvyn B. Krauss, The Swedish Tax Revolt, in: The Wall Street Journal vom 1. Februar 1979, S. 16
13 Private Äußerung
14 Marvin Harris, Cannibals and Kings: The Origins of Culture, New York 1977, S. 71f.
15 Helen Codere, Fighting with Poverty, a Study of Kwakiutl Potlatching and Welfare, 1792–1930, in: Monographs of the American Ethnological Society 18. 1950, S. 90f.
16 Übertragen nach: Leo Tolstoy, War and Peace, ins Englische übersetzt von Constance Garnett, Reihe Modern Library, New York o. J., S. 963
17 John Maynard Keynes, The General Theory of Employment, Interest, and Money, New York 1964, S. 161f.
18 Keynes, General Theory, S. 155
19 Keynes, General Theory, S. 148–150
20 John Kenneth Galbraith, The American Economy: Its Substance and Myth, in: Years of the Modern: An American Appraisal, hrsg. von John W. Chase, New York 1949, S. 151–174

21 John Kenneth Galbraith, The Affluent Society, Boston 1958, S. 158
22 Galbraith, Affluent Society, S. 160
23 Keynes, General Theory, S. 148–150
24 Zitiert bei Walter J. Levy, Oil Police and OPEC Development Prospects, in: Foreign Affairs 57. 1978/1979, Nr. 2, S. 300
25 Lester C. Thurow, Generating Inequality, New York 1975, S. 129 und 130
26 E. A. Wrigley, Population and History, New York 1969, S. 76f., 13, 116
27 G. K. Chesterton, Orthodoxy, New York 1959, S. 48
28 Zitiert bei Peter Collier und David Horowitz, The Rockefellers, An American Dynasty, New York 1976, S. 597
29 Anderson, Welfare, S. 134
30 Frederick Doolittle, Frank Levy und Michael Wiseman, The Mirage of Welfare Reform, in: The Public Interest 47. 1977, S. 62–87
31 John Kenneth Galbraith, The Galbraith Reader, Ipswich, Mass., 1977, fortlaufend
32 Andrew Billingsley, Black Families in White America, Englewood Cliffs, N. J., 1968, S. 171
33 Our Turn To Listen: A White Paper on Unemployment, Education and Crime Based on Extensive Interviews with New York City Teenage Dropouts, New York 1978
34 Our Turn To Listen
35 Zitiert in »Harper's« 1979, Bd. 259, Nr. 1554, S. 39
36 David B. Wilson, There's a New Class in Our Society, in: »The Boston Globe« vom 16. Juli 1979, S. 11
37 Our Turn to Listen
38 Daniel Patrick Moynihan, The Politics of a Guaranteed Income, in: The Public Interest 51. 1978
39 Richard A. Posner, Utilitarianism, Economics, and Legal Theory, in: The Journal of Legal Studies, 1979, Bd. 8, Nr. 1, S. 136
40 John Kenneth Galbraith in The New York Times vom 12. Januar 1980, Op-Ed page (Meinungsseite)
41 Robert L. Heilbroner, Beyond Boom and Crash, New York 1979, S. 89 und fortlaufend
42 Robert L. Schuettinger und Eamonn F. Butler, Forty Centuries of Wage and Price Controls, Washington, D.C., 1978
43 Paul Craig Roberts, The Economic Case for Kemp-Roth, in: The Wall Street Journal vom 1. August 1978, S. 16
44 Scott Burns, Financially It's Better to Hoard than Invest, in: The Boston Herald American vom 10. Juli 1978, S. 15

45 Zitiert bei Jack Kemp, An American Renaissance, New York 1979, S. 72f.
46 Galbraith, New York Times, Meinungsseite
47 Renters New Service (Singapur) vom 5. März 1980
48 Zitiert bei Krauss, Wall Street Journal, S. 16
49 Zitiert bei Irving Kristol, Populist Remedy For Populist Abuses, in: The Wall Street Journal vom 10. August 1978
50 Dennis Robertson, The Colvin Committee, the Income Tax and the Price Level, in: Economic Journal 37. 1927, Nr. 148
51 Zitiert bei Scott Burns, Why We're Selling the Future to Japan, in: The Boston Herald American vom 13. März 1978, S. 11
52 Robert Solow, The Intelligent Citizen's Guide to Inflation, in: The Public Interest 1975, Nr. 38, S. 33
53 Heilbroner/Thurow, Economic Problem
54 M. Panic, The Origin of Increasing Inflationary Tendencies, in: The Political Economy of Inflation, hrsg. von Fred Hirsch und John H. Goldthorpe, Cambridge, Mass., 1978, S. 137
55 Zitiert bei David Warsh, The Great Hamburger Paradox, in: Forbes vom 15. September 1977, S. 181
56 Warsh, Forbes, S. 199
57 Warsh, Forbes, S. 199
58 Theodore Levitt, The Emerging Fecundity of Service, in: The Future of Productivity, hrsg. von The National Center for Productivity and the Quality of Working Life, Washington, D.C., 1978, S. 63–73
59 Martin Feldstein, Consequences of Hospital Controls, in: The Wall Street Journal vom 16. April 1979
60 Zusammenfassende Wiedergabe von Thomas Macaulay, The History of England, Kap. 19, in: Challange 21. 1978, Nr. 4, S. 3–6
61 W. Arthur Lewis, The Theory of Economic Growth, London 1955, S. 405
62 Jane Jacobs, The Economy of Cities, New York 1969, S. 249
63 Zitiert bei Arnold Heertje, Economics and Technical Change, New York 1977, S. 75
64 Joseph Schumpeter, Capitalism, Socialism, and Democracy, New York 1962
65 John E. Sawyer, Entrepreneurial Error and Economic Growth, in: Explorations in Entrepreneurial History 4. 1952, S. 199 und 200
66 Albert O. Hirschman, The Principle of the Hiding Hand, in: The Public Interest 6. 1967, S. 10–23
67 Richard Salomon, Seat of the Pants, in: The Wall Street Journal vom 3. März 1978, S. 12

68 Barbara Ellis, Italy's Prosperous Anarchy, in: Forbes vom 2. April 1979, S. 36f.

69 David McCord Wright, Mr. Keynes and the Day of Judgement, in: Science 1958, Nr. 128, S. 1258–1262

70 Zitiert bei David McClelland, The Archieving Society, New York 1976, S. 222

71 McClelland, Archieving Society, S. 13

72 Zitiert bei A. P. French (Hrsg.), Einstein: A Centenary Volume, Cambridge, Mass., 1979, S. 304

73 John Kenneth Galbraith, The Nature of Mass Poverty, Cambridge, Mass., 1979, S. 62

74 Zitiert bei Hirschman, Hiding Hand, S. 22f.

75 Zitiert bei José Ortega y Gasset, Man and Crisis, New York 1958, S. 14

76 Charles S. Peirce, Chance, Love, and Logic: Philosophic Essays, hrsg. von Morris R. Cohen, New York 1923, Neuaufl. New York 1968, S. 283

77 Peirce, Chance, Love, and Logic, S. 74

78 Peirce, Chance, Love, and Logic, S. 75

Bibliographie

The Americans, 1976: Critical Choises for Americans, Bd. 2, hrsg. v. Irving Kristol und Paul Weaver, Lexington, Mass., 1976

Martin Anderson, *Welfare: The Political Economy of Welfare Reform in the United States,* Stanford, Calif., 1978

Robert Bacon, *Britain's Economic Problem: Too Few Producers,* London 1978

Edward C. Banfield, *The Moral Basis of a Backward Society,* New York 1967

ders.: *The Unheavenly City Revisited,* Boston 1974

Adolph Berle, *American Economic Republic,* New York 1963

Andrew Billingsley, *Black Families in White America,* Englewood Cliffs, N.J., 1968

Gilbert K. Chesterton, *Orthodoxy,* New York 1959

Peter Collier/David Horowitz, *The Rockefellers. An American Dynasty,* New York 1976;

deutsch: *Die Rockefellers. Eine amerikanische Dynastie,* Frankfurt/Berlin/Wien 1976

Barry Commoner, *The Politics of Energy,* New York 1979

deutsch: *Radikale Energiewirtschaft. Konkrete Kursänderung in der Energiepolitik,* München 1980

The Political Economy of Inflation, hrsg. von Fred Hirsch und John H. Goldthorpe, Cambridge, Mass., 1978

A. P. French (Hrsg.), *Einstein: A Centenary Volume,* Cambridge, Mass., 1979

Milton Friedman, *Capitalism and Freedom,* Chicago 1962;

deutsch: *Kapitalismus und Freiheit,* Stuttgart 1971

John Kenneth Galbraith, *The Galbraith Reader,* Ipswich, Mass., 1977

ders.: *The Nature of Mass Poverty,* Cambridge, Mass., 1979

ders.: *The Affluent Society,* Boston 1958;

deutsch: *Gesellschaft im Überfluß,* München 1959

ders.: *The New Industrial State,* Boston 1967;

deutsch: *Die moderne Industriegesellschaft,* München 1968

Herbert J. Gans, *More Equality,* New York 1973

Irvin Garfinkel/Robert Haveman, *Earnings Capacity, Poverty, and Inequality,* New York 1977

Henry George, *Fortschritt und Armut,* Jena 1920 (6. Aufl.)

Steven Goldberg, *The Inevitability of Patriarchy,* London 1977 (überarb. Aufl.)

Marvin Harris, *Cannibals and Kings: The Origins of Cultures,* New York 1977

Arnold Heertje, *Economics and Technical Change,* New York 1977

Robert L. Heilbroner, *Beyond Boom and Crash,* New York 1979

Robert L. Heilbroner/Lester C. Thurow, *The Economic Problem,* Englewood Cliffs, N.J., 1979 (5. Aufl.)

Melville Herskovits, *Man and His Works: The Science of Cultural Anthropology,* New York 1949

David Hume, *Essays Moral, Political and Literary,* Band 1, Teil II Nr. VI (Of the Jealousy of Trade)

Jane Jacobs, *The Economics of Cities,* New York 1969

John Maynard Keynes, *The General Theory of Employment, Interest, and Money,* New York 1964;
deutsch: *Allgemeine Theorie der Beschäftigung, des Zinses und des Geldes,* Berlin 1974

Burton Klein, *Dynamic Economics,* Cambridge, Mass., 1977

Irving Kristol, *Two Cheers for Capitalism,* New York 1978

W. Arthur Lewis, *The Theory of Economic Growth,* London 1955

Walter Lippmann, *Public Opinion,* New York 1961
ders.: *The Good Society,* Boston 1943;
deutsch: *Die Gesellschaft freier Menschen,* Bern 1945

Thomas Macaulay, *The History of England,* 4 Bände, New York 1953;
deutsch: *Geschichte von England,* 4 Bände, Leipzig 1860

David McClelland, *The Archieving Society,* New York 1976

Margaret Mead, *Mann und Weib,* Hamburg 1958

José Ortega y Gasset, *The Revolt of the Masses,* New York 1951;
deutsch: *Der Aufstand der Massen,* Stuttgart/Berlin 1931

Charles S. Peirce, *Chance, Love, and Logic: Philosophic Essays,* hrsg. v. Morris R. Cohen, New York 1968

Norman Podhorez, *Making It,* New York 1969

Robert L. Schuettinger/Eamonn F. Butler, *Forty Centuries of Wage and Price Controls,* Washington, D. C., 1978

Joseph Schumpeter, *Capitalism, Socialism, and Democracy,* New York 1962
deutsch: *Kapitalismus, Sozialismus und Demokratie,* Bern 1950

Adam Smith, *The Wealth of Nations,* hrsg. von Edwin Cannan, New York 1904;
deutsch: *Der Wohlstand der Nationen,* München 1974

Thomas Sowell, *Say's Law: An Historical Analysis,* Princeton, N.J., 1972
ders.: *Classical Economics Reconsidered,* Princeton, N.J., 1974

Lester C. Thurow, *Generating Inequality,* New York 1975
ders.: *The Zero-Sum Society: Distribution and the Possibilities for Economic Change,* New York 1980

Lionel Tiger, *Optimism, The Biology of Hope,* New York 1979
Jude Wanniski, *The Way the World Works,* New York 1978
E. A. Wrigley, *Population and History,* New York 1969;
deutsch: *Bevölkerungsstruktur im Wandel. Methoden und Ergebnisse der Demographie,* München 1963

CIP-Kurztitelaufnahme der Deutschen Bibliothek

Gilder, George:
Reichtum und Armut / George Gilder.
[Aus d. Amerikan. von H. Boysen]. –
Berlin: Severin und Siedler, 1981.
Einheitssacht.: Wealth and poverty ‹dt.›
ISBN 3-88680-026-1

Titel der Originalausgabe
»Wealth and Poverty«
Aus dem Amerikanischen von H. Boysen

Ausstattung: Otl Aicher, Rotis
Satz: IBV Lichtsatz KG, Berlin
Druck und Buchbinder: May & Co, Darmstadt
Printed in Germany 1981
ISBN 3-88680-026-1

Christian Graf von Krockow
Warnung vor Preußen

Preußen, obgleich aus der staatlichen Wirklichkeit verschwunden, scheidet noch immer die Geister.

Den einen ist der Untergang Preußens die Grundlage der politischen Stabilität von Bonn, den anderen kommt die Sinnleere der Bundesrepublik aus dem Verlust preußischer Tugenden. Amerika hatte als staatsgründende Idee die Suche nach dem Glück, Frankreich die nach der Gleichheit und Brüderlichkeit, England die nach der Freiheit. Preußen stellte solchen Idealen nichts als die Tugend von Pflicht und Dienst gegenüber, der sich vom Untertan bis zum König alle gleichermaßen unterwarfen. Graf Krockow warnt vor der Verklärung eines glanzvollen Staates ohne Idee.

bei
Severin
und Siedler

Peter Bender
Das Ende
des ideologischen Zeitalters
Die Europäisierung Europas

Afghanistan und Polen: der Kommunismus zwischen äußerer Macht und innerem Verfall.

Nicht mehr Glaubenskampf und -eifer trennen Ost und West, sondern ganz normale Interessenkonflikte. Nicht mehr eine Aushöhlung des Westens ist das Problem der europäischen Entspannung, sondern der innere Verfall des Ostens. Nicht mehr Ideologie bestimmt den Osten, sondern der Drang zur Moderne.

Eine neue politische Struktur zeichnet sich ab: Gefahr kommt aus der zunehmenden Rivalität der Weltmächte Amerika und Rußland, um so mehr wächst die Gemeinsamkeit zwischen den Europäern beider Seiten. Die Alte Welt wird sich ihrer selbst wieder bewußt.

bei
Severin
und Siedler

Armin Mueller-Stahl
Verordneter Sonntag

Dies ist ein noch in Ost-Berlin geschriebener Bericht des Schauspielers und Nationalpreisträgers der DDR.

In der Literatur der aus dem Osten Deutschlands Gekommenen nimmt dieses Buch eine Sonderstellung ein. In den Gang der Handlung, die von Erlebnissen in beiden Teilen Deutschlands erzählt, sind Tagebücher eines in den Westen gegangenen Freundes eingeschoben, die den inneren Ablösungsprozeß eines prominenten Künstlers von seinem Staat festhalten. So bricht die Wirklichkeit in eine Erzählung ein, deren autobiographischer Charakter nur leicht verschlüsselt ist.

bei
Severin
und Siedler